퇴계학파의 사람들 3

16세기 말, 안동권 안과 밖의 퇴계학파 인물들

퇴계학자료총서 연구편 3

퇴계학파의 사람들 3 ― 16세기 말, 안동권 안과 밖의 퇴계학파 인물들

지은이   안동대학교 부설 퇴계학연구소
펴낸이   오정혜
펴낸곳   예문서원

편집   유미희
인쇄 및 제본   주) 상지사 P&B

초판 1쇄   2019년 12월 27일

출판등록   1993년 1월 7일(제307-2010-51호)
주소   서울시 성북구 안암로 9길 13, 4층
전화   925-5914 | 팩스   929-2285
전자우편   yemoonsw@empas.com

ISBN 978-89-7646-403-3   93150
YEMOONSEOWON #4, 13, Anam-ro 9-gil, Seongbuk-Gu, Seoul, KOREA 02857
Tel) 02-925-5914 Fax) 02-929-2285

값 32,000원

이 책은 안동시의 지원으로 저술되었습니다.

퇴계학자료총서 연구편 3

퇴계학파의 사람들 3

16세기 말, 안동권 안과 밖의 퇴계학파 인물들

안동대학교 부설 퇴계학연구소 지음

예문서원

서문

시간은 흐르고, 사람은 변한다.

시간은 시공간의 우주적 전개양상 위에 실려 있는 것이므로, 그냥 놓아두어도 저절로 흘러가게 마련이다. 그렇기 때문에 시간은 어디에서든 흐르는 시간이다. 시간 속에는 자아와 타자가 없으므로, 이 흐름을 막아설 주체가 어디에도 자리를 잡고 설 수 없는 탓이다.

시간의 흐름과 사람의 변화는 서로 다르다. 사람은 자아이기도 하고 타자이기도 하다. 타자인 사람은 시간의 흐름 위에 실려 그 자신의 변화를 맞아들일 수밖에는 없다. 그렇게 그는 늙어 가고, 그렇게 그는 죽어간다. 그러나 자아인 사람은 시간의 흐름 밖에 서서 그 자신만의 흐르지 않는 시간을 만들어 가질 권능을 갖는다. '그 자신만의 흐르지 않는 시간'을 만들어 가진 사람 중에는 '사람은 변한다'는 우주적 진리를 잊어버리거나, 무시하고자 하는 유혹에 빠져드는 이도 있다. 이러한 유혹에 빠져들게 되면 그것은 그 시간, 또는 그 사람의 완전한 사멸 외에는 다른 의미를 갖지 못하게 된다. 가장 경계하지 않으면 안 되는 일이다.

'그 자신만의 흐르지 않는 시간' 위에 우리는 많은 것들을 가져다 놓고 살아간다. 지식, 문화, 역사, 이념, 정신 같은 것들이 다 이 지점에 놓이는 것들이다. 이러한 것들은 '그 자신만의 흐르지 않는 시간' 위에 올라서 있는 것들이므로, '자신만의'라는 한계나 '흐르지 않는 시간'이라는 전제를 필연적으로 갖고 있게 마련이다.

이 영역 위에 놓인 것들을 가치 있게 만들어 주는 것은 그 '자신만의' 라는 한계나 '흐르지 않는 시간'이라는 전제를 잊지 않으려는 태도이다. 이런 태도를 견지할 수 있을 때 그 위에 놓이는 지식, 문화, 역사, 이념, 정신 같은 것들은 건강성을 유지할 수 있는 것이다. 그것이 '자신만의'라 는 한계를 갖는 것임을 절절히 인식하는 태도는 자기 밖 타자와의 연관을 만들어 나가려는 노력을 전개하지 않을 수 없게 이끌어 가게 되고, 그것 이 '흐르지 않는 시간'이라는 전제를 갖는 것임을 절절하게 받아들이는 태도는 자연히 흐르는 시간과의 교감을 이루어 나가려는 태도를 분기시 키게 되는 것이기 때문이다. 전자는 그것과 연관하여서 세상을 돌아보는 우리의 몸짓을 만들어 내게 된다. 후자는 그것과 연관하여서 시대에 관심 을 두는 우리의 시선을 만들어 내게 된다. 그렇게 하여 '그 자신만의 흐르 지 않는 시간' 위에 올라서 있는 지식, 문화, 역사, 이념, 정신 같은 것들도 세상이나 시대와 연관되는 통로를 가설할 수 있게 되는 것이다.

퇴계학은 '그 자신만의 흐르지 않는 시간' 위에 올려져 있는 어떤 지 식, 문화, 역사, 이념, 정신이다. 이것을 우리는 우리의 세상, 우리의 시대 와 긴밀하게 연관된 생활의 문화, 생활 속 정신으로 만들어 갖지 못하였 다. 그런 세월은 이미 몇 세대를 넘어 흐르고 있다. 우리는 그것을 특별한 시간 속에 담아 놓고, 기억하고, 추상하고, 찬양하는 것으로 충분하다는 생각을 하며 살고 있다. 그것이 놓여 있는 '그 자신만의 흐르지 않는 시간'이 점점 우리로부터 멀어지고 있는데도 말이다.

우리의 『퇴계학파의 사람들』이라는 작업은 그러한 퇴계학을 우리의 세상, 우리의 시대 속으로 소환하고자 하는 최소한의 노력이다. 우리는 '그 자신만의 흐르지 않는 시간' 속에 닫혀 있는 무수한 사람들의 시간이 우리 주변, 우리 시대 속으로 끼어들어 와 우리와 같은 시간의 흐름을 만들어 가질 수 있기를 바란다. 이제 3권에 지나지 않는 미미한 결과물이지만, 이것을 계기로 하여 그들의 시간의 봉인이 하나씩 풀리고, 그들 하나하나의 생활이, 생각이, 행동이, 몸짓이, 이웃 사람들의 그것처럼 어디에서나 쉽게 만나 볼 수 있는 것이 되기를 소망한다. 그렇게 우리는 그들과 친숙한 이웃이 될 수 있기를 바라는 것이다. 그렇게 서로 뒤섞이고, 그렇게 서로 익숙하여지다 보면, 어느 날인가엔 퇴계학이 더 이상 '그 자신만의 흐르지 않는 시간' 위에 올려져 있는 어떤 지식, 문화, 역사, 이념, 정신으로 남아 있지 않고, 우리의 시간 속에서 같이 흘러 나아가는 우리 시대의 지식, 문화, 역사, 이념, 정신의 어떤 부분으로 쓰이고 있음을 발견할 수 있게 되리라는 것을 우리는 기대하여 보는 것이다.

2019년 12월 15일

안동대학교 부설 퇴계학연구소 소장

윤천근

차례

제1장

인재선생실기
개암선생문집
노저유사
풍암선생유고

윤천근

【해제】

1. 인재선생실기

『인재선생실기忍齋先生實記』는 인재忍齋 권대기權大器의 글과 그에 대한 기술을 모아 놓은 것이다. 권대기는 중종 18년, 1523년에 태어나 선조 20년, 1587년에 타계한 사람이다. 안동 와룡 눌곡訥谷에서 태어났고, 경상북도 안동시 와룡면 이상리에 머물며 가르쳤다. 당시에는 이곳을 이계라고도 하였으며, 오늘날 그 유적이 이계서당伊溪書堂으로 남아 있다. 권대기의 부친은 권엽權燁, 모친은 인동장씨仁同張氏로 장양필張良弼의 딸이다. 진성이씨眞城李氏, 능성구씨綾城具氏, 홍해배씨興海裴氏를 처로 두었다. 왕자사부王子師傅 권우權宇, 영릉참봉英陵參奉 권굉權宏, 생원 권성權成, 장릉참봉章陵參奉 권환權寏 등의 아들이 있고, 면진재勉進齋 금응훈琴應壎이 사위이다.

실기의 첫머리에는 「세계도世系圖」가 실려 있다. 권대기는 권행權幸을 시조로 하는 안동권씨이고, 권대기의 부친 권엽은 세계상 21세에 해당된다. 권대기는 22세이며, '자字는 경수景受, 호는 인재忍齋, 생원이며 집의執義로 증직되었다'고 기재되어 있다.

실기의 상권은 시詩 부분부터 시작되는데, 전체 5수가 수록되어 있는 것이 전부이고, 그나마 모두 일고逸稿이다. 서書도 딱 두 편, 큰아들 권우權宇에게 보낸 짧은 편지이다. 그리고 나머지 부분은 지인이나 후인들의 만사輓詞, 제문祭文 등이 6편 정도 보인다. 이상이 이 실기 상권의 전체 구성양상이고, 큰 글자로 편집된 편제에서 전체 5장, 10면에 지나지 않는다.

실기의 하권은 다른 사람들의 문장을 모아 놓은 것이다. 퇴계선생의 이름을 달고 있는 것이 서신(書) 한 편, 시詩 두 편이고, 「월천연보月川年譜」에서 가져온 것이 한 편이다. 나머지는 권우權宇가 지은 「행록行錄」, 유도원柳道源이 지은 「행략行略」, 권환權寏이 지은 「묘지墓誌」, 이헌경李獻慶 찬술의 「묘갈명墓碣銘」 등이다. 그 외에는 여러 서원에 보낸 통문 5통 정도가 보인다. 권대기의 교육사업이 이계서당을 중심으로 하여 주로 행하여졌고, 권대기의 사후 이계서당이 여러 서원들과 서로 관계를 맺고 있었음을 알려 주는 기록이라 하겠다. 여기 수록된 여러 서원의 통문은 주로 인재 권대기의 서원 제사, 제향에 관계된 것들이다.

2. 개암선생문집

『개암선생문집開巖先生文集』은 이광정李光庭이 지은 「서문」으로부터 시작된다. 이 글에서 이광정은 중국에서 정주程朱 계열 성리학의 융성을 가져왔던 문명의 기운이 조선에서는 유독 영남에 집중되고, 그 중에서도 학봉 김성일金誠一의 가문과 동강 김우옹金宇顒의 가문에서 크게 드러난다는 점 특기한다. 강江의 좌우左右를 대표하는 가문으로 부자, 형제가 한꺼번에 문명을 크게 드날렸다는 것이다. 이것은 그의 이 글이 개암開巖 김우굉金宇宏과 그 문집을 소개하는 목적을 갖는 것이고, 개암 김우굉의 형제들이 모두 뛰어난 학문을 이루고 있다는 점에서 특별히 주목된다는 점을 이야기하기 위한 장치라 하겠다. "개암선생은 칠봉七峯을 부친으로 하며, 동강東岡을 아우로 하고, 형제 4인이 다 같이 문학으로 저명하였다. 남명南冥 조曹 선생은 일찍이 그들을 이옥夷玉·대옥大玉으로 비유하였으니, 그 한 시기의 성가를 가히 알 수 있는 일이다." 이광정이 개암 형제들에게 바치는 찬사이다.

『개암선생문집』은 첫머리에 「개암선생연보開巖先生年譜」를 수록하고 있다. 이 연보는 명나라 세종 가정 3년, 중종대왕 19년, 서기 1524년에 성주 사월곡리沙月谷里에서 출생하는 것에서부터 67세 나던 해, 서기 1590년 정월 개암 별장(別墅)에서 타계하는 개암 김우굉의 일생을 따라가며 정밀하게 기록한다.

『개암선생문집』 1권은 시詩·부賦로 이루어져 있다. 시는 만시輓詩를 포함하여 20수를 조금 넘고, 시 중에는 다른 이들이 지은 차운시도 들어와 있다. 다른 문집들에 비해 빈약하기 이를 데 없는 분량인데, 이것은 그 문적들이 많이 사라져 버린 사정을 반영하는 것이라 하겠다. 여기 수록된 것들 중 「중니원기부仲尼元氣賦」 같은 것은 은연중 깊은 사상성을 담고 있는 것이라 할 수 있을 것인데, '천지의 원기'(天地之元氣)에 주목하는 김우굉의 입장을 확인할 수 있다. 일체가 다 '원기'의 일음일양一陰一陽, '원기'의 굴신억양屈伸抑揚으로 비롯되는 것이라는 주장이다. 인의나 음양, 5행 같은 것들은 어느 한 가지 의미만을 담은 것이고, 모든 것을 아우를 수 있는 말은 찾을 수 없으므로, 억지로 '원기'라 이름을 붙인다는 표현은 노자의 어법을 닮은 것이기는 하지만, 김우굉이 이 개념을 얼마나 중시하고 있는가를 알려 주는 것이기도 하다. 안씨顔氏 같은 뛰어난 인물은 그 기의 하나를 갖추기는 하였으나, 전부를 갖추지는 못하였고, 그래서 원元이라는 글자를 붙여 말할 수가 없다. 오직 부자夫子만이 원元과 기氣, 둘을 다 갖춘 인물이며, 그런 까닭에 '부자' 이전에도, 이후에도 또 다른 '부자'는 없다고 김우굉은 노래한다.

『개암선생문집』 2권은 상소上疏가 수록되어 있다. 첫 번째 상소는 가정 을축년 8월 2일에 올린 것이고, 「청참보우제일소請斬普雨第一疏」라는 이름을 달고 있다. 「서행일록西行日錄」이 취급하고 있는 것이 바로 이 상소를 위한 집단 상경 기록이다. 「서행일록」 속에는 상소의 구체적인 문장은 보이지 않는다. 여기 2권에 모아 놓은 것이 그때 올린 상소들인 것이다. 「서행일록」 속에 보면 매일같이 대궐로 들어가 상소를 올리는데, 상소문을 짓는 이는 매일 따로 지정되었다. 집단상소의 모습을 갖추고 있는 탓일 것이다. 여기 2권에는 8월 2일의 제1소第一疏, 8월 5일의 제2소第二疏, 8월 7일의 제4소第四疏, 8월 9일의 제6소第六疏, 8월 22일의 제19소第十九疏 등이 보인다. 각 상소마다 작자는 따로 표시되어 있지 않다. 이 다섯 편의 상소가 「서행일록」이 취급하고 있는 시기에 보우를 규탄하는 목적으로 김우굉의 손으로 써 올린 상소들이라 볼 수 있는 것이다. 다른 상소들은 주로 사직을 청원하는 것들이다.

『개암선생문집』 3권은 서書인데 「퇴계선생에게 올린 문목」, 「노소재盧穌齋 문목」 같은 것이 앞에 보인다. 주로 장례, 제례 등의 예법에 대한 질문을 하고 있는 것들이다. 그 뒤에 보이는 「김일제살자론金日磾殺子論」은 조선의 일이 아니라 흉노족의 이야기를 소재로 하는 것이기는 하지만 상당히 눈여겨 볼만한 내용을 갖는 것이라고 하겠다. 첫머리에 언급하고 있는 것을 보면, "죄가 국가에 관한 것이라면 의리가 은애보다 중한 것이므로, 의로써 친親을 제거하는 것이 권도權인데, 자식을 죽일 수 없는 것이겠는가"라는 입장을 내세운다. 이 짧은 문장 속에 이미 유학 문화적 행위론이 움직이고 있는 것을 볼 수 있는 것이다. 전체적인 논지는 서두에서 제출하고 있는 이 입장을 보다 문화적으로 포장하고, 보다 도덕적으로 설명하여 내고자 하는 노력이라 하겠다. 「답성주사림문答星州士林文」은 앞의 보우척결 주장 상소, 뒤의 「서행일록」과 연관되어 있는 글이다. 「서행일록」이 을축년 7월 초로부터 기술되기 시작하고, 보우척결상소가 을축년 8월에 주로 올려진 것이라면, 여기 이 「답성주사림문」은 을축년 7월 22일에 쓰인 것이다. '창의倡義의 가을'을 '귀주貴州와 오향吾鄕', '성주와 상주'가 같이 열어나가자는 호소, 또는 격려를 담고 있는 글이다. 「서행일록」은 장문이다. 전체 두 달여의 기간 동안 진행된 집단상소 과정을 자세하게 기록한 것이라 하겠다. 그 외 3권의 나머지 문장들은, 홍언충洪彦忠의 문집인 『우암집寓庵集』에 붙인 「발문跋文」, 퇴계선생제문, 미암眉巖 유희춘柳希春 공 제문, 찰방 홍윤최洪胤崔 공 제문 등이다.

『개암선생문집』 4권은 부록으로, 권상일權相一이 지은 개암선생 김공 행장行狀, 이준李埈 찬술의 묘갈명, 그리고 후인들의 만사, 제문 등이다.

문집의 말미에는 5세손 여용汝鎔이 지은 짧은 글이 덧붙여져 있다. 출판과 편집에 관련된 문장이다. 이 글에서 우리는 개암선생의 글이 임계병란壬癸兵亂(임진왜란)을 거치면서 많이 사라져 버렸고, 겨우 수집한 시문 약간 편과 여러 선현들의 문집 속 시편들을 모으고, 가첩에 남겨진 것을 합하여 겨우 문집의 형태를 갖춘 것이라는 점을 알 수 있다.

3. 노저유사

『노저유사鷺渚遺事』는 판본 자체의 상황이 알아보기 힘들 정도이다. 노저鷺渚 이양원李陽元은 1526년에 태어나 1592년까지 살았던 사람으로, 본관은 전주全州, 자字는 백춘伯春, 호는 노저鷺渚·남파南坡이고, 시호는 문헌文憲이다. 이 책에 유사遺事라는 이름이 붙어 있는 것을 통해서 보더라도, 우리는 이양원의 문적이 통상의 문집이 갖는 일반적 과정을 거쳐 완성된 것이 아니라 남은 것을 수집하여 편집된 것이라는 점을 확인할 수 있을 것이다. 이 책은 편집자인 이능화李能和에 의해 1940년에 활자로 발간된다. 혹시 여기의 이능화가 1869년(고종 6)에서 1943년 사이를 살며, 한국학에 대한 다양한 저술활동을 하기도 하고, 친일반민족 행위를 하기도 하였다는 그 이능화인지는 명확하게 말하기 어렵다. 어쨌든 이 책은 오랜 세월 동안 비장되어 온 탓인지 문장의 많은 부분을 네모칸으로 처리한 자료들을 모아 놓았다는 것도 그러하고, 근대적 인쇄문화의 혜택을 받고 있음에도 불구하고 흐릿한 글자들이 대부분이라는 점도 그러하고, 아쉬운 점이 많은 것이라 하지 않을 수 없다.

삼백 년도 넘는 세월을 통과하여 오면서 원자료가 많이 사라져 갔을 것임에도 불구하고, 『노저유사』의 분량은 비교적 많은 편이다. 시는 전체 120여 수가 수록되어 있다. 이 중에는 시조 한 수가 포함되어 있어서 특별히 보는 이의 시선을 잡아끈다. 시조 앞에 붙은 짧은 설명은 글자가 무너져서 잘 알아보기 어려운데, 이 시조가 선조시대에 지어진 것이라는 점과, 당론黨論을 두고 서로 다투는 바람에 고통이 견디기 어려울 정도였다는 점 등이 확인될 수 있다.

넙고넙흔 남게 날 권해 올으라고/
이보 벗님네야 흔드지 마르스서/
나려져 죽기난 슯지 안흐나 임 못볼가 하느라//[1]

이 시조 뒤에는 '불초 후손 이능화는 삼가 의역하여 좌측에 병기한
다'는 한문 설명을 앞세워서 한문으로 번역된 것이 덧붙여져 있다. 그렇
지만 역시 글자가 무너져 확인하기 어려운 것이 문제이다. '넙고넙흔'을
'높고높은'(高高)으로 옮긴 것은 분명하다. 그리고 마지막 행을 '墜死無足
悲, 只恐林不見'(떨어져 죽는건 슬프지 않으나/ 다만 숲을 못보는게 두렵구나//)로 옮겨
놓은 것은 무슨 의도인지 잘 알기 어렵다.

『노저유사』에서 내가 제일 주목하여 보았던 것은 「종환연록從宦年錄」
이다. 이것은 뒤에 거칠게나마 옮겨 놓았다. 이 부분에서도 역시 문제가
되는 것은 판본에 글자를 분별하기 어려운 것들이 많이 있다는 점이다.

「행장行狀」은 사위(女壻) 성영成泳이 만력萬曆 무오년(1618)에 썼다. 비명
碑銘은 권유權愈 찬술에 오시복吳始復 글씨이다. 시장諡狀은 채제공蔡濟恭 찬
술이다.

4. 풍암선생유고

『풍암선생유고楓菴先生遺稿』는 필사본이다. 처음부터 끝까지 글자의
모양도 일정하고, 상태도 양호하다. 아마도 글씨를 쓴 사람이 많은 시간

---

1) 이것은 『靑丘永言』에서 볼 수 있다고 한다.

을 투자하여 꼼꼼히 정리하였으리라고 생각된다. 「서문」은 이헌경李獻慶이 썼다. 「서문」에서는 풍암이 임진란 때 박광전朴光前, 임계영任啓英 등과 같이 의병을 일으키는 과정이 설명되어 있다. 앞뒤로 1천5백여 명의 군사를 모집하여 임계영을 좌의장左義將으로 삼고 풍암이 주모主謀가 되어 여러 고을에 걸쳐 포진하였는데, 유병儒兵의 숫자가 적다 하여 군량을 조달하는 데 문제가 발생하였으나, 풍암이 나서서 여기저기를 돌며 양곡을 조달할 수 있었고, 결국 좌의장 임계영은 우의장 최경회崔慶會와 힘을 합해 무주와 금산 사이, 개령과 성주 등을 굳건하게 지켜내어 호남이 안전하게 유지될 수 있었다는 것이다. 임금이 그 공을 전해 듣고 풍암을 용담龍潭현령으로 제수하였는데, 풍암은 임지를 적으로부터 지켜내었고, 전쟁이 끝난 다음에야 벼슬을 그만두고 전원으로 돌아갔다. 그의 출사가 출세를 위한 것이 아니었음을 알려 주는 처신이라고 하겠다.

풍암은 어려서는 외삼촌 윤구尹衢에게 배웠고, 자라서는 퇴계 이황의 문하에 들었다. 이름은 문위세文緯世, 1534년에 나서 1600년에 타계하였다. 본관은 남평南平, 자字는 숙장叔章, 호는 풍암楓菴이다.

『풍암선생유고』는 1권과 2권으로 나누어져 있다. 1권은 시詩, 부賦를 모아 놓은 것이다. 1권에는 30여 편의 글이 수록되어 있는데, 거의 대부분이 장문으로 이루어진 부賦이다. 이 부시들은 철학성이 풍부한 문장들로 이루어져 있는 것으로 보인다.

『풍암선생유고』의 2권은 행장, 임진란 때 창의 통문 등을 앞에 두고, 팔진도八陣圖 등 군대를 포진하는 도형 10편을 차례로 수록하여 놓고 있다. 맨 앞에는 방위와 10간 12지, 수리를 연관시켜 배치하여 놓은 그림도 제시되어 있다. 여러 도형의 맨 뒤에는 퇴계 이황을 찾아 배울 때의

사정이 「고정改訂」이라는 이름으로 간략하게 서술되어 있다. 이 글 속에
는 계사溪舍에서 퇴계 이황과 함께 제갈공명諸葛孔明의 팔진도를 꺼내 놓
고 담론하였다는 이야기와 그 도설圖說을 전사별본傳寫別本하였다는 표현
도 보인다. 그 뒤에는 채제공 찬술의 「행장」, 황경원黃景源 찬술의 「묘지
명」, 그 외 후인들의 여러 글편, 마지막으로 6세손 취광就光이 기록한
「기사記事」 등이 덧붙여져 있다.

1. 시

* 「한가롭게 지내다」

　　촌가에 오래 살았더니 찾아오는 손님 없네/

　　산꽃만 사방으로 흐드러지게 피어날 뿐/

　　홀로 작은 집 안에 누워 오수를 즐기다 보니/

　　처마 밑 자리 다투던 참새도 떨어졌다간 날아가네//[2]

---

1) 權大器: 본관은 安東, 자는 景受, 호는 忍齋. 아버지는 權爀, 어머니는 仁同張氏로 將仕郎 張良弼의 딸이며, 眞城李氏, 綾城具氏, 興海裵氏를 처로 두었다. 아들로 王子師傅 權宇, 英陵參奉 權宏, 생원 權宬, 章陵參奉 權宲이 있다. 烏川七君子인 勉進齋 琴應壎이 사위이다. 권대기는 安東府 臥龍面 伊溪里(현 경상북도 안동시 와룡면 이상리)에서 태어났다. 1552년(명종 7) 사마시에 합격하여 성균관에 들어가 경전에 통달함으로 주위에 알려졌으나 문과에 세 번이나 떨어지자 과거를 그만두었다. 李滉의 제자로 일찍이 이황의 문하에서 爲己之學에 전념하였으며, 月川 趙穆, 栢潭 具鳳齡, 惺齋 琴蘭秀 등과 稧를 맺고 매 계절마다 산사에서 經史를 강론하였다. 또한 고향인 와룡면 이계 거주하며 伊溪書堂을 짓고 강학하였는데 평소 남에게 알려지기를 구하지 않았으나 많은 이들이 믿고 따라 문하에서 많은 선비들이 배출되었다. 당시 제자들의 명단인 「及門錄」이 현재 초고 형태로 전한다. 현재 이계서당은 安東松巢宗宅 앞에 있다. 문집인 『忍齋先生集實記』는 여러 차례의 병화를 겪고 맏아들 權宇가 왕자사부로 재직 중 뜻을 펴지 못하고 39세로 세상을 떠나는 등 불행이 겹쳐 遺文을 거의 수습하지 못하여 산일됨에 따라 현재 시 5편, 편지 2편만이 남았고 그 외는 부록이다.(네이버 지식백과[한국향토문화전자대전], 20190903 검색)

2) 안동대퇴계학연구소, 『退溪學資料叢書』5(아세아문화사, 1994), 63쪽(『忍齋先生實記』, 卷上, 詩, 「閒居」), "村居長日客來稀/ 只有山花爛四圍/ 獨睡小軒欹午枕/ 簷前鬪雀墮還飛//"

* 「중온 김언기3)의 모재 시를 차운하다」

　　띠 집을 지어 숲속에 붙어사네/

　　우리 친구 한평생은 쓸쓸하지 않아라/

　　손에는 언제나 서책이 들려 있지/

　　동구에 흘러내리는 시내는 작지만 마르지 않고/

　　밤이 깊으면 조용히 앉아 창밖의 달을 건너다보지/

　　낮에는 오래도록 멀리 나아가 깊은 산속 찾아드네/

　　시와 술은 때로 좋은 친구 필요로 하지/

　　북창 사이에서 같이 취해 즐겁게 어울리네//4)

2. 서

* 「큰아들 우에게 답장하다」(答長兒宇5))

---

3) 金彦璣: 1520(중종 15)~1588(선조 21). 본관은 光山. 자는 仲昷, 호는 惟一齋. 아버지
는 성균진사 金籌, 어머니는 順興安氏 安處貞의 딸이다. 李滉의 문인이다. 1567년(명
종 22) 생원시에 합격하였다. 김언기는 일찍이 具鳳齡과 함께 淸凉山에 들어가 10년
을 기약하고 글을 읽다가 연고가 있어 구봉령보다 1년 앞서 돌아왔다. 산에서 내려
오며 둘러보니 巖崖와 초목이 모두 읽던 책의 글자로 보였다 한다. 陶山 근처에 살면
서 書舍를 지어 '유일'이란 편액을 걸어놓고 후진을 교육하였다. 문하에서 南致利 ·
鄭士誠 · 權暐 · 朴毅長 · 申之悌 · 權泰一 등 훌륭한 인물들이 배출되어 당시 안동의 학
문진흥의 창도자로 알려졌다. 이황이 죽은 뒤에는 廬江書院을 세우고, 白蓮寺를 철거
하여 유학을 숭상하고 불교를 배척하는 데 노력하였다. 저서로는 『惟一齋集』 1권이
있다. 안동의 龍溪書院에 제향되었다.(네이버 지식백과『한국민족문화대백과』, 한국
학중앙연구원, 20190903 검색)
4) 안동대퇴계학연구소,『退溪學資料叢書』5(아세아문화사, 1994), 64쪽(『忍齋先生實記』,
卷上, 詩, 「次金仲昷(彦璣)茅齋韻」), "爲開茅屋倚林間/ 吾友生涯不是寒/ 卷在手中元不釋/
瀾矃口甬少無乾/ 夜深靜對窺牕月/ 晝永幽探當戶山/ 詩酒有時要好友/ 陶然共醉北窓間//"
5) 權宇: 1552(명종 7)~1590(선조 23). 본관은 安東. 자는 定甫, 호는 松巢. 秉節校尉 權甲
成의 증손으로, 할아버지는 將仕郎 權權이고, 아버지는 생원 權大器이며, 어머니는 訓
導 李濟의 딸이다. 李滉의 문인이다. 1573년(선조 6) 생원시에 합격한 뒤 과거공부를

이달 8일에 보낸 편지를 보고 무사히 임지에 도착하였다는 알게 되어 흡족하였다. 이곳의 여러 집들은 다 무고하다. 이웃마을에 전염병이 돌았지만 죽어 나간 사람은 없고, 이형남李亨男[6]과 김득연金得硏[7]이 사는 곳도 아무 일 없다. 이인의李引儀의 집에 같이 머물고 있다. 미안하기는 하지만 어쩌겠느냐? 내 생각으로는 이 심한 질병(力疾)이 오래 계속되는 곳에는 큰 병(大病)이 생겨나지 않을까 걱정이다. 또한 구차하게 벼슬살이에 매달리는 것은 사람들의 비웃음을 사게 될까 두려운 일이

그만두고 성리학에 전심하여 학문으로 이름이 높았다. 1586년 敬陵參奉에 제수되었다. 1589년 왕자(뒤의 광해군)의 사부에 제수되었으나 그다음 해에 죽었다. 광해군이 즉위하자 스승인 권우의 옛 은혜에 보답하고자 좌승지를 추증하고 禮官을 보내어 제사지내게 하였다. 안동의 鏡光書院에 제향되었다. 저서로는 『松巢集』이 있다.(네이버 지식백과『한국민족문화대백과』, 한국학중앙연구원, 20190903 검색)

6) 李亨男: 1556(명종 11)~1627(인조 5). 본관은 眞寶. 자는 嘉仲, 호는 松溪. 安東 伊溪 東村에서 출생하였다. 아버지는 訓導 李濟이며, 어머니는 英陽南氏 참봉 南頊의 딸이다. 李滉·權大器의 문인이다. 1588년(선조 21) 진사·생원 양시에 합격하였으나 더과시에 나아가지 않고 九老洞에 집을 지어 對翠軒이란 현판을 걸고 실천공부에 힘썼다. 1592년 왜란이 일어나자 순국의 뜻을 품고 臨河縣에서 의병을 모집하였다. 직접 整齊將이 되어 金得硏과 義倉에 양식을 가득하게 모아 놓고 의병과 관군에게 제공하였다. 이 소문이 부근에 알려지자 도망간 병사들이 모여 들고 인심이 안정되어 왜적들이 감히 안동으로 침입하지 못하였다. 柳成龍은 이때 안동이 무사한 것은 이형남이 이끈 향병의 힘이었다고 하였다. 丁酉再亂 때 명나라 經理 楊鎬, 都司 薛虎臣이 안동에 잠시 주둔한 적이 있었는데, 그 從事 張懋德·陣天寵·朱孔儒 등이 군량미 조달을 위하여 이형남의 향병과 義倉을 방문하여 보고서 감탄하기도 했다. 1600년 敬陵參奉에 임명되었으나 부임하지 않았다. 저서로는 『松溪文集』 2권이 있다.(네이버 지식백과『한국민족문화대백과』, 한국학중앙연구원, 20190903 검색)

7) 金得硏: 1555(명종 10)~1637(인조 15). 본관은 光山. 자는 汝精, 호는 葛峯. 세거지는 안동이다. 성균관 생원 金彦璣의 맏아들로서 어머니는 英陽南氏 南世容의 딸이다. 첫 돌 전에 어머니를 여의고 조모 安氏에게서 자랐으며, 아버지에게서 글을 배웠다. 1602년(선조 35) 生進兩試에 급제하였으나 일생 동안 벼슬하지 않고 禮安에 살면서 학문과 詩作에 전념하였다. 임진왜란 때는 안동에 주둔한 明軍의 군량미 보급에 힘썼고, 經理 楊鎬의 부하 장수들과 교유하여 문장과 덕행으로 그들로부터 추앙받았다. 병자호란 때 三田渡의 치욕을 듣고 비분강개, 병을 얻어 죽었다. 그의 「淸凉山遊錄」은 임진왜란 이전 지방 사림의 생활 모습을 그린 작품이고, 한글로 쓴 歌辭 「止水亭歌」와 64수의 한글 시조는 한국 詩歌史에서 주목할 만한 작품으로 꼽는다. 저서로는 『葛峯 遺稿』가 있다.(네이버 지식백과『한국민족문화대백과』, 한국학중앙연구원, 20190903 검색)

니, 사퇴해야 할 상황이 된다면 빨리 도모하는 것이 아름다운 일일 것이다. 내가 너에게 바란 것은 본디 벼슬살이 하는 데 있는 것이 아니니, 다만 힘써 공부해서 일정한 성취를 이루어 쇠퇴한 가문을 떠받들어 주기를 소망한 것뿐이었다. 세속의 경우를 따라 봉양의 책임을 지울 뜻은 조금도 없었으니 절대로 나를 염두에 두고 생각하지는 말거라.

* 「큰아들에게 답장하다」(答長兒)

그제, 그리고 어제, 연달아 받은 편지 속에 객지살이가 아주 안정되었고 아울러 건강해졌다는 소식을 들으니 정말 아주 즐겁기만 하다. 여기 또한 모두 무사하다. 인근에 떠도는 전염병이 다시 김공金公의 집으로 번졌다. 사세가 이에 이르렀으니 아이들을 생각하면 아주 염려가 된다. 지금 사경士敬의 편지를 보니 너는 별 병이 없고, 상황이 갑작스레 물러나 돌아올 수 없을 터이니, 7월까지 머물며 기다리게 하였다가 서로 경사스럽게 만나라 권하더구나. 빨리 돌아오기를 간절히 바라는 것이 내 뜻이다. 만약 여름에 질병이 더욱 심해지는데 벼슬자리를 지키고 있게 된다면 상황을 감당하기 어려워질 것이니, 큰 병이라도 얻게 되지 않을까 염려가 된다. 이런 까닭에 나의 걱정이 아주 크니 세심하게 헤아려 보기 바란다. 만약 기운이 조금 왕성하여진다면 잠시 몇 달 더 머무르다가 가을을 기다려 서로 보는 것은 어떨까 싶다. 천연두가 기승을 부리니 비록 상황이 좀 누그러진다 하여도 쉽게 집에 들어갈 수 없는 일이겠지만, 밖에 머무는 것이 어렵고 궁색한 문제라서 하는 말이다. 이곳의 농사일은 올벼는 벌써 이식하였고, 지금은 구로동九老洞에 벼를 심고 있다. 다만 마른 논이 많아 모내기를 끝마치기는 못할 듯싶구나. 여름을 넘긴다면 비록 이공李公과 같이 머문다 하여도 궁색한 측면이 있을 것이지만, 어찌하겠느냐?

3. 부록

1) 퇴계선생서

* 「권경수에게 주다」[8]

　알려 준 용궁[9]의 장례 일에 대해서는 이미 듣고 있었던 바이다. 내 생
각으로는 유명遺命에 따르는 것이 마땅한 일일 것이다. 지극히 애통한
마음이야 의심할 수 없는 일이겠지만, 어찌 관棺은 쓰고 곽槨을 사용하
지 않겠다 하였단 말인가? 공자(孔聖)께서 리鯉[10]를 장례 지냈던 방식이

---

8) 「與權景受」. 權景受는 權大器이다. 이 글은 이황의 서신인데 아마 권대기에게 보낸
　것이므로 여기 수록된 것이라 하겠다.
9) 龍宮: 본래 신라의 竺山縣 또는 園山縣이었는데, 757년(경덕왕 16) 예천군의 영현으로
　하였다. 995년(성종 14) 龍州로 승격하고 刺史를 두었다가 1005년(목종 8) 자사를 파
　하였으며, 1012년(현종 3) 용궁군으로 낮추어 상주목의 임내로 하였다. 1172년(명종
　2) 監務를 두었고, 1413년(태종 13) 감무를 현감으로 하였다. 1895년(고종 32) 안동부
　소관의 용궁군이 되었다가 다음 해 경상북도 내의 군이 되었으며, 1914년 행정구역
　개편 때 예천군에 통합되어 용궁면이 되었다. 용궁이라는 지명은 龍潭沼와 龍頭沼의
　용이 이루어 놓은 수중의 용궁과 같이 지상에도 이러한 용궁을 만들어 보자는 뜻에
　서 지은 것이라 한다. 조선시대에는 치소가 龍飛山 북쪽의 낙동강 지류인 南川 유역
　에 있었으나 철종 때 서쪽으로 옮겨 省火川 주변에 자리 잡은 것이다. 외부와의 연결
　은 도로보다 하천을 많이 이용하여 남쪽의 河豊津이나 동쪽의 社倉 등을 통하여 물자
　를 운반하였다. 북쪽의 문경 관할이었던 鳥嶺山城에는 용궁의 山倉이 있어 충청도
　지역으로 물자를 운반하였다. 하천 유역에는 浮翠樓 · 水月樓 · 淸遠亭 등의 누정이 있
　었다.(네이버 지식백과『한국민족문화대백과』, 한국학중앙연구원], 20190903 검색)
10) 孔鯉: BC.532~BC.481. 춘추시대 魯나라 사람, 자는 伯魚이다. 아버지가 공자이고,
　어머니는 송나라 亓官氏의 딸이다. 공자가 20세 때 그가 태어났는데, 노소공이 사람
　을 보내 鯉魚(잉어)를 하사했다. 공자는 군주에게 예물을 하사받은 것을 영광으로
　생각하고 아들의 이름을 孔鯉로 지었다. 일찍이 공자의 제자인 진항(원항)이 공리에
　게 이렇게 물었다. "그분(공자를 뜻함)에게 특별한 가르침을 받은 적이 있습니까?"
　공리는 이렇게 대답했다. "없습니다. 그러나 한번은 아버지가 정원에 서 계시다가
　제가 총총걸음으로 지나가자 저를 불러 이렇게 말씀하셨습니다. '詩를 배웠느냐?'
　제가 배운 적이 없다고 하자, '시를 모르면 다른 사람들과 이야기할 수 없다!' 하셨습
　니다. 그래서 저는 물러나와 시를 배웠습니다. 또 어느 날 아버지가 정원에 서 계셨
　는데, 제가 총총걸음으로 지나가니 저를 불러 이렇게 말씀하셨습니다. '禮를 배웠느

기는 하지만, 안연顔淵[11]이 죽었을 때에 이르러서는 리를 장례 지낸 방식이 마땅하지 않았음을 탄식하기도 하였다. 『가례家禮』에는 '장례에 곽槨을 사용하지 않는다'는 명문이 있기는 하다. 빈궁하지만 예법을 지키고자 하는 경우에는 오히려 이것을 방법으로 삼을 수 있을 것이다. 하물며 이 사람은 지극히 애통한 마음을 가지고 살았는데, 또 이런 유명을 하였으므로, 집안사람들과 붕우朋友들은 자연스런 정리를 좇아 유명의 뜻을 버리고자 하니, 가장 이치에 어긋나는 것인 까닭에 전에 이것에 대해 운운하였던 것이다. 지금 들으니 또 회곽灰槨을 쓰기로 하였다는 말이 있는데, 이것에 대해서는 나 역시 단안을 내리기 어려운 일이다. 그대들은 마땅히 그 유명에 맞는지 아닌지를 살펴보고 적절하다고 생각되는 것을 잘 선택하여야 할 것이다. 그러나 유명에 따르는

냐?' 제가 배운 적이 없다고 하자, '예를 모르면 사회에서 설 수 없다!' 하셨습니다. 그래서 저는 물러나와 예를 배웠습니다. 저는 이 두 가지를 들었을 뿐입니다."이에 진항이 돌아와 이렇게 말했다. "나는 한 가지를 묻고 세 가지 교훈을 얻었다. 시와 예의 중요성과 필요성을 알았고, 군자는 자기 아들만을 편애하지 않는다는 것을 깨달았다." 아버지보다 먼저 세상을 떠난다. 儒學에 정통했던 공리를 노애공이 격식을 갖추어 초빙했는데 병 때문에 응하지 못했다. 그러다 노애공 12년 겨울, 기후가 이상한 날에 향년 50세로 공자 앞에서 세상을 떠났다. 그의 처는 그가 죽은 후에 재가했다. 정통 孔家라 하면 공리의 아들인 공급의 후예를 말한다. 한편 공리가 죽은 후부터는 孔氏 제사를 지낼 때 이어, 즉 잉어를 제물로 쓰지 않았고, 이름도 紅魚로 고쳐 불렀다. 공리의 이름에서 유래된 풍습인데 지금까지 曲阜(지금의 山東省 濟寧 曲阜市) 일대에서 이어지고 있다. 송나라 崇寧 원년인 1102년에 '泗水侯'로 추봉되었고, 咸淳 3년인 1267년에 공자묘에 배향되었다. 명나라 嘉靖 9년인 1530년에 '先賢孔氏'로 명칭이 바뀌었다. 山東省 濟寧 曲阜市의 孔子墓 동쪽 5미터 옆에 그의 무덤이 있다. 무덤 높이는 3미터이다. 무덤 앞에는 비석 2개가 있다. 앞의 비석은 높이가 약 2.5미터이고 두께는 1미터 남짓하다. 楷書로 "泗水侯墓"라고 쓰여 있으며, 비문은 명나라 서예가 黃養正이 썼다. 뒤의 비석은 높이가 1.8미터이고, 篆書로 "二世祖墓"라고 쓰여 있다. (네이버 지식백과『중국인물사전』, 20190903 검색)
11) 顔淵: 顔回(기원전 521?~기원전 491?)는 중국 춘추시대 노나라 사람으로, 공자의 제자이다. 자는 子淵이다. 字를 따서 顔淵·顔子淵이라고도 부른다. 학덕이 높고 재질이 뛰어나 공자의 가장 촉망받는 제자였다. 그러나 공자보다 먼저 죽었다. 빈곤하고 불우하였으나 개의치 않고 성내거나 잘못한 일이 없으므로, 공자 다음가는 성인으로 받들어졌다. 그래서 顔子라고 높여 부르기도 한다. (위키백과, 우리 모두의 백과사전, 20190903 검색)

가장 좋은 방법을 쓰지 않고서, 누군가의 입에서 나온 유명을 거스르는 방법을 쓴다면, 서로 익숙하게 알고 지냈던 친구 사이에 그 아름다운 모습을 남기고자 하였던 지극한 뜻에 배치되는 일은 아닐까 걱정스럽기만 하다. 이런 것들은 내가 가볍게 결정할 수 있는 일이 아니니, 모름지기 주변 사람들이 잘 처리하는 것이 좋겠다.

2) 퇴계선생시

* 「한가로이 있으면서 조사경12) · 구경서13) · 김순거14) · 권경수 등 여러

---

12) 趙穆: 1524(중종 19)~1606(선조 39), 경상북도 예안 출신. 본관은 橫城. 자는 士敬, 호는 月川. 아버지는 참판 趙大春이며, 어머니는 安東權氏로 權受益의 딸이다. 李滉의 문인이다. 1552년(명종 7) 생원시에 합격했으나 大科를 포기하고 학문과 수양에만 전념하였다. 1566년 공릉참봉에 임명되었으나 학덕이 부족하다는 이유로 사양하고, 이황을 가까이에서 모시며 경전 연구에 주력하였다. 이후 成均館首薦 · 集慶殿參奉 · 동몽교관 · 종부시주부 · 造紙署司紙 · 공조좌랑 등에 제수되었으나 모두 부임하지 않았다. 1576년(선조 9) 봉화현감에 제수되자 사직소를 냈으나 허락되지 않아 봉직하면서 향교를 중수하였다. 1580년 이후 전라도사 · 경상도사 · 충청도사 · 형조좌랑 · 신녕현감 · 영덕현령 · 전생서주부 · 공조정랑 · 상서원판관 · 금산군수 · 단양군수 · 합천군수 · 장원서장원 등에 제수되었으나 모두 부임하지 않았다. 1594년 군자감주부로 잠시 있으면서 일본과의 강화를 강력하게 반대하였다. 이후 장악원정 · 사재감정 · 예빈시정 · 공조참의 · 공조참판 등에 제수되었으나 모두 재덕과 노병을 이유로 사직소를 내고 사퇴하였다. 조목은 일찍이 이황의 문하생이 된 후 평생 동안 가장 가까이에서 이황을 모신 八高弟의 한 사람이다. 조목의 문집에는 이황에 관계된 글이 대부분을 이루고 있으며, 주된 업적은 이황에 대한 연구와 소개이다. 이황이 세상을 떠난 뒤 문집의 편간, 祠院의 건립 및 봉안 등에 힘썼으며, 마침내 도산서원 尙德祠의 유일한 배향자가 되었다. 조목은 新民보다 明德을 중시하여 벼슬을 사양하고 玄沙寺 · 廣興寺에 들어가 독서를 즐겼다. 이황을 수행하며 명산대천을 주유하면서 심신을 수양했고, 경학을 연구하되 理氣說보다는 훈고에 관심이 많았다. 특히 心學에 심취하여 『心經』에 관한 논설이 많았다. 외직에 부임했을 때에는 향교를 중수하고 서당을 신설하여 교육 진흥에 이바지하였다. 귀향할 때에는 易東書院과 도산서원을 참배하여 현인의 넋을 기리고 자신의 몸가짐을 더욱 돈독히 닦아 나갔다. 평생을 청빈하게 지내면서 온후하고 겸양하며 독실한 실천을 지향하였다. 제자로는 金中淸 · 李光胤 등이 있으며, 저서로는 『月川集』과 『困知雜錄』이 있다. 醴泉의 鼎山書院, 禮安의 陶山書院, 봉화의 文巖書院 등에 제향되었다.(참고문헌: 『月川集』; 네이버 지식백과『한국민족문화대백과』, 한국학중앙연구원, 20190903 검색)

13) 具鳳齡: 본관은 綾城. 자는 景瑞, 호는 栢潭. 三韓三重大匡檢校大將軍 具存裕의 후손이다. 할아버지는 具仲連, 아버지는 具謙, 어머니는 안동권씨 權檜의 딸이며, 처는 咸昌金氏이다. 구봉령은 안동부 東面 茅山洞에서 태어났다. 7세에 모친상을 당하고, 11세에 부친상을 당하였는데, 初喪執禮를 행하면서 어른보다 더 잘하여 마을 사람들로부터 칭찬을 받았다. 외종조 權彭老에게서 『小學』을 배웠고, 14세에는 三嘉縣監 鄭以興 문하에서 수학하였다. 1545년(인종 1) 비로소 退溪 李滉의 문하에서 수학하였다. 1546년(명종 1) 사마시에 합격하고, 1560년 별시문과에 을과로 급제해 승문원부정자, 예문관검열, 예문관봉교를 거쳐 홍문관정자에 이르렀다. 홍문관에 있을 때는 戚臣 尹元衡이 권세를 휘두르며 정사를 어지럽히자 과감히 앞장서서 그 죄를 論啓하기도 하였다. 1564년 文臣庭試에서 장원급제한 뒤 수찬, 호조좌랑, 병조좌랑을 거쳐 1567년 賜暇讀書하였으며 이후 정언, 전적, 이조좌랑, 사성, 집의, 사간을 두루 거쳤다. 1573년(선조 6) 직제학에 올랐으며, 이어 동부승지, 우부승지, 대사성, 전라도관찰사, 충청도관찰사 등을 역임하였다. 1577년 대사간에 오르고, 이듬해 대사성을 거쳐 이조참의, 형조참의를 지냈다. 1581년에는 대사헌에 오르고, 이듬해 병조참판, 형조참판 등을 지냈다. 만년에는 精舍를 세워 후학들과 經史를 토론하였다. 구봉령은 외직 생활에서 치적을 남겼는데, 암행어사로 황해도, 충청도 등지에 나가 흉년과 飢荒으로 어지럽던 민심을 수습하기도 하였다. 관찰사로 부임하였을 때는 한결같이 誠과 信으로 공명정대하게 다스렸다. 일례로 언젠가 다스리는 고을에서 형제끼리 서로 송사하는 일이 있었는데 구봉령의 설득에 싸우던 형제가 감동하여 스스로 송사를 그만두고 서로 화해하여 화목해졌다는 얘기도 전한다. 또한 조정에 있을 당시가 동서의 당쟁이 시작될 무렵이었으나 어느 한쪽에 치우치지 않고 중립을 지키고자 힘썼다. 구봉령은 성리학에도 조예가 깊어 문집 9권의 「求觀聖人之道必自孟子始」에서 '맹자의 도는 맹자의 도가 아니고 성인의 도이므로, 성인의 도를 구해서 보려면 맹자의 마음에서 시작해야 된다'라 하여 『孟子』를 학문의 시작으로 여겨 중요하게 다루고 있다. 또한 詩文에도 뛰어나 奇大升과 비견되었고, 『渾天儀記』를 짓는 등 천문학에도 조예가 깊었다. 저서로는 『栢潭集』과 『백담집속집』이 전한다. 문집은 年譜, 문집(10권), 부록, 속집(4권) 등 모두 6책으로 되어 있다. 속집은 1811년(순조 11) 안동의 유생인 李裕垂, 金成九 등이 김굉의 교정을 거쳐 목판으로 간행하였다. 1934년에는 후손인 具萬會 등이 문집을 중간하였다. 1586년(선조 19) 안동부 安門山 味道의 산기슭에 장사지냈다. 1612년(광해군 4) 龍山書院(일명 주계서원)에 배향되었다. 1841년(헌종 7) 文端이라는 시호가 내려졌다.(네이버 지식백과[한국향토문화전자대전], 20190903 검색)

14) 金八元: 1524(중종 19)~1569(선조 2). 본관은 江陵. 자는 舜擧 또는 秀卿, 호는 芝山. 아버지는 三陟訓導 金績이며, 어머니는 永春李氏로 李自芸의 딸이다. 태어난 지 며칠 만에 어머니를 여의고 외가에서 자랐으며, 周世鵬·李滉 등의 문하에서 수학하였다. 이황의 문하에서 수학할 때에는 선생이 시를 지어 그의 훌륭한 문장을 칭찬하기도 하였다. 또한, 趙穆·具鳳齡 등과 산사에 모여 학문을 강마하였으며, 조목과 함께 「人心道心圖」를 만들기도 하였다. 1555년(명종 10) 사마시를 거쳐 식년문과에 을과로 급제하였고, 1562년 學錄에 임명된 뒤 박사·전적·예조좌랑을 거쳐 용궁현감 등을

사람이 주고받으며 읊은 시에 차운하다」

세상일은 좇기 어려워도 학문은 아름답게 닦아야 하지/
모든 일에 응해 가는 건 도끼 자루 깎는 것과 같다네/
지나간 일은 이미 크게 뒤섞인 것 알았어라/
다가오는 인연이야 어찌 높은 하늘에 물어볼 일이겠는가//[15]

골짜기 메우는 공부는 고생을 잘 참아야만 하지/
성에 기대 혈전을 치르는 것이 어찌 문지기만의 일일까/
가르침을 실천 않는 건 산속 지름길을 가지 않음과 같아라/
들꽃에 봄바람이 일면 풀은 더욱 새 빛을 띠는 법이라네//[16]

성왕의 시대에 유학을 숭상하니 바른 도리가 열리네/
어찌 이 일에 놀라고 샘낼 것일까/
만약 곡학으로 세상에 아첨하려 한다면/
남자가 의관 갖춘 건 여인의 분칠처럼 되리니//[17]

소년의 나아가는 곳에 길은 멀리 뻗어 있네/
발분하여 깊은 공 쌓으며 가을이 온다 서두르지 말 일이지/
19인이 앞에 있다 해도 어찌 어르고 비웃을 건가[18]/

지냈다. 玉溪書院·沋邱書院 등에 봉안되었다. 저서로는 『芝山文集』이 있다.(네이버
지식백과『한국민족문화대백과』, 한국학중앙연구원, 20190903 검색)
15) 안동대퇴계학연구소, 『退溪學資料叢書』 5(아세아문화사, 1994), 74쪽(『忍齋先生實記』,
卷上, 詩, 「閒居次趙士敬·具景瑞·金舜擧·權景受 諸人唱酬韻」), "難隨時世學粧姸/ 應物
如方鑿枘圓/ 往事已知成大錯/ 來緣何必問高天//"
16) 안동대퇴계학연구소, 『退溪學資料叢書』 5(아세아문화사, 1994), 74~75쪽(『忍齋先生實
記』, 卷上, 詩, 「閒居次趙士敬·具景瑞·金舜擧·權景受 諸人唱酬韻」), "塡壑工夫好耐辛/
據城血戰豈關人/ 若敎不用如山徑/ 野花春風草又新//"
17) 안동대퇴계학연구소, 『退溪學資料叢書』 5(아세아문화사, 1994), 75쪽(『忍齋先生實記』,
卷上, 詩, 「閒居次趙士敬·具景瑞·金舜擧·權景受 諸人唱酬韻」), "聖代崇儒正道開/ 如何
此事反驚猜/ 若令曲學圖阿世/ 男子衣冠婦頰腮//"

그대 모욕하는 이는 먼저 스스로 창자를 도려내야 하리//[19)]

깊은 속마음 얼마쯤 노래하는 창가에 부쳐 보네/

필경 빈말이라면 마음속 깊이 울리진 않으리/

이어지는 것은 명령 받지 않더라도 여러 사람이 전하여 가는 것/

사람들은 기약하는 것 없더라도 반드시 마음으로 굴복하고 마는 것이

라네//[20)]

3) 월천연보

임자王子 11월 현사사玄沙寺[21)]에서 계禊를 결성하였다. 권대기權大器 ·

---

18) 平原君 趙勝은 趙나라 公子인데, 많은 빈객을 두고 있었다. 秦나라가 조나라의 수도
邯鄲을 포위하였을 때, 조나라에서는 평원군을 시켜 초나라에 구원을 요청도록 하였
다. 평원군은 자신의 빈객들 속에서 초나라에 갈 인재 19명을 뽑았으나 데리고 가고
자 생각하였던 20명은 채우지 못하고 있었다. 3년 동안 빈객으로 머물러 있었다는
毛遂가 스스로를 추천하여 앞으로 나섰다. 평원군은 모수가 자신의 집에 머물렀던
기간을 묻고 말하였다. "무릇 賢士가 처세함은 송곳이 주머니 안에 있는 것과 같으
니(錐之處囊中) 그 뾰족한 끄트머리가 드러나게 마련이지. 지금 先生이 나의 門下에
3년이나 있었다면서 주변에서 칭송하는 소리를 들은 바가 없고, 나도 그런 소문을
들은 것이 없으니, 이는 선생이 보여 줄 만한 것을 갖고 있지 못한 탓이겠지. 선생은
같이 갈 수 없네. 여기 그대로 있으시게." 모수가 말하였다. "신은 오늘에야 비로소
주머니 안에 넣어 주기를 바라는 것입니다. 저로 하여금 일찍이 주머니 안에 넣어지
도록 하여 주었다면 자루까지 드러나 보였을 것이니 특별히 송곳 끝만 보이게 되는
데서 그치지는 않았을 것입니다." 이에 모수는 20번째 사람으로 뽑히게 되었고, 다
른 19명은 그런 모수를 크게 비웃었다. 그러나 모수의 활약으로 평원군 조승은 초나
라 왕의 마음을 움직일 수 있었고, 모수는 그를 비웃었던 그 19명으로부터 칭송을
들을 수 있게 되었다.(『史記』, 「列傳」, '平原君虞卿列傳')

19) 안동대학교 퇴계학연구소, 『退溪學資料叢書』 5(아세아문화사, 1994), 75쪽(『忍齋先生實
記』, 卷上, 詩, 「閒居次趙士敬 · 具景瑞 · 金舜擧 · 權景受 諸人唱酬韻」), "少年前去路方長/
發憤功深未遽凉/ 十九人前何畏笑/ 愧君先自剗剛腸//"

20) 안동대학교 퇴계학연구소, 『退溪學資料叢書』 5(아세아문화사, 1994), 75쪽(『忍齋先生實
記』, 卷上, 詩, 「閒居次趙士敬 · 具景瑞 · 金舜擧 · 權景受 諸人唱酬韻」), "幽懷多少寄吟窓/
畢竟空言不入腔/ 襲置無令傳衆手/ 人人未必便心降//"

김팔원金八元·구봉령具鳳齡·금난수琴蘭秀[22]와 더불어 계를 결성하고 의론을 나누었다. 대략 다음과 같은 이야기였다. 우리 붕우들은 잠깐 만났다가 바로 헤어지므로 특별히 강론하고 도야하는 이익이 없으니, 4계절마다 산사山寺나 촌사村社 등 가깝고 조용한 곳에 잡스러운 책은 제외하고 경전이나 사서 중의 책 하나씩을 소지하고 모여서 읽기로 하자. 기미己未에 권대기와 같이 부용산芙蓉山에 올라 독조동獨造洞에 정사精舍 세울 일을 의론하였다. 시가 있다. 독조동은 집 뒤쪽으로 3리 떨어진 곳에 있다.

4) 행록(아들 宇 지음)

선군先君은 가정嘉靖 계미년癸未年에 출생하여 만력萬曆 정해년丁亥年에 돌아가셨으니, 향년 65세였다. 어려서는 과거공부를 하였는데, 출중한 재주로 이름이 높았다. 더욱 경학經學에 뛰어나서 읽고 낭송하는 것을 자세하게 두루 꿰고 있었다. 종유하는 사람들 중에 한 시대에 명망 높

---

21) 안동 와룡산에 있던 사찰. 현존하지 않는다고 한다.
22) 琴蘭秀: 1530(중종 25)~1604(선조 37). 본관은 奉化. 자는 聞遠, 호는 惺齋 또는 孤山主人. 경상북도 봉화 출생. 아버지는 첨지중추부사 琴憲이며, 어머니는 英陽南氏로 교수 南軾의 딸이다. 처음 金進에게 글을 배웠고, 뒤에 李滉의 문하에 들어가서 수학하였다. 1561년(명종 16) 사마시에 합격하였다. 1577년(선조 10) 齊陵의 참봉을 비롯하여 集慶殿과 敬陵의 참봉을 지내고, 1585년 長興庫奉事가 되었다. 그 뒤 直長·장례원사평을 지냈으나, 1592년 임진왜란이 일어나자 노모의 봉양을 위해 고향에 은거하다가 정유재란 때 고향에서 의병을 일으키니 많은 선비들이 호응해서 참가하고 지방민들은 군량미를 헌납했다. 그해 성주판관에 임명되었으나 부임하지 않았고, 1599년 고향인 봉화의 현감에 임명되어 1년 만에 사임하고 집에 돌아왔다. 좌승지에 추증되고 禮安의 東溪精舍에 제향되었다. 저서로는 『惺齋集』이 있다.(네이버 지식백과『한국민족문화대백과』, 한국학중앙연구원, 20190903 검색)

은 사람들이 많았다. 임자년에 생원시에 합격하였다. 국학에 유학하여 경전을 통관하고 학업에 힘을 쏟았다. 세 번 별시에 나아갔으나, 전시展試에서는 좋은 결과를 얻지 못하였다. 40세 이후에는 과거에 나가지 않고 전야에서 만족하며 살아갔다. 바깥세상으로부터 얻으려는 것이 없이 위기지학爲己之學에 마음을 쏟았다. 후생들을 잘 깨우쳐서 방향을 잃지 않도록 만들어 주었다. 성품이 대쪽 같고 성질이 맑고 성실하였으며, 강직하게 잡아 지키는 것이 있었다. 가난하게 살았으나 원망하는 법이 없었고, 다른 사람의 부유하고 귀한 것을 부러워하지 않았다. 맡은 일에는 진실하게 임하였고 고요히 머물러 있는 것을 즐겼으며, 속이거나 꾸미는 것을 즐겨하지 않았고, 다른 사람에게 굴복하는 것을 치욕으로 여겼다. 남들이 알아주기를 바라지 않았다. 붕우 중에 요직에 오른 사람이 벼슬자리를 구해 보라 권하여도 조용히 듣고 있기만 하였다. 불의를 싫어하고 부끄럽게 여겼다. 다른 사람의 좋지 못한 행위를 듣게 되는 경우에는 슬퍼하면서 더 들으려 하지 않았다. 일에 임하여서는 반드시 먼저 마땅한 것인지를 따져 보고 행하였다. 일찍이 의롭지 않은 방법으로 다른 사람을 억압하는 경우가 없었다. 또한 평생 동안 다른 사람과 다투었던 적이 없었으며, 사소한 이익 때문에 비루하고 자잘하게 일을 꾸미는 경우에는 수긍하는 말을 내놓아 본 적이 없었다.

고아한 것을 좋아하여 담담하게 처신하였으며, 구차하게 생업에 연연하지 않았다. 입고 먹는 것은 주어지는 것에 만족할 뿐이었다. 평소에는 말과 웃음이 적었으며, 아무 쓸모가 없고 말할 줄도 모르는 사람으로 자처하였다. 사람을 대할 때에는 크게 즐거워하여 진실한 마음으로 맞이하였다. 겉으로만 꾸며 대하는 법이 없었다. 친족이나 이웃 사람들

중 궁핍한 사람이 있으면 힘닿는 대로 서로 두루 구휼하는 것을 임무로 여겼다.

　백부께서 일찍 세상을 떴으므로 선군께서 노친老親을 모셨다. 조고祖 考께서 90을 넘기셨는데, 정신이 혼몽하여 사리를 밝게 알지 못하신 것 이 거의 10년이나 되었음에도 따뜻하게 지내시게 하고 서늘하게 지내시 게 하는 일과 맛난 음식을 올리는 것에 아주 정성과 사랑을 다 쏟았다. 서모庶母의 말을 잘 들어 항상 즐거운 마음으로 환대하셨다. 친상을 당 하셨을 때는 장례와 상례에 극진한 정성을 다하였으며 복상기간이 끝 난 뒤에도 삭망마다, 그리고 민속의 명절을 만날 때마다 새로 수확한 것들을 정성 들여 구비하고 지방紙榜을 써서 제를 올렸는데, 애모하는 마음이 처음과 조금치도 다름이 없었다. 질병으로 근력이 약해지셨을 때가 아니라면 모든 제사는 반드시 몸소 친족들을 대동하고 정성과 공 경을 다해 받들었다. 종가宗家의 제향에 어쩌다 참례하지 못하게 되기라 도 하면 걱정스러워 눈물을 흘리기도 하였고, 힘을 다해 제물을 차리는 것을 도왔다. 조상들의 묘소는 멀리 있는 것이든 가까이 있는 것이든 가리는 법이 없이 모두 잘 정비하고 비석을 세웠다. 백부가 살아계실 때에는 부친처럼 모셨고, 돌아가신 후에는 기일을 맞을 때마다 눈물을 참지 못하였다. 숙부는 다른 고을에 처가살이를 하였는데, 선군先君은 같이 사는 것이 중요하다 여겨서 마땅한 계책을 마련하여 옆집에 사시 게 하였는데, 즐거움과 슬픔을 같이하였고, 서로 친애하는 것이 팔다리 를 아끼는 것 같았다. 종형從兄이 아주 가난하여 과거를 보러 갈 처지가 되지 못하였으므로 힘이 닿는 대로 자금을 공급하여 주었고, 언제나 집 으로 오게 하여 독송讀誦하는 공부를 부과하였다. 마침내 등제하게 되었을 때엔 자신의 아들이 급제한 것보다 더 기뻐하였다. 평소에 행하였던 효성과 우애의 모습들은 다른 사람이 알 수 없는 것이 많았다.

평소에 집안에서 친척들을 대할 때에는 남녀를 차등을 두어 대하고 (別男女) 은혜를 돈독하게 베푸는 것(篤恩意)을 위주로 삼았다. 자제들을 훈계할 때엔 반드시 효제충신孝弟忠信에 의거하였고, 향당에서 처신함에 있어서는 겸손함과 공경함을 갖추어 스스로를 낮추었으니, 뭇 사람들이 '부모의 향당에 사는 모습은 반드시 이와 같아야 한다'고 말하는 것과 다름이 없었다. 그러나 선과 악을 분별함에 있어서는 자신을 따르는 사람인지 아닌지를 구별하지 않았으며, 불선한 것들은 아주 싫어하였다.

평소에 기거함에 있어서는 반드시 새벽같이 일어났고, 의관을 갖추어 입음에 나태한 법이 없었다. 노인이 되었을 때까지 언제나 그러하였다. 담백한 것을 좋아하여 특별히 애호하는 것이 없었으나 오직 성현의 격언이나 당대 현인들의 언행 같은 것을 듣게 되면 앙모하는 태도를 그치는 법이 없었다. 시詩와 술(酒)을 좋아하여 조용히 즐겼는데, 시대를 논난할 때에는 개탄하면서 시를 읊으며 잔을 기울이는 것으로 스스로를 위로하였다.

일찍이 자제들을 훈계하여 말씀하셨다. "우리 집안은 조상들 이래 대대로 아주 화목하고 우애가 돈독하였다. 고조께서는 형제자매에게 분재하실 때엔 먼저 한 장의 종이에 '얻기 어려운 것이 형제이다'(難得者兄弟)라고 써서 경계를 삼았다. 증조께서는 처음 벼슬살이를 하게 되었을 때 받은 녹봉을 언제나 스스로는 죽조차 끓여 먹기 어려운 주위의 가난한 친족에게 나누어 주었다. 조부께서는 형제들과 분재할 때 형제들이 원하는 대로 취하도록 맡겨 두었고, 부족해 보이는 형제에게는 더욱 보태 주었다. 나의 돌아가신 부친의 경우에도 역시 그러하였으니, 형제자매의 요구를 들어주어 스스로 취하도록 하였다. 또한 제사를 공경히 받들어서 연수가 이미 아흔(老期)에 이르러서까지 반드시 몸소 주재하셨다. 이것이 우리 가문의 오랜 기풍이니, 너희들도 잘 보고 그 속에 깃든 생각을 그르치지 말기 바란다." 질병이 깊어져서 집안일에 대해서는 한마디도 할 수 없는 처지가 되었어도 오직 제사를 공경으로 받들라는 말만을 남기셨다.

또 불초한 나에게 일찍이 이렇게 말씀하신 적이 있다. "독서만큼 지극한 즐거움을 주는 일이 없고 자식을 가르치는 것만큼 지극히 중요한 것이 없는 법이다. 옛사람들의 말씀은 진실로 맛이 있는 것이다. 나는 어렸을 때 공부하는 힘을 잃어 이루어 낸 것이 없으나, 너는 힘써 공부하도록 하여라. 만약 실리를 구현하는 일(實行)에 힘쓰지 않고 사람들이 알아주기를 바라는 공부만 중시한다면 이것은 내가 원하는 바가 아니다." 모자라는 나는 이미 질병에 걸려 있어 과거공부를 폐할 수밖에 없게 되었다. 부친께서는 매양 말씀하셨다. "너 자신으로 하여금 질병을 다스려 나가게 하고, 몸가짐을 삼가 잘 이끌어 나가도록 하여라. 너의 아우는 네 자식과도 같으니 사람됨을 잃지 않도록 이끌어라. 비록 입신양명(立揚)의 전망을 잃었다고 하지만 내가 어찌 한스러워하겠느냐?' 부족한 내가 전날 미관(微官)으로 밖에 나가 있을 때 맛난 음식(膳味)이 있을 때마다 부쳐 드리면 바로 서신을 보내 이렇게 경계하셨다. "이렇게 하는 것은 내가 바라는 것이 아니다. 매양 이렇게 하다가는 언제라도 아랫사람들에게 원망을 받을 것이다. 오직 삼가 말하고(慎言語) 음식을 절약(節飲食)하거라. 자신을 놓아 버리지 않는다면 병이 나을 수도 있을 것이다." 부족한 내가 엄중한 훈도를 받들어 이어가지 못하였으니, 헛되이 아프게 생각하며 그리워할 따름이다. 불효의 죄가 이보다 더 클 수는 없을 것이다.[23]

5) 행략(柳道源[24] 지음)

공의 이름은 대기大器, 자는 경수景受, 호는 인재忍齋이다. 관향은 안동이다. 가정 계미년에 출생하여 만력 정해년에 타계하였다. 향년 65세였다. 아들 굉宏이 원종공신原從功臣이 되었으므로 사헌부집의司憲府執義에 추중되었다. 성품이 대쪽 같고 성질이 맑았으나 군건하게 고집하는 것이 있었다. 집안에서는 효성과 우애가 높았고, 향리에서는 충성스럽고 믿을 만하다는 명망을 얻었다. 소시에는 과거공부를 하였다. 30대 중반에 사마司馬가 되었고, 국학에 들어가 경전을 통독하고 힘써 공부하여 칭송을 받았다. 과거공부를 폐하고는 도산陶山을 왕래하며 위기지학爲己

---

23) 안동대퇴계학연구소, 『退溪學資料叢書』 5(아세아문화사, 1994), 78~83쪽(『忍齋先生實記』, 「行錄」[權宇]).
24) 柳道源: 1721(경종 1)~1791(정조 15). 본관은 全州. 자는 叔文, 호는 蘆厓. 경상북도 안동 출생. 참의 柳觀鉉의 아들이다. 참의 柳升鉉에게 입양되었다. 동생인 柳長源과 함께 李象靖의 문인이다. 어려서부터 재주가 뛰어나 네 살 때부터 글을 배우기 시작하였다. 부모에 대한 효성이 지극하였을 뿐더러 동생 장원과의 우애 또한 돈독하였다. 일찍이 진사시에 합격하였으나 벼슬에 뜻이 없어 더 이상 과거 볼 것을 단념하고, 存心·涵養의 실천적 수행으로 爲己之學에 전념하였다. 성격이 매우 청백하여 평소 남들과 함부로 어울리기를 꺼려하였다고 한다. 생활이 매우 규범적이어서 「十戒」·「三箴」 등의 경구를 벽에 써 붙여 놓고 항상 애송하며 마음을 닦는 데 주력하였다. 학행이 널리 알려져 道薦으로 明陵參奉에 제수되었으나 취임한 지 3일 만에 병을 청탁하고 사직, 고향에 돌아가 후진 양성에 전념하였다. 1790년(정조 14) 노인직으로 첨지중추부사가 되었다. 注釋學에 밝았다고 하며 많은 저술을 남겼다. 저서로는 문집인 『蘆厓集』을 비롯하여 『退溪先生文集攷證』·『日警錄』 등이 있다.(네이버 지식백과『한국민족문화대백과』, 한국학중앙연구원, 20190903 검색)

之學에 전력을 기울였다. 조월천趙月川, 김지산金芝山, 구백담具栢潭, 금성재琴星齋와 계를 만들어 매 4계절의 마지막 달마다 모여서 강설하고 토론하기로 약속을 정하여 매년 변함없이 그렇게 하였다. 그 학문은 궁행심득躬行心得을 요체로 삼았다. 명성과 이록利祿을 경계하고 첨렴과 절약으로 자신을 지켰다. 남이 알아주기를 바라지 않았어도 사람들이 더욱 많이 믿고 따르게 되었다. 한 시대 문장이 높은 바른 선비들이 그 문하에서 많이 나왔다. 다섯 아들을 두었다. 장자는 우宇인데, 도산에서 수업하였다. 그 아래 아우들은 다 문장과 행의로 당대에 이름이 알려졌다.[25]

6) 묘지(아들 寰 지음)

부군府君의 성은 권씨, 이름은 대기, 자는 경수인데, 안동인이다. 고려 태사太師 행幸[26]이 시조이다. 12세 경보京輔에 이르러 금자광록대부金紫光祿大夫, 문하시랑門下侍郎, 평장사平章事, 판이부사判吏部事에 추봉되었다. 이분이 휴休를 낳았는데, 전의주부典儀主簿이다. 이분이 정평正平을 낳았는데, 판도정랑版圖正郎으로 통정대부通政大夫 공조참의工曹參議를 증직으로 받았고, 바로 현덕왕후顯德王后[27]의 증조이다. 정평이라는 분은 덕생德生

---

25) 안동대퇴계학연구소, 『退溪學資料叢書』5(아세아문화사, 1994), 84~85쪽(『忍齋先生實記』, 「行略」[柳道源]).

26) 權幸: 본관은 安東. 안동권씨의 시조이다. 『高麗史』「태조세가」에는 '行'이라 하였다. 본성은 金이라고 한다. 930년(태조 13) 후백제의 甄萱이 古昌郡을 포위하여 전세가 고려에게 매우 불리하였다. 이때 庾黔弼의 주장으로 공격을 하여 대승을 거두었다. 이 승리는 당시 고창지방 호족으로 추측되는 이들이 협조를 잘 하였기 때문이었다. 이 전공으로 태조는 안동을 본관으로 삼게 하고, 大相이라는 관계를 내려주었다. 『增補文獻備考』에는 三韓壁上功臣三重大匡太師亞父로 봉해진 기록도 보인다. (『한국민족문화대백과사전』, 20190903 검색)

을 낳았는데 낭장郞將이다. 이분은 자형子衡을 낳았는데, 평양도병마단련

사平壤道兵馬團練使이다. 이분이 해諧를 낳았는데, 수의교위修義校尉이다. 이

분이 가후可後를 낳았는데, 부사정副司正이다. 이분이 징徵을 낳았는데,

지평持平이고, 북평사北評事로 함관咸關에서 순절하였다. 부군에게는 증조

가 된다. 부군의 조부는 갑성甲成이니, 병절교위秉節校尉이다. 부친은 엽燁

이니, 증직 군자감정軍資監正이다. 부인은 인동장씨仁同張氏 장사랑將仕郞

양필良弼의 여식이다. 부군은 가정 계미년에 출생하여 만력 정해년에 타

계하셨다. 향년 65세이다. 임자 생원에 합격하였다. 아들 굉玄이 원종공

신이 되어 집의執義로 추증되었다. 성품이 대쪽 같고 성질이 깨끗하였으

며, 굳건하게 고집하는 것이 있었다. 젊은 시절에 국학에서 공부하여

---

27) 顯德王后: 1418(태종 18)~1441(세종 23). 조선 제5대 왕 문종의 비. 본관은 安東이다.
花山府院君 權專의 딸이다. 1431년(세종 13) 세자궁에 선임되어 承徽에 올랐다. 1433
년경 良媛에 진봉되었다. 1437년 종부시소윤 奉礪의 딸 純嬪이 부덕하여 폐빈된 뒤
세자빈이 되었다. 성품이 단아하고 효행이 있어 세종과 昭憲王后의 총애를 받았다.
1441년 元孫(뒤의 단종)을 출생하고 3일 뒤에 죽었다. 같은 해 顯德이라는 시호를
받았다. 경기도 안산시 治之古邑山에 예장되었다. 1450년(문종 즉위년) 현덕왕후에
추숭되었다. 魂殿號는 景禧殿이다. 능호는 昭陵이라고 명명되었다. 1452년(단종 즉위
년) 문종과 합장되면서 顯陵으로 개호되었다. 1454년 仁孝順惠의 존호가 추상되었다.
같은 해 문종의 신주와 함께 종묘에 봉안되었다. 1457년(세조 3) 현덕왕후의 어머니
阿只와 동생 自愼이 1456년에 단종의 복위를 도모하다가 사형당하고, 아버지 전이
追廢되어 서민이 되었다. 그리고 아들 魯山君이 종사에 죄를 지어 君으로 降封되었다.
이에 "그 어미 된 자가 왕후의 명호를 유지함은 마땅하지 않으니 추폐하여 서인으로
삼고 개장해야 한다"는 의정부의 啓에 따라 폐위되었다. 이와 함께 종묘에서 신주가
철거되고, 평민의 예로 개장되었다. 1471년(성종 2) 南孝溫이 追復을 건의하였다.
1495년(연산군 1)에는 대사간 金克忸, 사간 李宜茂, 헌납 金馹孫 등이 현덕왕후의 추
복을 獻議하였다. 1512년(중종 7)에도 晝講 석상에서 경연검토관 蘇世讓이 추복을 건
의했으나 실현되지 못하였다. 이듬해 종묘에 벼락이 치자 그것을 계기로 재차 논의
되면서 傳敎로 추복되었다. 그리하여 현릉 동쪽에 이장되었다. 신주는 종묘 文宗室에
봉안되었다. 親家도 1699(숙종 25) 단종의 祔廟와 함께 신원되었다. 소생으로는 단
종과 寧陽尉 鄭宗에게 시집간 敬惠公主가 있다. 시호는 仁孝順惠顯德王后이다. 능호는
顯陵으로 경기도 구리시 인창동에 있다.(네이버 지식백과『한국민족문화대백과』, 한
국학중앙연구원), 20190903 검색)

경전을 통독하고 힘써 공부하였다. 40 이후에 이르러 과거공부에 힘쓰지 않게 되었다. 빈천한 처지였으나 원망하지 않았고, 다른 사람들이 부유하고 귀한 것을 앙모하는 법이 없었다. 붕우 중에 요직에 오른 사람이 출사하기를 권하기도 하였으나 담담하게 흘려 넘겼다. 후생들을 가르쳐서 명인 문사가 그 문하에서 많이 배출되었다. 백부께서 일찍 세상을 떠나서서 조고祖考를 봉양하였다. 조고의 연수는 90을 넘겨 혼몽하여 세상일을 살피지 못하며 사신 것이 거의 10년이나 되었다. 따뜻하게 지내시게 하고 서늘하게 보내시게 살피고 맛난 음식을 드시게 하며 아주 정성을 다하였다. 가친께서 돌아가셨을 때는 장례에 정성을 다하고, 복상기간이 끝났을 때엔 매 삭망이나 속절俗節마다 반드시 정성으로 제물을 바쳐 올리고 지방을 써서 제사하였는데, 애모하는 모습이 처음과 같았다. 조상의 묘소는 멀리 있는 것이나 가까이 있는 것을 가리지 않고 잘 수비하고 비석을 세워 가꾸었다. 백부가 살아계실 때엔 아버지처럼 섬겼고 돌아가신 후에는 기일을 맞을 때마다 감당할 수 없을 정도의 슬픔으로 눈물을 떨구었다. 숙부께서는 다른 고을에서 처가살이를 하였는데, 경영을 돌보아 고향으로 돌아올 수 있게 하고 슬픔과 즐거움을 함께하였다. 그 효성스럽고 우애 높은 것은 천성이라 할 수 있었다. 집 안에 있는 날에는 반드시 새벽처럼 일어나 의관을 단속하였는데, 노인이 되었을 때까지 흐트러짐이 없었다. 남녀를 분별하고 은의恩義를 돈독히 하는 것을 위주로 행동하였다. 자제들을 무엇보다 효제충신孝悌忠信으로 훈도하였다. 향당에서는 공경하고 겸손하게 자신을 낮추었다. 그러나 선과 악을 분별하여 구차하게 다른 사람을 따르지는 않았다. 이상은 그 지행志行의 대략이다. 그 평생 동안의 언행은 가장되어 오는 행록

行錄에 상세하게 밝혀져 있다. 부군은 세 부인을 두었다. 진성이씨 장사
랑 제濟의 여식, 능성구씨 간幹의 여식, 홍해배씨 희도希度의 여식이다.
장자는 우宇인데 왕자사부王子師傅이고 증직 승지承旨이다. 따님은 변회옥
卞懷玉에게 출가하였다. 이상은 이씨 소생이다. 아들 굉紘[28]을 낳았는데,
영릉참봉英陵參奉이고 원종공신原從功臣이다. 아들 면勉은 생원이다. 딸은
조효원趙孝元, 이광필李光弼, 정석윤鄭錫胤, 현감 금응훈琴應壎[29] 등에게 출
가하였다. 이상은 배씨의 출생이다. 우宇는 5남1녀를 두었다. 아들은 익
민益民, 익정益丁, 익신益臣, 생원 익린益鄰[30], 익겸益謙 등이다. 딸은 이지李
摯에게 출가하였다. 굉紘은 3남2녀를 두었다. 아들은 익한益瀚·익호益

---

28) 權紘: 1575(선조 8)~1652(효종 3). 본관은 安東. 자는 仁甫, 호는 震峰. 안동 伊溪里
    출생. 아버지는 贈執義 權大器이며, 어머니는 曲江裵氏이다. 權春蘭의 문인이다. 아버
    지와 형 權宇는 이황의 문인으로 학덕이 높았으므로, 어려서부터 부형의 가르침을
    받았다. 1603년 司馬試에 합격하였고, 1627년 학행으로 추천을 받아 尙衣院別坐가 되
    었다. 그해 정묘호란이 일어나자, 강화도로 왕실을 호종하여 昭武와 寧社의 두 原從
    功臣에 녹훈되고 別提에 승진하였으나, 병으로 사임하고 고향으로 돌아왔다. 1630년
    동궁의 副率가 되고, 1633년 英陵參奉이 되었으나 곧 사임하였다. 병자호란 때, 남한
    산성의 치욕을 당하자 시를 지어 국가의 운명을 개탄하고 태백산 震峰 아래 들어가
    서 띳집을 짓고 臥龍草堂이라 이름 한 뒤, 앞에 작은 단을 쌓아 '大明塢'라 하고 대나
    무를 심어 굳은 절개를 표하였다. 저서로는 『震峰逸稿』 2권이 있다.(네이버 지식백과
    [『한국민족문화대백과』, 한국학중앙연구원], 20190903 검색)
29) 琴應壎: 본관은 奉化. 자는 壎之, 호는 勉進齋. 아버지는 訓導 琴梓이며, 어머니는 金孝
    盧의 딸이다. 李滉의 문인이며, 柳成龍·趙穆과 교우하였다. 1570년(선조 3) 사마시에
    합격, 1594년 학행에 의하여 영의정 유성룡 등의 천거를 받아 宗廟署副奉事에 제수되
    었다. 그 뒤 영춘현감과 양천현감 등을 역임하고 1601년 의흥현감에 제수되었으나,
    유성룡과 조목의 요청에 따라 사직하고 『退溪先生文集』 간행실무자로 참여하였다.
    외관시에는 선정으로 명망이 높았고, 퇴관해서는 후진교육에 전력해 큰 성과가 있었
    다.(『한국민족문화대백과』, 한국학중앙연구원, 20190903 검색)
30) 權益鄰: 본관은 安東이며, 字는 隣哉, 號는 琴谷이다. 承政院 左承旨를 지낸 宇의 아들이
    다. 張顯光의 문하생으로 1616년(광해군 8) 丙辰 增廣試에서 生員 三等 31위로 급제하
    였으나 병자호란 이후 관직에 뜻을 버리고 太白山에 들어가 은거하였다. 은거 중에
    도 淸陰 金尙憲과는 편지로 교류하였으며 조정에서 여러 차례 벼슬길에 나올 것을
    권하였으나 나가지 않았다. 인조가 大明翁이라는 호를 하사하였다.(네이버 지식백과
    [『두산백과』], 20190903 검색)

湖 · 익시益時이다. 딸은 진사 금세겸琴世謙31), 유원간柳元幹 등에게 출가하
였다. 성成은 2남2녀를 두었는데, 아들은 익점益漸 · 익진益晉이고, 딸은
구급具岌, 진사 안숭경安崇慶에게 출가하였다. 환寏은 3녀를 출생하였는
데, 아들이 없었으므로 익시益時를 후사로 들였다. 딸은 김장金碾에게 출
가하였다. 둘째 딸은 아직 어리다. 면勉은 1남을 두었는데, 익삼益三이
다. 익민益民은 2남을 두었는데 혁赫과 철喆이다. 내외의 손자 증손들은
너무 많아 다 수록하지 못한다. 부군은 돌아가신 지 3월에 안동부 북쪽
이계伊溪 구로동九老洞 건좌乾坐의 산언덕에 장례하였다. 이씨의 묘소는
앞에 있고, 배씨의 묘소는 좌측 옆, 구씨의 묘소는 아래쪽 조금 동쪽으
로 있다. 숭정 9년 병자 7월 아무날 아들 장릉참봉章陵參奉 환寏 피눈물을
흘리며 삼가 쓰다.32)

7) 권후지卷後誌

나는 어린 시절 『상채어록上蔡33)語錄』을 읽다가 배우는 사람은 모름

---

31) 봉화금씨 조항의 과거급제자 진사 부분에는 금세겸의 이름이 있다.(위키백과, 우리
    모두의 백과사전, 20190903 검색)

32) 안동대퇴계학연구소, 『退溪學資料叢書』 5(아세아문화사, 1994), 85~89쪽(『忍齋先生實
    記』, 「墓誌」[權寏]).

33) 謝上蔡: 1050~1103. 이름 良佐. 자 顯道. 시호 文肅. 河南省 上蔡縣 출신. 1085년 진사
    에 급제, 성품이 강직한 탓으로 관직은 州縣의 知事를 오랫동안 역임하였으나 후에
    口禍 때문에 서민이 되었다. 두 程子인 程顥 · 程頤 형제에게서 학문을 수학하였고,
    특히 정호의 학풍을 존숭하여 一家를 이루었으며, 游酢 · 呂大臨 · 楊時와함께 四先生
    으로 일컬어졌다. 저서에 『論語說』이 있어 세상에 널리 행해졌다고 하나 현재는 전
    하지 않는다. 그의 설은 朱子의 集註에 많이 인용되었고 그의 사상은 제자들이 편집
    한 『上蔡先生語錄』(3권)에서밖에 볼 수 없으나 宋代의 신유학 형성을 위하여 큰 힘이
    되었다.(네이버 지식백과『두산백과』, 20190905 검색)

지기 '명리관을 넘어서야 조금 쉴 수 있는 곳'(透得名利關方是少歇處)34)이 있을 것이라는 문장에 이르러 문득 놀라서 땀을 흘리며 두려운 마음으로 탄식하며 말한 적이 있다. "진실한 말이로다. 천하의 무수한 영재, 학업에 뜻을 둔 사람들 중 이 관문에 당해 무너진 자가 고금에 몇 사람인 것인가?" 내가 들은 바에 의하면 인재忍齋선생 권공權公 같은 이는 이 관문을 뛰어넘어 휴식할 곳을 얻어 가진 경지의 인물이라 할 수 있을 것이다. 선생은 금옥의 자질을 갖추었고 도산陶山의 가르침을 받았으며, 세상으로부터 물러나 문하의 여러 현자들과 더불어 절차탁마하여 당대의 명유名儒라는 아름다운 경지를 이루었다. 그 덕성과 학문의 성취는 후생말학後生末學으로 감히 논할 수 있는 것이 아니지만, 그 긴요하게 힘쓴 일에 대해서는 아직 남아 있는 것이 있다. 선생은 일찍부터 과거장에 드는 것을 사절하고 명리에는 마음을 두지 않았으며, 돈독하게 도를 지키는 일만을 수행하였다. 곤궁하게 살았지만 세상 사람들이 한오인寒燠人35)으로 보는 것에도 후회함이 없었으므로, 그 마음이 흔들리는 법이 없었다. 이로써 장자인 송소공松巢公36)이 병을 핑계 삼아 과거공부를 폐기하고자 하였을 때 흔쾌히 허용하며 다음과 같이 말할 수 있었던 것이다. "너 자신의 병을 다스리고 몸가짐을 삼가 자제들을 가르쳐 사람됨을 잃지 않게 한다면 입신양명의 소망을 버렸다고 하여서 내가 어찌 한탄할 일이겠느냐?" 벼슬을 얻어 서울에 올라가 있을 때엔 또 이러한 서신을 보내 경계하도록 하였다. "힘써 벼슬살이에 종사한다면 아마 감

---

34) 『心經附註』, 第4卷, 「雞鳴而起章」, "上蔡謝氏曰, 透得名利關, 方是小歇處. 今之士大夫, 何足道? 能言, 眞如鸚鵡也."
35) 寒燠人: 입김을 불어 찬 손을 녹이며 사는 사람.
36) 松巢公: 權宇의 호가 松巢.

당할 수 없는 처지가 될 것이니 만약 사퇴할 만한 상황이 된다면 서둘러 도모하는 것이 아주 좋은 일일 것이다. 내가 네게 바라는 것은 본래 이러한 것에 있지 않고, 단지 학문에 힘써 큰 성취를 이루어서 쇠약해진 가문을 붙잡아 일으키는 것에 있을 따름이다. 지금부터라도 시속을 좇지 말고 양생의 책임을 다하여라. 아! 그만두는 것보다 좋은 일은 없는 것이다." 그 자식을 이렇게 가르칠 수 있는 사람이 있을 것인가? 바로 이러한 것을 통하여 그 의지를 돈독하게 세우고, 중요한 것을 잃지 않기 위해 힘쓰며, 근본적인 것을 바르게 주고받으며, 덕성과 학문의 실질을 성취한 정도를 알 수 있을 것이다. 선생과 같은 이야 말로 진실로 사씨의 가르침에 한 점 부끄러움이 없는 사람일 것이고, 오직 이 한두 마디만으로도 그 이룬 것을 충분히 후세에 전해 준 것이라는 점을 확인할 수 있을 터이다. 어찌 여러 마디가 필요한 것이겠는가? 지금 구름같이 따르는 많은 현자들이 그 그윽하게 숨겨진 빛을 드러내려는 소망을 품고 병화로 흩어져 버리고 남은 것들을 모아들여 겨우 5, 6편의 글만을 얻어 갖추고, 만사나 뇌문誄文 등을 덧붙여서 실기實記 1책을 만들게 되었다. 여러 판각장이들(剞劂氏)에게 그것을 맡기며 허투루 그릇된 것들을 바른 것으로 만들지 못하게 하기 위해 그 편목의 차례를 정하였다. 또 한마디 중요한 말로 그 후생들에게 명확하게 밝히려 한다. 나의 선대인 노애공蘆厓公[37] 역시 일찍이 서술한 바가 있으니 그것은 책 속에 포함되어 있다.[38] 자식으로서 어찌 이것에 아무 감상이 없겠는가? 나는 이미 누차 이 글을 쓰는 것을 사양하였으나 뜻을 이루지 못하였다. 그래서

---

37) 蘆厓公: 柳道源의 호가 蘆厓.
38) 유도원이 지은 「行略」이 수록되어 있는 것을 말한다.

부자의 이름이 권말에 같이 붙는 영예를 얻게 되었다. 이렇게 그 마음 속에 이는 소감을 간략이 적어 보내는 바이다. 신미년辛未年 4월 상한上澣 완산完山 유범휴柳範休[39] 삼가 쓰다.[40]

---

39) 柳範休: 1744(영조 20)~1823(순조 23). 조선 후기의 문신. 안동 출신. 본관은 全州. 자는 天瑞, 호는 壺谷. 공조참의 柳升鉉의 손자이다. 아버지는 참봉 柳道源이며, 어머니는 의성김씨로 金景溫의 딸이다. 1760년(영조 36) 金江漢의 사위가 되어 학문적인 감화를 입었으며, 1772년 李象靖의 문하에 나아가 수년간 학문에 전념하였다. 1780년 (정조 4) 생원시에 합격하고, 1785년 천거로 泰陵參奉에 임명되었다. 부임할 무렵『심경』·『근사록』·『師門簡牘』을 여장과 함께 꾸리고는 "이 책들은 나의 嚴師이다"라고 하였다. 1787년 사용원봉사, 약방제조를 거쳐 1788년에는 평시서직장에 임명되었다. 이후 의금부도사, 송화현감, 장악원주부, 사도시첨정을 거쳐 1795년에는 高城郡守로 부임해 군정을 바로잡고 선정을 베풀었다. 1797년 安邊府使로 부임했다가 2년 만에 사직하고 고향으로 돌아와 학문에 주력하였다. 유범휴는 일생 주희·이황·이상정 의 학문을 확충하는 데 노력하였다. 이런 연장선에서 1808년(순조 8) 영남 사림들이 백운동서원에서 강회를 개최하자『西銘』을 강의하였다. 또한, 泗濱書院·高山書院 강 회에서「玉山講義」·「白鹿洞規」·先師遺墨을 강의하는 한편, 선비들을 사빈서원에 모 아『심경』을 통독하였다. 그리고 일찍이 스승 이상정과 학문을 문답한 편지 중에서 중요한 것을 모아『師門簡牘』으로 정리하기도 하였다. 유범휴는 蔡濟恭·兪漢人·李 埦·權訪·鄭宗魯 등 경향의 명사들과 사회·학문적으로 두루 교유하였다. 특히 이 완·권방과는 벼슬살이하던 1787년 서울에서 자주 만나 經義·奉職·應務·出處·語 默의 절차에 대해 토론하였는데, 그 내용은『泮村問答』에 자세하게 정리되어 있다. 또한, 정종로·이완·유한인과도 역시 서울에서 만나 朱子書를 강독하며 학문적인 유대를 다지기도 하였다. 저서로는『반촌문답』·『사문간독』외에 문집인『壺谷集』이 있다.(네이버 지식백과『한국민족문화대백과』, 한국학중앙연구원, 20190907 검색)

40) 안동대퇴계학연구소,『退溪學資料叢書』5(아세아문화사, 1994), 97~100쪽(『忍齋先生 實記』,「卷後識」[柳範休]).

이계서당

뒤에서 본
송소종택 전경

송소종택 안내문

1. 개암선생연보

— 황명皇明 세종世宗 가정嘉靖2) 3년【중종대왕中宗大王 19】 갑신甲申 10월 4

---

1) 金宇宏: 1524(중종 19)~1590(선조 23). 본관은 義城. 자는 敬夫, 호는 開巖. 경상북도 성주 출신. 金從革의 증손으로, 할아버지는 증 도승지 金致精이고, 아버지는 부사 金希參이며, 어머니는 淸州郭氏이다. 李滉의 문인이다. 1542년(중종 37) 향시에 수석 합격하고, 1552년(명종 7) 진사시에도 수석으로 합격하였다. 1565년 경상도 유생을 대표해 여덟 차례에 걸쳐 중 普雨의 주살을 상소하였다. 이듬해 별시 문과에 을과로 급제해 예문관검열이 되었다. 그 뒤 注書・待敎・奉敎・典籍, 예조와 병조의 좌랑・정랑, 知製敎・正言・獻納 등 여러 관직을 두루 지내다가 1573년(선조 6) 副修撰이 되었다. 1578년 司僕寺正을 거쳐 동부승지・대사간・대사성 등을 지내고 이듬해 병조참의・승지에 이르렀다. 그러나 李銖의 옥사로 곧 파직되었다. 1582년 충청도관찰사가 되었다가 형조참의・장례원판결사・홍문관부제학 등을 역임하였다. 이듬해 유생 朴濟로부터 음흉하다는 탄핵을 받아 외직으로 물러나 청송부사・光州牧使 등을 지냈다. 1589년 관직에서 물러나 고향 성주로 돌아갔다. 그해에 동생 金宇顒이 鄭汝立의 옥사에 연좌되어 안동의 임지에서 회령으로 귀양 가자, 영천으로 달려가 동생을 만나 갓과 옷을 벗어 주고 시 한 수를 지어 주며 이별했다 한다. 대사간으로 있을 때 사사로이 獄訟을 결정한 형조판서를 당당히 탄핵해 주위 사람들을 놀라게 하였다. 상주 涑水書院에 제향되었다. 저서로『開巖集』이 있다.(네이버 지식백과『한국민족문화대백과』, 한국학중앙연구원)

2) 嘉靖: 중국 명나라의 제11대 황제인 嘉靖帝 朱厚熜 때의 연호이다. 1522년을 원년으로 1566년까지 45년 동안 사용되었다. 가정제는 1521년(정덕 16) 4월 20일 사촌형인 正德帝가 죽자, 5월 27일에 왕위에 올랐다. 그리고 새 임금이 즉위한 이듬해부터 새 연호를 사용하는 踰年稱元法에 따라 1522년부터 '嘉靖'이라는 연호를 사용했다. 가정 연간에는 북쪽의 몽골족과 남쪽의 왜구로부터 비롯된 이른바 '北虜南倭'의 문제가 명나라를 위협했다. 아울러 내각대학사인 嚴嵩이 전횡을 하면서 정치적 불안정도 커졌다. 가정제는 1567년 1월 23일(가정 45년 음력 12월 14일)에 죽었고, 그의 아들인 隆慶帝 朱載垕가 2월 4일(음력 12월 26일)에 왕위에 올랐다. 융경제는 연호를 '隆慶'으로 바꾸었는데, 그가 음력 12월 26일에 즉위했으므로 며칠 뒤인 1567년 2월 9일(음력 1월 1일)부터 바로 새로운 연호가 사용되었다. 그래서 음력을 양력으로

일 을미에 선생은 성주星州 사월곡리沙月谷里 집에서 출생하였다. 【선생의 고조高祖인 교위공校尉公은 부사府使 배혜裵惠의 사위가 되어 처음 이 마을에 살게 되었다.】

— 12년 계사癸巳. 【선생 10세.】 이를 갈 나이부터 아주 영리하고 특별히 진중하였다. 고요히 앉아 시끄러운 놀이를 즐거하지 않으니, 보는 사람들은 큰 그릇이 될 것이라는 것을 모두 알게 되었다.

— 16년 정유丁酉. 【선생 14세.】 문장이 날마다 진보하여 명성이 높아졌다.

— 20년 신축辛丑. 【선생 18세.】 비록 상투를 틀기 이전이었지만 이미 노성한 이름을 얻었다. 도량이 크고 의론이 정대하여 선생보다 나이 많은 사람들이 다 무겁게 여겼다.

— 21년 임인壬寅. 【선생 19세.】 감시監試3) 3장三場에 합격하였다. 【병비편並飛篇으로 삼장三場을 하였다.】 부인 남양홍씨南陽洪氏를 맞았다. 【찰방察訪 윤최胤崔의 여식이다. 우암寓菴 홍언충洪彦忠4)의 외손이다.】

변환하면 1567년 2월 8일까지는 가정 45년이고 2월 9일부터는 융경 원년이지만, 오히려 햇수를 셀 때 혼란을 일으킬 수 있으므로 양력으로는 1566년까지 '가정' 연호가 사용된 것으로 본다.(네이버 지식백과『두산백과』, 20190920 검색)

3) 國子監試의 준말. 朝鮮時代에 生員과 進士를 뽑던 과거.

4) 洪彦忠: 1473(성종 4)~1508(중종 3). 조선 중기의 문신. 본관은 缶溪. 자는 直頃, 호는 寓菴. 洪得禹의 증손으로, 할아버지는 洪孝孫이고, 아버지는 참찬 洪貴達이며, 어머니는 金淑正의 딸이다. 1495년(연산군 1) 사마시에 합격하고, 그해에 또다시 증광문과에 을과로 급제하였다. 승문원부정자에 이어 정자·저작·박사 등을 역임하였다. 1498년 賜暇讀書(문풍을 일으키기 위해 유능한 젊은 관료들에게 휴가를 주어 독서에만 전념케 하던 제도)하고, 質正官·부수찬·이조좌랑 등을 역임한 뒤 병으로 사임하였다. 1503년 修撰으로 복직해 敎理가 되고, 그해에 正朝使의 書狀官이 되어 명나라에 다녀왔다. 이듬해 갑자사화가 일어나자 글을 올려 임금을 간하다가 노여움을 사서 門外黜送되었다가 다시 진안에 유배되었다. 이어 아버지 귀달이 경원으로 유배될 적에 또다시 海島로 이배되었다. 집안사람들은 그가 유배의 명을 받았을 때 몸을 피할 것을 권했으나 왕명을 어길 수 없다 해 조용히 길을 떠났다. 해도에 이배 중에

— 25년【명종대왕明宗大王 원년】 병오丙午.【선생 23세】 가을에(秋中) 감시監試
를 치렀다.

— 26년 정미丁未.【선생 24세】 봄, 동당시東堂試 4장四場에 합격하였다. 10
월, 장자 득가得可가 출생하였다.

— 27년 무신戊申.【선생 25세】 별시향해別試鄕解(鄕試)에 합격하였다.

— 30년 신해辛亥.【선생 28세】 감시監試 2장二場에 합격하고, 동당시에 2등
으로 합격하였다.

— 31년 임자壬子.【선생 29세】 봄, 감시 2장에 합격하고 진사회시進士會試
에 수석을 하였다.

— 32년 계축癸丑.【선생 30세】 별과 향해에 합격하였다. 판서공判書公을
따라 척주陟州5) 임지로 갔다.【이때 판서공은 이기李芑6)의 악행 때문에 조정

중종반정이 일어나 풀려났다. 중종이 불러 直講을 제수했으나 벼슬에 나아가지 않고
시와 술로 생을 보냈다. 천성이 신중하면서 솔직하고 재기가 있어 어릴 때에 이미
학문에 깊이 통달하였다. 문장에 능했을 뿐만 아니라 글씨에도 뛰어났으며, 특히
隷書를 잘 썼다. 그는 문장으로 鄭淳夫・李擇之・朴仲說 등과 함께 당대의 四傑이라
불렸다. 문경의 近嵓書院에 제향되었다. 저서로는 『自挽辭』가 있다.(네이버 지식백과
[『한국민족문화대백과』, 한국학중앙연구원], 20190907 검색)
5) 陟州: 995년(성종 14) 지방제도 개편으로 삼척군은 邑格이 郡에서 州로 승격되고 邑名
을 陟으로 하는 陟州로 개칭되었으며, 주로의 승격에 따라 지방관으로 단련사가 파
견되었다. 고려는 후삼국을 통일하자 940년(태조 23) 통일전쟁을 치르면서 수시로
단행된 郡・縣 개편을 종합 정리하여 제도로 정비하였다. 당시 군・현 개편은 신라
의 지방제도를 기본으로 하였고, 개편 대상이 된 군・현은 150여 개에 이르는 것으
로 추정된다. 그러나 이때의 군・현 개편 대상에서 三陟郡은 제외되었다. 이에 따라
서 삼척지역은 고려에 들어와서도 읍격이나 구역의 변동 없이 여전히 삼척군으로
존재하였다. 그러나 태조대의 군・현 개편은 인구수나 토지 면적 등 합리 기준에
의하여 이루어진 것이 아니라 論功行賞 성격이 짙었다. 이에 따라 왕권 강화가 이루
어진 성종대에 와서 지방제도는 개혁되었다. 성종은 995년(성종 14) 전국을 10도로
나누고 산형과 지세에 따라 각 도의 명칭을 붙였다. 또 州縣制를 실시하여 군 단위의

에 있는 것을 싫어하여 외직을 열심히 구하였고 마침내 척주로 가게 되었다. 선생은

가서 시종하였다. 판서공은 임소에 전후 합쳐 7년을 머물렀다. 선생이 가서 모신 것이

행정 구역을 없애고 전국을 州·縣·鎭 체제로 바꾸었다. 이와 함께 성종은 12州牧을 12軍節度使 체제로 바꾸는 한편 留守, 都護府使, 都團練使, 團練使, 防禦使, 刺史 등 많은 외관을 파견하였다. 성종대의 지방제도 개편으로 삼척군도 읍명 개정과 함께 읍격 조정이 이루어졌다. 즉 읍격이 그때까지의 군에서 주로 승격되었고, 이에 따라 읍명 도 三陟에서 陟으로 개칭되었다. 또 척주로 승격되면서 지방관으로 단련사가 파견되 었다. 당시 척주는 10도 가운데 朔方道 소속이었다. 이처럼 삼척의 읍격이 군에서 주로 승격된 것은 성종이 주현제를 실시하면서 군 단위 행정구역을 없애기 위해 군·현 단위 읍 가운데 필요한 곳을 주로 승격시켰기 때문이었다.(네이버 지식백과 [한국향토문화전자대전], 20190909 검색)

6) 李芑: 1476(성종 7)~1552(명종 7). 본관은 德水이다. 자는 文仲, 호는 敬齋. 李明晨의 증손이며, 할아버지는 知滛陽郡事 李抽이다. 아버지는 사간 李宜茂이며, 어머니는 成熺의 딸이다. 좌의정 李荇의 형이다. 1501년(연산군 7) 식년문과에 삼등과로 급제하 였다. 그러나 장인인 군수 金震이 贓吏(부정하게 뇌물을 받거나 직권으로 재물을 탐한 죄를 저지른 관리)였기 때문에 좋은 벼슬을 얻지 못하고, 종사관·종성부사·경원부사·의주목사로 전전했다. 그 뒤에도 여러 차례 승진했지만, 삼사를 비롯한 철요의 직책이나 6경 등 署經을 필요로 하는 지위에는 나가지 못했다. 1522년(중종 17) 공조참의를 지내고, 이어서 함경도병마절도사·동지중추부사를 역임하였다. 1527년 한성부우윤이 되어 聖節使로 명나라에 다녀왔다. 그 뒤 경상도관찰사·평안도관찰사를 거치면서 민정과 국방에 이바지했다. 1533년 공조참판에 오르고, 이어서 예조참판·한성부판윤을 역임했다. 1539년 進賀使로 다시 명나라에 다녀왔다. 그동안 지은 공로로 국왕이 병조판서에 임명하려 했으나, 이조판서 柳灌이 장리의 사위로서 서경을 받을 수 없다며 반대하였다. 이 때문에 유관은 나중에 보복을 당했다. 국왕의 신임과 李彦迪의 주장으로 형조판서가 되고, 이어 병조판서로 발탁되었다. 1543년 의정부우찬성에 이어 좌찬성·우의정에 올랐다. 그러나 인종이 즉위하여 대윤 일파가 득세하자, 尹任 등이 부적합하다고 탄핵하여 판중추부사·병조판서로 강등했다. 이에 원한을 품고 있던 중 명종이 즉위해 文定王后가 수렴청정을 하자, 尹元衡과 손잡고 을사사화를 일으켰다. 이때 윤임·유관 등을 제거하고, 推誠衛社協贊弘濟保翼功臣 1등에 책록되었다. 1547년(명종 2) 윤원형·尹仁鏡 등과 더불어 良才驛壁書事件(일명 丁未士禍)을 일으켜 지난날 윤원형을 탄핵한 바 있는 宋麟壽, 윤임 집안과 혼인 관계에 있던 李若水를 賜死하고, 李彦迪·鄭磁·盧守愼·鄭熿·柳希春·白仁傑·金鸞祥·權應挺·權應昌·李天啓 등 사림과 20여 명을 유배하였다. 大匡輔國崇祿大夫가 되면서 병조판서를 겸하여 조정의 대권을 장악하였다. 豊城府院君에 봉해졌다. 이어 좌의정이 되고, 1549년(명종 4) 영의정에 올랐다. 이기를 반대한 사림은 거의 모두 숙청되었다. 죽은 뒤 文敬이라는 시호가 내려졌으나, 이기가 받은 훈록은 선조 초년에 모두 삭탈되었다.(네이버 지식백과『한국민족문화대백과』, 한국학중앙연구원, 20190909 검색)

정확히 어느 해인가는 알 수 없으므로 여기 적는다.】

— 33년 갑인甲寅.【선생 31세】 동당시에 합격하였다.

— 34년 을묘乙卯.【선생 32세】 별과 향해와 정시庭試에 합격하였다.

— 37년 무오戊午.【선생 35세】 정시 제일第一, 알성謁聖 제삼第三, 그리고 별과 초시에 합격하였다.

— 39년 경신庚申.【선생 37세】 별과 초시에 합격하고, 성균관 재제齋製에 수석하였다.【퇴계선생이 시제를 내고 채점하였다. '식견과 방책이 하나의 도의 경지에 이른 사람'이라 하였다.】 9월 정일丁日 판서공 상을 당하였다.

— 41년 임술壬戌.【선생 39세】 11월 복상 기간이 끝났다. 별장을 개암開巖 의 한쪽에 열었다.【개암은 상주지역 동편 낙강洛江 위편에 강을 향하여 입구가 열려 있는 것이 마치 큰 고래가 바닷물을 들이마시고 있는 형상과 같다. 그러나 오대 鰲臺가 강 한가운데에 버티고 있고 용암龍巖·옥주봉玉柱峯·사천대祀天臺·취벽병취 壁屛이 옹위하고 있으니, 진실로 놀라운 절경이다. 선생은 그 산수를 사랑하여 몇 칸 초옥을 지어놓고 물고기를 관조하고 갈매기를 어루며 평생을 보내려 하였다. 이에 개암開巖으로 호를 삼았다. 개암십곡開巖十曲이 세상에 전한다.】

— 43년 갑자甲子.【선생 41세】 동당시 4장四場에 합격하였다.

— 44년 을축乙丑.【선생 42세】 8월, 여러 선비들을 인도하여 거느리고 적 승 보우普雨7)를 벨 것을 상소하였다.【이때 보우는 요술로 세상을 혼란시켰

---

7) 普雨: 조선 전기 봉은사 주지, 판선종사도대선사, 선종판사 등을 역임한 승려. 호는 虛應 또는 懶庵. 법명은 普雨. 文定大妃의 외호 아래, 度牒制度와 僧科制度를 부활시키 는 등 억불정책 속에서 불교 중흥을 위해 힘썼다. 15세에 금강산 摩訶衍庵으로 출가 한 뒤, 금강산 일대의 長安寺, 表訓寺 등에서 6년 동안 정진하면서 대장경과 『주역』을

다. 문정왕후文定王后[8]는 그 말을 들어 무차회無遮會[9]를 회암사檜巖寺에서 베풀고 겨

공부하였다. 경기도 龍門寺의 智行에게서 많은 영향을 받았으며, 유학자들과도 깊이
사귀었다. 특히 재상 鄭萬鍾과의 교유에 의해 문정대비와도 밀접한 관계를 맺게 되
었다. 1548년(명종 3) 奉恩寺의 주지로 임명받아 취임한 뒤, 문정대비로 하여금 陵寢
에 침입하여 난동을 부린 黃彦澄을 처벌하고 전국 사찰에 잡인의 출입을 금하는 방
을 붙이도록 하였다. 1550년 12월 문정대비가 禪敎 양종을 다시 부활시키는 備忘記
를 내림으로써, 1551년 5월 선종과 교종이 다시 부활되었다. 같은 해 6월 봉은사가
선종의 本寺로, 봉선사가 교종의 본사로 지정되었고 그는 判禪宗事都大禪師로 임명되
었다. 같은 해 11월 度僧試를 실시하여 도첩제도를 부활시켰고, 1552년 4월 승려 과
거시험을 실시하여 승과제도를 부활시켰다. 1555년 9월 각종 제도적 장치의 결과로
종단이 안정된 기반을 갖게 되자 판사직과 봉은사 주지직을 사양하고, 춘천의 淸平
寺에 머물렀다. 1560년에 다시 선종판사와 봉은사 주지 직책을 맡았으나, 雲浮寺에
서 왕자의 胎峯이 있는 산의 나무를 베어 사원을 증축한 일에 연루되어 판사직을
박탈당하고 봉은사를 물러나게 洗心亭에 머물렀다. 같은 해 12월 다시 선종판사로
임명되어 봉은사에 머물렀다. 1565년 4월에 회암사 중창사업을 마치고 낙성식을 겸
한 無遮大會를 개설하였지만, 같은 달 문정대비가 죽자 한계산 雪岳寺에 은거하였다.
李珥가 「論妖僧普雨疏」를 올려 그를 귀양 보낼 것을 주장함에 따라 1565년 제주도에
유배되었고, 제주목사 邊協에 의하여 죽음을 당하였다.(네이버 지식백과「한국민족
문화대백과」, 한국학중앙연구원)

8) 文定王后: 1501~1565. 조선시대 제11대 왕 중종의 繼妃. 남동생 윤원형이 권력을 쥐
고 대윤이라고 하는 윤임 일파를 몰아내는 을사사화를 일으켰다. 숭유배불을 무시,
불교중흥을 도모했다. 본관은 坡平, 성은 尹, 尹之任의 딸이며 명종의 어머니이다.
1517년(중종 12) 왕비에 책봉되었으며, 1545년 인종이 재위 8개월 만에 죽고 12살에
명종이 즉위하자 母后로서 垂簾聽政을 하였다. 이때 남동생 尹元衡이 권력을 쥐게
되자, 大尹이라고 하는 尹任 일파를 몰아내는 을사사화를 일으켰다. 독실한 불교신
자로 도첩제를 실시하여 승려를 뽑고 전국 300여 개의 절을 공인하는 등 崇儒排佛을
무시하고 불교중흥을 도모하였다. 승려 보우를 奉恩寺 주지로 임명하고 봉은사 근처
(정릉)로 중종의 능을 移葬시켰다. 이는 문정왕후가 자신이 죽은 뒤 중종과 함께 묻
히고자 함이었으나 정릉의 지대가 낮아 해마다 재실까지 물이 차는 상태에서 補土하
기에 많은 비용이 들어 그 뜻을 이루지 못하였다. 1553년(명종 8) 명종에게 親政을
하도록 하였으나, 이것은 형식적인 절차였을 뿐이고, 실제로는 윤원형과 협력하여
정사에 계속 관여하였다. 소생으로는 명종 이외에 懿惠·孝順·敬顯·仁順공주 등 1
남4녀를 두었다. 능은 서울 노원구 孔陵洞의 泰陵이다.(네이버 지식백과「두산백과」)

9) 無遮大會: 승속과 노소, 귀천을 가리지 않고 누구나 자유롭게 참여하여 법문을 듣고
잔치를 열어 물건을 베푸는 일종의 법회이다. 수륙재가 水陸無遮平等齋儀라고 하여
물과 육지의 모든 유주무주 고혼에게 평등하게 시식을 베풀어 주는 것과 일맥상통
하는 의미로 모든 중생에게 불법의 공덕이 골고루 미치도록 잔치를 즐기고 시주가
물건을 베풀며 불경을 강의하고 불교의 이 이치에 대하여 의견을 제시하는 법회였
다. 이는 보시정진에 근거하여 부처님의 덕을 모두에게 나누어 주는 신앙적 의미도

울날 목욕재계하고 소채를 올렸다. 이것으로 인하여 갑자기 타계하게 되었다. 영남

유생들은 상소를 만들어 보우를 주살할 것을 청하면서 선생을 소수疏首로 추대하여

복합상소를 올렸다. 1월에 22개 상소를 올렸다. 그 중 다섯 개 상소가 선생의 수중에

서 나왔다. 『서행일록西行日錄』 1권이 있다. 선생은 시를 써서 읊었다. "허리 사이

검을 차고 무엇을 청하는가/ 땅 아래 사람도 없는데 발걸음이 움직이네/ 조정 삼공이

내리는 명령 가소로워라/ 일생토록 오직 하나 아첨꾼의 머리만을 알았다네//"[10] 『해

동악부海東樂府』[11]에 실려 있다. 동고東皐 이준경李浚慶[12] 공이 수상으로 상소에 관

있었다. 또 이 대회를 통하여 왕은 백성들의 어려운 생활을 달래 주고 민심을 수습
하려는 의도에서 국가가 시주가 되어 베풀기도 하였다. 고려 태조 23년(940)의 신흥
사 공신당 신축 때 무차대회가 있었고, 고종 3년(1216)에 미륵사 공신전 중수 후,
광종 때의 무차대회, 의종 19년(1165)의 궁중 무차대회의 기록이 보인다.([출처] 無遮
禪 법회ㅣ작성자: venuslv, https://blog.naver.com/venuslv/12135413)

10) 腰間有劍何須請/ 地下無人亦足遊/ 可笑漢廷槐里令/ 一生惟識佞臣頭//

11) 海東樂府: 조선 후기에 澹村居士가 지은 악부시. 1책. 필사본. 낙질본. 연작의 詠史樂府
이다. 작자 담촌거사가 어떤 인물이며 어떻게 이 작품을 짓게 되었는지는 알 수 없
다. 다만, 이 작품의 제일 끝 항목인 '龍山奴'의 後序에 "영조 때에 비로소 均役法을
시행하여……"라고 한 것으로 볼 때 영조 이후의 사람임을 확인할 수 있을 뿐이다.
이 작품은 표지에 '澹村著 海東樂府 人'으로 표기하고 있고, 첫 면에는 '海東樂府 卷之三
澹村居士著'라고 하였다. 따라서 본래 천(권1)·지(권2)·인(권3)의 3권으로 구성된
것이었으나, 권1·2(천·지편)가 유실되고 권3 인편만 零本으로 전하는 것임을 알
수 있다. 현존하는 권3은 몽고군대가 침략하여 강화성을 파괴하였던 사실을 개탄한
毀城歎으로부터 三郎城·辮髮歎·金贖券·八馬碑·洪娥愁·趙妃怨·宋洪戰·黃卷堂·打
毬詞·流吐著·立審議·奪壁曲·岳陽亡……大同碑·西湖操·假成功·萬東祠·北漢築·
용산노까지 총 81편으로 구성되어 있다. 글 전체는 역사적인 시간의 순차에 따라
분명하게 정리되어 있다. 前序만 있는 것이 보통인 해동악부계열 작품의 일반적 특
징과는 다르게 각 편마다 시를 중심으로 앞뒤 모두에 주석과 유사한 小序가 있으며,
그 서술 내용이 대단히 상세하고 세밀하다는 점이 주목할 만하다. 서술 내용이 상세
한 만큼 역사·고전문학·한문학·문화사 등의 전통문화 연구에 귀중한 자료가 된
다.(네이버 지식백과『한국민족문화대백과』, 한국학중앙연구원)

12) 李浚慶: 1499~1572. 본관은 廣州. 자는 原吉, 호는 東皐·南堂·紅蓮居士·蓮坊老人.
서울 출신. 李克堪의 증손으로, 할아버지는 판중추부사 李世佐이고, 아버지는 홍문관
수찬 李守貞이며, 어머니는 상서원판관 申承演의 딸이다. 1504년(연산군 10) 갑자사
화 때 화를 입어 사사된 할아버지와 아버지에 연좌되어 6세의 어린 나이로 형 李潤慶
과 함께 충청도 괴산에 유배되었다가 1506년 중종반정으로 풀려났다. 외할아버지

해 말하면서 공의 논의를 좇지 않을 수 없다는 것과 그 원기元氣를 부양시키지 않을 수 없다는 것을 지극하게 개진하였다. 그 대략은 다음과 같다. "요승이 선동하고 미혹 시켜 나라를 좀먹고, 공론이 기름을 부은 듯 다투어 일어나는데도 꺾어 내고 막아 버렸다. 다행히 한 가닥 원기가 다 사라지지 않아 지금 홀연히 깊이 숨겨져 있던 땅으 로부터 솟아나오기에 이르니, 정기正氣가 늠름하고 충성된 공분은 격렬하기만 하다. 이는 실로 사직의 홍복이다. 오직 성왕의 영명함이 있어 장려하고 길러내서 영원한 명운의 근본이 되기를 하늘에 기구할 따름이다."】 9월에 아들 달가達可가 출 생하였다.

申承演과 黃孝獻에게서 학업을 닦고, 李延慶 문하에 들어가 성리학을 배웠다. 1522년 (중종 17) 사마시에 합격해 생원이 되고, 1531년(중종 26) 식년 문과에 을과로 급제 해 한림을 거쳐 1533년 홍문관 부수찬이 되었다. 그해 말 具壽聃과 함께 경연에 나가 중종에게 기묘사화 때 화를 입은 사류들의 무죄를 역설하다가 오히려 권신 金安老 일파의 모함을 받아 파직되었다. 1537년 김안로 일파가 제거된 뒤 다시 등용되어 세자시강원필선·사헌부장령·홍문관교리 등을 거쳐 1541년 홍문관직제학·부제학 으로 승진되고 승정원승지를 지냈다. 그 뒤 한성부우윤·성균관대사성을 지냈고, 중 종이 죽자 告訃副使로 명나라에 다녀온 뒤 형조참판이 되었으며, 1545년(인종 1) 을 사사화 때는 평안도관찰사로 나가 있어 화를 면하였다. 1548년(명종 3) 다시 중앙으 로 올라와 병조판서·한성부판윤·대사헌을 역임했으나 1550년 정적이던 영의정 李 芑의 모함으로 충청도 보은에 유배되었다가 이듬해 석방되어 지중추부사가 되었다. 1553년 함경도지방에 야인들이 침입하자 함경도순변사가 되어 그들을 招諭(불러서 타이름)하고 城堡를 순찰하였다. 이어 대사헌과 병조판서를 다시 지내고 형조판서로 있다가 1555년 을묘왜란이 일어나자 전라도도순찰사로 출정해 이를 격퇴하였다. 그 공으로 우찬성에 오르고 병조판서를 겸임했으며, 1558년 우의정, 1560년 좌의정, 1565년 영의정에 올랐다. 1567년 河城君 李鈞(선조)을 왕으로 세우고 院相으로서 국 정을 보좌하였다. 이때 기묘사화로 죄를 받은 趙光祖의 억울함을 풀어 주고, 을사사 화로 죄를 받은 사람들을 신원하는 동시에 억울하게 수십 년간 유배생활을 한 盧守 愼·柳希春 등을 석방해 등용하였다. 그러나 奇大升·李珥 등 신진 사류들과 뜻이 맞 지 않아 이들로부터 비난과 공격을 받기도 하였다. 1571년(선조 4) 영의정을 사임하 고 영중추부사가 되었다. 임종 때 붕당이 있을 것이니 이를 타파해야 한다는 遺箚(유 훈으로 남기는 차자)를 올려 이이·柳成龍 등 신진 사류들의 규탄을 받았다. 저서로 는 『동고유고』·『朝鮮風俗』 등이 있다. 선조 묘정에 배향되고, 충청도 淸安의 龜溪書 院 등에 제향되었다. 시호는 忠正이다.(네이버 지식백과『한국민족문화대백과』, 한국 학중앙연구원)

― 45년 병인丙寅. 【선생 43세】 별과 양장兩場과 전시展試에 합격하였다. 퇴계 이 선생에게 서신을 올렸다. 【서신은 남아 있지 않다. 답서는 남아 있다. "지난해 반궁泮宮에 있을 때 하나의 도의 경지에 이른 좋은 방책(盛策一道)을 얻어 보니 명성을 얻은 사람 중에 가짜 선비(虛士)는 없다는 것을 진실로 알 수 있었네. 중간에 인연이 더해져서 요행히 만나볼 수 있었고, 또 힘들여 산실山室에 오기까지 하니 아주 다행한 만남이었네. 뒤에는 비록 소식이 없었지만, 다시 그 느낌을 생각하여 보면 풍모가 마음속에서 사라지는 경우가 없었다네. 이에 서신을 받아보니 그 의리의 취향과 문장의 찬연함이 사람의 마음을 움직여 감복하지 않을 수 없게 만들어 주는군." 근래의 이른바 미덕과 과실을 논변하는 것(瑕瑜辯)이 경향간(丹晉間)에 널리 퍼져 있는데, 대개 남명南冥 조선생曹先生이 지은 것이다. 그 속에 개암선생이 청송부사靑松府使 시절에 퇴계선생에게 올린 서신이 있다. "저(小子)는 조 선생과 선대의 교분이 있어 일찍 문하에 들 수 있었고(登龍), 또 분에 넘치는 은혜를 입어 이웃 마을에 눌러앉아 살며 그 따사로운 가르침(春風)을 받을 수 있는 자리에 있게 되었으니, 누구보다도 큰 행운을 받았다고 하겠습니다. 지금 커다란 행운 중에서 불행스러운 것은 선생이 사람들에게 보낸 답서 중에 말씀하시기를 제가 사심에 빠져 속이고 헐뜯는다(刺謬)고 하셨다는 말입니다. 소자는 벼슬살이(簿領)에 골몰하여 비록 가까이에서 모시고 있지는(源源執帚) 못하지만 선생의 주변 사람들이 다들 온화한 기운을 갖추고 있어서 다른 사람들의 명예를 깎아내리는 일을 하지는 않는다는 사실을 알고 있습니다. 그런데 지금 이러한 말을 들으니 산간에 묻혀 물러나 도를 기르는 도를 기대할 수 없게 되었습니다. 또 조 선생이 선생과 신령한 교우를 나누고 지란과 같은 냄새를 같이 피우기를 소망하였다는 것이 이상스럽기만 합니다. 그러니 제가 평소 품었던 소망은 과도한 것이었던 모양입니다. 조 선생과 선생은 다릅니다." 이런 표현 아래

조 선생 학술의 순정함을 강조하고 이 선생이 이단이라 지적한 것은 아주 그릇된 것

이라는 점을 강하게 지적하고 있다. 말은 강경하고 불손한 것이 많고, 문장은 경박하

고 거칠어서 고아하지 않은 것이 많으니, 결단코 선생의 작품이라 할 수 없다. 하물며

이 선생은 경오년庚午年에 타계하셨고(易簀), 선생이 청송군수로 나간 것은 계미년癸

未年이며, 또다시 영남의 읍재로 나간 일은 없으니, 이것은 글을 만든 사람이, 조 선생

을 선생으로 모셨고 퇴계문하에 왕복한 일을 알고서 이 글을 거짓으로 지어냈으나

그 연대가 뒤섞인 것은 살펴보지 못한 탓이라고 하겠다. 또 다른 글 하나가 있는데,

이것과 크게 다르지 않다. 또 퇴계의 답서가 실려 있기도 하다. 요약하여 보면 다음과

같다. "나는 조모曹某와 경모하는 마음이 큰데 어찌 방자하게 비난할 것이겠는가? 다

만 입술이 번지르르하게 칭송할 수는 없는 일이었으므로 아랫사람이 그러한 관계를

가려 버리는 평을 하고 순일하지 못하다는 말을 하는 상황이 발생한 것이다." 이것

또한 「답황중거서答黃仲擧書」[13) 속의 글을 간략히 편집하고 개조한 것이다. 하유변瑕瑜辨

---

13) 黃俊良: 1517(중종 12)~1563(명종 18). 본관은 平海. 자는 仲擧, 호는 錦溪. 사온서주
   부 黃永孫의 증손으로, 할아버지는 黃孝童이고, 아버지는 黃轓이며, 어머니는 교수
   黃漢弼의 딸이다. 李滉의 문인이다. 어려서부터 재주가 뛰어나 신동으로 불렸고, 文
   名이 자자하였다. 1537년(중종 32) 생원이 되고, 1540년 식년문과에 을과로 급제하였
   다. 그 뒤 權知成均館學諭로 임명되고, 이어 성주훈도로 차출되었다. 1542년 성균관
   학유가 되고, 이듬해 學錄으로 승진되었으며, 양현고봉사를 겸하였다. 1544년 학정,
   1547년(명종 2) 박사에 이어 전직에 올랐다. 1548년 공조좌랑에 재직 중 상을 당해
   3년간 시묘한 뒤 1550년 전적에 복직되었다. 이어 호조좌랑으로 전직되어 춘추관기
   사관을 겸했으며, 『중종실록』·『인종실록』 편찬에 참여하였다. 그해 다시 병조좌랑
   으로 전직되었고, 불교를 배척하는 소를 올렸다. 1551년 慶尙道監軍御史로 임명되고,
   이어 지평에 제수되었다. 그러나 앞서 청탁을 했다가 거절당한 바 있는 언관의 모함
   이 있자, 외직을 자청해 신녕현감으로 부임했다가 1556년 병으로 사직하였다. 이듬
   해 단양군수를 지내고, 1560년 성주목사에 임명되어 4년을 재임하였다. 그러다가
   1563년 봄에 병으로 사직하고 돌아오는 도중 예천에서 졸하였다. 신녕현감으로 있
   을 때 기민을 잘 賑恤해 소생하게 하였다. 또한 前任官의 부채를 절약과 긴축으로
   보충하고 負債文劵은 태워버린 일도 있었다. 학교와 교육진흥에도 힘을 기울여 文廟
   를 수축하고 白鶴書院을 창설하는 등 많은 치적을 남겼다. 단양군수로 부임했을 때
   는 경내의 피폐상을 상소해 20여 종의 공물을 10년간 감하는 特恩을 받기도 하였다.

瑜辨이 위조된 글이라는 점은 의심할 수 없는 것이므로 간략하게 여기 분별하여 둔

다.】 5월, 아우 사계공沙溪公14), 동강공東岡公15)과 노사암盧徙庵·정매촌

벽지에 있던 향교를 군내에 옮겨 세우고, 이 지방의 출신으로서 학행이 뛰어난 인물
들을 문묘 서편에 따로 祠宇를 마련해 제사하는 등 많은 치적을 남겼다. 성주목사로
나아가서도 迎鳳書院의 증수, 문묘의 중수, 그리고 孔谷書堂·鹿峰精舍 등의 건립을
추진하였다. 그리고 이 지방의 학자 吳健을 敎官으로 삼는 등 교육진흥에 힘써 학자
를 많이 배출하였다. 우애가 돈독했고 어려운 사람들을 돕는 데 힘을 아끼지 않았
다. 또한 청빈한 생활을 하였다. 자식이 없어 아우 遂良의 아들로 양자를 삼았다.
풍기의 郁陽書院, 신녕의 백학서원에 제향되었다. 저서로는 『錦溪集』이 있다.(네이버
지식백과『한국민족문화대백과』, 한국학중앙연구원)

14) 金宇宏의 동생 金宇容.

15) 金宇顒: 1540(중종 35)~1603(선조 36). 경상북도 星州 출신. 본관은 義城. 자는 肅夫,
호는 東岡·直峰布衣. 아버지는 삼척부사 金希參이다. 曺植의 문인이다. 1558년(명종
13) 진사가 되고, 1567년 식년문과에 병과로 급제하여 승문원권지부정자에 임명되
었으나 병으로 나가지 않았다. 1573년(선조 6) 홍문관정자가 되고, 이어서 수찬·부
수찬을 거쳐 다시 수찬이 되었으나, 史讀文을 가르치는 책임자로서 학생들의 성적이
오르지 못한 데 대한 문책을 받아 전적으로 좌천되었다. 1576년 부교리가 되고, 이
어서 이조좌랑·사인 등을 지냈으며, 1579년에는 부응교가 되어 붕당의 폐단을 논하
였다. 그해 賜暇讀書(휴가를 얻어 독서에 전념)하도록 되었으나 소를 올려 사양하였
다. 이듬해 宣慰使로 일본 사신 겐소(玄蘇)를 맞이하여 사신의 접대에 女樂을 금지하
도록 진언하였다. 1582년 홍문관직제학이 되고, 이어서 대사성·대사간을 거쳤으며,
1584년 부제학이 된 뒤 전라도관찰사·안동부사를 역임하였다. 1589년 기축옥사가
일어나자 鄭汝立과 함께 조식의 문하에서 수학했다는 이유로 회령에 유배되었다가,
1592년 임진왜란으로 사면되어 의주 行在所로 가서 승문원제조로 기용되고, 이어서
병조참판을 역임하였다. 이듬해 명나라 贊劃 袁黃의 接伴使가 되고, 이어서 동지중추
부사로 명나라의 經略 宋應昌을 위한 問慰使가 되었으며, 왕의 편지를 명나라 장수
李如松에게 전하였다. 그해 상호군을 거쳐 동지의금부사가 되어 왕을 호종하고 서울
로 환도하였으며, 한성부좌윤·혜민서제조 등을 역임하였다. 1594년 대사성이 되고,
이어서 대사헌·이조참판을 거쳤다. 1597년 다시 대사성이 되었으며, 이어서 예조참
판을 역임하였다. 1599년 사직하고 인천에서 한거하다 이듬해 청주로 옮겨 그곳에
서 세상을 떠났다. 그는 경연에서 자주 학문적 문제와 정치에 시책을 진언하여 선조
의 두터운 신임을 받았다. 1573년에는 경연에서 堯舜禹湯의 心法을 역설하며 유교적
정치 이념과 위정자의 정치 도의를 밝히는 한편, 主敬工夫를 논하여 왕의 정신 수양
의 원리를 강조하였다. 이때 왕명에 따라 『聖學六箴』을 올렸는데, 그 내용은 定志·講
學·敬身·克己·親君子·遠小人 등으로 되어 있다. 또한 송나라의 학자 張栻과 명나
라의 학자 薛瑄의 문집을 간행할 것을 청하여 이를 실현시켰다. 대사성으로 있을
때에는 學令·讀法·置經行齋·擇師儒·選生徒·貢士·取士의 「學制七條」를 지었다. 선
학을 존경하여 1573년 李滉에게 시호를 내릴 것을 청했으며, 이듬해에는 趙光祖를

鄭梅村[16] · 강송암姜松庵[17] · 조매암曹梅庵[18] · 정죽헌鄭竹軒 등을 남계서원

제향한 양주의 道峰書院에 사액을 내릴 것을 청하였다. 1579년에는 李珥를 비난하는 정언 宋應漑에 맞서 이이의 입장을 두둔하였다. 또한 널리 인재를 등용할 것을 주장하여 1574년에는 鄭逑를 천거하고, 1595년에는 郭再祐 등 33인을 천거하였다. 관직 생활 동안 수시로 시무책을 올렸는데, 1594년 6월 「시무칠조」, 7월에 「시무사조」, 9월에 「시무팔조」, 이듬해 「시무십육조」, 1597년에는 勵志 · 擇相 · 擇將 · 任官 · 鍊兵 · 積糧 · 信賞 · 必罰의 「中興要務八條」를 올렸다. 柳成龍 · 金誠一 등과 가까워 정치적으로도 이들과 입장을 같이하는 東人에 속하였다. 그래서 서인인 鄭澈 · 李景慄 · 李潑 등이 쟁단을 일으키려 한다 하여 파직을 주장하기도 했으나, 이이에 대해서만큼은 존경의 태도를 취하였다. 저서로는 『東岡集』 · 『續資治通鑑綱目』 등이 있으며, 편서로는 『經筵講義』가 있다. 이조판서에 추증되고, 청주의 鳳溪書院, 성주의 檜淵書院, 晴川書院, 회령의 鄕祠에 제향되었다. 1661년(현종 2) 문집이 간행되었으며, 1723년(경종 3) 李玄逸이 지은 신도비가 세워졌다. 시호는 文貞이다. (네이버 지식백과 『한국민족문화대백과』, 한국학중앙연구원)

16) 鄭復顯: 1521~1591. 자는 遂初이고 호는 梅村이며, 본관은 瑞山으로 咸陽에 거주하였다. 그는 1521년(중종 16) 4월 18일에 아버지 愼의 아들로 居昌 無等里 竹谷에서 태어났다. 그는 唐谷(鄭希輔)선생의 門人이기도 하며, 그가 남긴 자료는 『梅村實紀』 2권 1책이 전한다. 13세(1533)에 당곡선생의 문하에서 공부하다가, 22세(1542)에 덕천으로 남명선생을 찾아가 며칠 간 머무르면서 詩書를 講質하였고, 일찍이 남명선생은 '君은 나와 더불어 相長할 만하다'(『南冥集』,「編年」42歲條; 『梅村實紀』, 卷下, 附錄,「年譜」22歲條)라고 하였다. 10세(1530)에 함양의 大樹村에서 독서하였고, 15세(1535)에 『상서』를 공부하였다. 30세(1550)에 오건과 더불어 鏡湖水로 남명선생을 모셨고, 33세(1553)에 노진, 강익, 오건과 더불어 지리산을 유람하였다. 41세(1561)에는 馬川洞에 雲鶴亭을 지었다. 강익과 더불어 源源相從하였고, 도의로 강마하였다. 43세(1563)에는 운학정에 머물러 있었고, 3월에 남명선생이 灆溪로 와서 一蠹(鄭汝昌)선생의 사당을 배알하고 여러 문생들의 강론을 들었다. 이때 그는 문경호, 강익, 정유명, 임희무 등 이 지역 선비들과 이 자리에 참석하여 남명선생과 같이 온 河沆, 하응도, 유종지, 진극경 등과 강론하였다(『嶧陽集』). 45세(1565)에는 남명선생을 따라 지곡사를 유람하였는데 당시 오건, 도희령, 권문임, 鄭構 등이 모였고, 또한 단속사로 따라가 敬義를 강론하였다. 9월에 오건, 조종도 등이 雲鶴亭으로 찾아왔다. 46세(1566) 5월 13일에는 강익, 노관, 양홍택, 김우굉, 김우옹 등이 남계서원에 모였다. 49세(1569)에는 曹湜이 찾아와서 理氣論을 辨質하였다. 51세(1571)에는 남계서원을 배알하고 원근의 선비들이 모였는데, 이때 「백록동규도」를 써서 보여 주었다. 52세(1572)에는 두 아들 吉과 吾에게 吳健을 師事하라고 명하였다. 53세(1573)에는 雷溪 위에 지은 霽光堂에서 『주역』을 공부하였고, 54세(1574)에는 葛川선생을 방문하였다. ○47세(1567)에 『심학전서』를 저술하였고, 『易理演說』을 지었다. ○31세(1552)에 강익, 盧祼, 임희무, 朴承任 등과 더불어 일두선생의 서원을 창립하였다. 정복현은 1591년(선조 24)에 세상을 떠난 후 1777년(정조 1)에 거창의 灆濱書院에 배향되었다. (남명학연구원)

17) 姜翼: 1523(중종 18)~1567(명종 22). 본관은 晉州. 자는 仲輔, 호는 介庵 또는 松庵.

藍溪書院[19])에서 만나 담론을 나눌 약속을 하고 서계西溪로 나아갔다. 【서계는 함안군咸安郡 서쪽에 있는데, 주고받은 시가 여러 편 있다.】 10월, 별시 문과에 3등으로 합격하고 바로 예문관에 뽑혀 들어가 검열檢閱이 되었다. 【직첩을 차고 고향으로 돌아와 어머니를 뵈니 모두가 영광스러운 일이었다. 선생의 장모 홍씨洪氏가 과거급제를 축하하여 후하게 재부를 나누어 주었지만 선생은 사양하고 받지 않았다.】

— 목종穆宗 융경隆慶 원년 정묘丁卯.【선생 44세】 승정원 주서注書에 제수되었다. 6월, 명묘明廟께서 승하하여 대신들을 따라 선조대왕宣祖大王을 맞아들였다.

— 2년【선조대왕 원년】 무진戊辰.【선생 45세】 5월 정일, 정부인貞夫人 상을 당하였다.

— 4년 경오庚午.【선생 47세】 4월, 퇴계선생과 노소재盧蘇齋[20])에게 예에

함양 孝友村에서 출생했다. 아버지는 承仕郎 姜謹友이며, 어머니는 南原梁氏로 승사랑 梁應麒의 딸이다. 曹植의 문하에서 수학하였다. 1549년(명종 4) 진사가 된 뒤, 벼슬에 뜻을 두지 아니하고 오직 학문에만 열중하였다. 1566년 영남유생 33인의 疏頭가 되어 鄭汝昌의 신원을 청하였다, 1552년에 藍溪書院을 건립하여 정여창을 제향하였는데, 우리나라에서는 소수서원 다음으로 세워진 것이다. 학행으로 추천되어 소격서참봉에 제수되었으나 병으로 부임하지 못하고 사망하였다. 후학을 지도함에 있어 극기와 愼獨을 권장하여 말보다는 실천 위주의 학문을 하도록 하였다. 뒤에 남계서원에 제향되었다. 저서로는 『介庵集』 2권이 있다.(네이버 지식백과『한국민족문화대백과』, 한국학중앙연구원)

18) 曹湜: 1526~1572. 梅菴.

19) 咸陽 藍溪書院: 1974년 2월 16일 경남유형문화재 제91호로 지정된 후 2009년 5월 26일 사적 제499호로 지정되었다. 1552년(명종 7) 조선시대 학자 鄭汝昌을 모시기 위해 紹修書院에 이어 두 번째로 세워졌으며, 1566년 賜額을 받아 사액서원으로 승격되었다. 1597년(선조 30) 정유재란 때 불탔다가, 1603년에 복원, 1612년에 중건되었다. 숙종 때 姜翼과 鄭蘊을 추가 배향하였으며, 別祠에 兪好仁과 鄭弘緖를 배향하였다. 1868년 흥선대원군이 서원철폐령을 내렸을 때 별사만 훼철되고 서원은 그대로 존속하여 지방교육의 일익을 맡았다.(네이버 지식백과『두산백과』])

대해 질의하였다. 이씨李氏 가문에 출가한 누이의 죽음을 당하였다.

【선생은 누이 하나가 있었는데 사인士人 이응명李應命의 부인이 되었다. 행의가 뛰

어났다. 정부인의 상을 치르며 너무 애를 써서 몸의 조화가 무너져 병을 얻었는데

---

20) 盧守愼: 1515(중종 10)~1590(선조 23). 본관은 光州. 자는 寡悔, 호는 穌齋·伊齋·暗
室·茹峰老人. 우의정 盧嵩의 후손이며, 아버지는 活人署別提 盧鴻이다. 1531년(중종
26) 당시 성리학자로 명망이 있었던 李延慶의 딸과 결혼하여 그의 문인이 되었다.
27세 때인 1541년(중종 36) 당대 名儒였던 李彦迪에게 배우고 학문적 영향을 받았다.
1543년 式年文科에 장원급제한 이후 典籍·修撰을 거쳐, 1544년 侍講院司書가 되고,
같은 해 賜暇讀書(휴가를 얻어 독서에 전념)하였다. 인종 즉위 초에 정언이 되어 大尹
의 편에 서서 李芑를 탄핵하여 파직시켰으나, 1545년 명종이 즉위하고, 小尹 尹元衡이
을사사화를 일으키자 이조좌랑의 직위에서 파직되어 1547년(명종 2) 순천으로 유배
되었다. 그 후 良才驛壁書事件에 연루되어 죄가 가중됨으로써 진도로 이배되어 19년
간 귀양살이를 하였다. 유배기간 동안 李滉·金麟厚 등과 서신으로 학문을 토론했고,
陳柏의「夙興夜寐箴」을 주해하였다. 이 주해는 뜻이 정교하고 명확하여 사림 사이에
전해지고 암송됨으로써 명성이 전파되었다. 또한『大學章句』와『童蒙須知』등을 주석
하였다. 1565년 다시 괴산으로 이배되었다가, 1567년 선조가 즉위하자 풀려나와 校
理에 기용되고, 이어서 대사간·부제학·대사헌·이조판서·대제학 등을 지냈다.
1573년(선조 6) 우의정, 1578년 좌의정을 거쳐 1585년에는 영의정에 이르렀다. 1588
년 영의정을 사임하고 領中樞府事가 되었으나, 이듬해 10월 鄭汝立의 모반사건으로
기축옥사가 일어나자 과거에 정여립을 천거했다는 이유로 臺諫의 탄핵을 받고 파직
되었다. 그는 온유하고 원만한 성격으로 인해 사림의 중망을 받았으며, 특히 선조의
지극한 존경과 은총을 받았다. 그의 덕행과 업적의 성과는 매우 다양하여 왕과 백성
들, 그리고 많은 동료들에게 영향을 주었다. 그가 진도에 귀양 갔을 때, 그 섬 풍속이
본시 혼례라는 것이 없고 남의 집에 처녀가 있으면 중매를 통하지 않고 칼을 빼들고
서로 쟁탈하였다. 이에 예법으로써 섬 백성들을 교화하여 마침내 야만의 풍속이 없
어졌다. 그는 아버지의 상을 당했을 때, 大祥 후에 바로 흑색의 갓을 쓰는 것이 죄송
하다고 생각하여 國喪 때와 같이 白布笠을 쓰고 다녔다. 그 뒤 직제학 鄭澈이 이를
본받아 실행했고, 뒤에 교리 申點이 주청하여 禫祭 전에는 백포립을 쓰도록 제도화시
켰다. 그는 시·문·서예에 능했으며, 敬工부에 주력할 것을 강조하고 道心未發·
人心已發說을 주장했다. 한편 陽明學을 깊이 연구한 탓에 주자학자들의 공격을 받기
도 하였다. 또한 승려인 休靜·善修 등과의 교분을 통해 학문적으로 불교의 영향을
입기도 하였다. 그가 일찍이 玉堂에 있으면서 경연에서『서경』을 강론할 때에는 人
心道心의 설명이 주자의 설명과 일치했으나, 진도로 유배되어 그 당시 들어온 羅欽順
의『困知記』를 보고 난 후에는 이전의 학설을 변경하여 도심은 미발, 인심은 이발이
라고 해석하게 되었다. 저서로는『蘇齋集』이 있다. 충주의 八峰書院, 상주의 道南書
院·鳳山書院, 진도의 鳳巖祠, 괴산의 花巖書院 등에 제향되었다. 시호는 文懿이며, 뒤
에 文簡으로 고쳤다.(네이버 지식백과『한국민족문화대백과』, 한국학중앙연구원)

끝내 이겨내지 못하고 타계하였다. 선생은 정성을 다하여 염습하고 선영의 곁에 장례하였다. 남명 조 선생이 묘지墓誌를 지었는데, 대략 이러하다. "집에는 일곱 보주가 있으니 사람들은 그것이 항아리나 들창 같은 것이 있는 집만은 아니라는 것을 안다. 김씨 가문 같은 경우에는 이옥夷玉·대옥大玉이 있는 것이다. 삼척부사 사로師魯 김 공21)의 집에는 네 자식이 있는데 우홍宇弘·우굉宇宏·우용宇顒은 모두 문장으로 동국에 이름이 높아 연달아 과거급제를 이루었다. 가장 뛰어난 이로는 따님 한 분이 있는데 영명하기가 강 속에 비친 달이 물속에 떨어져서 방정하게 자리 잡고 있는 것만 같다. 세 아들은 천구天球가 옥돌 속에 있는 것과도 같다." 또 이런 말도 있다. "비록 학문이 돈독하고 덕을 이룬 선비가 있다고 하더라도 이 여인 같지는 못할 것이다. 오직 정선생程先生 명도明道22)의 여식만이 이 여인과 비슷한 정도라 하겠다."】

---

21) 金希參: 1507(중종 2)~1560(명종 15). 본관은 義城. 자는 師魯. 호는 七峰. 아버지는 左承旨에 추증된 金致精이며, 어머니는 星州李氏 訓練院參軍 李季恭의 딸이다. 金就成·李光·宋希奎의 문인이다. 1531년(중종 26) 생원시에 합격하고, 1540년 문과에 급제하였다. 한때 正言으로 奸臣 陳復昌의 비위를 거슬렸다가 외직으로 쫓겨났다. 이어 諫院, 憲府, 吏曹·兵曹佐郎, 玉堂 등을 역임했다. 또, 司僕院正에서 三陟府使로 나가 善政을 베풀어 白雉(상서로운 새, 흰 꿩)와 岐麥(한 줄기에 2개 이상의 보리이삭이 나옴. 상서로운 징조)의 상서가 있었다. 御使의 상신으로 通政의 품계에 올랐다. 타고난 성품이 淳厚하고 몸가짐을 삼갔으며 敬공부를 독실히 했다. 그는 항상 밤중에 일어나서 성현의 訓辭를 외웠는데 늙도록 그 일을 중지하지 않았다. 그는 효성이 지극하였고, 아버지 김치정과 그의 아들 金宇弘·金宇宏·金宇容·金宇顒 4형제가 孝友로 이름이 알려졌다. 이조판서에 추증되었고, 川谷의 鄕賢祠에 봉향되었다. 저서로는 『七峰逸集』 1권이 있다.(네이버 지식백과『한국민족문화대백과』, 한국학중앙연구원)

22) 程明道: 1032~1085. 송나라의 유학자. 낙양(하남성) 사람. 이름은 顥, 자는 伯淳, 諡는 純公, 명도는 그의 호. 아우 伊川과 함께 二程子라고 일컬어진다. 젊은 시절 관계에 들어가 지방관을 거쳐 신종 때에 어사가 되었다. 여러 번의 진언도 王安石의 신법과 맞지 않아, 그 때문에 관직을 떠났다. 처음에 아우 이천과 함께 周濂溪에게 학문을 배우고 곧 노장사상 및 불교에 마음이 이끌렸으나, 나중에는 다시 六經에서 도를 찾았다. 그의 철학은 氣의 철학에 속하며, 전통적인 陰陽二氣의 철학에 새로운 해석을 추가했다. 즉 우주의 만물은 음양이기의 교감에 의해 생성된다고 생각하고, 그것을 乾元의 一氣에 의해 통일시키고자 했다. 또한 만물의 차이를 음양교감의 度에 치우치거나 올바름이 있기 때문이라고 생각했다. 윤리관은 당시의 철학자들과 달리, 性에 선악의 구별을 세우지 않고, 선악을 후천적인 인자에 의한 것이라 보았다. 악으

복상기간이 끝나고 대교待敎에 제수되었다가 봉교奉敎로 바뀌었다. 12월, 퇴계선생의 상을 당하였다.

— 5년 신미辛未. 【선생 48세】 성균관 전적典籍으로 나가고 예조좌랑禮曹佐郞·병조좌랑兵曹佐郞과 정랑正郞, 지제교知製敎를 거쳤다.

— 6년 임신壬申. 【선생 49세】 사간원 정언正言에 제수되었다가 헌납獻納으로 바뀌고, 사간司諫으로의 길을 밟아 나갔다. 【간원諫院의 직을 제수받은 것이 정확히 이 해의 일인지는 알지 못한다. 이력의 시기를 살펴보자면 아마 신미년과 임신년의 두 해 사이를 벗어나지 않는 것 같으므로 여기 기록하여 둔다.】

— 신종神宗 만력萬曆 원년 계유癸酉. 【선생 50세】 겨울, 홍문관 부수찬副修撰에 제수되었다. 【이때 태백성太白星이 대낮에 드러나 보이고, 그늘진 무지개(陰虹)가 태양을 꿰뚫는 재앙의 조짐이 나타났다. 선생은 아우 동강공, 그리고 여러 동료들과 차자箚子를 올려 군왕의 덕이 사사로이 치우쳐 행사되는 잘못이 있음을 강력하게 주청하였다.】

— 4년 병자丙子. 【선생 53세】 봄, 홍문관 교리에 제수되었다. 대신의 과실을 주장하는 차자를 올렸다. 【이때 선묘宣廟가 있었고 공헌왕후恭獻王后가 타계하였다. 연례練禮를 행한 다음 시신을 외전外殿에 모셨는데, 대신들이 내전으로 옮길 것을 주청하였다. 선생은 아우인 동강공, 그리고 동료들과 더불어 대신들의 주청이 잘못되었음을 상차하였다. 임금은 차자의 의론이 마땅한 것이라는 답을 내렸다.】

로 흐르지 않고 선에 도달하는 수양법으로서, 우주의 眞意를 直覺하는 방법을 취했다. 『定性書』와 『識仁篇』은 그의 학설을 보다 새롭게 하였다. 그의 학설은 朱子에게 전승되었고, 그의 직관적 방법은 陸九淵의 心學의 발생에 기여했다.(네이버 지식백과 『철학사전』, 철학사전편찬위원회, 2009])

— 5년 정축丁丑.【선생 54세】 사헌부 지평持平에 제수되었고, 장령掌令으로 옮겼다. 집의執義로 승차하였다. 【이때는 인성왕후(仁聖王后[23])의 상이 있었는데 발인하기 하루 전에 한 이름 있는 집의를 사직하고 물러났다. 현궁玄宮을 봉지封識하는 것은 집의의 일이었는데 세속에서 꺼리는 것이었기 때문이다. 선생이 대신하였다. 집안사람들이 우려하는 말을 하니 선생이 말하였다. "세속에서 금기로 삼는 것이라도 군자는 기피하지 않는 법이다. 하물며 군모君母의 상을 치름에 있어서랴."】 의정부 검상檢詳이 되었고, 거듭 사인舍人으로 올랐다. 【검상으로부터 사인이 된 것이 24일 만이었다.】 재상 노수신盧守愼에게 글을 올려 거듭 사양하였으나 윤허하지 않는다는 비답이 내려졌다. 5월, 홍문관 응교應敎로 추천받아 제수되었다. 상차하여 하원군河源君이 안빈安嬪 사당을 봉헌하는 것이 잘못이라는 점을 논하였다. 【안빈은 두 명의 사자嗣子를 두었는데 장자는 영양군永陽君이고 차자는 대원군大院君이다. 영양군은 아들이 없어 홍녕군興寧君으로 후사를 이었고, 안빈 사당을 봉헌하게 하였다. 선조는 홍령군이 안빈의 친손이 아니라 하여 그 사당의 주인이 될 수 없다고 여겨서 안빈의 사당을 대원군의 묘당으로 옮기고 하원군에게 봉헌하게 하려 하였다. 선생은 아우 동강공, 그리고

---

23) 仁聖王后: 1514~1577. 아버지는 금성부원군 반남박씨 墉이며 어머니는 의성김씨로 1514년(중종 9) 9월에 태어났다. 1524년(중종 19) 박씨 나이 11세 되던 해에 인종과 혼인하여 세자빈에 책봉되었다. 1544년 11월 인종이 왕으로 즉위하고 왕비가 되었으며 이때 그녀의 나이 31세였다. 태어난 지 6일 만에 생모 장경왕후가 죽고 시기심이 많은 계모 문정왕후의 손에 자라야 했던 인종은 문정왕후에 의해 여러 차례 죽임을 모면해야 했다. 그럼에도 인종은 효성이 부족함을 자책하고 문정왕후의 아들 경원대군(명종)에게 왕위를 물려주기 위해 인성왕후와의 슬하에 자녀를 두지 않았다고 전한다. 인종의 재위기간은 9개월이었으며 인성왕후는 인종 사망 후 32년간을 자녀 없이 홀로 살다가 1577년(선조 10) 11월 경복궁에서 64세로 승하하였다. 후덕하고 온순한 성품의 왕과 왕비였던 인종과 인성왕후의 왕릉은 경기도 고양시 원당동의 서삼릉 묘역 孝陵에 쌍분으로 묻혀 있다.(네이버 지식백과『두산백과』)

여러 동료들과 더불어 그것이 예경禮經의 규정에 어긋나고 종법을 허물어뜨리는 잘못을 범하는 것이라는 점을 진언하였다.】

― 6년, 무인戊寅.【선생 55세】 부수찬副修撰, 수찬修撰으로 제수되었다. 얼마 지나지 않아 또 부교리副校理에 봉하여졌다. 사직 상소를 올렸다. 또 교리에 봉하여졌다가 집의로 제수되었고, 사복시司僕寺 정正이 되었다가 부응교副應敎, 응교應敎로 바뀌었다.【집의, 사복시 정, 응교가 다 하루 동안의 명령으로 제수된 것들이다. 성은이 자주 번복되는 것이 이와 같았다. 선생은 경연에서 성왕의 도량(聖量)이 넓지 못함을 극언하였다. 임금이 힐문하였다. "도량이 넓지 못하다는 것은 무슨 일을 가지고 하는 말이냐?" 선생이 대답하였다. "이러한 일들이 그 하나의 사례입니다. 하늘의 자태가 조금이라도 맑지 않으면 명령을 내리는 것이 온화하지 못한 법입니다."】 군덕君德에 대해 상차하였다.【요약하면 이러하다. "제왕의 덕은 겸손하고 공경하는 것만큼 좋은 것이 없고 스스로 성왕을 자처하는 것만큼 나쁜 것이 없습니다. 무엇이 겸손하고 공경하는 것이겠습니까? 마음을 비우고 좋은 것을 받아들이는 것입니다. 무엇이 성왕을 자처하는 것이겠습니까? 자신은 넓다 여기고 사람들은 좁다 하는 것입니다. 좋은 것을 받아들이면 바른 사람이 소원하는 것을 세울 수 있고 아름다운 것을 다 개진할 수 있게 되어 제왕의 다스림이 지극하게 될 수 있습니다. 사람들이 좁다 여기면 현자는 날로 멀어지고 충성스러운 말은 올려지지 않게 되어 혼란되고 패망하게 되는 재앙이 뒤따르게 마련입니다. 전하 자신의 이익되는 것을 받아들이는 도량이 넓지 않음과 자기 자신을 버리는 공력이 지극하지 못함을 잘 살피십시오. 오직 그 병의 근원이 이와 같은 데 있기 때문에 팔다리 같은 신하들이 밝은 정령을 세우려고 하는 것을 보면 안으로 기쁜 마음이 우러나지 않게 되고 밖으로 엄하게 책망하는 모습을 보이게 되어, 눈과 귀처럼 역할을

하여야 하는 관리들이 묶이고 눌려 버리게 되는 것입니다. 이미 사사롭게 치우친 마음에 묶여 있어서 듣는 말마다 매양 싫어하는 기색을 보이시니 신은 전하를 위하여 근심스럽게 여기는 바입니다. 생각하여 보건대 전하께서 겸손하게 마음을 비우셔서 자신의 허물에 눈 감아서 스스로 만족하지 않게 되신다면, 커다란 자질은 이미 드높아 지신 것이라 하겠습니다. 사사롭게 치우친 기질의 경우는 생각이 아주 지극하여져서 그것을 변화시키는 데에까지 이르게 되신다면, 배움이 이미 명철하여 지신 것이라 하겠습니다. 그리고 의리의 무궁함의 경우에는 생각이 아주 지극하여져서 그 연구하고 궁구하는 것이 내 마음이 이미 바르다 여겨 막고 바로잡으려 하는 것은 일을 바르게 구현하고자 하는 말이 아니라 여기지 않게 되시고, 나의 정치가 이미 시행되었으니 바로잡으려 돕는 여러 말들은 다 사라져야 한다고 여기지 않게 되셔야 합니다.”

임금이 기쁘게 받아들였다.】 9월, 통정대부通政大夫 승정원承政院 동부승지同副承旨가 되고 다시 좌부승지左副承旨로 승진하였다. 【이때 이수李銖라는 무인이 있어서 진도군수珍島郡守가 되었는데 배에 실린 수백 말의 쌀을 잃어버리는 일이 있었다. 이때 일을 주관한 선생은 동료들과 더불어 이수를 수뢰죄로 논계하였다. 임금은 진노하여 특별히 파직한다는 명을 내리고, 한밤에 홍화문弘化門을 열어 5승지를 내쫓았다. 선생은 동료들과 더불어 홍화문 외대外臺로 나아가 연이어 서용하여 주기를 청하는 글을 올렸다. 미수眉叟 허목許穆[24]의 이단애李丹崖 비명碑銘: “무인

---

24) 許穆: 1595(선조 28)~1682(숙종 8). 본관은 陽川. 자는 文甫·和甫, 호는 眉叟. 찬성 許磁의 증손으로, 할아버지는 별제 許櫃이고, 아버지는 현감 許喬이며, 어머니는 정랑 林悌의 딸이다. 부인은 영의정 李元翼의 손녀이다. 1615년(광해군 7) 鄭彦訥에게 글을 배우고, 1617년 거창현감으로 부임한 아버지를 따라가서 文緯를 사사하였다. 또한 그의 소개로 鄭逑를 찾아가 스승으로 섬겼다. 1624년(인조 2) 廣州의 牛川에 살면서 紫峯山에 들어가 독서와 글씨에 전념해 그의 독특한 篆書를 완성하였다. 1626년 인조의 생모 啓運宮 具氏의 服喪 문제와 관련해 儒臣 朴知誡가 원종의 追崇論을 제창하자, 동학의 齋任으로서 임금의 뜻에 영합해 예를 혼란시킨다고 儒罰을 가하였다. 이에 인조는 그에게 停擧(일정 기간 동안 과거를 못 보게 하던 벌)를 명하였다. 뒤에 벌이

풀렸는데도 과거를 보지 않고 자봉산에 은거해 학문에만 전념하였다. 1636년 병자
호란을 당해 嶺東으로 피난했다가 이듬해 강릉·원주를 거쳐 상주에 이르렀다. 1638
년 의령의 慕義村에서 살다가 1641년 다시 사천으로 옮겼다. 그 뒤 창원·漆原 등지
로 전전하다가 1646년 마침내 경기도 연천의 고향으로 돌아왔다. 다음 해 어머니의
상을 당하자 상중에 『經禮類纂』을 편찬하기 시작해 3년 뒤에는 喪禮篇을 완성하였다.
1650년(효종 1) 정릉참봉에 제수되었으나 1개월 만에 사임하였다. 이듬해 내시교관
이 된 뒤 造紙署別坐·공조좌랑 등을 거쳐 용궁현감에 임명되었으나 부임하지 않았
다. 1657년 공조정랑에 이어 지평에 임명되었으나, 효종을 만나 소를 올려 君德과
政弊를 논하고 사임을 청하였다. 그 뒤 사복시주부로 옮겼으나 사직하고 고향으로
돌아왔다. 1659년 장령이 되어 군덕을 논하는 소를 올렸으며, 또한 당시 宋時烈·宋
浚吉 등이 주도하는 북벌정책에 신중할 것을 효종에게 간하는 玉几銘을 지어 바쳤다.
이어 둔전의 폐단을 논하였다. 그해 효종이 죽자 소를 올려 상례를 논했고, 掌樂院正
에 임명되었으나 나아가지 않았다. 1660년(현종 1) 經筵에 출입했고, 다시 장령이
되었다. 그때 효종에 대한 趙大妃(인조의 繼妃)의 복상기간이 잘못되었으므로 바로잡
아야 한다고 상소해 정계에 큰 파문을 던졌다. 이를 기해복제라 한다. 당시 송시열
등 西人은 『경국대전』에 의거해 맏아들과 衆子의 구별 없이 조대비는 朞年服(1年喪)
을 입어야 한다고 건의해 그대로 시행되었다. 이에 대해 그는 효종이 왕위를 계승했
고 또 종묘의 제사를 주재해 사실상 맏아들 노릇을 했으니 어머니의 맏아들에 대한
복으로서 齊衰三年을 입어야 한다고 주장하였다. 1674년 효종 비 仁宣王后가 죽자
조대비의 복제문제가 다시 제기되었다. 조정에서는 大功服으로 9개월을 정했으나 대
구 유생 都愼徵의 상소로 다시 기해복제가 거론되었다. 송시열 등 서인은 몰리게
되고 그의 견해가 받아들여져 대공복을 기년복으로 고치게 되었다. 이로써 서인은
실각하고 남인의 집권과 더불어 그는 대사헌에 임명되었다. 그러나 사직소를 올렸
고, 병이 나자 숙종은 어의를 보내어 간호하기까지 하였다. 1675년(숙종 1) 이조참
판·備局堂上·歸厚署提調 등을 거쳐 資憲大夫에 승진하고, 의정부우참찬 겸 성균관제
조로 특진하였다. 이어 이조판서를 거쳐 우의정에 승진되어 과거를 보지 않고도 遺
逸로서 三公에 올랐다. 그해 德源에 유배중이던 송시열에 대한 처벌문제를 놓고 영의
정 許積의 의견에 맞서 가혹하게 처벌할 것을 주장하였다. 이로 인해 남인은 송시열
의 처벌에 온건론을 주장하던 濁南과 淸南으로 갈라졌고, 그는 청남의 영수가 되었
다. 1677년 비변사를 폐지하고 북벌 준비를 위해 체부를 설치할 것과 재정보전책으
로 戶布法 실시를 주장하는 尹鑴에 맞서 그 弊를 논하고 반대하였다. 이듬해 판중추
부사에 임명되었으나 곧 사직하고 낙향해, 나라에서 집을 지어 주자 恩居堂이라 명
명하였다. 1679년 강화도에서 投書의 逆變이 일어나자 상경해 영의정 허적의 전횡을
맹렬히 비난하는 소를 올렸다. 이듬해 경신대출척으로 남인이 실각하고 서인이 집
권하자 관작을 삭탈당하고 고향에서 저술과 후진양성에 전심하였다. 사후 1688년
관작이 회복되고, 숙종은 禮葬의 명령을 내려 승지를 보내어 致祭했으며, 자손을 등
용하도록 하고 문집을 간행하게 하였다. 그림·글씨·문장에 모두 능했으며, 글씨는
특히 전서에 뛰어나 동방 제1인자라는 찬사를 받았다. 작품으로 삼척의 陟州東海碑,
시흥의 領相李元翼碑, 파주의 李誠中表文이 있고, 그림으로 墨竹圖가 전한다. 저서로는

戊寅, 진도군수 이수라는 자가 미곡을 삼윤三尹, 윤두수尹斗壽·윤근수尹根壽·윤현尹晛에게 뇌물로 바친 일이 발각되어 헌부는 3윤을 파직하고 이수를 고문하는 일을 논하였다. 끌려온 이들은 다 자복하였으나 시정 사람 주장主藏이라는 자만은 끝내 자복하지 않았다. 대사간 철澈은 이수의 일과 무관하다고 하여 이 주장이라는 자를 석방하였다. 이에 당론이 격화하였다."】

— 7년 기묘己卯.【선생 56세】 가을, 사간원 대사간에 임명되었다. 성균관 대사성으로 옮겼다. 병조참지兵曹參知 참의參議, 예조참의로 제수되었다.【가첩家牒을 보면, 대사간, 대사성, 병조와 예조의 직을 임명받은 것이 더 경신년과 신사년 두 해 동안의 일로 되어 있다. 갈명碣銘의 서序에는 기묘년의 일로 연관시켜 놓았다. 이것에 의거하여 여기 기록한다.】

— 9년 신사辛巳.【선생 58세】 5월, 유씨 부인의 죽음을 조상하였다.【사인士人 유성구柳成龜의 처이다. 절조 높은 행의를 갖추고 있었다. 과부가 되어 단괄袒括[25]에서 치상기간이 끝날 때까지 시종일관 가례家禮에 따라 제를 받들어 조금치도 의식에 어긋남이 없게 하였는데, 결국 기력이 다하여 병을 얻었고, 예제를 다 마치고서는 죽었다. 선생은 서애西厓 유 선생에게 그 묘지墓誌를 부탁하는 서신을 보냈다.】

— 10년 임오壬午.【선생 59세】 봄, 충청도관찰사忠淸道觀察使로 나갔다.【먼저 교화하고 뒤에 벌을 주는 방식으로 정사를 돌보았으므로 위의를 갖추는 것과 사랑을 베푸는 일이 잘 어우러졌다. 관청에 나아갈 때 한 장사치가 말을 타고 가마를 지나

『東事』·『邦國王朝禮』·『經說』·『經禮類纂』·『眉叟記言』이 있다. 1691년 그의 神位를 봉안하는 사액서원으로 岵江書院이 麻田郡에 세워졌고, 나주의 眉川書院, 창원의 檜原書院에도 제향되었다. 시호는 文正이다.(네이버 지식백과『한국민족문화대백과』, 한국학중앙연구원)

25) 袒括: 부모의 初喪에 小斂을 마치고 상주가 왼쪽 어깨를 드러내고 풀었던 머리를 묶는 일.(『한자사전』)

처 간 일이 있었다. 성질 급한 비장이 징치하기를 청하였다. 선생이 말하였다. "이 사람은 필시 광기로 성정의 바름을 잃어서 오래지 않아 죽게 될 것이다. 내가 어찌 살인자라는 소리를 들을 일이겠는가?" 그 사내를 그냥 놓아두게 하였다. 이 사내는 결국 말에 떨어져 죽었다. 사람들이 기이하다 여겼다.】 겨울, 등에 종기가 나는 병에 들어 체직돼 돌아왔다.

— 11년 계미癸未.【선생 60세】 봄, 예조참의로 제수되었다. 형조참의로 옮겼다. 4월, 대사간으로 다시 제수되었으나 사직소를 올려 피하였다. 강섬姜暹26)과 어운해魚雲海27)의 일에 대한 계사啓辭28)를 올렸다.

---

26) 姜暹: 1516(중종 11)~1594(선조 27). 본관은 晉州. 자는 明仲, 호는 松月堂·松日·樂峰. 姜舜民의 증손으로, 할아버지는 대사간 姜景敍이고, 아버지는 姜公望이며 어머니는 崔長孫의 딸이다. 형은 姜昱이다. 1540년(중종 35) 진사가 되었고, 1546년(명종 1) 증광문과에 병과로 급제, 예문관봉교로서 춘추관기사관을 겸하여 『中宗實錄』·『仁宗實錄』의 편찬에 참여하였다. 1550년 예조좌랑에 보임된 뒤 사간원정언·홍문관수찬·함경도어사·사간원헌납·홍문관교리를 역임하고, 滿浦僉使로 전임되었다가 다시 중앙으로 들어와 병조참지가 되었고, 성절사로 명나라에 다녀온 뒤 첨지중추부사와 도승지를 역임하였으며, 1562년 회령부사로 나갔다. 그 이듬해에 順懷世子가 죽자, 行副護軍으로서 國葬都監의 主喪을 맡아, 3년간 守墓官으로 있었다. 1566년 한성부판윤에 임명되었는데 판윤 재직 때 城隍祭의 獻官으로 임명되었음에도 병을 핑계하여 제사에 불참하였다는 사간원의 탄핵을 받아 동지중추부사로 전임되었다가 전라도관찰사로 전보되었다. 1568년(선조 1) 성절사로서 명나라에 다녀왔으며, 1573년 다시 한성부판윤이 되어 특진관으로 경연에 참석한 바 있고, 신병으로 판윤을 사직하자 경기관찰사로 체직되었다. 1583년 비변사로부터 左京元帥로 추천을 받았으며, 범죄인을 사면할 때 사면대상에서 용서할 수 없는 자를 제외한 流刑 이하는 納粟으로 속죄시킬 것을 주청한 바 있다.(네이버 지식백과(『한국민족문화대백과』, 한국학중앙연구원))

27) 魚雲海: 1536(중종 31)~1585(선조 18). 본관은 咸從(지금의 평안남도 강서). 자는 景遊, 호는 荷潭. 魚孟淳의 증손으로, 할아버지는 절충장군 魚叔平이고, 아버지는 魚季琔이다. 어머니는 安輝의 딸이다. 1564년(명종 19) 사마시에 합격한 뒤 과거와 벼슬을 단념하고 학문연구에 몰두하였다. 1568년(선조 1)에 李鐸·朴淳·盧守愼 등이 초야의 선비 중 학덕을 겸비한 인재를 등용하자고 건의하여, 成運·林薰·韓修·南彦經·崔永慶·金千鎰·洪可臣·柳夢鶴·宋大立 등과 함께 천거되어 관직에 나아갔다. 1570년 造紙署別提에 임명된 뒤 司藝·直長·尙衣院主簿·형조좌랑·과천현감·호조좌랑·경상도사·강원도사·형조정랑·평창군수를 역임하였다. 李珥·成渾 등과의 교

【처음 서얼 곽사원郭嗣元이 사노私奴 거인居仁과 같이 교하交河에 둑을 쌓는 일로 소송을 벌였다. 조정의 권력자들은 다 사원을 도왔으나 법사法司[29]가 두려워 처결을 미루어 온 것이 수십 년이었다. 그런데 사원이 소지하고 있는 문건에는 도장을 거짓으로 찍은 흔적이 있었다. 이때 선생은 형조참의로 사원의 간악한 행위에 대해 벌을 주려 하였다. 정랑 어운해는 사사로운 부탁을 받고 사원의 입장에 서서 강력하게 반대하며 따르지 않았다. 판서 강섬 또한 운해와 편을 같이하여 사원을 비호하였다. 선생은 사직소를 올려 형조에서 벗어나 이 일을 논죄하는 계사를 지었다. 당시의 명망 높은 선비들이 다투어 말하였다. "이 노인의 서슬 퍼런 기세가 조야朝野를 용동시키는구나." 계사가 들어가자 비답이 내려왔다. "근래 기강이 떨쳐지지 못하고 윗전을 침범하는 기풍이 날로 당연한 것처럼 퍼져 나가므로 드러난 정황에 따라 아픈 마음으로 치죄하려 한다. 형조정랑 어운해는 소송하는 사람을 비호하여 당상을 능멸하였고, 조치를 취할 수 없게 만든 정상이 아주 심하다. 먼저 파직한다." 또 정원政院에 전교하였다. "형조판서 강섬은 소송하는 사람을 비호하였으니 조사하여 보고하라." 이 일의 전말에 대해서는 이러한 것들이 전하여지는 것에 불과하지만 『석담야사石潭野史』[30]에는 다음과 같은 기록이 있다. "대사간 김모金某는 일을 처리하기 위해 자리를 벗어나서 형조정랑 어운해를 논박하여 파면시켰다. 김모는 탄핵하여 갈아치워야 할 대상을 찾았다. 김모는 일찍이 곽사원과 조전潮田을 가지고 여러 해 동안 송사를 벌였는데, 김모와 여러 사대부가 힘을 모았는데도 결국 이기지를 못하였다. 김모는 분기를 참지 못하여 형조참의가 되었을 때 사원을 벌주려 하였으나 정랑 어운해가 동의하지

의가 깊었고, 검약을 숭상하고 예법을 중히 여겨 부모상에 한결같이 朱子의 『家禮』를 따랐다.(네이버 지식백과『한국민족문화대백과』, 한국학중앙연구원)
28) 啓辭: 임금에게 올리는 논죄하는 글.
29) 法司: 조선시대 형조와 한성부. 법을 다루는 기관.
30) 『石潭野史』: 李珥 撰. 筆寫本(原稿本).(연세대학교 학술정보원)

않았으므로 원망을 품었다. 얼마 후, 대사간에 제수되자 어운해는 사람들에게 말하였다. '김공이 형관刑官이 되었으니 사람을 모함하여 사원을 풀려 할 것이다.' 김모가 그 소리를 전해 듣고 크게 노하여 입궐하여 스스로 송사를 벌였다. '정랑 어운해가 상관을 능멸하여 손발을 움직이지 못하게 만들어 버리니, 이것은 신이 사람들에게 경시되도록 만들어 버립니다. 청컨대 신의 직책을 거두어 주십시오.' 임금이 말하였다. '아랫사람으로 윗사람을 능멸하니 이것은 기강이 무너진 것이다. 운해의 파직을 명한다.' 운해는 위인이 공손하고 충신하여 윗사람을 업수이 여기는 사람이 아닌데 김모는 사원으로 공격하여 감히 임금(君上)을 기망한 것이다." 선생은 평소에 공정하고 명백하게 처신하였고, 또 산업을 일삼지 않아 본디 사원과 조전을 두고 소송을 벌인 일이 없었다. 어찌 분노한 마음으로 사람들을 모함할 이치가 있을 것이겠는가? 하물며 사원은 인장을 위조한 죄가 있으므로 국법(邦憲)이 엄하게 다스려야 할 일인데, 권력과 결탁하여 제대로 드러난 흔적을 묻어버리고 판결을 지연시켜 온 지가 어언 10년에 이르렀는데도, 결국 관리들과 연루되고 조정에 허물을 돌리는 데까지 이르게 되었다. 그러니 선생이 사원을 적발하고 운해를 탄핵한 것은 진실로 대각臺閣의 체통을 지킨 것으로 애초에 터럭 한 올 만큼의 사사로운 욕망이 그 사이에 끼어들어 있었던 것이 아니다. 석담石潭의 기록은 선생을 저주하고 모멸하려는 소망을 담고 있는 것이다. 무엇 때문인가? 사원의 아들 건健은 송사련宋祀連의 자식 한필翰弼의 사위이다. 한필은 사류士類를 가장하여 석담 문하에 들어 가장 친밀한 사이가 되었다. 이런 까닭에 석담은 사원의 송사 문제에 아주 전력을 쏟아부었고, 운해는 또 그 의지를 이어받고 있는 자였다. 그러므로 선생을 모함하는 말들은 모두 곽송郭宋의 무리 몇 명에게서 시작되어 운해의 거짓된 주장에까지 이른 것인데, 석담은 그 무리의 말만을 듣고 이런 기록을 남긴 것이라 하겠다. 이러한 일의 전말은 「우추연일록禹秋淵日錄」에 상세하게 기재되어 있다. 그러므로 아래에 옮겨 적어 둔다. 추연 우성전禹性

傳『계갑일록癸甲日錄』 갑신 4월 10일, 성전은 말한다. "거인居仁 곽사원 등이 교하의

제방 쌓은 땅을 두고 송사를 벌였는데 많은 사대부들이 관련되었다. 바로잡고 확인하

여서 일의 전모를 고하라는 전교가 이미 오래 전에 내려왔으나 한마디의 보고가 없었

다. 가장 중요한 풍기風紀가 이와 같았으니 다른 일이야 어찌 말할 수 있겠는가? 이것

은 빨리 살펴서 고하여야 하는 일이라는 말이 사헌부에서 나왔다. 사헌부는 혐의를

피해 물러나서 사원이 갖고 있는 입안에 도장을 위조한 증거가 드러날 때까지 기다리

고만 있었다. 사원은 송한필과 혼인관계를 맺은 가문(昏家)이다. 이이李珥가 힘써 구

원하였으므로 송사를 맡은 관원은 몇십 년이 지나도록 처결하지 못하고 있었다. 임오

년에 임열任說[31])이 판윤判尹이 되어 완의完議에서 말하였다. '오늘날의 공론을 좌우

하는 이들이 다 사원을 돕고 있으니 따르지 않을 수가 없다.' 서윤庶尹 김행金行[32])이

---

31) 任說: 1510(중종 5)~1591(선조 24). 본관은 豊川. 자는 君遇, 호는 竹崖. 任長孫의 증손
으로, 할아버지는 任濟이고, 아버지는 참봉 任明弼이며, 어머니는 尹萱의 딸이다.
1531년(중종 26) 생원진사시에 합격하였고 1533년 별시문과에 병과로 급제하여 승
문원정자가 되어 史官을 겸하였다. 1536년 수찬으로서 문과중시에 을과로 급제하여
그해 賜暇讀書를 하였다. 그 뒤 부교리 · 집의 · 전한을 거쳐, 1543년 직제학이 되었
고, 이듬해 병조참의가 되었다가 승지로 전보되었다. 명종 때 대사간 · 이조참의 · 대
사헌 · 병조참의를 역임하였고, 그 뒤 경상도관찰사로 나갔다가 다시 들어와서 예조
참의가 되었다. 이어 평안도관찰사로 나갔다가 다시 한성부좌윤 · 우윤을 거쳐, 공조
판서로 임명되었으나 탄핵을 받아 부임하지 않았다. 1560년(명종 15) 예문관제학을
지내고, 이듬해 동지춘추관사 · 도총부도총관이 되었다. 다시 대사헌이 되었다가
1567년 한성부판윤에 이어 지중추부사가 되었다. 세 번 과거에 급제하여 문명을 떨
쳤고, 60년을 조정에 있으면서도 시종 權奸이나 士禍에 굴복하거나 따라붙는 일이
없었다. 시호는 文靖이다.
32) 金行: 1532~1588. 조선 중기의 문신이자 서예가이다. 자는 周道, 호는 長浦, 본관은
강릉이다. 金國枰의 아들로, 조부는 군수 金士熙이고, 외조부는 愼克孝이다. 19세에
監試 初試에 장원하였는데, 시가 공교하고, 특히 글씨가 뛰어났기 때문이다. 그 후
謁聖科에 급제했으나, 天災로 발표가 취소되었다. 1558년 생원 · 진사 양시에 합격하
고, 1566년 별시에서 병과로 급제하여 성균관에 배치된 후 北評事로 나갔다. 내직은
成均館典籍 · 형조와 호조의 좌랑 · 예조의 정랑 · 한성부 庶尹 · 成均館司成 · 內贍寺 ·
司贍寺 사도시의 정正을 지냈으며, 외직은 무장현감 · 고양군수 · 서천군수 · 양주목
사 · 광주목사를 역임하였다. 1588년 순변사 申砬이 전라도 병마절도사에 천거하였
으나, 세상을 떠나고 말았다. 어려서 부친을 여의고, 白仁傑과 成守琛 문하에서 수학

물었다. '누가 그러합니까?' 임열이 말했다. '이조판서이다.' 이이를 지목하였다. 김행

이 말하였다. '이조판서가 판윤을 겸하는 것은 아닙니다. 어찌 본 한성부가 들어야

하는 것들을 지휘할 수 있겠습니까?' 전교는 이 사실을 웃어 넘겨 버렸다." 5월 7일,

공조판서 정언지鄭彦智[33]가 계장을 올렸는데 끝부분에서 이렇게 말하였다. "사원은

본디 간교한 모리배에 지나지 않습니다. 그 아들인 건의 부인은 송한필의 여식입니

하였다. 성수침의 아들인 成渾과는 동문수학하고 평생 형제처럼 지냈다. 李濟臣과도
친교가 두터웠다. 성품은 대범하고 기개가 있어 매사에 얽매이지 않고, 세속을 따라
굽실거리지도 않았다. 또 강직하고 울분을 참지 못하여 악인을 원수처럼 미워하고,
다른 사람의 잘못을 용납하지 못했다고 한다. 문장과 글씨가 빼어나고, 필법이 뛰어
났다. 趙翼은 「牧使 金公의 묘갈명」에서, "문장이 매우 빼어났으나 사람들에게 전하
고자 하지 않아 글을 지으면 번번이 짙은 먹으로 칠해서 버렸다. 필법 또한 호방하
고 씩씩하게 살아 움직여서 한 시대 명필들이 모두 미칠 수 없다고 여겼다"라고
하였다. 吳世昌도 『槿域書畵徵』에서 『國朝人物考』를 인용하여, "趙翼이 묘갈을 지어
이르기를, 聽松堂 성수침을 섬기고, 그 필적까지 본받았으므로, 사람들이 진짜인지
가짜인지 구별하지 못했다. 필법이 호방하고 씩씩하여 한 시대의 명필들이 모두 미
치지 못하였다. 무장현감으로 있을 때 安平大君의 「證道歌」를 새겼는데, 원본이 깎이
고 떨어져 나간 것이 반이나 되었다. 공이 손수 글씨를 써서 보충하고, 인출하여
세상에 유행했는데, 사람들은 다른 것인지 알지 못했다고 하였다"라고 하였다. 묘역
은 파주시 문산읍 내포리 산24~10번지에 있다. 묘비는 1636년 10월에 세웠는데,
비문은 趙翼이 짓고, 金光炫이 篆을 썼다. 파주시 월롱면 덕은리 龍洲書院에 배향되었
다.(네이버 지식백과(『한국 역대 서화가 사전』, 2011.11.28.))

33) 鄭彦智: 1520(중종 15)~?. 본관은 東萊. 자는 淵夫. 호는 東谷. 鄭傑의 증손으로, 할아
버지는 鄭洪孫이고, 아버지는 예조좌랑 鄭振이며, 어머니는 陽川許氏로 許確의 딸이
다. 우의정 鄭彦信의 형이다. 1554년(명종 9) 仁政殿 庭試에서 으뜸을 차지하여 直赴殿
試의 자격을 받았고, 1558년 식년문과에 병과로 급제하였다. 1561년 전적을 시작으
로 형조좌랑·정언·지평을 거쳐, 선조 때에 교리·의주목사·승지·대사헌·대사
간을 역임하였으며, 1589년(선조 22)에는 이조참판에 올랐다. 『명종실록』 편찬시에
는 교리에 있으면서 기주관으로 활약하였고, 승지 때에는 李珥와 군자가 이름을 구
하는 것에 대하여 논란을 펴기도 하였다. 그런데 그가 승지가 되었을 때 사헌부에서
는 평소에 명망이 적어 그 직에 마땅하지 않음을 아뢰고 있었다. 그러다 鄭汝立의
역모사건이 일어나자 무고로 역적과 친족으로 교분이 두터웠던 인사로 지목되었으
며, 양사의 탄핵으로 언신은 中途付處되고, 언지는 강계로 귀양에 처하여졌다. 그러
나 임진왜란이 일어나자, 왕은 영남인 權愉의 반대상소에도 불구하고 1594년 그를
한성부좌윤으로 임명하여 복관시켰다.(네이버 지식백과(『한국민족문화대백과』, 한
국학중앙연구원))

다. 한필은 실로 사원과 한 모양으로 이익을 같이하는 사람인 것입니다. 한필 형제는

거짓 선비의 무리에 이름을 올리고 있긴 하지만 본래 명망 높은 관리의 무리와 교유

하며 친밀한 관계를 맺고 있습니다. 이런 까닭에 사대부 중에서도 그 간교한 술책에

빠져든 자가 많습니다. 사원의 소송장은 이것을 배후의 위세로 삼고 송사를 맡고 있

는 관리들을 두렵게 만들어 시비를 가리는 것을 이제까지 질질 끌어오게 한 것입니

다." 비답에서는 말하였다. "지금 경의 계사를 보고 짐은 그 곡절을 알게 되었다."

전교傳敎를 내려보내 말하였다. "송한필은 서얼 송사련宋祀連[34]의 아들인 바로 그 한

필인 것인가?" 계장을 보내 고하였다. "맞습니다." 전교가 내려왔다. "알겠다." 7월

5일, 전교를 내려보내 말하였다. "곽사원에게 곽건이 없었다면 어찌 위세를 등에 업

고 간교한 술책을 부려 이 지경에 이르게 한단 말인가? 양측을 다 같이 치죄하는 것이

좋을 것이다." 11일에서 14일까지 간원諫院에서는 연달아 곽건을 치죄하지 말자는 의

론을 내었다. 답이 내려왔다. "본디 아비를 벌주는 일이 죄 없는 그 아들에게까지

---

34) 宋祀連: 1496(연산군 2)~1575(선조 8). 본관은 礪山. 아버지는 宋璘 또는 者斤金이며,
어머니는 成均館司藝 安敦厚의 庶出인 甘丁(安瑭의 庶妹)이다. 安處謙의 고종사촌으로
안씨 집 사람들은 송사련을 친자제같이 출입하게 하여 믿고 지냈는데, 성장함에 따
라 자기 지위가 미천한 것을 한탄하고 安瑭의 반대파였던 沈貞에게 아부, 벼슬이 관
상감관관에 이르렀다. 송사련은 四柱 보는 법에 정통하여 1521년(중종 16) 자기의
사주를 보니 운수가 대통하여 부귀를 얻을 운이었고, 안당의 집 사람들의 사주는
죽고 망할 운수였다. 이에 엉뚱한 생각을 품고 처남 鄭鑌과 공모하여, 고모인 안처겸
의 어머니가 죽었을 때의 弔客錄과 發靷 때의 役軍簿 등을 증거로 삼아 안처겸 등이
모역을 꾀하였다는 사실을 조작, 옥사를 일으켰다. 이 사건의 조작으로 안당·안처
겸 등 안씨 일문과 權磌·李忠楗·趙光佐 등 많은 사람이 죽게 되었다. 그 결과 고변
한 공으로 선조대에 이르기까지 네 임금을 섬기면서 절충장군·시위대장 등 당상관
으로 30여 년간 세력을 잡고 종신토록 녹을 받았다. 그리고 송사련의 딸도 종실에
시집갔으며 아들 5형제도 모두 명문 집안에 장가들어 宋翼弼과 같은 쟁쟁한 학자가
나오는 등 집안이 한때 번창하였다. 그러나 송사련이 죽은 뒤인 1586년(선조 19)
안당의 종손인 安璐의 처 윤씨의 상소로 안당의 무죄가 밝혀지자 송씨 집안도 맞상
소하여 싸우다가 결국 패하여 관작이 삭탈되었다. (네이버 지식백과『한국민족문화
대백과』, 한국학중앙연구원)

적용되는 것은 아니다. 건은 자신이 죄를 범하였으니 실제로 죄인인 것이다. 건이라는 인물이 어떤 자이기에 국법을 뛰어넘는다는 말인가? 사원에게 이 인물이 있어 같이 악행을 도모하지 않았다면, 사원은 한 사람의 늙고 간교한 사람에 지나지 않았을 것이다. 어찌 거인居仁과 더불어 쟁송을 벌여서 우세를 점할 수 있었겠는가? 거인과 수십 년 동안 송사를 이어 오면서 일을 맡은 관리가 그 뜻을 조금도 꺾지 못하고 그 독의 피해를 입어 온 이유는 무엇이겠는가? 이것은 반드시 까닭이 있는 일일 것이다. 무릇 이 한 가지 일은 민간에서 일어난 소송사건에서 그치는 것이 아니라 관리들까지 끌려 들어가 함정에 빠트린 일이고, 조정까지 제물로 바쳐 오욕의 늪에 빠져들게 한 일이고, 사풍을 무너뜨리고 나라의 기강을 내던져 버린 일이니, 커다란 사건이다. 이치에 따르자면 마땅히 이 무리들을 남김없이 징치하여 의롭지 못한 무리들이 경계하는 본보기로 삼아야 할 것이다." 임금은 윤허하지 않고 거듭 비망기備忘記를 내렸다. "서얼 송한필은 명사들과 관계를 맺고 여러 계책을 써서(三窟) 정리의 움직임에 간여하였다. 곽건은 사원을 위하여 모의를 주도하고 이치에 맞지 않는 송사를 벌이는 것을 좋아하였다. 무릇 사원의 간특한 계책, 은밀한 꾀는 시비를 어지럽히고, 거짓을 유포시키고, 관리들을 함정에 빠트리고, 송사를 맡은 담당자를 위협하여 결국 조정을 수치스럽게 만들었으니, 그 흉악하고 교묘하며 음험한 모양이 아주 놀랍고 괴이하다. 지금 크게 감추어져 있는 것을 차제에 들춰내어 처벌할 일이다. 한필은 여우 같은 괴수로 형정刑政의 기강을 무너뜨렸다. 깡그리 쓸어 내어 나라를 어지럽히하지 못하게 하라." 남김없이 심문하여 죄를 정하였다.】 얼마 지나지 않아 또 대사성이 되었다. 5월, 대사간으로 다시 제수되었고, 장례원판결사掌隷院判決事가 되었다. 【경연 자리에서 진술한 것이 다 우국의 좋은 말들이었고 임금을 바로잡는 정론이었다. 이때 율곡 이이가 이조(天官)의 우두머리로 있어 이름이 드높았으므로, 조정의 대신들이 다 감히 말을 내놓는 법이 없었으나 선생은 바꾸고 펼쳐 나가는 일에 대해 논란하는 것을 잠시도 멈추지 않았다. 이런 일로 인하여 세상 사람들의 미움을 받았다.】 가을, 청송부사로 나갔다. 【이때 조정에서는 마음이 같지 않은 사람(携貳)들에 대한 의론이 있었다. 선생과 아우 동강공, 송응개宋 應漑35) 공, 이원익李元翼36) 공, 박승임朴承任37) 공, 허봉許篈38) 공, 김응남金應南39)

---

35) 宋應漑: 본관은 恩津. 자는 公溥. 안동부사 宋汝諧의 증손으로, 할아버지는 한성부서 윤 宋世忠이고, 아버지는 우참찬 宋麒壽이다. 어머니는 대사헌 蔡忱의 딸이다.1565년 (명종 20) 홍문관의 正字·著作을 거쳐서 홍문관의 박사·副修撰, 司諫院正言을 지내고, 예조정랑으로『明宗實錄』찬수에 참여하였다. 1570년(선조 3) 弘文館校理가 된 뒤, 1573년 함경도에 災傷御史로 파견되었다. 이때 덕원부사 安璲 등이 무죄인데 파직시 켰다는 사간원의 탄핵을 받아 파직당하였다. 그러나 같은 해 6월 司憲府掌令이 되고, 侍講官, 홍문관의 副應敎·부교리, 사간원의 사간·執義, 홍문관응교 등을 두루 역임 하였다. 1579년 승지로서 소위 李銖의 옥사에서 이를 석방하라는 왕의 명령을 철회 할 것을 청하다가 다시 파직당하였다. 1583년 대사간이 된 뒤, 동·서 분당 이후에는 동인의 중진으로서 활약하였다. 이때 헌납 柳永慶, 정언 鄭淑男, 도승지 朴謹元, 成均 館典籍 許篈과 함께 李珥를 탄핵하다가 장흥부사로 좌천되고, 다시 회령에 유배되었 다. 강계·갑산에 귀양 간 박근원·허봉과 아울러 세칭 癸未三竄이라 하였다. 이때 趙憲을 비롯, 전라도·해주 등지의 유생들로부터 맹렬한 배척을 받았다. 1585년 영 의정 盧守愼의 상소로 풀려났다.(『한국민족문화대백과사전』, 20190919 검색)

36) 李元翼: 1547~1634. 이원익의 본관은 全州로 종실의 일원이었다. 그의 고조는 태종 의 아들 益寧君 李袳이고 증조는 秀泉君 李貞恩, 조부는 靑杞守 李彪, 아버지는 咸川正 李億載이다. 어머니는 사헌부 감찰 鄭鏑의 딸이다. 이원익의 자는 公勵, 호는 梧里, 시호는 文忠이다. 이원익은 1547년(명종 2) 10월 24일 서울 楡洞 泉達坊(지금의 종로 구 동숭동 일대)에서 둘째 아들로 태어났다. 8세 때(1555, 명종 10) 어머니를 여읜 것을 빼면 그의 성장은 대체로 순조로웠다. 이원익은 17세 때 생원시에 합격하여(1564, 명종 19) 성균관에서 수학했고 5년 뒤 별시 문과에 병과로 급제했다(1569, 선조 2). 이듬해 승문원 부정자(종9품)로 관직생활을 시작한 그는 35세(1582)까지 호조·예 조·형조좌랑, 사간원 정언(이상 정6품), 예조정랑, 홍문관 응교(이상 정5품) 같은 주요한 당하관직을 거쳤다. 이 기간의 특기할 만한 사항으로는 성절사 權德輿의 質正 官으로 중국에 다녀온 것(1573, 선조 6)과 황해도 都事로 나가 軍籍의 착오를 시정한 것이었다(1574, 선조 7). 특히 후자는 국방 문제에 큰 관심을 갖고 있던 이이(1536~ 1584)에게서 큰 칭찬을 받았다. 당시 조정의 가장 중요한 인물로 학문과 현실 모두 에서 깊은 통찰력을 갖고 있던 이이에게 인정받았다는 사실은 이원익의 뛰어난 능 력을 보여 준다. 이원익은 35세(1582) 때 동부승지(정3품)가 되어 당상관에 올랐다. 상당히 이른 나이의 출세였지만, 그 직후 이런저런 이유로 약간의 공백을 겪었다. 이듬해 8월 도승지 朴謹元과 영의정 朴淳의 알력이 일어났는데, 원인이 승정원에 있 다는 탄핵이 제기되었다. 다른 승지들은 도승지의 책임일 뿐이라고 물러났지만, 이 원익은 도승지가 연루되었으니 승지들은 책임을 회피할 수 없다는 원칙론을 견지했

다. 그는 결국 파직되었다. 불행은 이어졌다. 다시 이듬해 8월 부친상을 당한 것이
다. 이원익은 경기도 衿川(지금 서울시 금천구)에서 삼년상을 치렀다. 결국 그는 파
직과 服喪으로 5년 동안 관직에서 물러나 있었다. 상을 마친 뒤 1587년(선조 20) 10
월 이원익은 황해도 安州목사로 임명되어 다시 관직에 복귀했다. 이 근무에서 그는
다시 한 번 뛰어난 능력을 발휘했다. 가족을 거느리지 않고 혼자 부임한 그는 황해
도 관찰사에게 양곡 1만여 석을 요청해 종자로 보급했다. 그의 노력과 순조로운 기
상 덕분에 원곡을 갚고도 창고가 가득 찰 정도로 큰 풍작을 이뤘다. 양잠을 확산시
킨 것도 중요한 치적이었다. 안주는 양잠에 힘쓰지 않았는데, 이원익의 권유로 널리
퍼졌다. 사람들은 그를 '李公桑'이라고 부를 정도였다. 군정도 개혁했다. 병사들이
1년에 4회 入番(당번이 되어 근무처에 들어감)하던 것을 6번으로 고쳐 근무 기간을
석 달에서 두 달로 줄였다. 이 제도는 그 뒤 尹斗壽의 건의로 전국에 실시되었다.
중년 이후 이원익은 나라의 운명과 함께 격동과 파란의 삶을 영위했다. 그는 임진왜
란이 일어날 때까지 형조참판, 대사헌, 호조·예조·이조판서 등의 요직을 역임했
다. 그때 조정에는 유성룡(1542~1607), 이항복(1556~1618), 이덕형(1561~1613) 등
그와 비슷한 세대의 뛰어난 인물들이 있었다. 임진왜란이 발발했을 때 이원익은 45
세였다. 그는 평안도로 파견되었다. 평안도 도체찰사로 임명된 뒤 곧 평안도 관찰사
겸 순찰사로 승진해 1593년 1월 명의 李如松과 합세해 평양을 탈환하는 데 기여했다.
그는 蒙塵(임금이 난리를 피해 안전한 곳으로 떠남)했던 선조가 환도한 뒤에도 평양
에 남아서 군병을 관리했다. 이런 공로로 이원익은 우의정 겸 4도체찰사로 임명되었
고(1595, 선조 28), 이번에는 星州에 산성을 수축하는 등 주로 경상도 지역에서 근무
했다. 정유재란 이후 이원익은 신하로서 최고의 지위에 올랐다. 좌의정(1598, 선조
31)을 거쳐 영의정(1599)에 제수되었고, 四道都體察使(1600, 선조 33)와 삼도 도체찰
사(1601)로 주요 지방의 국방과 민정을 총괄했으며, 扈聖 2등공신과 完平府院君에 책
봉되었다(1604, 선조 37). 당시로서는 사망했어도 이상하지 않을 예순에 가까운 나
이였지만, 그의 삶은 30년이나 더 남아 있었다. 수많은 곡절 끝에 1608년 광해군이
즉위했다. 새 국왕은 前代의 영의정인 이원익을 자신의 첫 수상에 그대로 임명했다.
여러 요인이 복합적으로 작용한 결과지만, 광해군의 內治는 그다지 순조롭지 못했
다. 영의정은 그런 풍파의 영향을 가장 먼저 받기 쉬운 자리였다. 즉위 직후 광해군
이 형 臨海君을 처형하려고 하자 이원익은 23회나 사직했고, 결국 윤허를 받아 낙향
했다(1609, 광해군 1). 2년 뒤 국왕은 그를 다시 영의정으로 불렀다(1611년 9월). 그
러나 이때도 국왕의 시책에 반대해 이듬해 4월에 遞職(벼슬이 갈림)되고 말았다.
1614년에는 永昌大君이 사사되었고, 이듬해에는 仁穆大妃를 폐출하려는 움직임이 일
어났다. 이원익은 폐모론을 강력히 반대했고, 강원도 洪川으로 유배되었다. 그는 4년
뒤 고향으로 돌아가라는 명령을 받고 여주에 은거하면서 광해군의 치세를 보냈다
(1619, 광해군 11). 1623년(인조 1) 인조반정이 일어나자 76세의 노대신은 다시 한
번 영의정으로 부름을 받았다. 그러나 인조의 치세는 처음부터 곤욕을 치렀다. 1624
년 1월 李适의 난이 일어난 것이었다. 이원익은 도체찰사로 임명되어 公州까지 몽진
한 국왕을 護從(보호하며 따라감)했다. 그의 마지막 역경은 정묘호란(1627, 인조 5)
이었다. 이원익은 다시 도체찰사가 되어 국왕과 세자를 수행했다. 환도한 뒤 국방을

총괄하는 훈련도감 제조에 임명되었지만, 그런 중책을 맡기에는 나이가 너무 많았다. 그는 사직을 주청해 금촌으로 낙향했고, 1632년(인조 10) 6월 인목대비가 승하하자 잠깐 서울로 올라와 成服한 것을 빼고는 그곳에서 계속 지냈다. 이원익은 1634년 1월 29일 금촌에서 세상을 떠났고, 4월 그곳에 묻혔다. 영예와 고난이 교차한 87세의 긴 생애였다. 이원익은 인조의 廟庭에 배향되었고 시흥의 忠賢書院에 제향되었다. 남인의 거두인 許穆이 그의 孫壻(손녀사위)로 그 뒤 『梧里集』을 간행하고 묘비명과 연보, 遺事 등을 지어 업적을 기리는 데 중요하게 공헌했다.(『인물한국사』, 20190919 검색)

37) 朴承任: 본관은 潘南. 자가 重甫, 호가 嘯皐이다. 아버지는 成均 進士 珩이고 어머니는 宣城金氏로 金萬鎰의 따님이다. 20세에 예천권씨인 司憲府 執義 五紀 따님과 결혼하였다. 1517년 11월 19일 영천군(현 영주) 斗西里에서 태어나 1540년 생원·진사시에 모두 합격하고, 이어서 4월에 문과에 급제하였다. 과거에 급제한 후 淸要職으로 나가는 지름길인 承文院 分館과 史官을 거쳐 玉堂과 湖堂에 스승인 퇴계와 함께 선발되었다. 인종이 즉위하자 선생은 「十漸疏」를 올렸는데, 그 내용이 절실하여 임금의 마음을 크게 감동시켰다. 이어서 수찬과 이조 좌랑을 거쳐 正言이 되었다. 그의 명망이 높아지자 당시 세도가인 小尹 尹元衡의 심복으로 악명이 높았던 陳復昌이 그를 농락할 목적으로 만나보기를 청했으나 끝내 응하지 않았으며, 그 뒤 소윤의 횡포가 날로 심해지자 벼슬을 사직하고 귀향하였다. 1547년(명종 2) 예조정랑, 이듬해 어머니의 상을 당하자 다시 귀향하였다. 상복을 벗은 뒤에는 현풍현감, 1557년 直講을 거쳐 司藝가 되었으나, 윤원형의 세도가 더욱 심해져 벼슬에서 은퇴하여 두문불출하며 독서에 힘썼다. 이듬해 풍기군수로 임명되어 치적을 쌓았다. 그 후 軍資監正, 判校를 거쳐 1565년 병조참의에 승진되고, 이듬해 동부승지, 얼마 뒤 진주목사로 부임하였다. 1569년(선조 2) 동지부사로 명나라에 다녀왔으며, 1571년 황해도관찰사로 나갔다가 이듬해 좌승지에 임명되었다. 1573년 도승지, 이듬해 경주부윤이 되었다. 1576년 다시 도승지에 임명되었고, 강화부유수·여주목사를 거쳐 1581년 춘천부사로 나갔다가 병으로 사직하고 귀향하였다. 1583년 공조참의를 거쳐 대사간이 되었으나 言事에 연루되어 왕의 뜻에 거슬려 창원부사로 좌천되었으며, 얼마 뒤 중앙에 소환되었다가 병사하였다. 선생은 1551년(명종 6) 玄風 縣監에 제수된 것을 시작으로 이후 10여 개 고을의 수령을 거쳤다. 경주에서는 치적 제1로 임금의 칭찬을 들었고, 여주에서는 表裏(옷 한 벌의 겉감과 속감)를 하사받았으며, 춘천 부사로 있다가 병환이 나서 고향으로 돌아올 때는 후배들이 마련해 주는 전별금도 사양하여 받지 않았다. 특히 1558년(명종 13) 풍기군수로 군의 재정을 풍족하게 하였으며 업무를 보는 틈틈이 소수서원에 들러 제생들과 더불어 학문을 講하였다. 1583년(선조 16) 임금의 노여움을 사서 마지막 임지인 昌原 府使로 좌천되었는데, 柳成龍이 慶尙道觀察使로 부임해 오자 7언 절구로 된 12편의 歌謠를 지어 유리하는 백성을 거두고 敎化를 펴서 선치를 이루라고 당부하였다. 선생은 後生 敎誨에 관심이 많아 지방관으로 있을 때는 書院이나 鄕校의 운용과 諸生 교육에 남다른 열정을 보였다. 일찍부터 文名이 드높았기 때문에, 벼슬을 버리고 귀향했을 때나 친상을 당해 고향에 있게 되면 인근 고을의 젊은이들이 문하에서 학업을 닦기 위해 몰려들었다. 제자 중 退溪門下로 보내 受學시키기도 했기 때문에 兩門의 제자가 된 이들도 많다. 또한 1615년(광해군

공, 홍진洪進[40) 공, 우성전禹性傳[41) 공, 김수金晬[42) 공, 홍적洪迪[43) 공, 이주李澍[44) 공,

7) 지역 사람들에 의해 선생은 鄕賢祠에 제향되어 오다가 다시 1767년(영조 43) 향현 사를 龜江書院으로 승격시켜 제향했다.(김태환[영주향토사연구소장], 『영주시민신문』 okh7303@yjinews.com, 20190919 검색)

38) 許篈: 1551~1588. 본관은 陽川. 자는 美叔, 호는 荷谷. 아버지는 徐敬德의 문인으로서 학자·문장가로 이름이 높았던 同知中樞府事 許曄이며, 어머니는 둘째 부인인 江陵金 氏로서 禮曹判書 金光轍의 딸이다. 이복형인 許筬이 있으며, 동생으로 許筠과 許蘭雪軒 이 있다. 柳希春의 문인으로 1568년(선조 1) 생원시에 합격하고, 1572년(선조 5) 親試 文科에 병과로 급제하였으며, 이듬해 賜暇讀書하였다. 1575년(선조 8) 吏曹佐郎에 올 라 金孝元 등과 동인의 선봉이 되어 沈義謙 등의 서인들과 대립하였다. 1577년(선조 10) 校理가 되고, 1583년(선조 16) 典翰·昌原府使를 지냈으며, 같은 해 兵曹判書 李珥 를 탄핵하였다가 甲山에 유배되었다. 1585년(선조 18) 영의정 盧守愼의 주선으로 재 기용되었으나 거절하고, 白雲山·인천·춘천 등으로 유랑하다가 1588년(선조 21) 금 강산에 들어가 병사하였다. 1574년(선조 7) 書狀官으로 명나라에 가서 『荷谷朝天記』를 썼다. 문집에 『荷谷集』, 『荷谷粹語』 등이 있고, 편저에 『儀禮刪註』, 『北邊記事』, 『讀易 管見』, 『伊山雜述』, 『海東野言』 등이 있다.(네이버 지식백과[한국향토문화전자대전], 20190919 검색)

39) 金應南: 본관은 原州. 자는 重叔, 호는 斗嚴. 충청도병마절도사 金末孫의 증손으로, 할 아버지는 증 좌찬성 金安祐이고, 아버지는 金衎이며, 어머니는 증 참판 金德裕의 딸이 다. 1567년 생원시에 합격하고, 1568년 증광 문과에 을과로 급제해 예문관·홍문관 의 正字를 역임하고, 賜暇讀書를 했으며 동부승지에 이르렀다. 1583년 병조판서 李珥 를 탄핵한 삼사의 宋應漑·許篈·朴謹元 등이 선조의 노여움으로 도리어 유배될 때 그들과 일당이라는 혐의를 받고 제주목사로 좌천되었다. 그러나 평소 이이를 존경 했기 때문에 실제로 삼사의 논의에는 참여하지 않았다. 임지에 도착하자 성심껏 기 민을 구휼하고 교육을 진흥시키며 민속을 바로잡았다. 그래서 뒤에 인조 때 金尙憲 이 쓴 『南程錄』이나 효종 때 李元鎭이 쓴 『耽羅誌』에는 그때의 치적을 칭송하는 글이 실려 있다. 2년 뒤 1585년 우승지로 기용되고 이어 대사헌·대사간·부제학·이조 참판 등을 역임하였다. 1591년 성절사로서 명나라에 갔다. 마침 명나라에서는 일본 의 국서를 받고 조선이 일본과 내통한다고 의심하는 자가 많았는데 이를 힘써 해명 해 의구심을 풀어주었다. 귀국 후 한성판윤이 되었고, 다음 해 1592년 임진왜란으로 왕이 피난길에 오르자 柳成龍의 천거로 兵曹判書兼副體察使가 되었다. 이듬해 1593년 이조판서로서 왕을 따라 환도, 1594년 우의정, 1595년 좌의정이 되어 영의정 유성룡 과 함께 임진왜란 후의 혼란한 정국을 안정시켰다. 항상 나라를 복구하는 급선무는 군사를 훈련하고 성을 쌓는 것이 아니라 인심을 바로잡는 일이라고 역설하였다. 1597년 정유재란 때에는 안무사로서 영남지방에 내려갔다가, 豊基에서 병이 위독해 져서 귀경 후 사직하고 이듬해 죽었다. 1604년 扈聖功臣 2등으로 原城府院君에 추봉 되었다. 시호는 忠靖이다.(『한국민족문화대백과사전』, 20190919 검색)

40) 洪進: 본관은 南陽. 자는 希古, 호는 訒齋·退村. 司成 洪以平의 증손으로, 할아버지는 첨지중추부사 洪德演이고, 아버지는 명유 洪仁祐이며, 어머니는 청도군수 金希稷의

딸이다. 1564년(명종 19) 사마시에 합격하고, 1570년(선조 3) 식년문과에 병과로 급제한 뒤, 정자가 되고 검열을 역임하였다. 1573년 弘文錄에 올랐다. 그해 儒先錄에 실린 趙光祖의 시가 몇 수 안 되는데, 새로 시 5수를 찾아 교서관에 보내 이를 보완하였다. 다음 해 홍문관박사가 되고 부수찬·정언을 거쳐, 1576년 헌납이 되었다. 하지만 너무 빠르게 승진했다고 引嫌하였다. 그 뒤 1583년 용담현령으로 부임하였다. 그리고 1589년 응교 재직 중, 전염병이 만연하자 충청도에 파견되어 致祭하였다. 1592년 임진왜란이 일어나자 호군으로 御駕를 호종하였다. 그리고 좌부승지에 오른 뒤 우승지·좌승지로 선조의 측근에서 뒷바라지를 하였다. 이듬해 9월 還都에 앞서 "京中人의 賑恤에 전력을 다하라"는 特旨를 받고 한성판윤에 임명되었다. 환도 후 鹽鐵使를 겸임하면서, 경기·황해·충청·전라도 해변의 소금을 전국 각지에 보내 굶주린 백성들을 구제할 것을 진언하였다. 1594년 진휼사를 겸하면서는 겨울 동안 얼어죽은 자가 나타날 것을 우려, 왜적이 소장했던 피복을 나누어 줄 것을 진언하였다. 1595년 대사헌이 되고 藥房提調를 겸하였다. 이후 동지중추부사·지춘추관사 겸 이조판서·예조판서·우참찬·지중추부사 등을 역임하였다. 그러다가 1600년 왕비 懿仁王后가 죽자 嬪殿都監提調가 되었다. 이어 좌참찬·형조판서 등을 거쳐 1604년 판의금부사가 되었다. 임진왜란 때 호종한 공으로 扈聖功臣 2등에 책록되었으며, 唐興府院君에 봉해졌다. 1609년(광해군 1) 관상감제조가 되었으나, 북인이 집권하자 사퇴하였다. 영의정에 추증되고, 저서로는 『퇴촌유고』가 있다. 시호는 端敏이다.(『한국민족문화대백과사전』, 20190919 검색)

41) 禹性傳: 1542(중종 37)~1593(선조 26). 본관은 丹陽. 자는 景善, 호는 秋淵·淵庵. 禹桓의 증손으로, 할아버지는 承仕郎 禹成允이다. 아버지는 현령 禹彦謙이며, 대사헌 許謙의 사위이다. 李滉의 문인이다. 1561년(명종 16) 진사가 되고, 1564년 성균관 유생들을 이끌고 요승 普雨의 주살을 청원하기도 하였다. 1568년(선조 1) 증광 문과에 병과로 급제하고, 예문관검열·奉敎, 修撰 등을 거쳐 1576년 수원현감으로 나가서는 명망이 높았다. 한때 파직되었다가 다시 掌令·사옹원정을 거쳐 1583년에 應敎가 되고, 뒤에 여러 번 舍人을 지냈다. 동서분당 때 동인으로 분류되었다. 그 뒤 李潑과 틈이 생기자 우성전은 남산에 살아서 남인, 이발은 北岳에 살아서 북인으로 분당되었다. 남인의 거두로 앞장을 섰으며, 동서분당 때나 남북의 파쟁에 말려 미움도 사고 화를 당하기도 하였다. 1591년 서인인 鄭澈의 사건에 연좌되어 북인에게 배척되고 관직을 삭탈당하였다. 이듬해 임진왜란이 일어나자 풀려나와 경기도에서 의병을 모집해 軍號를 '秋義軍'이라 하고, 소금과 식량을 조달해 난민을 구제하였다. 또한 강화도에 들어가서 金千鎰과 합세해 전공을 세우고, 강화도를 장악해 남북으로 통하게 하였다. 병선을 이끌어 적의 진격로를 차단했으며, 權慄이 수원 禿城山城에서 행주에 이르자 의병을 이끌고 지원하였다. 그 공으로 봉상시정에서 대사성으로 서용되었다. 그 뒤 계속 활약하였으며, 용산의 왜적을 쳐서 양곡을 확보해 관군과 의군의 식량을 마련하였다. 그 뒤 퇴각하는 왜군을 경상우도 의령까지 쫓아갔으나, 과로로 병을 얻어 경기도 부평에서 사망하였다. 이조판서에 추증되었다. 저서로『癸甲錄』·『易說』·『理氣說』등이 있다. 시호는 文康이다.(네이버 지식백과『한국민족문화대백과』, 한국학중앙연구원, 20190919 검색)

권덕여權德興[45] 공 등 현자 40여 사람이 배척 당하였다.】

42) 金睟: 1537(중종 32)~1615(광해군 7). 자는 子昻, 호는 夢村, 시호는 昭懿. 본관은 安東. 1573년(선조 6) 문과에 급제, 藝文檢閱이 되었고, 校理로 있을 때 선조의 명으로 『十九史略』을 개수하여 註를 붙였다. 直提學·承旨·평안·경상도 관찰사를 역임하고 대사헌으로 있다가 병·형조 판서에 승진, 임진왜란 때 경상 관찰사로 있었으며 관군이 패하여 그도 한때 관직에서 물러났으나 뒤에 판한성·지중추를 거쳐 형·호조 판서·領中樞에 이르렀다. 1613년 그의 손자 金祕가 적신들의 무고로 옥사하자 김수도 臺諫의 탄핵을 받고 파직되었으며 병으로 사망하였다. 일찍이 호조 판서로서 임진왜란 때 치적을 올려 수십 년 동안의 호조 판서 중 제1인자로 꼽혔으며 1591년 洪汝淳이 간계를 꾸며 士流를 몰아내려고 그를 크게 등용하고자 하였으나 응하지 않아 이때부터 조정에서 마음을 놓지 못하였다. 李恒福이 그의 죽음을 듣고 나라의 충신을 잃었다고 한탄했다.(네이버 지식백과[인명사전편찬위원회, 『인명사전』, 2002.1.10.], 20190919 검색)

43) 洪迪: 1549(명종 4)~1591(선조 24). 본관은 南陽. 자는 太古·遵道, 호는 養齋·荷衣子. 司成 洪以平의 증손으로, 할아버지는 첨지중추부사 洪德演이고, 아버지는 洪仁祐이며, 어머니는 생원 金寧胤의 딸이다. 판서 洪進의 동생이다. 李滉의 문인이다. 1572년(선조 5) 진사로서 별시문과에 병과로 급제하여 權知承文院正字가 되었다가 곧 史官이 되었다. 이듬해 賜暇讀書(문흥을 일으키기 위하여 유능한 젊은 관료들에게 휴가를 주어 독서에만 전념케 하던 제도)한 뒤 1574년 정자로 홍문관에 들어가 10년 동안 봉직하였다. 1577년 부수찬에 오르고, 예조·병조의 좌랑을 거친 뒤 지제교를 겸하였다. 1580년 예조정랑이 되고, 이듬해 병조정랑으로 옮겼다가 곧 경기암행어사가 되어 민정을 살폈다. 그 뒤 교리·수찬을 지내고, 1583년 정언이 되었다. 이 해 兩司에서 李珥를 탄핵하자, 이것을 반박하다가 장연현감으로 좌천되었다. 1588년 병조정랑이 되었으며, 이듬해 교리·검상을 지낸 뒤 사임이 되었다가 그해 겨울에 집의가 되었다. 經學에 밝고 論思를 잘하여 홍문관에서 '學士全才'라 불렸으며, 시문에 능하고 글씨도 잘 썼다. 저서로는 『하의집』·『荷衣詩什』이 있으며, 작품으로는 시조 한 수가 전한다.(네이버 지식백과[한국민족문화대백과], 한국학중앙연구원], 20190919 검색)

44) 李澍: 본관은 延安. 자는 彦霖, 호는 盆峯. 李仁文의 증손으로, 할아버지는 삼척부사 李熟이고, 아버지는 군수 李慶宗이며, 어머니는 전주이씨로 雲川君 李愼의 딸이다. 인조 때의 扈聖功臣 光庭은 그의 맏아들이다. 曺植의 문하에서 학업을 닦았다. 성품이 강직하여 남의 과실을 보면 반드시 이를 시정하게 하니 사람들이 모두 어려워하였다. 1558년(명종 13) 진사시에 합격하여 성균관에서 학업 중, 普雨가 文定王后의 신임을 얻어 불사를 일으키려 하자 제생들과 함께 상소하여 보우의 죄를 성토하였다. 1573년(선조 6) 알성문과에 병과로 급제, 同榜에 각각 장원과 병과로 급제한 李潑·金睟 등과 함께 발탁되어 權知正字에 보임되고, 곧이어 경성판관에 특배되었으며, 이어서 1583년 사간원정언에 이르렀다. 조정의 공론이 동인·서인으로 갈라지자, 동인의 입장에서 洪汝淳·柳永慶 등과 더불어 李珥·成渾을 논박하는 데 앞장섰다. 1584년 가산군수에 보임되었다.(『한국민족문화대백과』, 한국학중앙연구원, 20190919 검색)

45) 權德興: 1518(중종 13)~1591(선조 24). 본관은 安東. 자는 致遠. 權實의 증손으로, 할

— 12년 갑신甲申.【선생 61세. 관직에 있었다. 요행히 결백함이 밝혀졌으므로 자신의

녹봉을 나누어서 백성을 지성으로 구휼하였다.】 12월, 치행 제일로 평가되어

표리表裏46)를 하사받았다.【교서에 말하였다. "지금 재상어사災傷御史 송언신宋

彦愼47)이 계장을 올려 와 그대가 진심으로 관직을 수행하고 세부 사무까지 몸소 궁행

하며 관아의 수하들을 잘 살피고 백성들을 편안하게 돌보아 피폐해진 읍이 소생하였

음을 알게 되니 아주 기쁜 일이다."】

— 13년 을유乙酉.【선생 62세】 관직의 임기가 다하여서 개암의 옛집으로

돌아왔다.【이때부터 천석 사이에서 노닐며 다시는 세상을 경영할 생각을 하지 않

게 되었다.】

— 14년 병술丙戌.【선생 63세】 가을, 서애 유 선생이 내방하였다.【하외河

隈로부터 작고 허름한 것을 타고 와 이틀 밤을 머문(信宿) 후 돌아갔다. 선생이 더불

어 나눈 이야기들은 다 공부의 중요한 것들이나 세상을 멀리 보고 크게 구제하는 것

아버지는 權齡이고, 아버지는 상주목사 權博이며, 어머니는 典牲署奉事 吳致精의 딸이

다. 宋麟壽의 문인이다. 1537년(중종 32)에 사마시에 합격, 성균관에서 行義로 의금부

도사에 천거되었다. 1562년(명종 17) 별시문과에 병과로 급제하여 전적·정언·헌

납 등 언관직에서 활동하였다. 1570년(선조 3) 동부승지에 超拜되었으며, 좌부승지

에 승진되었다. 1573년에 성절사로 명나라에 다녀왔으며, 1575년에 황해감사를 지

낸 뒤 호조참의·병조참의·이조참의·도승지·부제학 등을 거쳤다. 1579년 대사간

으로서 白仁傑의 상소를 李珥가 대신 지은 것이 문제되었을 때, 이이를 옹호하다 대

사간에서 물러났다. 그러나 1583년 부제학으로서 이이의 처벌을 주창하는 朴謹元·

宋應漑·許篈 등에 동조, 성주목사로 좌천되었다.(네이버 지식백과『한국민족문화대

백과』, 한국학중앙연구원, 20190919 검색)

46) 表裏: 옷의 겉감과 안감.

47) 宋彦愼: 종성부사 宋律의 아들. 이황 문하, 예학에 대한 문답이 많다. 선조 10년(1577)

문과에 등과하여 평안도 어사, 홍문관 교리, 형조참의, 성균관 대사성 등을 거쳐 임

진왜란 때 평안도 관찰사가 되어 선조가 평양 몽진할 때 호위를 맡았다. 홍문관,

예문관 대제학을 거쳤고, 71세에 타계하였다. 시호는 榮襄이다.(성씨뉴스닷컴, 여산

송씨 송언신, 20190919 검색)

에서부터 시대를 걱정하는 것에 이르기까지, 논한 일들이 감동적인 것들이어서 듣는

사람의 마음이 움직일 만하였다.】

— 15년 정해丁亥.【선생 64세】 여름, 성절사聖節使로 임명되었다.【임금은 늙

고 병든 것을 걱정하여 교체하였다.】 가을, 광주목사光州牧使로 보임되었다.

— 17년 기축己丑.【선생 66세】 봄, 병 때문에 사퇴하여 돌아왔다. 11월,

동강공이 귀양 가는 것을 쫓아 영주에까지 나아갔다.【이때 정여립鄭汝

立48)의 옥사가 있어서 동강공이 백유함白惟咸49)으로부터 모함을 받아 안동의 임소로

---

48) 鄭汝立(1546~1589)은 조선시대의 인물 중에서 가장 첨예한 논쟁의 중심에 서 있는
한 사람이다. 그렇게 된 핵심적 원인은 그가 조선시대 당쟁의 중심적 사건인 己丑獄
事(1589, 선조 22)를 불러온 장본인이었지만, 여러 의문을 남긴 채 사망했다는 사실
일 것이다. 그 결과 기축옥사는 조선시대부터 지금까지 조작과 진실의 양론이 팽팽
하게 맞서고 있다. 정여립의 본관은 경상도 東萊이고, 자는 仁伯이다. 아버지는 군
수·僉正(종4품) 등을 지낸 鄭希曾이다. 전주에서 태어났고 大同契의 거점이자 피난
했다가 죽음을 맞은 곳도 鎭安 竹島였다는 사실에서 알 수 있듯이 정여립의 지역적
기반은 전라도였다. 그는 뛰어난 능력을 지녔고 상당히 순조롭게 출세했다. 1570년
(선조 3) 우수한 성적(5등)으로 문과에 급제했다. 24세의 나이였다. 조선시대 평균
급제 나이가 30세 정도였음을 감안하면, 상당히 이른 성공이었다. 그 뒤 여러 하위
직을 거쳐 37세 때(1583) 예조좌랑(정6품)이 되었고, 이듬해는 홍문관 수찬(정5품)에
올랐다. 이때까지는 흠잡을 데 없는 순탄한 출세였다. 무엇보다도 정여립은 당시의
가장 중요한 인물이었던 李珥(1536~1584)와 成渾(1535~1598)의 각별한 인정을 받
았다. 다시 말해서 그는 西人의 촉망 받는 젊은 인재였던 것이다. 그러나 그의 인생
은 중년에 와서 급변했다. 1584년(선조 17) 수찬이 된 뒤 이이·성혼·朴淳 등 서인
의 주요 인물을 비판하고 동인으로 돌아선 것이다. 정여립의 운명을 결정지은 기축
옥사는 1589년 10월에 일어났다. 황해도관찰사 韓準, 안악군수 李軸, 재령군수 朴忠
侃, 신천군수 韓應寅 등은 정여립과 대동계의 무리가 황해도와 호남에서 동시에 서울
을 공격해 대장 申砬과 병조판서를 살해하고 병권을 장악하려는 역모를 꾸미고 있다
고 고변했다. 조정에서는 즉시 선전관과 의금부 도사를 황해도와 전라도로 파견했
다. 정여립은 변숭복에게서 제자 趙球가 자백했다는 소식을 듣고 진안 죽도로 도망
쳤다가 자결했다. 그러나 같이 피신했던 아들 鄭玉男은 체포되어 문초를 받은 끝에
吉三峯이 주모자고, 해서 출신 金世謙·박연령·李箕·李光秀·변숭복 등이 공모했다
고 자백했다. 옥사는 계속 확대되었다. 동인의 영수 이발은 정여립의 집에서 자신이
보낸 편지가 발견되어 고문을 받다가 사망했고, 그의 형제와 노모·자식까지 모두
죽음을 당했다. 호남의 대표적인 處士였던 崔永慶(1529~1590)은 길삼봉으로 지목되

부터 회령으로 유배를 가게 되었다. 선생이 아주 크게 마음이 아파 중도에까지 따라

가 송별하고자 하여 억지로 빠르게 달려가니 사람들이 가마에 타고 가기를 권하였다.

선생이 말했다. "죄인을 서로 만나 보려 가는 길인데 가마를 타고 갈 수는 없는 일이

다." 이에 말을 타고 가서 영주에서 서로 만나 이별할 때 갖옷을 벗어 입혀 주고 시를

써서 주려 하였으나 시간이 촉박하여 미처 완성시키지는 못하였다. 다만 다음의 한

구절만을 읊어 주었을 따름이었다. "당공50)은 회수51)에서 배 댈 곳이 없었고/ 한자52)

어 고문 끝에 옥사했다. 그 뒤 3년 동안 옥사로 사망한 사람은 무려 1천여 명에
이르렀다. 이런 대규모의 희생을 겪으면서 동인과 서인은 화해할 수 없이 결별하게
되었다.(네이버 지식백과(김범, 『인물한국사』], 20190919 검색)

49) 白惟咸: 본관은 水原. 자는 仲說. 參校 白思粹의 증손으로, 할아버지는 王子師傅 白益堅
이고, 아버지는 白仁傑이다. 어머니는 安瑑의 딸이다. 1570년(선조 3)에 사마시에 합
격해 진사가 되고, 1576년 식년 문과에 을과로 급제하였다. 그해에 承文院注書에 등
용되고, 이어서 홍문관의 正字 · 박사 · 副修撰 · 知製敎를 거쳐, 병조정랑이 되었다.
1583년에 이조좌랑이 되었다가 이듬해인 1584년에 이조정랑이 되었다. 당쟁을 중재
하던 李珥가 죽자 당쟁을 피해 벼슬을 버리고 龍安(龍仁)의 농장에 내려가, 그곳에
있는 白雲庵에서 敎學에 힘쓰기도 하였다. 1589년에 鄭汝立 모반 사건이 평정되자
다시 예조정랑으로 복직되었다. 헌납이 된 후, 역적 정여립 등과 사귄 사헌부 · 사간
원의 요직 인물들을 갈아치우도록 소를 올려 시행되었다. 다시 이조정랑을 거쳐 의
정부의 檢詳 · 舍人이 되었다. 1591년 왕세자 책봉 문제로 西人인 鄭澈의 주장에 동조
했는데, 이후 정철이 물러나자 백유함도 경성으로 유배되었다가 다시 경흥으로 옮겨
졌다. 1592년에 임진왜란이 일어나자, 유배가 풀려 의주로 왕을 扈從했으며 弘文館直
提學으로 복직되었다. 명나라 군사들의 군량을 조달하라는 특수 임무를 부여받고
동분서주하면서 尹承勳과 함께 군량미 2만 석을 조달했고, 이어서 정주에서도 많은
군량미를 모았다. 그해 10월에 성균관사성이 되어 世子侍講院輔德을 겸직하였다.
1593년 함경도에서 왕자를 왜군에게 잡히게 한 黃廷彧을 탄핵하였다. 1594년에 동부
승지가 되었다가 황주목사로 나가 도탄에 빠진 백성을 잘 어루만져 치적을 남겼다.
1596년에 우리나라의 실정을 설명하기 위해 명나라에 사신으로 다녀왔다. 1597년
정유재란이 일어나자 護軍이 되어 명나라 사신인 丁應泰를 접반하였다. 그런데 정응
태는 접대가 소홀함을 난문하면서 조선이 한낱 왕국에 불과한데 황제만이 사용할
수 있는 廟號를 사용하는 것은 황제를 능멸하는 행위가 아니냐고 트집을 잡았다.
이에 대해 백유함은 조선왕의 묘호는 국초부터 당당히 사용해 온 것임을 강조하였
다. 이후 광해군 초에 李爾瞻의 탄핵으로 부안에 유배되었다가 1617년(광해군 9)에
양주로 放還되었다.(네이버 지식백과『한국민족문화대백과』, 한국학중앙연구원)

50) 李淵: 566~635. 당나라를 세운 황제로, 廟號는 高祖이다. 시호는 太武皇帝인데, 나중
에 神堯大聖大光孝皇帝로 바뀌었다. 자는 叔德이고, 隴西 성기 출신이다. 적도 출신이

라는 설도 있다. 본적은 趙郡 융경이라고 한다. 조상들이 적도로 옮겼다가 다시 무천 진으로 옮겼다. 나중에 중원에 들어와 南趙郡 광아에 살았다. 선비족 계통이었던 그는 서위와 북주 때 唐國公이 되어 활약한 이호의 손자이다. 아버지 이병이 일찍 죽자 7세에 당국공 작위를 이었다. 이연의 어머니의 동생, 즉 이모는 수 文帝 양견의 아내 獨孤皇后이다. 그러므로 이연은 수 煬帝 양광의 이종사촌 형인 셈이다. 581년, 수 문제가 그를 禁衛軍(황제 호위군) 무관으로 삼았다. 문제는 황후의 조카인 그를 특히 신임하여 초주, 隴州(지금의 陝西省 隴州), 岐州(지금의 陝西省 寶鷄) 三州의 자사를 맡겼다. 양제가 즉위하자 湖南 榮陽 태수, 樓煩(골부족국가) 태수를 지냈고, 이후 殿內 少監, 衛尉少卿, 山西 河東 慰撫大使 등을 지냈다. 한편, 당시 한 관상가가 이연에게 기골이 장대하여 나라의 왕이 될 상이라고 했다 한다. 15년 이연은 山西 太原 유수로 임명되어 북쪽 변방의 군사 요충지 太原에서 突厥에 대한 방비를 담당했다. 당시 양제의 고구려 원정과 토목공사가 절정에 달하여 수많은 양민이 죽어갔는데, 그는 그곳의 관료, 호족과 결탁하는 한편 아들 李建成(89~626), 이세민(훗날의 당 태종)과 함께 군비를 갖추었다. 617년 7월에 군사를 일으킨 그는 3만 명의 군대를 거느리고 太原을 출발했다. 강적인 돌궐에 대해서는 저자세를 취하여 후원을 당부했다. 이연은 서남쪽으로 진군하여 11월에 수도 長安, 지금의 陝西省 西安을 점령했고, 이후 양제의 손자 楊侑를 명목상 수 공제로 추대하고 자신은 唐王이 되어 관중에 군림했다. 이듬해인 618년 양자강 기슭으로 도피한 양제가 살해되자 공제로부터 선양 받아 황제가 되었다. 수도는 장안으로 정하고, 연호는 武德이라 했다. 이후 이밀, 두건덕, 왕세충 등 각지의 군웅 세력을 제거하고 전국을 통치했다. 이연이 당나라를 건립했으나 따르지 않는 세력이 많아, 그는 둘째 아들 이세민에게 반대 세력을 제거하라고 지시했다. 이세민은 한 번도 지지 않고 반군들을 정벌했고, 이연은 이세민에게 天策上將이란 칭호를 내렸다. 하지만 이연은 차츰 이세민을 의심하기 시작했는데, 마침 후궁 尹德妃가 이세민을 참소하자 이연은 이세민을 불러 욕설을 퍼부었다. 당시 이연은 주색잡기를 좋아하여 밤낮으로 황음무도한 짓을 했고, 개국공신인 劉文靜을 질투하여 처형했다고 한다. 그러나 다른 한쪽에서는 이것은 훗날 이세민이 자신의 집권을 정당화하기 위해 거짓으로 쓴 기록이라고도 한다. 무덕 9년인 626년, 이세민은 계획을 짜고 황궁의 玄武門에서 황태자 이건성과 李元吉(603~626)을 죽였다. 이것이 '현무문의 변'이다. 사흘 후 이연은 이세민을 황태자로 봉했고, 그로부터 2개월 후 황제 자리에서 물러나 상징적 존재인 太上皇이 되었다. 635년 6월 25일 황궁에서 70세의 나이로 사망했으며, 능호는 憲陵이다. (네이버 지식백과『중국인물사전』, 20190918 검색)

51) 淮河: 중화인민공화국의 강이다. 이 강은 남쪽의 長江, 북쪽의 黃河와 함께 三大河로 불린다. 옛날에는 '河'라는 말이 '황하'를 가리키는 고유명사였으므로 淮水라고 불렸다. 길이는 1,078㎞, 면적은 174㎢에 이른다. 이 강의 하류는 평탄한 저지대를 지나고 있어 물길이 복잡하기 때문에 홍수를 일으키기 쉽고 치수가 매우 어렵다. 이 때문에 '壞河'라고도 불린다. 淮河와 秦嶺山脈을 연결하는 秦嶺－淮河선을 경계로 하여 중국의 남북으로 지나나 기상 조건 등이 달라 전통적으로 華北과 華南의 경계선으로 여겨졌다. 秦嶺－淮河선은 연간 강수량 1,000㎜의 선과 거의 일치해, 강수량이 적은

북쪽은 밀 중심의 밭농사 지대가, 강수량이 많은 남쪽은 쌀 중심의 논농사 지대가 형성되어 있다. 또 淮河의 남쪽은 하천 교통이, 북쪽은 육로 교통이 발달하여 南船北馬라는 말이 생겼다. 옛날 제나라의 안자가 비유를 들어 인용했던 '橘化爲枳'나 '南橘北枳'라는 말은 '남쪽의 귤이 회수를 건너 북쪽으로 가면 탱자가 된다'는 뜻으로 춘추시대부터 이미 중국 대륙의 남쪽과 북쪽의 지리적 경계가 淮水(淮河)였음을 알 수 있다.(橘生淮南則爲橘 生于淮北爲枳) 이러한 농업 생산물이나 교통의 차이는 정책의 차이나 군사 부분에 많은 영향을 주어서, 중국이 남북으로 분열하고 있었던 시대는 淮河가 경계선이 되는 경우가 많았다. 淮河는 河南省의 동백산, 로아차에 원류를 둔다. 河南省, 安徽省, 江蘇省의 3개의 성을 통과하여, 중간에 장수성의 홍택호라고 하는 중국 네 번째의 거대한 담수호를 형성한다. 다시 일부는 여기서 갈라져 황해에 흘러 들어가고, 나머지는 산장영으로 장강에 유입된다. 원류에서 하구까지의 낙차는 불과 200m에 지나지 않는다. 河南省과 安徽省의 경계 홍하구까지가 상류에서 길이 360㎞, 낙차 178m, 유역 면적은 30,600㎢에 이른다. 홍하구로부터 홍택호의 출구인 중도까지가 중류에서 길이 49㎞, 낙차는 16m, 유역 면적은 158,000㎢가 된다. 중도에서 산장영의 장강 유입 지점까지는 150㎞로, 낙차는 6m밖에 되지 않는다. 또 渦河, 沙河, 洪河 등 화북평야의 황하에서 남쪽을 흐르는 강은 천정천인 황하에 합류할 수 없기 때문에, 남쪽으로 흘러 淮河의 지류가 되었다. 이러한 강에는 옛날 황하 주류였던 河道를 흐르는 강도 있다.(위키백과, 우리 모두의 백과사전, 20190918 검색)

52) 韓愈: 중국 당나라 때의 정치가이며 사상가, 시인이며 문장가로 활약한 한유는 자는 退之이며, 河陽(河內郡 南陽, 지금의 河南省 난양) 출신이다. 그의 선조가 昌黎(지금의 遼寧省 錦州)에 살았으므로 세인들은 그를 한창려라고 부르기도 했다. 한유는 태어난 지 얼마 안 되어 어머니를 잃었고, 3세에 아버지를, 14세에 형 韓會를 잃고 형수 鄭夫人 밑에서 자랐다. 7세 때부터 독서를 시작한 한유는 13세에 이미 문장에 재능을 보였다. 德宗 貞元 2년(786)부터 장안(지금의 陝西省 西安)에서 과거에 응시했으나, 이렇다 할 문벌도 배경도 없었던 그는 세 번이나 낙방하고서 정원 8년(798)에 31세의 나이로 진사과에 합격했다. 다시 吏部試에 응시하였을 때에도 다시 세 번 낙방한 그는 정원 11년(795) 세 번이나 재상에게 글을 올리고서야 가까스로 천거된다. 정원 12년(796) 汴州(지금의 河南省 開封) 宣武軍에서 난이 일어나자, 절도사 董晉을 따라 부임하여 觀察推官을 맡아 지내는 동안에 시인 맹교와 교분을 맺었고, 李翶, 張籍이 그 문하에 들었다. 동진이 죽은 뒤에는 武寧(지금의 江西省 九江 武寧縣)절도사 張建封 휘하로 옮겨 節度推官이 되었다가, 장건봉이 죽은 뒤 洛邑(지금의 河南省 洛陽의 洛邑 지역)으로 옮겨 살았다. 36세(803) 때에는 감찰어사가 되어 京兆尹(수도를 지키고 다스리던 관직) 李實의 폭정을 공격하였다가 도리어 連州(지금의 廣東省 淸遠 連州市) 陽山縣의 현령으로 좌천되었다. 憲宗 元和 6년(811)에 국자감 四門博士가 되어 『進學解』를 지었다. 당시의 재상 裵度는 이에 대한 치하로서 그를 禮部郞中으로 삼았으며, 원화 10년(815)에는 배도를 따라 淮西(지금의 安徽省 북부) 절도사 吳元濟 토벌에 공을 세워 刑部侍郞이 되었으며, 이때 「平淮西碑」의 글을 짓는다. 819년 독실한 불교신자였던 헌종이 佛骨(부처의 유골이나 사리)을 궁중으로 맞아들이려고 하였을 때, 반불주의자인 그는 「불골을 논하는 표」(諫迎佛骨表)를 올려 그것을 막으려 했다. 한유의 상주서를 보고 대노한

는 조주53)에서 말달려 갈 곳이 없었네/"54)】

— 18년 경인庚寅.【선생 67세】 정월 11일 개암의 별장에서 타계하였다.
【선생은 아주 관유하고 너그러워 편을 가르는 법이 없었다. 진실로 효성과 우애가
높았으니 천성에서 비롯한 행위였다. 집안에는 온화한 기운이 가득하였다. 친척들을
대할 때에는 언제나 온순하였고, 세상 사람을 도울 때에는 전력을 다하면서도 부족하
게 여겼다. 공부함에 있어서는 경전의 가르침을 근본으로 하고 정주유서程朱遺書를
표준으로 하였으며, 반드시 지행知行 두 가지를 같이 추구하는 것을 요체로 여겼다.
언제 어디에서나(語默動靜之間) 다 법도에 들어맞게 처신하여 당시 여러 현사들이 하
나같이 경복하였다. 벼슬에 나갔을 때에는 언론이 정직하고 굳건하여 옛날 옳은 말을
즐겨하던 신하의 풍모를 드러냈다. 진퇴하고 출처出處함에 있어서 오직 의리로 처신
하고, 벼슬살이를 함에 있어서는 청백하게 임하여 조금치도 벗어남이 없었다. 평소에

헌종은 당장 재상 배도를 불러 감히 조정을 비난하고 있는 한유를 반드시 죽여야겠다
고 했다. "짐이 불교를 너무 믿는다고 했다면 그래도 용서할 수 있지만 불교를 믿는
황제는 모두 오래가지 못한다고 했으니 이건 짐을 저주하는 것이 아니고 무엇인가?
이 한 가지만으로도 한유를 용서할 수 없단 말이오." 이에 대해 재상 배도와 최군이
한유를 변호해 주어 사형만을 모면한 채 潮州(지금의 廣東省 潮州) 자사로 좌천당했다.
이듬해 헌종이 죽고 穆宗이 즉위하자 복권되어 國子監 좨주(우두머리)가 되어 점차
관계에 세력을 넓혀 간 그는 이후 관리의 임면을 관장하는 吏部侍郎에까지 올랐다.
그는 57세에 병으로 죽었다. 사후에 禮部尚書에 추증되었고, 송 神宗 元豊 연간에 昌黎
伯으로 추증되었다. 시호는 文이다.(네이버 지식백과『중국인물사전』, 20190918 검색)
53) 潮州: 廣東省 동부, 韓江 중하류에 있으며 동쪽으로는 饒平, 서쪽으로는 揭陽, 남쪽으
로는 汕頭, 북쪽으로는 豊順과 맞닿는다. 전 세계 각국의 화교도시와 홍콩·마카오·
타이완 등지에 사는 화교들 중 약 80만 명이 이곳 출신이다. 아열대 해양성 기후대에
속하여 강우량이 많고 기후가 온화하다. 연평균 기온은 21.4℃이며 최고 기온 39.
6℃, 최저 기온 -0.5℃이다. 연평균 강수량은 1,668㎜인데 4월에서 6월까지 강수량이
집중되고 여름과 가을에는 태풍이 자주 발생한다. 지형은 산지와 구릉이 전체 면적
의 58.5%를 차지하고, 평원이 41.5%를 차지한다. 북쪽이 낮고 남쪽이 높으며 韓江이
서쪽에서 동남쪽을 향해 흐른다. 韓江 하류와 삼각주는 넓고 비옥하다.(네이버 지식
백과『두산백과』)
54) 唐公淮水舟何泊/ 韓子潮州馬不前/

는 옳고 그름을 가르는 것을 너무 심하게 하지 않으나 일을 처리할 때엔 분명하게 이로움과 해로움의 구분을 하여 오욕이 될 수 있는 것을 가지고 근심하거나 두려워하는 법이 없었고, 비록 책임을 질 일이라 하여도 행하는 것을 꺼려하지 않았다. 글을 씀에 있어서는 빛나는 생각들을 움직이더라도 평이하고 그윽하며, 의리는 명백하게 드러내었다.】 부음이 전해지자 임금은 관리를 보내 제수를 내리고 부의를 하였다. 4월 2일, 개암 동쪽 산봉우리 밖의 오향午向 기슭에 장례하였다.

— 의종毅宗 숭정崇禎 17년 갑신甲申【인조대왕 22】 9월, 갈석을 세웠다.【창석蒼石 이준李埈55)이 비문을 지었다.】

---

55) 李埈: 1560~1635. 본관은 興陽. 자는 叔平, 호는 蒼石. 李兆年의 증손으로, 할아버지는 李琢이고, 아버지는 李守仁이며, 어머니는 申氏이다. 柳成龍의 문인으로, 1582년(선조 15) 생원시를 거쳐 1591년(선조 24) 별시 문과에 병과로 급제해 교서관정자가 되었다. 임진왜란 때 피난민과 함께 안령에서 적에게 항거하려 했으나 습격을 받아 패하였다. 그 뒤 鄭經世와 함께 의병 몇천 명을 모집해 姑姆潭에서 외적과 싸웠으나 또다시 패하였다. 1594년 의병을 모아 싸운 공으로 형조좌랑에 임명되었으나 사양하였다. 이듬해 경상도도사가 되었으며, 이때 중국 역대 왕들의 덕행과 신하들의 正邪를 밝힌 『中興龜鑑』을 지어 왕에게 바쳤다. 당시 鄭仁弘이 세력을 키워 많은 사람들을 주변에 모았으나 가담하지 않았다. 1597년 지평이 되었으나 柳成龍이 국정운영의 잘못 등으로 공격을 받을 때 함께 탄핵을 받고 물러났다. 같은 해 가을 召募官이 되어 의병을 모집하고 군비를 정비하는 등 防禦使와 협력해 일하였다. 이어 예조정랑·단양군수 등을 거쳐, 1603년 수찬으로 불려 들어와 형조와 공조의 정랑을 거쳤다. 1604년 奏請使의 서장관으로 명나라에 다녀왔다. 광해군 때 濟用監正을 거쳐 교리로 재직 중 대북파의 전횡이 심해지고, 특히 1611년(광해군 3) 정인홍이 李滉과 李珥를 비난하자 그에 맞서다 벼슬을 버리고 고향으로 돌아갔다. 1623년 인조반정으로 정국이 바뀌자 다시 교리로 등용되었다. 인조 초년 李貴 등 반정공신을 비롯한 서인 집권세력이 광해군의 아들 廢世子를 죽일 때, 은혜로운 처벌을 적극적으로 주장하다가 철원부사로 밀려났다. 1624년(인조 2) 李适의 난이 일어나자 군대를 모아 義勝軍이라 이름 했으며, 그 뒤 부응교·응교·집의·전한·사간 등 삼사의 관직을 여러 차례 역임하였다. 이즈음 집권 서인세력이 왕권에 위협이 된다 하여 선조의 아들인 仁城君 珙을 죽이려 하자 남인으로서 반대의견을 주도하였다. 1627년 정묘호란이 일어나자 의병을 모집했고, 調度使에 임명되어 곡식을 모았으나 화약이 맺어지자 수집한 1만여 섬의 군량을 관에 인계하였다. 이 공으로 첨지중추부사에 임명되었다. 1628년

— 【영종대왕 6】 경술庚戌 정월, 위판을 상주 속수서원涑水書院56)에 봉안
하였다. 【속수에는 안렴사按廉使 신공申公이 월성군月城君 손중돈孫仲暾57)에게 바
친 묘당이 있다. 이에 선생과 검간黔澗 조정趙靖58)을 추향하였다. 기축년己丑年에 잘

승지가 되고 1634년 대사간을 거쳐 이듬해 부제학에 임명되었다. 선조대에서 인조
대에 이르는 복잡한 현실 속에서 국방과 외교를 비롯한 국정에 대해 많은 時務策을
제시했으며, 정경세와 더불어 유성룡의 학통을 이어받아 학계에 중요한 위치를 차지
하였다. 또한, 정치적으로는 남인세력을 결집하고 그 여론을 주도하는 중요한 소임
을 하였다. 상주의 玉城書院과 풍기의 愚谷書院에 제향되었다. 저서로는 『창석집』을
남겼으며, 『兄弟急難之圖』를 편찬하였다. 시호는 文簡이다.(네이버 지식백과『한국민
족문화대백과』, 한국학중앙연구원])

56) 涑水書院: 경상북도 의성군 단밀면 涑岩里에 있는 서원이다. 1509년(중종 4)에 지방유
림의 공의로 申祐·孫仲暾·金宇宏·趙靖·趙翊을 추모하기 위해 세웠다. 주로 선현
배향과 지방교육의 중심지로 이용하였다. 興宣大院君(1820~1898)의 서원철폐령으로
1868년(고종 5)에 철거하였다가 1972년 복원하였다. 서원의 건물로는 崇節祠, 明倫堂,
神門, 奠祀廳, 東齋, 西齋, 廚所 등이 있다. 숭절사에는 손중돈과 김우굉, 조정과 조익
의 위패가 있다. 명륜당은 여러 행사와 유림의 회합으로 이용하고 있다.(네이버 지
식백과『두산백과』])

57) 孫仲暾: 1463(세조 9)~1529(중종 24). 본관은 慶州. 자는 泰發, 호는 愚齋. 孫登의 증손
으로, 할아버지는 증 병조참판 孫士晟이고, 아버지는 鷄川君 孫昭이며, 어머니는 柳復
河의 딸이다. 金宗直의 문인이다. 1482년(성종 13) 사마시에 합격하고 1489년 식년
문과에 병과로 급제, 藝文館奉敎를 거쳐 여러 淸宦職을 역임하였다. 1497년(연산군
3) 양산군수, 이어 成均館司藝·司僕寺正으로서 諫官들이 거의 다 쫓겨날 때 파직당하
였다. 1506년 중종반정 직후에 상주목사로 부임하여 선정을 베풀어 1509년(중종 4)
에는 表裏 1襲을 하사받고 좌승지로 승진하였다. 이어 공조·예조 참판을 역임하다
가 1517년에는 聖節使로 명나라에 다녀왔다. 뒤에 공조판서·이조판서·世子侍講院
賓客을 지낸 뒤 도승지를 세 번, 대사헌을 네 번 지냈으며, 경상도·전라도·충청
도·함경도의 관찰사를 지내고, 우참찬에 이르렀다. 중종 때 청백리에 녹선되었다.
경주의 東江書院, 상주의 涑水書院에 제향되었다. 시호는 景節이다.(네이버 지식백과
[『한국민족문화대백과』, 한국학중앙연구원])

58) 趙靖: 1555(명종 10)~1636(인조14). 본관은 豊壤. 자는 安中, 호는 黔澗. 趙允寧의 증
손으로, 할아버지는 趙禧이고, 아버지는 趙光憲이며, 어머니는 洪胤崔의 딸이다. 金誠
一의 문인이다. 1592년(선조 25) 임진왜란 때 의병을 일으켜 활약하였고, 1596년 왜
와의 강화를 배격하는 소를 올렸다. 1599년 천거로 참봉이 되고, 1603년 사마시에
합격한 뒤 1605년 좌랑으로 증광문과에 병과로 급제하였다. 1624년(인조 2) 李适의
난 때 공주까지 扈駕하였고, 그 뒤 벼슬이 봉상시정에 이르렀다. 또한, 鄭逑와 교유하
였으며, 經述과 문장에 뛰어났다. 이조판서에 추증되고, 상주의 涑水書院에 봉향되었
다. 저서로는 『검간문집』과 『辰巳日錄』이 있다.(네이버 지식백과『한국민족문화대백

못 들여놓은 것을 제한하였고, 후에 변별하여 철거하였다. 옥진玉辰을 올리니 예조가 다시 제향하게 하였다.】 59)

2. 서행일록

— 가정嘉靖 을축乙丑60) 가을, 7월 초3일, 맑음. 유광초柳光初, 조성지趙成之, 김경부金敬夫와 북계北溪에서 모여 상소를 만들었다. 이때 적승賊僧 보우普雨는 하늘마저 아는(通天) 죄를 지었다. 양사兩司가 번갈아 글을 올렸으나 임금이 알아들었다는 비답은 내려오지 않았다. 여러 태학생들이 30개 상소를 올렸고 공관空館하는 데까지 이르렀다. 송경松京과 양주楊州에서 같이 글을 올리고 대궐 문에 이르러 울부짖었다. 역시 임금이 알아들었다는 느낌은 없었다. 우리 영남에서도 눈먼 이야기(瞽說)를 한번 내자 하여 매번 성상의 비답을 읽어 보곤 하였지만 성상의 마음이 어디 있는지 알 수 없었다. 반드시 삼우三虞와 졸곡卒哭(虞哭)을 마친 후를 기다려야만 하였으므로 지금까지 일이 지체되었다. 마침내 회의 글을 만들어 본소本所의 여러 사람에게 통지하였다.

— 23일, 맑음. 사마소司馬所에서 모두 모여 상소 아래 3백 인의 이름을 적었다. 소두疏頭는 김경부金敬夫였다. 예전에 유광미柳光美는 몸을 물

과」, 한국학중앙연구원)

59) 안동대퇴계학연구소, 『退溪學資料叢書』 5(아세아문화사, 1994), 113~129쪽(『開巖先生文集』, 「開巖先生年譜」).

60) 嘉靖 乙丑: 명 세종의 연호가 가정. 을축년은 명종 20년, 1565년.

려 남쪽(南州)으로 갔지만 이름이 북궐北闕로 올라가게 되니 미안한 일이다. 다만 예궐할 사람만을 쓰라 하였으나 김정보金精甫[61]는 그 아들 김각金覺[62]과 김겸金兼, 김간金簡을 제멋대로 적었고, 김덕용金德容은 그 이름을 적는 것으로 그쳤다. 다 마친 다음에 천 리 먼 길을 가야 하지만, 비록 다 직접 갈 수는 없는 일이라 하더라도 한 조각 작은 정성이 있기라도 하다면 누가 상소 아래에 이름을 적지 않을 것이겠는가? 상소하러 서울로 올라가는 것과 정리상 아무 차이가 없었으므로 의론이 일자 하나같이 다투어 이름을 적었던 것이다.

— 24일, 맑음. 경부敬夫 김우굉金宇宏, 백량伯樑 고응경高應擊[63], 경선景善 조

---

61) 金彦健: 1511(중종 6)~1571(선조 4). 본관은 永同. 자는 精甫, 호는 芸亭. 할아버지는 同知中樞府事 金公著이고, 아버지는 將仕郎 金滋이며, 어머니는 興陽李氏이다. 어려서 아버지를 여의어 어려운 과정에서 학문을 닦았고, 장년이 되자 盧守愼·林薰 등과 교유하였다. 1540년 성균관에 입학하였으나 과거시험에 실패한 뒤 이를 포기하고 향촌에 은거하며 농사에 힘쓰는 한편, 홀어머니를 지성으로 봉양하였다. 1624년(인조 2) 효행으로 읍인이 정표할 것을 청하므로 감찰을 증직하였으며, 朴彦誠·南應哲 등과 淵嶽書院에 제향되었다. 저서로는 『芸亭遺集』이 전한다.(네이버 지식백과『한국민족문화대백과』, 한국학중앙연구원)

62) 金覺: 1536(중종 31)~1610(광해군 2). 본관은 永同. 자는 景惺, 호는 石川. 상주 출신. 할아버지는 將仕郎 金滋이고, 아버지는 진사 金彦健이며, 어머니는 참봉 趙忱의 딸이다. 1567년(명종 22) 진사시에 합격하였으나 얼마 되지 않아 아버지의 상을 당한 뒤로는 과거공부를 그만두고 낙동강변에서 낚시로 소일하였다. 1592년(선조 25) 임진왜란이 일어나자 그해 여름에 상주에서 의병을 일으켜 적을 다수 참획하는 전과를 올렸다. 감사 金睟가 전공을 行在에 보고하여 司醞署主簿를 제수받았으나 사양하였고, 그해 가을에는 咸昌縣事를 제수하였으나 또다시 나아가지 않았다. 1596년 왜적이 龍宮縣을 유린하자 조정에서는 용궁현감을 제수하여 적에 맞서게 하였다. 그 뒤 1604년 穩城判官을 역임하였다. 뒤에 좌승지에 추증되었다.(네이버 지식백과『한국민족문화대백과』, 한국학중앙연구원)

63) 高應擊: 1524~?. 본관은 濟州이며 자는 伯樑이다. 제주고씨의 시조 乙那의 후손으로 學生 夢聃의 아들이다. 형 應根, 아우 應涉과 함께 退溪 李滉 문하에서 수학하였으며 학문에 힘써 노력했다. 1564년(명종 19) 甲子 式年試에서 進士 1등 4위로 급제했으며 관직은 訓導를 지냈다.(네이버 지식백과『두산백과』)

중량曹仲良, 사준士俊 홍수민洪秀民[64], 응시應時 육서陸瑞, 경명景明 송량宋亮[65], 태소太蘇 강우姜霔, 군회君晦 이원백李元伯, 자미子美 조휘趙徽[66], 시백時伯 유득춘柳得春 등이 길을 나서기 위해 성주에게 들어가 연유를 고하였다. 두 성주가 각기 술과 과일을 진설하여 놓고 권하였다. 향리의 노인들이 의론하여 상소를 올리는 의례를 행하였다. 북천北川가에 장막을 치고 상소가 담긴 함을 다리가 높은 상 위에 놓았다. 덕용德容 김범金範[67], 광초光初 유진柳震[68], 정보精甫 김언건金彦健, 성지成之 조윤성趙允成, 정보禎甫 노완盧頑[69], 휘중暉仲 곽소郭昭[70], 중보重甫 정대

---

64) 洪秀民은 明宗 19년(1564) 甲子 式年試에 진사 二等 20위(25/100) 하였다는 기록이 있다. 字는 士俊이고, 남양홍씨이며, 1534년(갑오; 중종 29) 출생이며, 상주 거주라고 한다. 부친은 成均生員 洪浩이다.(한국역대인물종합정보시스템, 20190921 검색)

65) 宋亮: 1534(중종 29)~1618(광해군 10). 본관은 礪山. 자는 景明, 호는 愚谷. 아버지는 부호군 宋璔이며, 어머니는 載寧康氏로 선무랑 康琬의 딸이다. 상주 소곡리에서 출생하였다. 成運의 문인으로 성리학에 전념하였으며, 학행으로 鄭逑의 천거로 獻陵參奉에 임명되었고, 그 뒤 幽谷道察訪·漢城參軍 등을 역임하였다. 1566년(명종 21) 盧麒·鄭國成과 함께 洛社契를 창설하여 鄕飮禮를 행하고 조약을 만들어 풍속을 교화시키는 데 힘썼다. 1580년(선조 13) 柳成龍이 상주목사로 부임하여 鄕講을 설치하고 송량과 『심경』·『근사록』 등을 강론하였다. 1602년 司圃署別提·사헌부감찰에 임명되었으나 나아가지 않고, 동지들과 함께 五賢院을 창건하고 學規를 만들어 후진 양성에 전력하였다. 상주의 孝谷書院에 봉향되었다. 저서로는 『愚谷文集』 4권 2책이 있다.(네이버 지식백과[『한국민족문화대백과』, 한국학중앙연구원])

66) 趙徽: 자 子美. 선조 때 문과에 급제하여 縣監현감을 지냈다.(네이버 지식백과[『한시작가작품사전』, 2007.11.15.])

67) 金範: 1512(중종 7)~1566(명종 21). 조선의 학자. 자는 德容, 호는 後溪. 본관은 상주. 열 살 때에 시를 잘 지어 이름이 알려졌고 진사에 장원, 高官 金安國이 그의 글월을 보고 감탄하였다. 1553년 아버지를 잃고는 과거를 단념하였으며 內侍教官에 임명되었으나 사퇴하였다. 명종이 遺賢을 구할 때 뽑혀서 玉果 현감에 서임되자 曹植과 함께 조정에 들어가 학문·정치에 관해 진언한 바 있다. 성품이 고매하고 수양을 많이 쌓았으며, 특히 朱子學을 즐겼고 많은 제자를 가르쳤다.(네이버 지식백과[인명사전편찬위원회, 『인명사전』, 2002.1.10.])

68) 柳震: 明宗 4년(1549) 己酉 式年試 진사 二等 12위(17/100). 字 光初, 본관 文化, 거주지 尙州. 父: 柳壽鐵, 宣務郎, 行西部參奉. 弟: 柳霽, 柳霢.(한국역대인물종합정보시스템, 20190922 검색)

균鄭大鈞[71], 광미光美 유제柳霽[72], 숙거叔擧 정국균鄭國鈞[73], 백유伯兪 민여해閔汝諧, 대중大中 김득가金得可 등과 징지澄之 조윤징趙允澄, 중화仲和 김순金錞, 중원重遠 김홍민金弘敏, 자길子吉 강경희康景禧, 경선景先 김각경金覺景 등 40여 인, 학생(學生) 박응린朴應麟 등 90인이었다. 보탄서원寶灘書院의 송제민宋齊民 등 10여 인, 봉성서원鳳城書院의 강여희康汝凞 등 20여 인, 연악서원淵嶽書院[74]의 신여기申汝杞 등 10여 인, 수선서원修善書院의 노충盧忠 등 10여 인, 옥성서원玉成書院의 김성金城 등 30여 인, 백화서원白華書院[75]의 황몽창黃夢昌 등 10여 인, 봉산서원鳳山書院의 박여경朴

---

69) 盧瑊: 明宗 4년(1549) 己酉 式年試 생원 三等 50위(80/100). 字 禎甫, 본관 安康, 거주지 尙州. 父: 盧舜弼, 修義副尉.(한국역대인물종합정보시스템, 20190922 검색)

70) 郭昭: 明宗 13년(1558) 戊午 式年試 생원 三等 42위(72/100). 字 暉仲. 생년 乙亥 1515년(중종 10). 본관 玄風, 거주지 尙州. 父: 郭崇智, 成均生員. 兄: 郭明, 弟: 郭昕.(한국역대인물종합정보시스템, 20190922 검색)

71) 鄭大鈞: 明宗 4년(1549) 己酉 式年試 생원 三等 67위(97/100). 字 重甫, 號 松塢. 甲戌 1514년(중종 9)~丁卯 1567년(명종 22). 본관 晉陽, 거주지 尙州. 父: 鄭繼咸, 前訓導.(한국역대인물종합정보시스템, 20190922 검색)

72) 柳霽: 明宗 10년(1555) 乙卯 式年試 생원 三等 63위(93/100). 字 光美, 생년 丁丑 1517년(중종 12), 본관 文化, 거주지 尙州. 明宗 10년(1555) 乙卯 式年試 진사 三等 52위(82/100). 父: 柳壽鐵, 宣務郎, 行西部參奉. 兄: 柳震進, 弟: 柳霖.(20190922 검색)

73) 鄭國鈞: 明宗 13년(1558) 戊午 式年試 진사 三等 29위(59/100). 字 叔擧, 號 復齋. 생년 丙戌 1526년(중종 21), 졸년 壬辰 1592년. 본관 晉陽, 거주지 尙州. 父: 鄭繼咸, 承仕郎. 兄: 鄭銀鈞, 鄭大鈞[生].(20190922 검색)

74) 淵嶽書院: 경상북도 상주시 지천동 628. 甲長의 산이 힘차게 동쪽으로 뻗어 나와 좌우로 펼쳐져 한 구역을 이루니 이를 淵嶽이라고도 한다. 列嶽이 서북으로 둘러 있고 大川이 동남으로 감아 돌아 水石이 맑고 기이하며 계류구곡의 濯纓潭과 詠歸巖이 이 산에 좋은 경치이다.(「淵嶽書院重建記」中) 산명으로 서원에 이름을 한 중심적인 서원으로『尙山誌』에는 州南 양산리에 있으니 1553년(명종 8)에 목사 申潛이 상주에 세운 서당 17개소 중의 하나이며 직접 친히 연암서원이란 네 글자를 크게 현관 하였는데 임진왜란 때 서당과 현관이 모두 불타 버렸다고 한다. 그 후 1601년(선조 34)과 1658년(효종 9)에도 중건하여 1702년(숙종 28)에 서당에서 서원으로 승격되었다. 이때 朴彦誠, 金彦健, 康應哲을 배향하였으며 1726년(영조 2)에 金覺, 趙光壁, 康用良을 추배하였다. 1868년(고종 5)에 서원철폐령으로 훼철되었으며, 1913년 壇所를 설립하고 1974년 강당을 중건하였으며, 1986년에는 사당을 복원 고유하였다.(한국서원연합회)

餘慶 등 30여 인, 우곡서원愚谷書院의 김황金璜 등 10여 인, 근암서원近巖
書院76)의 최사립崔斯立 등 30여 인도 왔다. 모두 백관白冠에 백의白衣를
차려입고 동과 서로 나누어 섰다. 임세장林世長과 오대립吳大立의 집례
執禮에 따라 모두 4배四拜로 인사하였다. 소두가 여러 소들을 더하여
수레 위에 올려놓고 두 명의 노비에게 짐을 지고 따르게 하여 바른
길을 통해 천천히 나아갔다. 하얀 두루마기를 입은 3백 명이 길의
좌우로 서서 예를 올리며 전송하였다. 몇 리를 걸어가니 또 길가에
전별장소가 마련되어 있었다. 덕용德容(金範)이 잔을 들고 무릎을 굽히
며 앉아 말하였다. "그대들의 말하는 모습은 아주 격정적인데 순하
게 말하고 부드러운 음성을 쓰는 것이 바른 것이라는 점 또한 모르
면 안 될 것입니다." 소매 속에서 한 수 시가 적힌 종이를 꺼내었다.
"말머리를 베는 냉정한 모습은 서릿발처럼 차갑고/ 서생의 곧은 기
운은 푸른 하늘을 꿰뚫는구나/ 천둥 번개 뻗어가는 곳에 어려운 일
은 없는 것/ 하늘의 마음은 첫 번째 문장부터 움직이리라//"77) 광초

---

75) 玉洞書院: 경상북도 상주시 모동면 수봉2길 29. 옥동서원은 1518년(중종 13)에 黃喜
(1363~1442)의 학문과 덕행을 추모하기 위해 白華書院을 건립하면서 창건되었다.
1580년(선조 13)에 影堂을 건립하여 享祀를 지내면서 서원의 면모를 갖추게 되었다.
1714년(숙종 40)에 全湜을 배향하였고, 1715년(숙종 41)에 현재의 위치로 移建하였
다.(네이버 지식백과[대한민국 구석구석, 한국관광공사])
76) 近巖書院: 경상북도 문경시 산북면 서중리에 있는 조선시대의 서원이다. 1544년(중종
39) 근암서당으로 창건되고 나서 지방 유림이 洪彦忠과 李德馨을 추모하기 위한 사당
을 건립하였다. 이후 1693년 金弘敏과 洪汝河를 추가 배향하였으며 1669년(현종 10)
에 근암서원으로 승격이 되었다. 1786년(정조 10)에 李榘, 李萬敷, 權相一을 추가 배향
하여 모두 7현을 모시고 있다. 전면에는 평기와로 팔작지붕을 올린 정면 3칸, 측면
1칸 반 규모의 강당이 있다. 강당 뒤에는 내삼문과 景賢祠로 이루어진 사당의 공간이
별도로 배치되었다. 대원군의 서원철폐령에 의해 훼철된 후 1970년대에 복원한 것
으로 현재의 건물로는 옛 모습을 짐작하기 어렵다. 경현사에 사용한 주춧돌이나 경
내에 남아 있는 석재를 통하여 당시의 규모를 짐작할 수 있다. 경상북도 문경시 산
북면 서중리 148-1에 있다.(네이버 지식백과[『두산백과』])

光初가 이어서 말하였다. "햇살 아래 깃발 행렬 엄숙하기 추상 같네/ 보내면서 바로 하늘이 바르게 될 것 알겠어라/ 이로부터 임금의 총명 사랑의 마음을 뿌려대리/ 구름을 밀어내는 덴 여러 말이 필요 없으리//"78) 성지成之는 손을 맞잡으며 말하였다. "초야에서 올리는 위태로운 말은 반드시 꺼려야 할 것은 건들지 않는 법이고, 번개와 천둥의 위세는 밖에 드러난 모습에 있는 것이 아닐세. 우리 임금은 진실로 성군이니 공 등의 이번 걸음은 반드시 잘 들어 받아들이는 행위로 돌아올 것이네." 정보精甫는 말하였다. "임금에게 진언하는 사람이 마땅히 격하지 않으면서도 가볍지 않게 해야 하네. 그대들이 대궐에 이르러 주청하는 날에는 이 말을 잊지 말기를 바라네." 이별의 시간에 모두가 입을 모아 말하였다. "그대들은 임금의 마음을 돌리고 적을 무찔러서 많은 사람이 통분하는 마음을 깨끗이 쓸어 내버리시게. 돌아오는 날에는 우리 모두 여기서 영접할 것이네." 각자 잔을 들어 서로를 위로하니 즐거운 일이 아닐 수 없었다. 정중보鄭重甫 역시 20자 운율시를 주면서 이별하였다. "계속되는 장맛비는 온천지를 뒤덮었고/ 몸에 난 종기 증상은 근심만을 늘려가네/ 대궐로 아뢰러 가는 대열에/ 섞이지 못하는 것이 한스러워라/ 글 한 장만 달랑 주어 이별하여 보내누나//"79) 말씀들이 다 간절하고 중요하였다. 오후에 길을 떠났는데 도중에 비를 만났다. 진창길을 밟으며 걸어 저녁에 함령咸寧80) 객관(客廊)에 들었다. 수령 이만종李萬鍾이 황혼 무렵

---

77) 斬馬寒鋩凜雪霜/ 書生直氣貫青蒼/ 雷霆勇進無難色/ 應感天心第一章//
78) 行旌日下肅秋霜/ 遠途方知格彼蒼/ 自是聖聰憐粉布/ 排雲不必兩三章//
79) 姜霍澤遠/ 適患腫症/ 自恨未參/ 詣闕之列/ 書以送行//
80) 咸昌邑: 경상북도 상주시의 북동부에 위치한 읍이다. 동쪽은 사벌면과 문경시 영순

에 와서 보고 말하였다. "전국의 유생들(都下章甫)이 다 아직 임금을
되돌려 놓지 못하였는데 여러분들의 정성이 과연 임금을 바르게 할
수 있겠습니까? 길 가는데 준비를 잘하여 잘 갔다가 무사히 돌아오
기를 바랄 뿐입니다." 경청景淸 홍기洪沂, 진지縝之 최진崔縝[81]이 와서
동숙하였다. 밤 동안 내내 비가 내렸다.

— 25일, 맑았다 흐렸다 하는 날씨였다. 하늘이 밝아질 때 밥을 먹고
움직여서 호계虎溪[82]에 당도하였다. 시냇가에서 점심 취사를 하고 군

면, 서쪽은 공검면과 이안면, 남쪽은 사벌면, 북쪽은 문경시 점촌동에 접해 있다.
동남부에서 영강과 이안천이 합류하며 그 안쪽에 넓은 평야를 형성하고 있고, 남부
와 북쪽 일부에는 산지가 분포하고 있다. '함창' 지명은 조선시대 함창현의 중심 지
역이었던 데서 유래한 지명이다. 『고려사지리지』에 "함창군은 원래 古寧 가야국으
로 신라가 빼앗아서 古冬欖郡(古陵郡이라고도 함)으로 만들었고 경덕왕이 고령군으
로 고쳤다. 광종 15년(964)에 咸寧郡으로 고쳤고 현종 9년(1018)에 본 목에 소속시켰
다가 후에 지금 명칭으로 고쳤다"라는 기록에 처음 등장한다. 『세종실록지리지』(함
창)와 『신증동국여지승람』(함창)에도 같은 내용의 관련 기록이 확인된다. 본래 조선
시대 함창현 縣內面 · 東面 · 北面 지역이었다. 『호구총수』(함창)와 『여지도서』(함창)
에 현내면 · 동면 · 현북면이 기록되어 있고, 『해동지도』와 『1872년 지방지도』 등에
는 현내면 · 동면 · 북면이 표시되어 있다. 1914년 이들 3개 면을 중심으로 수하면,
상주군 외서면, 문경군 영순면과 호서남면의 일부 동리를 합쳐 상주군 함창면으로
하여 현재의 15개 동리를 관할하게 하였다. 1980년 읍으로 승격하였고, 1986년 상주
군에 속하였다가 1995년 상주시에 속하게 되어 현재에 이르고 있다.(네이버 지식백
과『한국지명유래집—경상편 지명』, 2011.12.])

81) 이 인물에 대해서는 다음의 자료로 추정하여 볼 수 있을 것이다. "〈문경 최진묘 출
토 16세기 족두리 민속자료 지정〉(『매일신문』 배포 2009-01-14 09:24:37│수정 2009-
01-14 09:24:37) 경북 문경시 영순면 의곡리 전주최씨 문중 14세조 崔縝 一家墓 出土服
飾 59점이 중요민속자료로 지정될 예정이다. 문화재청이 지난달 말 문화재위원회(민
속문화재 분과) 회의를 거쳐 중요민속자료 259호로 지정 예고한 이 유물은 지난
2006년 후손들이 묘를 이장하는 과정에서 미라와 함께 다량의 복식유물이 발견돼
문경새재박물관 측이 발굴 · 소장 중이다. 당시 수습된 유물은 최진과 그 부인의 묘,
그리고 후손으로 추정되는 묘 등 3기에서 모자, 중치막, 액주름, 저고리, 바지 등
60여 점이 출토됐다."

82) 虎溪: 본래 신라의 虎側縣이었는데 경덕왕이 호계현으로 고쳐 古寧郡의 領縣으로 하였
다. 고려 현종 때 상주의 임내로 하였고 1416년(태종 16) 문경현에 내속시켰다. 그
뒤 虎溪內面으로 되었다가 1914년 행정구역개편 때 호계면이 되었다. 1995년 문경군

회君晦를 기다렸다. 산양(山陽83))에서 가까운 사람이 보러 왔다. 저녁에 문희(聞喜84) 객관에 들었다. 수령 신귀정(愼龜禎)이 먼저 사람을 보내 문안하고, 조금 후에 모습을 보였는데, 술과 과일을 진설하여 놓고 위로하였다. 가은현(加恩縣85) 사람 이주(李柱)도 와서 보고 말하였다. "관학

과 점촌시가 통합되어 문경시가 되었다. 호계현의 위치는 문경 남쪽 15㎞ 지점에 있으며 낙동강의 지류인 穎江 중류에 자리 잡고 있다. 문경군에 속하기 전에는 남쪽으로 咸昌, 상주목의 永順縣과 접하였고, 동쪽은 龍宮縣과 大鳥縣을 지나 安仁에 연결되고, 서쪽은 멀리 加恩을 지나 소백산맥에 이르게 된다. 이 지역은 문경에서 남쪽으로 영남의 여러 곳과 연결되는 길목에 있어 교통상·군사상 중요한 몫을 하였다. 문경으로 넘어가는 新院과 免廷의 산정에는 산성이 있었고, 북쪽의 禪巖山 봉수는 남쪽의 城山 봉수와 연결되었다. 대체로 문경을 지키는 전초기지의 성격을 가졌다.

83) 山陽: 현재의 경상북도 문경시 산양면.

84) 聞慶市: 고려 초의 聞喜郡. 경상북도의 서북단에 위치한 시이다. 동쪽은 예천군, 서쪽은 충청북도 괴산군, 남쪽은 상주시, 북쪽은 충청북도 제천시·충주시·단양군에 접해 있다. 속리산으로 이어지는 백두대간 동남부에 위치한 내륙 중산간 지역으로 중부에서 남부에 걸쳐 분지상 평지가 나타난다. 속리산에서 발원한 穎江이 서쪽에서 동쪽으로 아치형을 이루며 흐르다 낙동강에 합류한다. 현재 점촌1~5동·문경읍·가은읍·동로면·농암면·마성면·산북면·산양면·영순면·호계면 등 5개 동, 2개 읍, 7개 면을 관할하고 있다. '문경' 지명은 『삼국사기지리지』에 "冠山縣은 본시 冠縣(冠文縣이라고도 함)인데 경덕왕이 개명하였고, 지금 聞慶이다"라는 기록에 처음 등장한다. 『고려사지리지』에는 "문경군은 원래 신라의 관문현(冠縣 또는 高思葛伊城이라고도 함)인데 경덕왕이 관산으로 고쳐 고령군의 관할 하에 현으로 만들었다. 고려 초에 聞喜郡으로 고쳤고 현종 9년(1018)에 본 목에 소속시켰으며 후에 지금 명칭으로 고쳤다"라고 하여 상세한 연혁과 여러 다른 이름을 기록하고 있다. 『세종실록지리지』(문경)와 『신증동국여지승람』(문경)에도 같은 내용의 관련 기록이 확인된다. 본래 조선시대 문경현과 상주목·예천군·용궁현 일부가 포함된 지역이다. 1895년 지방관제 개편 때 상주·용궁·예천군 등으로 분리 편입되면서 없어졌다가 이듬해 경상북도 문경군으로 다시 복원되었고, 1906년에는 예천군의 동로면·화장면, 상주군 산서면·산남면·산동면·산북면·영순면을 편입하였다. 1914년 기존 문경군을 중심으로 용궁군 서면·구읍면·신읍면, 함창군 동면·북면, 영주군 상리면의 여러 동리를 합쳐 문경군으로 하여 11개 면을 관할하게 하였다. 1933년 신북면을 문경면에 편입하였고, 1956년에는 호서남면이 점촌읍으로, 1973년에는 문경면과 가은면이 읍으로 승격하였다. 1986년 점촌읍이 시로 승격하며 문경군과 분리되었고, 1995년 도농통합으로 문경시가 되어 현재에 이른다.(네이버 지식백과『한국지명유래집 ─경상편』, 2011.12.])

85) 加恩縣: 지금의 경상북도 문경시 가은읍. 본래 신라의 加害縣으로 경덕왕 때 이름을 嘉善으로 고쳐 古寧郡의 영현으로 삼았다. 고려 초에 지금 이름으로 바꾸었다. 현종

학생들이 이미 모였고, 조정 의론이 이미 정하여졌는데, 지금 상소하여 주청하는 것은 너무 늦은 일이 아닙니까?" 밤에 큰비가 내렸다.

— 26일, 저녁때까지 큰비가 내렸다. 부득이 머물러 있을 수밖에 없었다. 수령이 자주 사람을 보내 문안하였다.

— 27일, 비. 비를 무릅쓰고 발행하였다. 저녁에 수회촌水回村[86]에 들어갔다.

— 28일, 맑음. 이날 태릉泰陵[87]의 졸곡이어서 모두 백립白笠과 백대白帶를 벗고 풀었다. 유신維新[88] 수령이 반재선半載船 1척을 공문을 발급해 공

9년(1018)에 내속시켰다. 공양왕 2년(1390)에 聞慶으로 소속을 옮겼다.(네이버 지식 백과『국역 고려사─지』, 2011.10.20., 동아대학교 석당학술원, 尙州牧[지금의 경상북도 상주시])

86) 충주 수안보면에는 수회리가 있다.(충주시청 홈페이지 참고)

87) 泰陵: 서울시 노원구 화랑로 681(공릉동 223-19). 조선 제11대 왕 中宗(재위 1506~1544)의 두 번째 계비인 文定王后 윤씨(1501~1565)의 무덤이다. 명종과 인순왕후 심씨의 무덤인 康陵과 함께 1970년 5월 26일 사적 제201호로 지정되었다. 문정왕후는 자신이 중종 옆에 묻힐 요량으로 장경왕후의 능 옆에 있었던 중종의 靖陵을 풍수지리가 안 좋다 하여 宣陵 옆으로 옮겼다. 하지만 새로 옮긴 정릉의 지대가 낮아 홍수 피해가 자주 일어나자 결국 그 자리에 묻히지 못하고 현재의 위치에 예장되어 중종 옆에 묻히려던 소망을 이루지 못했다. 태릉은 왕비의 單陵이라 믿기 힘들 만큼 웅장한 능으로, 조성 당시 문정왕후의 세력이 얼마나 컸는지를 짐작게 한다. 봉분을 감싼 12면 병풍석에는 12지신상과 구름 문양을 새겼고, 병풍석 위의 滿石 중앙에 12간지를 문자로 새겼다. 봉분 바깥쪽으로는 12칸의 난간석을 둘렀으며, 봉분 앞에 상석과 망주석 1쌍을 세웠다. 봉분 주위로 石羊·石虎 각 2쌍을 교대로 배치시켰으며, 뒤쪽으로는 曲墻(나지막한 담)을 쌓았다. 봉분 아랫단에 문인석과 石馬 각 1쌍, 팔각 장명등이 있고, 가장 아랫단에 무인석과 석마 각 1쌍이 있다. 능원 밑에는 정자각·비각·守直房·홍살문이 있다.(네이버 지식백과『두산백과』)

88) 維新: 충주. 역사 속에서 충주라는 명칭이 처음 나타난 것은 940년 고려 태조 때이다. 이 해는 충주라는 명칭이 처음 탄생한 날로 뜻이 있으나, 전국적으로 대부분 고을의 행정 지명이 일괄적으로 정해졌기에 그 의미가 약하다. 충주라는 지명이 생기기 이전에는 未乙城, 國原城이라 했다. 그러다가 지역적 중요성으로 국원소경, 중원소경, 中原京으로 높여 불렸다. 충주라고 부른 이후에는 8목의 하나로 대접받아 忠州牧이라고 했는데, 도시 이름이 격상되면 國原京, 격하되면 維新縣, 忠原縣, 芮城府가 되어야

급하였다. 영주에서 상사上舍 군미君美 권휘權徽, 상사 문상文祥 남몽구
南夢龜89)가 연이어 왔다. 역시 상소 일 때문이었다.

― 29일, 맑음. 때맞추어 강물이 강루와 암벽 위로 크게 넘쳐 배를 여울
목에 정박시켰다. 식사 후에 다시 배에 올라 신륵사神勒寺90)를 거쳐

────────────

했다.(『충청일보』, 「충주시민의 날 유감」, 길경태[충주박물관 학예팀장]) webmaster@
ccdailynews.co, 2014.11.03)

89) 봉화 龜灣書院의 배향인물 南夢鰲(1528~1591)편에 南夢龜의 이름이 보인다. 南夢鰲:
본관은 英陽. 자는 景祥, 호는 三松, 三松堂이다. 아버지는 將仕郎 箕子殿參奉 南麒이다.
경전을 널리 읽고 의리를 탐색하여 여러 번 鄕試에 장원하여 명성이 자자했다. 1573
년(선조 6) 癸酉 式年試 進士 1등 4위에 합격했으나 후진교육을 낙으로 삼아 가르치니
많은 선비가 운집하여 성취한 사람이 많았다. 退溪 李滉의 문하에서 趙穆·金誠一 등
과 교류하였다. 퇴계가 지어 준 「再行視陶山南洞」이라는 시가 있다. 水西 朴善長은
제자이자 사위인데, 선장이 10세 때 어머니를 따라 경상도 榮川(지금의 榮州)에 있는
외가에 내려가 남몽오의 문하에서 수학하고, 1605년(선조 38) 乙巳 增廣試 丙科 17위
에 급제하여 行慶尙都事를 지내고, 通政大夫 承政院都承旨를 추증받았다. 1676년(숙종
2)에 세워진 耆英祠에 진사 松溪 琴軸·생원 陶隱 權虎臣·사위 박선장과 함께 제향되
었다. 기영사는 1766년(영조 42)에 구만서원으로 승격했고, 경상북도 봉화군 奉化邑
花川里에 있다. 형 南夢龜와 동생 南夢黿, 南夢麗, 南夢鼈, 南夢虯, 南夢鼂이 있다.(한국
서원연합회, 구만서원 부분 참조)

90) 神勒寺: 경기도 여주군 북내면 천송리 봉미산에 있는 절이다. 대한불교 조계종 제2교
구 본사인 용주사의 말사로 신라 진평왕 때에 원효가 창건하였다고 하나 정확한
것은 알 수 없다. 절 이름을 '신륵'이라고 한 데는 彌勒 또는 왕사 懶翁이 신기한
굴레로 龍馬를 막았다는 전설에 의한 것이라는 설이 있다. 그리고 고려 고종 때 건너
편 마을에 나타난 용마가 걷잡을 수 없이 사나웠으므로 사람들이 잡을 수 없었는데,
이때 印塘大師가 고삐를 잡으니 말이 순해졌으므로, 神力으로 제압하였다고 하여 절
이름을 신륵사라 하였다는 설이 있다. 또한 이 절은 고려 때부터 벽절(甓寺)이라고도
불렸다. 이는 경내의 東臺 위에 다층전탑이 있는데, 이 탑 전체를 벽돌(塼)로 쌓아
올린 데서 유래한 것이다. 그러나 이 절이 대찰을 이루게 된 것은 나옹이 이곳에서
갖가지 이적을 보이면서 入寂하였기 때문이다. 극락보전 정문 위에는 '千秋萬歲'라고
쓴 현판이 있는데, 나옹의 친필이라고 구전되고 있다. 이 현판은 입체감을 나타내고
있어 보는 위치에 따라 글씨가 달라 보이는 특이함이 있다. 보물 제180호로 지정된
조사당은 경내에서 가장 오래된 건물로 중앙에 나옹, 좌우에 指空과 無學의 영정이
함께 봉안되어 있다. 정절의 동쪽 강변 바위 위에는 삼층석탑이 있고, 경내의 서쪽
언덕에는 부도 2기가 있다. 삼층석탑은 나옹을 화장한 장소를 기념하기 위해서 세운
탑이고, 부도는 원래 조사당 뒤쪽에 있던 것을 1966년 11월에 현재의 위치로 옮겼으
나 누구의 것인지는 알려지지 않고 있다. 이들 부도 중 둥근 탑신을 가진 부도는

청심루淸心樓91) 아래에 이르렀다. 배를 비끄러매고 투숙하려 하였으나 물의 흐름이 아주 거세서 미처 노를 저어 배를 돌리지도 못하고 순식간에 연탄燕灘을 지나쳐 갔다. 망루 위를 돌아보니 알록달록한 색의 천과 풀로 지어 만든 옷(斑衣卉服)의 사람들이 창틀에 죽 기대앉아 있었는데, 일본 사신이었다. 잠은탄潛隱灘을 지나 보덕리保德里에 정박하였다. 처음에는 배를 내려 어촌에서 묵을 생각이었으나, 촌마을이 멀고 길은 진창이라 정박한 강안의 빈 배 쪽으로 나아갔다. 희순希淳 · 백량伯樑 · 군미君美 · 문상文祥은 배 꼬리에서 숙박하였고, 태소太蘇 · 자미子美 · 경명景明 · 시백時伯은 배 허리, 경부敬夫 · 경선景善 · 사준士俊 · 응시應時 · 군회君晦는 빈 배를 빌려 유숙하였다.

— 30일, 어두운 새벽, 먼 촌마을에서 닭 우는 소리가 들려왔다. 동쪽 하늘이 밝아 오려 할 때 빈 배의 주인이 돌아왔다. 전의 자리로 가서 노를 정비하고 출발하였다. 신시(晡)92)가 되기 전에 두모포豆毛浦93)에

근세에 만들어진 것으로 보이며, 8각 탑신을 가진 부도는 고려시대의 부도 형식에서 퇴화된 여말선초의 작품으로 추정되는데, 이전할 때 사리함이 발견되어 현재 동국대학교 박물관에서 보관하고 있다. 또한, 나옹의 화장지에 세워진 삼층석탑 옆에는 江月軒이라는 6각의 정자가 있다. 그 전에 지어진 것은 1972년의 홍수로 떠내려가고, 그 뒤 삼층석탑보다 조금 아래쪽인 지금의 위치에 다시 세웠다. 누각의 이름인 강월헌은 나옹의 당호인데, 그를 추념하여 이곳에 누각을 세운 것이다. 또한 구룡루는 1689년(숙종 15)과 1749년(영조 25), 1860년(철종 11)에 각각 중수된 기록이 있다.(네이버 지식백과『한국민족문화대백과』, 한국학중앙연구원)

91) 淸心樓: 樓 이름. 경기도 驪州郡 驪州邑 漢江가에 있었다. 여주의 절경의 하나로, 牧隱 · 圃隱 등 40여 文客의 詩板이 걸려 있었다고 한다.(『한자사전』 참조)

92) 晡: 申時, 오후 세 시부터 다섯 시까지.

93) 豆毛浦:『동국여지승람』에 두모포는 도성 동남쪽 5리쯤에 있다고 나와 있는데, 이곳은 지금의 서울 옥수동 한강변 즉 동호대교 북단을 말한다. 동쪽에서 흘러오는 한강의 본류와 북쪽에서 흘러오는 중랑천의 물이 합류되는 지점으로, 두 물이 서로 어우러진다는 의미로 두뭇개라 불렸고, 한자로 옮겨지면서 두모포가 되었다. 용산강(용산 지역의 한강)을 南湖, 마포강(마포 지역의 한강)을 西湖라고도 했던 것처럼, 두모

정박하여 하선하였다. 상소를 받들어 동대문東大門을 통해 들어갔다.

— 8월 초1일, 맑음. 머물러 상소 바로잡는 일을 하였다. 직장直長 항중杭
仲 홍섭洪涉이 새벽같이 내방하였다. 상사上舍 사언士彦 이인호李仁豪94),
수재秀才 숙도叔度 조광헌趙光憲95)이 찾아와서 저녁 내내 이야기를 나

포 역시 도성 동쪽의 풍광이 뛰어난 물가라는 의미에서 東湖라고도 불렀는데 한강을
가로지르는 동호대교의 이름은 이로부터 지어진 것이다. 두모포는 농산물과 목재
등 각종 물산이 드나드는 나루터로서 경상도와 강원도 지방에서 남한강을 경유하여
오는 稅穀船(나라에 조세로 바치는 곡식을 운반하는 배)이 집결했던 곳이고, 태조
5년(1396)에 설치한 東氷庫(얼음을 저장하고 출납하던 관아)가 부근에 있어 얼음을
나르는 배들도 드나들었다 한다. 동빙고는 연산군 때 용산구 동빙고동으로 옮겨졌
다. 『세종실록』에 의하면 세종 원년(1419) 6월에 대마도를 정벌할 때 왕과 상왕(태
종)이 친히 두모포 백사장에 나와 이종무 등 여덟 장군을 전송하며 잔치를 베풀었다
한다. 두모포는 뒤로는 높은 산이 솟아 있고, 앞으로는 한강물이 호수처럼 잔잔히
흘러 한강 연안 중에서도 산수풍경이 좋기로 유명했던 곳이다. 조선 초기부터 성안
백성들의 나들이 장소였으며, 주변에는 많은 누정이 세워져 있었다. 예종의 둘째
아들 齊安大君은 流霞亭을 지었고, 연산군은 皇華亭을 세워 연회를 즐겼으며, 중종
때의 문신 金安老는 保樂堂이라는 호사스러운 집을 지어 세인들의 빈축을 사기도 하
였다. 국가에서 학자들을 뽑아 일정기간 동안 학문에 힘쓰게 했던 獨書堂도 두모포
에 있었다. 세조 때의 韓明澮는 두모포 강 건너에 鴨鷗亭을 지어 한가로운 시간을
보내곤 했는데 이 정자로부터 오늘날 압구정동이라는 명칭이 유래했다. 정조 13년
(1789)에 조사한 戶口總數를 보면 당시 두모포의 인구는 약 4,000명이었다. 당시 전
국 각 고을의 읍내 인구수가 2,000~2,500명인 것을 감안하면 상당히 많은 인구가
두모포에 모여 살았음을 알 수 있다. 두모포 앞 한강에는 고려시대부터 절경이라
알려진 楮子島라는 커다란 삼각주가 있었는데 1970년대에 아파트 건설을 할 때 섬의
흙을 모두 파 골재로 사용하여 지금은 형태만 남아 있는 상태이다.(네이버 지식백과
『두산백과』)

94) 李仁豪: 明宗 4년(1549) 己酉 式年試 생원 三等 38위(68/100), 字, 土彦. 본관은 全州,
　거주지는 한성(京). 父: 李儼, 彰善大夫, 行長城副守.(한국역대인물종합정보시스템)

95) 趙光憲: 공의 諱는 光憲이고, 字는 叔度이다. 그의 선대에 趙巖이 있는데 高麗의 開國功
　臣이다. 이로부터 20여 대를 내려오면서 벼슬이 대대로 이어져 왔다. 高祖 趙瑞廷은
　奉常寺判官이고, 曾祖 趙峽는 府使인 申松舟의 딸을 맞아 趙允寧을 낳았는데 벼슬이
　春川府使에 이르렀다. 府使가 領議政인 張順孫의 딸을 맞아 趙禧를 낳으니 벼슬이 直長
　에 이르렀다. 이분이 공의 아버지이다. 直長의 配位는 南陽洪氏로 郡守 洪彦慶의 딸인
　데, 嘉靖 甲午(1534, 중종 29)에 공을 낳았다. 察訪 洪胤崔의 딸을 맞아 4남을 낳으
　니, 趙靖과 趙玶은 둘 다 桂科(大科)에 나란히 발탁되었는데, 성품이 곧아서 세속에
　어울리지 않았다. 벼슬에 나가는 길이 비록 연달아 어려운 듯했으나 맑은 재능과

누었다. 저녁에 좌랑佐郎 숙헌叔獻 이이李珥96)가 와서 보았다. 학유學諭

아름다운 지조는 당시에 중히 여기는 대우를 받았다. 그 다음 趙竤도 峻潔한 행실이 있어서 그를 일컬어 家兄라고 하여 천거해서 平市署直長에 제수되었고, 막내 趙竣은 재능이 있었으나 떨치지 못하고 일찍 죽었다. 딸이 셋인데, 參奉 具光源 進士 金安節, 幼學 李勖에게 시집갔다. 공은 己丑年(1589, 선조 22) 某月에 장사지냈는데, 그 묘소는 某向의 언덕에 있다. 夫人은 5년 뒤 임진왜란을 만나 三山에서 세상을 떠나 처음에는 그 땅에 장사지냈다가 모년 모월 모일에 옮겨 공의 묘에 祔葬하였다.(네이버 지식백과『국역 국조인물고』, 1999.12.30., 세종대왕기념사업회; 李埈, 「조광헌의 墓碣銘」)

96) 李珥: 1536(중종 31)~1584(선조 17). 강원도 강릉 출생. 본관은 德水. 자는 叔獻, 호는 栗谷·石潭·愚齋. 아버지는 증좌찬성 李元秀이며, 어머니는 현모양처의 사표로 추앙받는 師任堂申氏이다. 아명을 見龍이라 했는데, 어머니 사임당이 그를 낳던 날 흑룡이 바다에서 집으로 날아 들어와 서리는 꿈을 꾸었다 하여 붙인 이름이다. 그 産室은 夢龍室이라 하여 지금도 보존되고 있다. 8세 때에 파주 율곡리에 있는 花石亭에 올라 시를 지을 정도로 문학적 재능이 뛰어 났다. 1548년(명종 3) 13세 때 진사 초시에 합격하였다. 1551년 16세 때 어머니가 돌아가자, 파주 두문리 자운산에 장례하고 3년간 侍墓하였다. 그 후 금강산에 들어가 불교를 공부하고 1555년 20세 때 하산해 다시 유학에 전심하였다. 1557년 성주목사 盧慶麟의 딸과 혼인하였다. 1558년 봄 禮安의 陶山으로 李滉을 방문했고, 그해 겨울의 별시(문과 초시)에서 「天道策」을 지어 장원하였다. 전후 아홉 차례의 과거에 모두 장원해 '九度壯元公'이라 일컬어졌다. 1561년 아버지가 돌아가셨다. 1564년 호조좌랑을 시작으로 예조좌랑·이조좌랑 등을 역임하고, 1568년(선조 1) 千秋使의 書狀官으로 명나라에 다녀왔다. 부교리로 춘추기사관을 겸임해『명종실록』편찬에 참여하였다. 이 해에 19세 때부터 교분을 맺은 성혼과 '至善與中' 및 '顔子格致誠正之說' 등 주자학의 근본 문제들을 논하였다. 1569년 임금에게 「東湖問答」을 지어 올렸다. 1572년 파주 율곡리에서 성혼과 理氣·四端七情·人心道心 등을 논하였다. 1574년 우부승지에 임명되고, 재해로 인해 「萬言封事」를 올렸다. 1575년 주자학의 핵심을 간추린『聖學輯要』를 편찬했다. 1577년 아동교육서인『擊蒙要訣』, 1580년 기자의 행적을 정리한『箕子實記』를 편찬했다. 1582년 이조판서에 임명되고, 어명으로 「人心道心說」을 지어 올렸다. 이 해에 「金時習傳」을 쓰고,『學校模範』을 지었으며, 1583년 「時務六條」를 올려 외적의 침입을 대비해 십만양병을 주청하였다. 1584년 서울 大寺洞에서 영면하여, 파주 자운산 선영에 안장되었다. 이이는 성현의 도는 '시의와 실공'을 떠나서 있지 않으므로 현실을 파악하고 처리할 수 있는 능력이 있어야 한다고 보았다. 그러므로 堯·舜·孔·孟이 있더라도 時弊를 고침이 없이는 도리가 없는 것이라고 한 것이다. 이와 같이 이이는 진리란 현실의 문제와 직결되어 있고, 그것을 떠나서 별도로 구하는 것이 아니라고 보았다. 여기서 理와 氣를 不離의 관계에서 파악하는 이이 성리설의 특징을 보게 되는 것이라 하겠다. 증 대광보국숭록대부 의정부 영의정 겸 영경연 홍문관 춘추관 관상감사에 追贈되었다. 1591년(선조 24) 光國原從功臣 一等에 추록되었다. 문묘에 종향되었으며, 파주의 紫雲書院, 강릉의 松潭書院, 풍덕의 龜巖書院, 황주의 白鹿洞書院 등 20여 개 서원에 배향되었다. 시호는 文成이다.(네이버 지식백과『한국민족문화대백과』,

명원明遠 강제姜霽가 술과 안주를 가지고 와서 위무하므로 같이 술잔을 기울이며 서로를 마음으로 받아들이게 되었다.

— 초2일, 맑음. 이른 식사를 마친 후 경저인京邸人[97] 옥남玉男에게 상소 상자를 어깨에 메게 하였다. 또 노비 4인에게 지팡이를 들고 앞길을 열어 인도하며 사람들의 접근을 막게 하였다. 또 2사람은 상소함을 좌우에서 옹위하게 하였다. 다 같이 검은 건과 백포를 입고 줄지어 걸어서 홍화문弘化門[98] 밖에 이르렀다. 수문장에게 들어가 정원政院[99]에 고하라 하니, 수문장은 겁이 많고 사리판별에 어두운 노인이라 어찌할 바를 몰라 하였다. 두 번 세 번 깨우쳐 준 여후에야 겨우 정원에 품의할 수 있게 되었다. 정원에서는 먼저 한 사람을 불러 상소를 올리는 뜻에 대해 대체적으로 묻고, 마침내 들어가게 하였다. 경부敬夫 · 경선景善 · 자미子美가 상소를 받쳐 들고 동쪽 협문을 통해 들어가 상소를 올리려 하였다. 정원의 아전이 겉봉이 없이 올렸다가

　　　한국학중앙연구원], 20191001 검색)
97) 京邸主人: 京邸人. 고려 중기에서 조선 말기에 이르기까지 중앙과 지방 관청과의 사이에서 여러 가지 일을 알선하며 경저의 경영을 맡은 사람. 京主人 · 京邸人 · 邸人이라고도 하며, 몇 명의 京邸吏를 거느리기도 함. 경저의 임무인 지방 관청과 중앙의 연락 업무, 지방 稅貢의 납부와 立役 등의 일을 담당하였음. 설치 초기에는 해당 지방 출신의 鄕吏나 賤隸 등의 낮은 신분의 사람이 일정한 기간 동안 入役하였음. 그러나 점차 이 자리를 이용해 이익을 취할 수 있게 되자, 大同法의 실시와 때를 같이하면서 서울 관리나 양반들이 宣惠廳에서 役價를 지급받으면서 담당하였음. 그러나 경주인의 자리가 5천 냥에 이를 정도의 高價로 매매되고 저채의 증가로 해당 지방의 경제를 피폐시키는 등의 폐단이 속출하면서, 점차 경저 없는 군현들도 많이 나타났음.(네이버 지식백과『한국고전용어사전』, 2001.3.30., 세종대왕기념사업회], 20191001 검색)
98) 昌慶宮의 정문. 成宗 때 지은 건물로서, 조선시대 궁궐 중 유일하게 東向을 하였음.(『한국고전용어사전』, 20191001 검색)
99) 承政院: 조선시대 왕의 비서기구. 조선시대 왕권 강화 핵심 기구로 왕명을 출납하였다. 현재의 대통령 비서와 같은 임무를 맡았으며, 고려시대 중추원과 같은 성격의 기구였다.(네이버 지식백과(황병석, 『Basic 고교생을 위한 국사 용어사전』, 2001.12.10.])

잃어버렸던 사례를 들어 종이를 빌려 봉투를 만들고 안에 서한을 넣으라 하였으므로 겉봉투를 급조하였다. 경부가 상소문을 손에 들고 동부同副100) 안상 위에 올려놓았다. 동부승지는 임려任呂 공이었다. 승선承宣101)이 말하였다. "지금부터 초4일까지 대제大祭로 재계를 다 하는 기간입니다. 상소 중에는 형살刑殺 등의 글자가 있으므로 들여다 주달할 수 없으니, 상소를 놓아두고 나가 대기하다가 4일날 제례가 끝난 후에 오셔서 결정이 떨어지기를 기다리십시오." 돌아오는 길에 응시應時102) 일행에게 동부에 들어가서 만나자고 전하고, 후일

---

100) 同副承旨: 조선시대 承政院에 속한 정3품 관직. 승정원은 왕명의 출납을 담당한 국왕의 비서기관으로 조선 太宗(재위 1400~1418) 때 다시 독립 관서로 설치하고 同副代言 등의 관직을 새로 두었다. 1433년(세종 15) 승정원 제도를 완비하여 동부대언을 동부승지로 고쳐 6승지를 두고 六曹 업무를 분담하였으며 동부승지는 工曹를 맡았다. 승정원의 여섯 승지가 六房으로 나누어 6조의 일을 분담하였는데, 都承旨는 吏房, 좌승지는 戶房, 우승지는 禮房, 좌부승지는 兵房, 우부승지는 刑房, 동부승지는 工房을 담당하였다. 동부승지는 6승지 중에서 최하위 자리로, 승정원의 工典 담당부서인 공방의 업무를 맡아보았다. 6방의 하나인 공방은 주로 營繕·工匠·토목 등에 관한 왕명의 출납을 맡았는데 그 책임자는 동부승지이다. 1894년(고종 31) 甲午改革 때 승정원을 承宣院으로 개편하면서 동부승지는 右副承宣으로 이름을 고쳤다.(네이버 지식백과『두산백과』, 20191001 검색)

101) 承宣: 고려시대 왕명의 출납을 관장하던 관직. 정3품으로 中樞院에 소속되어 있었음. 승선은 군왕에게 올라가는 백관의 狀啓나 疏文 및 품달 사항을 관장하였을 뿐만 아니라 반대로 왕명이 하달될 때에도 승선을 통하였으므로 흔히 龍喉 또는 喉舌職이라고도 칭하였음. 승선은 그 직임이나 성격상 학식이 높고 언어가 분명하며 행실이 민첩 단정한 인물로 선발되었으므로 대개 과거에 합격하고 가문이 좋은 사람이 임명되었음.(네이버 지식백과『한국고전용어사전』, 2001.3.30., 세종대왕기념사업회). 조선시대에도 이와 비슷한 역할을 하였음, 20191001 검색)

102) 洪仁傑: 1541(중종 36)~미상. 자는 應時. 본관은 南陽. 直長 德謙의 아들. 1568년(선조 1) 진사가 되어 33세 때 문과에 급제, 예조 정랑·해미 현감·서천 군수를 거쳐 회양 부사에 특진했다. 그 당시 李栗谷이 銓曹의 판서가 되어 인걸을 사헌부에다 보직시키려고 하였으나 사퇴하고 회양에서 돌아와 五衛將이 되었다. 1592년(선조 25) 임진왜란 때 난을 피하여 왕을 모시고 평양으로 가는 도중 형조 참의에 임명되었고, 이어 三陟 부사로 내려갔다. 1595년 왜구가 삼척 지방에 침입하자 이를 잡아서 검색한 결과 그들 중에 우리나라 사람이 끼어 있었으므로 인걸은 감사에게 압송하려

상소를 베껴 쓰는 곳에서 보기를 정하여 반궁泮宮103)에 통지하였다.

— 초3일, 맑음. 아침에 객사의 노비가 반궁의 답장을 들고 왔는데, 장의
掌議104)가 병중이라 혼자 결정할 수 없으니 마땅히 의론을 거쳐 통지
하겠다고 하였다. 장의掌議 홍洪, 유사有司 황黃은 다 서명하였고, 서명
하지 않고 병중이라 한 것은 신申씨 성의 사람이었다. 학록學錄 자강
子强 오건吳健105), 박사博士 자정子精 정탁鄭琢106)이 내방하였다.

하였으나 아우 仁侃이 격분하여 임의로 그를 살해하였다. 이 사실이 奉使者를 통해
인걸이 무고한 자를 공을 세우기 위해 함부로 죽인 것처럼 조정에 보고되니 잡혀서
참혹한 고문에 못 이겨 끝내 허위로 자백하였다. 尹根壽는 그를 구출하려고 힘썼으
나 이루지 못했고, 2년 동안 옥에 갇혀 있다가 결국 옥사하였다. 인걸의 사위가 鄭澈
의 아들로서 당시 정철이 주위에서 미움을 받았기 때문에 인걸이 화를 입게 된 것이
다.(네이버 지식백과『인명사전』, 2002.1.10., 인명사전편찬위원회)

103) 泮宮: 成均館과 文廟를 통틀어 이르는 말.(『한자사전』)
104) 掌議: 成均館이나 鄕校 齋任의 으뜸자리.
105) 吳健: 1521(중종 16)~1574(선조 7). 咸陽. 자는 子强, 호는 德溪. 吳從閏의 증손으로,
할아버지는 吳軾이고, 아버지는 吳世紀이다. 어머니는 星州都氏로, 훈도 都永康의 딸
이다. 11세에 부친상을 당했으나 효성으로 소문이 났으며, 모친상 때에는 더욱 예의
에 힘써 1549년(명종 4) 예조의 포상과 함께 왕으로부터 復戶(조세나 역을 면제함)를
받았다. 14세 때부터 經·子·史에 몰두했으나 집이 가난해 선생을 모실 수 없었다.
그래서 홀로『중용』을 수백 번 반복 연마해 통달하고『대학』·『논어』·『맹자』 등도
연구하였다. 曹植이 德山洞에서 강론하자 문인으로 수학했으며, 金麟厚·李滉의 문인
이기도 하다. 이황도 오건의 학문이 정밀하고 심오함을 칭찬하였다. 1552년 진사시
에 합격하고, 1558년 식년 문과에 병과로 급제하였다. 1567년 承政院注書가 된 뒤,
이듬해 正言·獻納·持平·校理·直講·司成 및 호조·예조·병조·공조의 좌랑, 檢
詳·舍人 등을 역임하였다. 1571년(선조 4) 이조좌랑으로 있으면서 춘추관기사관을
겸해『명종실록』의 편찬에 참여하였다. 經筵에서 학문의 길은 窮理와 居敬에 있다고
논했으며, 소를 올려 학문을 진흥시키고 간쟁을 받아들일 것을 주장하였다. 그러나
조정의 분위기가 직언을 싫어하고 士類들을 외면하는 경향이 강하자, 1572년 이조정
랑으로 있다가 관직을 버리고 경상도 산음 德溪里로 낙향하였다. 여러 차례 조정에서
불렀으나 모두 거절하고 書史를 섭렵하면서 詩作과 강론으로 여생을 마쳤다. 문인들
이 '德溪先生'이라 불렀으며, 산천의 西溪書院에 제향되었다. 저서로는『덕계문집』·
『丁卯日記』 등이 있다.(네이버 지식백과『한국민족문화대백과』, 한국학중앙연구원)
106) 鄭琢: 1526(중종 21)~1605(선조 38). 본관은 淸州. 자는 子精, 호는 藥圃·栢谷. 예천
출신. 현감 鄭元老의 증손으로, 할아버지는 생원 鄭僑이고, 아버지는 鄭以忠이며, 어
머니는 韓從傑의 딸이다. 李滉과 曹植의 문인이다. 1552년(명종 7) 성균생원시를 거

— 초4일, 맑음. 어제 양사兩司가 동부에 같이 모였고 옥당玉堂이 본청에 모두 집합하여 같이 임금께 주청할 일을 논하였다고 하는데 정확히 무슨 일이 있었는지는 알지 못한다. 아침에 홍항중洪杭仲이 조보를 얻어 보니 영상領相 윤원형尹元衡[107]을 내치기를 주청하였으나 윤허하지

처 1558년 식년문과에 병과로 급제하였다. 1565년 정언을 거쳐 예조정랑·헌납 등을 지냈다. 1568년 춘추관기주관을 겸직하고, 『明宗實錄』편찬에 참여하였다. 1572년(선조 5) 이조좌랑이 되고, 이어 도승지·대사성·강원도관찰사 등을 역임하였다. 1581년 대사헌에 올랐으나, 장령 鄭仁弘, 지평 朴光玉과 의견이 맞지 않아 사간원의 啓請으로 이조참판에 전임되었다. 1582년 進賀使로 명나라에 갔다가 이듬해 돌아와서 다시 대사헌에 재임되었다. 그 뒤 예조·형조·이조의 판서를 역임하고, 1589년 謝恩使로 명나라에 다시 다녀왔다. 1592년 임진왜란이 일어나자 좌찬성으로 왕을 의주까지 호종하였다. 經史는 물론 천문·지리·象數·兵家 등에 이르기까지 정통하였다. 1594년에는 郭再祐·金德齡 등의 명장을 천거하여 전란 중에 공을 세우게 했으며, 이듬해 우의정이 되었다. 1597년 정유재란이 일어나자 72세의 노령으로 스스로 전장에 나가서 군사들의 사기를 앙양시키려고 했으나, 왕이 연로함을 들어 만류하였다. 특히, 이 해 3월에는 옥중의 李舜臣을 극력 伸救하여 죽음을 면하게 하였으며, 水陸倂進挾攻策을 건의하였다. 1599년 병으로 잠시 귀향했다가 이듬해 좌의정에 승진되고 판중추부사를 거쳐, 1603년 영중추부사에 올랐다. 이듬해 扈從功臣 3등에 녹훈되었으며, 西原府院君에 봉해졌다. 예천의 道正書院에 제향되었으며, 저서로 『약포집』·『龍灣聞見錄』 등이 있다. 시호는 貞簡이다.(네이버 지식백과『한국민족문화대백과』, 한국학중앙연구원)

107) 尹元衡: 1503(연산군 9)~1565(명종 20). 본관은 坡平. 자는 彦平. 형조판서 尹繼謙의 증손으로, 할아버지는 尹頊이다. 아버지는 판돈녕부사 尹之任이며, 어머니는 李德崇의 딸이다. 중종의 계비인 文定王后의 동생이다. 1528년(중종 23) 생원시에 합격하고, 1533년 별시 문과에 을과로 급제해 벼슬길에 올랐다. 1537년 권신인 金安老에 의해 파직, 유배되었다가 이 김안로가 사사되자 풀려나왔다. 그 뒤 수찬·교리·지평·응교 등을 역임하였다. 世子(뒤에 인종)를 폐위하고, 문정왕후의 소생인 慶原大君 李峘을 세자에 책봉하려는 모의를 진행하면서 세자의 외숙인 尹任과 알력이 생겼다. 이에 1543년에는 윤임 일파를 大尹, 윤원형 일파를 小尹이라 하여 외척간의 세력 다툼이 시작되었다. 인종이 즉위하자 정권을 장악하게 된 대윤의 宋麟壽의 탄핵으로 삭직되었다. 그러나 인종이 8개월 만에 죽고, 11세의 어린 나이로 명종이 즉위하면서 문정왕후의 수렴청정이 시작되자, 이를 계기로 득세해 예조참의에 복직되었다. 대윤 일파를 숙청하기 위해 李芑·鄭順朋·林百齡 등과 함께 음모를 꾸미고, 안으로는 鄭蘭貞이라는 자기의 첩을 궁중에 들여보내 대비와 임금의 마음을 놀라게 하였다. 동지 춘추관사로서 『중종실록』·『인종실록』편찬에 참여했고, 1548년 이조판서가 되었다. 1551년 우의정으로 이조판서를 겸직하고 1557년 영중추부사, 이듬해 다시 우의

않았다는 것이었다. 식사 후 궐문 앞에 도착하여 보니 정원의 서리書吏가 소두疏頭의 성명을 적어 들고 나와서 와 있는지를 물었다. 경부와 경선, 자미가 정원에 들어가니, 상소의 말미에 연월일을 써야 한다고 말하였다. 바로 써서 들여놓았다. 좌랑佐郎 황윤길黃允吉[108])과 대궐로 들어온 상소를 거두어 올리는 권한을 갖는 정자正字 조정기趙廷機[109])가 부드러운 얼굴로 평안하게 대하였다. 미시의 끝(未末; 오후 3시

정, 1560년 瑞原府院君에 봉해졌다. 1563년 영의정에 올라 영화를 누리다가 1565년(명종 20) 문정왕후가 죽자 실각해 관직을 삭탈당하고 田里로 방귀 되었으며, 江陰에 은거하다가 죽었다.(네이버 지식백과『한국민족문화대백과』, 한국학중앙연구원)

108) 黃允吉: 1536(중종 31)~미상. 본관은 長水. 자는 吉哉, 호는 友松堂. 黃喜의 5대손이며, 호조판서 黃致身의 증손으로, 할아버지는 黃事敬이고, 아버지는 현령 黃懲이며, 어머니는 韓慶瑞의 딸이다. 1558년(명종 13) 사마시에 합격하여 진사가 되고, 1561년(명종 16) 진사로서 식년문과에 병과로 급제, 1563년 정언을 거쳐 1567년 지평이 되었다. 그 뒤 여러 벼슬을 거쳐 1583년 황주목사를 지내고, 이어 병조참판을 지냈다. 1590년 通信正使로 선임되어 부사 金誠一, 書狀官 許箴과 함께 수행원 등 200여명을 거느리고 대마도를 거쳐 오사카로 가서 일본의 關白 도요토미 히데요시(豊臣秀吉) 등을 만나 보고 이듬해 봄에 환국하여, 국정을 자세히 보고하였다. 서인에 속한 그가 일본의 내침을 예측하고 대비책을 강구하였으나, 동인에 속한 김성일이 도요토미의 인물됨이 보잘것없고 군사준비가 있음을 보지 못하였다고 엇갈린 주장을 하여 일본방비책에 통일을 가져오지 못하였다. 이리하여 1592년 임진왜란이 일어나자 왕이 당시 그의 말을 좇지 않은 것을 크게 후회하였다 한다. 한편, 그는 일본에서 돌아올 때 대마도에서 鳥銃 두 자루를 얻어가지고 돌아와 바쳤지만, 조정에서 그것을 실용화할 계획을 하기도 전에 임진왜란이 일어났다. 벼슬이 병조판서에 이르렀다.(네이버 지식백과『한국민족문화대백과』, 한국학중앙연구원)

109) 趙廷機: 金尙憲 著,「조정기의 墓碣銘」,"萬曆 乙亥年(1575, 선조 8) 정월에 掌令 趙公(조정기)이 병이 들자, 선조(宣廟)가 下敎하기를, '趙某가 오랫동안 經幄(經筵)에 있으면서 나를 거들고 도와준 바가 많았는데, 지금 들으니 병세가 위독하다고 한다. 내가 이에 슬프게 여기는 바이니, 內醫를 그의 집에 보내어 병을 살피고 藥物을 하사하게 하라'고 하였으며, 조공이 세상을 떠나자 또 賻儀와 棺槨을 내려 주었다. 그 뒤에 經筵에 납시어 말하기를, '趙某는 학문이 정밀하고 상세하였는데 불행히 죽었다고 하는구나'라고 하고, 오랫동안 탄식하고 애도하였다. 嗚呼라, 임금과 신하의 際遇가 지극했다고 할 만하고, 죽은 뒤에도 남은 영예가 있다고 하겠다. 살펴보건대, 공의 諱는 廷機이고, 字는 衡善이며, 본관은 豊壤縣이다. 태어나서 첫돌이 지나기도 전에 아버지를 여의었고, 자라서는 어머니의 훈계를 받들어 배움에 부지런히 힘썼다. 辛酉年(1561, 명종 16)에 司馬試에 1등으로 뽑혔고, 甲子年(1564, 명종 19)에 文科에 급

직전)에 비답이 내려졌다. 비답은 이러하였다. "이 상소를 보니 보우는 이미 죄를 받았으므로 다시 할 만한 일이 없어 보인다. 정원에서는 소두를 불러 고시하고 문밖으로 내보내도록 하라." 결연히 서로 눈물을 머금고 아쉬운 마음으로 물러났다. 저녁에 노서공盧瑞公이 와서 이야기를 나누었다.

— 초5일, 맑음. 아침에 동부로 가서 상소문을 필사하려 하였는데 양사兩司는 임금께 주청드릴 일로 이미 회합하고 있었으므로 연지동蓮池洞의 조숙도趙叔度 집으로 갔다. 태소太蘇에게 상소문을 필사하게 하였다. 상소문은 경부가 지은 것이다. 필사가 끝난 다음에 같이 홍화문弘化門 쪽으로 나아갔다. 경부·태소·자미는 같이 정원으로 들어갔다. 정원의 서리는 상소문 속에 체폐逮廢 글씨가 잘못 쓰여 있다고

제하여 承文院權知副正字에 補任되었다가, 천거를 받아 史館에 들어가서 檢閱과 待教를 거쳐 承政院注書에 移任되었으며, 얼마 뒤에 弘文館의 正字·博士·副修撰과 司諫院正言에 임명되었다. 己巳年(1569, 선조 2)에 記事官으로서 『明宗實錄』을 纂修하는 일에 참여하였고 또 三字銜(知製教)을 겸대하였다. 정승 李浚慶이 臨終하면서 遺疏를 올려 말하기를, '조정에 朋黨의 조짐이 있습니다'라고 하였는바, 時議가 오래전부터 士禍를 빚어내면서 온힘을 다하여 그를 몹시 헐뜯었으며, 일찍이 임금 앞에서 大臣과 三司(사헌부·사간원·홍문관)가 그 說을 공박하였는데 그 견주는 바가 엉뚱한 것이 많았다. 이에 공이 나아가 말하기를, '이준경의 말이 비록 지나치기는 하였으나 나라를 걱정하는 뜻에서 나온 것이고 다른 속셈이 없었으니, 그를 小人이라고 하는 것은 잘못이다'라고 하고서 물러나왔다. 甲戌年(1574, 선조 7)부터 이미 병이 들었고 그 이듬해에 병세가 위독해지더니 2월 5일에 세상을 떠났는데, 춘추는 41세였다. 그해 4월 某日에 楊州의 治所 동쪽에 있는 廣嚴里 庚向 자리에 장사지냈는데, 곧 先塋이다. 공의 부인 姜氏는 先系가 晉州에서 나왔고 觀察使 姜昱의 딸이며 草堂先生 姜景叙의 증손녀이다. 공보다 54년 뒤에 93세의 나이로 崇禎 戊辰年(1628, 인조 6) 6월 2일에 손자 趙濚의 任所인 淸安縣의 官舍에서 병이 없이 세상을 떠났으며, 그해 7월 19일에 공의 묘소에 祔葬하였다. 3남2녀를 낳았는데, 장남 趙守倫은 平澤縣監이고, 차남 趙守翼은 문과에 급제하여 校理이며, 3남 趙守寅은 문과에 장원으로 급제하여 正郎이다. 장녀는 承旨 黃赫에게 시집갔고, 차녀는 士人 盧景直에게 시집갔다. 증손과 현손이 남녀 합하여 모두 50여 명이다. (네이버 지식백과 『국역 국조인물고』, 1999. 12.30., 세종대왕기념사업회)

하며 빨리 바꾸라 하였다. 칼로 긁어내고 바르게 써서 올렸다. 저녁에 비답이 내려왔다. 비답은 이러하였다. "보우는 이미 죄를 받았으니 지금 다른 논의를 할 것은 없다." 서로 부축하며 물러나왔다. 중도에 함창, 용궁, 영주, 예천 사람들이 도성으로 들어왔다는 소식을 들었다. 옥남玉男을 각 고을의 경저京邸로 보내 우리들이 머물고 있는 곳을 고지하였다. 청도의 노옥계盧玉溪 또한 상소의 일로 서울에 들어와 저녁 어스름에 와서 서로 보았다. 3사三司가 윤원형을 논박하였으나 임금은 윤허하지 않았다.

― 초6일, 맑음. 새벽에 일어나 내실을 청소하고 군회君晦에게 상소문을 쓰게 하였다. 상소 글은 자미子美가 작성하였다. 상소는 "이러저러하다"고 적었다. 함창의 경윤景胤 정승조鄭承祖, 경택景宅 곽수인郭守仁[110], 용궁의 상사上舍 여필汝弼 안수신安秀臣[111], 중윤仲潤 강영姜霙 등 6인이 연이어 내방하였다. 같이 의론하여 두 고을은 따로 상소를 올리기로 하였다. 식사 후에 상소를 받들어 바로 홍화문으로 들어갔다. 경부·군회·자미는 같이 정원으로 갔다. 정원의 서리가 상소의 문자에 대해 묻기를 '도釜라는 글자가 잘못 쓰인 것이 아닌가' 하여 『사기史記』의 본자本字'라 답하고, 바로 사알司謁[112]을 불러 상주하게 하였다. 일을 마치고 문밖으로 나오니 청도·함창·용궁의 유학들이 와서 같이

110) 郭守仁: 宣祖 18년(1585) 乙酉 式年試 생원 二等 10위(15/100). 字 景宅. 생년: 丁酉 1537년(중종 32). 본관: 淸州. 거주지: 咸昌. 父: 郭琳, 天文習讀. 弟: 郭守義, 郭守禮, 郭守智, 郭守信.(한국역대인물종합정보시스템, 20191002 검색)
111) 安秀臣: 明宗 4년(1549) 己酉 式年試 진사 二等 10위(15/100). 字 汝弼, 본관 順興, 거주지 醴泉. 父: 安鳳齡, 成均進士.(한국역대인물종합정보시스템, 20191002 검색)
112) 司謁: 朝鮮時代에 임금의 命令을 傳達하는 일을 맡아보던 正六品의 雜職. 掖庭署에 속하였으며 승급이 되지 않았음.(『한자사전』)

비답을 기다렸다. 비답에서는 말하였다. "거듭 진달한 것으로 충분한 일이다. 매일같이 상소를 올려 번거롭게 할 일이겠는가? 나라에서 이미 그 죄를 정하였으므로 계속하여 죄를 보탤 수는 없는 일이다." 저녁이 되어 물러나오는데 상사 제세濟世 신진申津[113]이 내방하였다 경부와 동방인同榜人이다. 3사는 여전히 윤허를 받지 못하였다.

― 초7일, 맑음. 내한內翰 여회如晦 이경명李景明[114]이 와서 서로 보았다. 새벽에 일어나 상소를 썼다. 군회가 글씨를 썼고 경부가 글을 지었다. 상소에서는 '이러저러하다'고 말하였다. 식사 후, 상소를 받들고 홍화문으로 나갔다. 경부·군회·시백이 같이 정원으로 들어갔다. 저녁 무렵에 비답이 내려졌다. 비답에서는 말하였다. "향촌의 유생들이 성심을 품고 상경하여 여러 날 동안 계속 적을 토멸하라는 상소를 진달하니 가히 절절한 마음이라 하겠다. 그러나 국가가 이미 그 죄에 대한 형량을 정하였는데 어찌 상소 글을 가지고 다시 논하여 형벌을 더할 수 있겠는가?" 또 이렇게도 말하였다. "대신들이 내밀하게 돕고 있는 것이라 하여 대신이 바로 적신 보우라 하는 것은 대신들이 동요하도록 하려는 마음이 깔려 있어서 무리한 이야기를 진달하고 있는 것이다. 필연코 깊이 생각하여 보지 않고 이러한 어

---

113) 申津: 宣祖 7년(1574) 甲戌 別試 丙科 8위(11/15). 明宗 7년(1552) 壬子 式年試 생원 三等 12위(42/100). 1527(중종 22)~미상. 본관은 高靈. 자는 濟世, 호는 嵐巖. 증조부는 申叔舟이고 조부는 申泂이며 부친은 申光漢이다. 외조부는 吳玉貞이고 첫 번째 부인은 成謹의 딸이고 두 번째 부인은 辛弼宗의 딸이다. 1574년(선조 7) 甲戌 別試에 丙科 8위로 급제하여 관직이 縣監에 이르렀다.(한국역대인물종합정보시스템, 20191002 검색)
114) 李景明: 明宗 1년(1546) 丙午 式年試 진사 二等 10위(15/100). 字 如晦. 본관: 固城. 거주지: 星州. 父: 李佑, 朝奉大夫, 守議政府舍人, 兼春秋館編修官.(한국역대인물종합정보시스템, 20191002 검색)

지러운 상소를 올리는 것이리라. 어떤 대신이 내밀하게 적신 보우를 돕는 술책을 부리겠는가? 받아들일 수 없는 말이다." 함창·용궁·예천·영주·청도에서 온 20여 명은 연명으로 별도의 상소를 올렸다. 상소는 덕용德容의 글이니, 향리에 있을 때 지어 놓았던 것이다. 그 읍에서 지은 글들이 다 온당하지 못하였으므로 차용한 것이다. 상소는 '이러저러하다'고 적었다. 비답이 다음과 같이 내려왔다. "보우는 비록 승려이기는 하지만, 인명을 주륙하는 것은 바람직하지 않은 일이다. 이미 그 형벌을 정하였으니 다시 할 일은 없는 것이다." 물러나 동부를 향해 가면서 통합하여 상소上疏하기로 의논이 모아졌다. 해가 졌으므로 해산하였다. 홍항중洪杭仲이 상소 용지 7폭과 붓 2자루를 보내왔다. 주서注書 유대원柳大源도 붓 한 자루를 보냈다. 3사가 윤원형을 논박하였으나 다만 재상을 교체한다는 명만이 내려졌다.

— 초8일, 맑음. 오자강吳子强(오건)이 와서 보았다. 정자정鄭子精(정탁)이 와서 깨끗한 종이 두 뭉치를 주어 문장의 초를 잡는 용도로 썼다. 이른 아침 식사를 한 후에 다 같이 동부로 나아가 상소를 썼다. 상소를 내자 백량伯樑[115]은 권휘權徽를 시켜 글씨를 쓰게 하였는데 모양이 정미하지 않은 것을 애석하게 여겼다. 상소는 '이러저러하다'고 적었다. 오후에 상소를 받들고 홍화문으로 나갔다. 경부는 짓고 쓴 사람과 같이 정원으로 들어갔고, 상소를 올린 후에 일행과 나뉘어 대좌

---

115) 高應擘: 1524~?. 본관: 濟州, 字: 伯樑. 제주고씨의 시조 乙那의 후손으로 學生 夢聘의 아들이다. 형 應根, 아우 應涉와 함께 退溪 李滉 문하에서 수학하였으며 학문에 힘써 노력했다. 1564년(명종 19) 甲子 式年試에서 進士 一等 4위로 급제했으며 관직은 訓導를 지냈다. (네이버 지식백과 『두산백과』, 20191002 검색)

하였다. 우부승지 홍인경(洪仁慶)[116]이 술을 보내 위로하였다. 안여필의 오랜 벗이다. 강명원(姜明遠) 역시 술과 안주를 보내왔다. 반궁에서 답서가 왔다. 답서의 내용은 이러하다. "다시 상소 올리고자 하는 의론은 이미 취관[117]하던 날 정한 것이니 다른 논란이 필요 없는 일입니다. 다만 일의 추이를 잘 헤아려 움직여야만 군왕이 들어주시는 (天聽) 비답을 내려 주실 것입니다. 이것은 성균관 유생들(齋中)[118]의

---

116) 洪仁慶: 1525(중종 20)~1568(선조 1). 본관 南陽(지금의 경기도 화성). 자는 應善. 洪貴孫의 증손으로, 할아버지는 대사성 洪以平이고, 아버지는 洪德潤이며, 어머니는 晉州柳氏로 사성 柳義臣의 딸이다. 洪仁恕와 洪仁憲의 형이다. 1549년(명종 4) 사마시에 합격해 생원이 되었으며, 이후 1553년(명종 8) 친시 문과에 병과로 급제하였다. 그 뒤 홍문관정자를 거쳐 侍講院說書 · 홍문관부수찬 · 사간원정언 · 홍문관수찬 등의 淸職을 두루 역임하였다. 1565년 사헌부집의로서 李樑의 당이 몰락할 때 高孟英과 李彦忠을 구호해 가벼운 처벌을 받게 한 일로 조야의 원성을 받았다. 이후 동부승지와 우부승지를 거쳐, 좌부승지 때 당대의 권신인 尹元衡의 첩 鄭蘭貞을 잡아 推鞫하기를 청하기도 하였다. 이듬해 형조참의를 거쳐 사간원의 수장인 대사간을 역임하였다. 그 뒤 예조참의와 좌부승지를 거쳐, 다시 대사간이 되어 언관의 수장으로서 "임금이 신하의 말을 모두 포용하면 상하의 정이 서로 통하게 될 것이다" 하여 언론의 중요성을 강조하였다. 그러나 같은 해 간원의 잘못에 대한 홍문관의 지적과 연이은 사헌부의 탄핵으로 遞職(관직이 교체됨)되었다가 바로 형조참의에 임명되었다. 이후 우부승지 · 대사간 · 부제학을 거쳐 다시 대사간을 역임하다가 44세로 졸하였다. 당시 사론에서 자품이 온아하고 마음 씀씀이가 너그러우며 일을 잘 처리한다는 평을 받았다.(네이버 지식백과『한국민족문화대백과』, 한국학중앙연구원)

117) 捲堂과 연관되어 설명될 수 있는 개념이라 하겠다. 권당은 성균관 儒生들이 행하던 일종의 동맹휴학 일명 空館이라고도 하며, 그들의 주장이 관철되지 않을 때 또는 그들의 자치기관인 齋會에서 결정된 士論에 대하여 부당한 처분을 받게 될 때, 유생들이 식당에 들어가는 것을 거부하거나 아니면 성균관을 비워 두고 나가 버리는 행동을 말한다. 권당이 발생하면 守僕이 大司成이나 同知事에 보고하고 조정에서는 開諭使를 보내어 就館을 권하는 한편, 그 연유를 묻고 所懷를 진술하게 하여 이를 草記로 써서 왕에게 올렸다. 유생들은 왕으로부터 만족할 만한 답변이 있을 때는 권당을 중지하고 그렇지 않으면 계속하였다.(네이버 지식백과『두산백과』]) 권당이 空館(성균관을 비우기)이라면 就館은 공관을 풀고 성균관으로 돌아가기를 뜻하는 것이라 하겠다.

118) 齋中: 조선시대 成均館의 上下齋에서 寄宿하며 수업하는 유생 혹은 그 재에 있는 것을 말함.(네이버 지식백과『한국고전용어사전』, 2001.3.30., 세종대왕기념사업회)

의견입니다. 등등." 장의 홍洪, 유사 황黃은 모두 서명을 하였으나 이름은 쓰지 않았고, 한 명의 장의 신申은 또 서명하지 않았다. 신申은 제세濟世이니, 옛날 유학자 신광한申光漢[119]의 후손이다. 혼자만 취관하는 것을 수치로 여겨 따로 떨어져 의리를 드높였다. 구차하게 행하는 것을 꾸짖고자 하였으나 혼자의 힘으로는 외롭기만 하여 그 뜻을 펼쳐 낼 수 없었다. 그런 까닭에 성균관 학생들(泮中)의 의론에 참여하지 않았다고 한다. 저녁에 비답이 내려졌다. "향촌의 유생들은

---

119) 申光漢: 1484(성종 15)~1555(명종 10). 본관은 高靈. 자는 漢之 또는 時晦, 호는 駱峰 · 企齋 · 石仙齋 · 靑城洞主. 공조참판 申橚의 증손으로, 할아버지는 영의정 申叔舟이며, 아버지는 內資寺正 申洞이다. 어머니는 司圃 鄭溥의 딸이다. 1507년(중종 2) 사마시에 합격하고, 1510년에 식년 문과에 을과로 급제하여 湖堂에서 사가독서의 특혜를 받았다. 1513년 承文院博士에 등용되고, 이어서 홍문관부수찬 · 교리 · 正言 · 공조정랑을 역임하고, 弘文館典翰으로 경연의 侍講官을 겸임하였다. 이때 중종이 학문을 장려하며 유학자를 우대하고 주야로 경연을 열어 학자들과 학문을 논하였다. 趙光祖등과 함께 고금의 時務를 논하여 채택되는 바가 매우 많았으며, 1518년 특명으로 대사성에 올랐다. 이듬해 기묘사화가 일어나자 조광조 일파라고 탄핵을 받아 삼척부사로 좌천되고, 이듬해에 파직되었다. 이어서 다시 여주로 추방, 18년 동안 칩거하였다. 1538년 尹仁鏡이 이조판서가 되어 기묘사화에서 화를 입은 사람들을 서용하자 대사성으로 복직되었다. 대사간을 거쳐, 경기도관찰사 · 한성부우윤 · 병조참판을 역임하고, 1540년 대사헌이 되어 관리들의 기강을 엄히 하였다. 1542년 세자시강원의 右副賓客을 겸임하고, 이어 호조참판을 거쳐 한성부판윤에 올랐다. 이듬해 형조판서를 지냈으며 知中樞府事를 거쳐, 1544년에는 이조판서가 되었다. 인종 때 대제학을 거쳐, 명종 즉위와 함께 우참찬이 되었으며 尹元衡 등이 을사사화를 일으키자 小尹에 가담, 推誠衛社弘濟保翼功臣 3등에 책록되었다. 또한 正憲大夫에 올라 靈城君에 봉해졌으며, 知義禁府事 · 대제학 · 知成均館事 · 經筵同知事 · 春秋館同知事를 겸임하였다. 뒤에 靈城府院君으로 추봉되었다. 이어 좌참찬 · 예조판서를 역임하고, 1548년(명종 3) 判敦寧府事가 되었다. 이듬해에는 좌찬성이 되어 지성균관사와 지경연사를 겸하였다. 1553년에 耆老所에 들어가고 几杖을 하사받았다. 1554년에 사직하고 그 이듬해에 병사하였다. 문장에 능하여 시문을 많이 지었으며, 학문을 숭상하여 대사성이 되었을 때에는 학도들이 신광한에게 운집하였다. 또한, 청렴하여 이조판서가 되어서는 인사를 공정히 하고, 遺逸(벼슬하지 않고 초야에 묻혀 사는 학덕이 높은 선비)을 많이 등용하였다. 학문에 있어서는 맹자와 韓愈를 기준으로 했고, 시문에 있어서는 杜甫를 본받았다. 저서로 『企齋集』이 있으며, 시호는 文簡이다.(네이버 지식백과『한국민족문화대백과』, 한국학중앙연구원)

지루하게 귀찮기만 한 상소를 올려서는 안 된다. 나의 뜻은 이미 다 말한 바 있다." 저녁 어스름에 지례知禮 상사上舍 언성彦成 정선鄭珽, 대구大丘 상사上舍 계하季賀 김경창金慶昌, 성주星州 상사上舍 여역汝約 이인박李仁博120) 등 6~7인이 향리로부터 막 서울로 들어와 상소를 올리는 일의 새 소식을 물어왔다. 성주 사람들은 70명에 이를 정도로 많았다. 의리를 숭상하는 향풍을 알 만한 일이다. 3사가 윤원형을 내치시라 주청하였으나 윤허하지 않았다. 밤중에 천둥이 치고 비가 내렸다.

— 초9일, 맑음. 아침 식사 후 동부에서 모두 모였다. 태소太蘇가 상소의 글씨를 썼는데, 경부가 지은 것이다. 막 오시午時121)가 되었을 때 글씨가 다 쓰였다. 상소를 받들고 홍화문으로 나아갔다. 경부와 태소가 정원으로 들어갔다. 신시申時 초에 비답이 내려왔다. "보우의 일은 지금 바꿀 것이 없다. 매일같이 연이어 상소하는 것은 마땅치 않은 일이다. 윤허하지 않는다." 성주와 대구 사람들도 상소를 올리기 위해 왔으므로 비답이 이미 내려졌으나 문밖에서 기다리고 있었다. 좌상과 우상, 5판서는 번개가 내려친 변고 때문에 사직하면서 아울러 윤원형을 내치실 것을 주청하였다. 예관禮判 윤춘년尹春年122)은 윤원

---

120) 李仁博: 明宗 13년(1558) 戊午 式年試 진사 三等 38위(68/100). 字 汝約, 본관 碧珍, 거주지 星州. 父: 李忠老, 前參奉.
121) 午時: 십이시의 일곱째 時. 午前 열한 시부터 午後 한 시까지의 동안. 24시의 열셋째時. 午前 열한 시 반부터 午後 열두 시 반까지의 동안.
122) 尹春年: 1514(중종 9)~1567(명종 22). 본관은 坡平. 자는 彦久, 호는 學音·滄洲. 尹繼謙의 증손으로, 할아버지는 尹耕이다. 아버지는 이조참판 尹安仁이며, 어머니는 鄭汝寬의 딸이다. 1534년(중종 29) 생원이 되고, 1543년 식년문과에 갑과로 급제하였다. 이후 文翰職을 역임하다가 1545년(명종 즉위년) 을사사화가 일어나자, 친족인 소윤 尹元衡에게 아부하여 대윤일파의 제거에 앞장섰고, 다음 해에는 병조좌랑이 되어 尹元老 제거에 크게 노력하였다. 이를 계기로 윤원형의 총애를 받게 되었고 이후

형과 같은 친족이었으므로 같이 주청드리는 것을 받아들이지 않았다. 재삼 주청을 드렸으나 하나같이 윤허하지 않았다. 3사와 정원역시 윤허한다는 대답을 얻지 못하였다.

— 초10일, 맑음. 아침 식사 후 동부에 모였다. 경부는 소두였으므로 새벽같이 식사도 하기 전에 나아갔고, 경선도 유사였기 때문에 뒤를따랐다. 태소가 또 상소 글씨를 썼다. 상소는 '이러저러하다'는 내용이었다. 자미가 지은 글이다. 오후에 상소를 받들고 홍화문으로 나아갔다. 성주 사람들은 이미 아침에 상소를 올렸으므로, 두 무리로나누어 서서 기다리고 있었다. 경부, 태소, 자미가 같이 정원으로 들어가 상소를 올리고 주서청注書廳에 들어가 차를 들고 대화를 나누며시간을 보냈다. 저녁 무렵에 비답이 내려왔다. "보우는 비록 한 명의승려이나 이 또한 사람의 목숨이다. 이미 그 형벌을 정하여 멀리 제주로 떠나보냈으니 다시 그 일을 돌아볼 것은 없다. 문밖으로 나가도록 하여라." 3사가 윤원형을 죄주라 하였으나 윤허하지 않았다.

— 11일, 맑음. 경부와 경선이 새벽같이 먼저 나아가고 식사 후에 동부에서 모였다. 성주星州의 이인박李仁博 등 60인, 대구의 김경창 등 15인이 같이 상소를 올렸다. 상소에는 '이러저러하다' 하였다. 상소의 글

급속히 출세하게 되었는데, 이조정랑·장령·교리 등을 거쳐 1553년 대사간에 발탁되었다. 2년 뒤 부제학을 거쳐 대사헌이 되었으나 윤원형의 庶擘許通論을 공박하지못하여 많은 비난을 받았다. 1558년 冬至兼奏請使로 명나라에 다녀왔고 이어서 이조판서가 되었다. 1565년 예조판서로 있을 때 윤원형이 제거되자 파직당하고 향리에은거하였다. 성격이 경박하고 자부심이 강하여 일찍부터 대학자로 자처하는 등 공명심은 많았으나, 주색을 즐기지 않고 비교적 청렴·결백하였다고 하며 청백리로뽑히기도 하였다.(네이버 지식백과『한국민족문화대백과』, 한국학중앙연구원)

씨는 상사 정수靜叟 이인수李仁壽[123]가 썼다. 개령 사람이다. 상소를 지은 것은 상사 자수子修 이희李憙[124]이다. 예천 사람이다. 오후에 상소를 받들어 대열을 나누어 나아갔다. 소두는 두 줄의 행렬 중간에 섰다. 유사 4인은 소두를 뒤따르며 짝을 이루어 걸어갔다. 나머지 뒤따르는 사람은 각각 50여 인이었다. 경부는 상소를 짓고 쓴 사람과 같이 정원으로 들어갔다. 저녁 무렵에 비답을 받아 대궐을 나왔다. 비답은 이러하였다. "이미 그 형벌을 정하였는데 날마다 더 무겁게 하라 청하니 지루하기만 하고 적절하지 않은 일이다. 하물며 수상을 흔들어서 상소 안에 같이 논함에 있어서랴. 결단코 상소의 뜻을 따르지 않으리라." 거듭 문밖에서 상소 일을 의논하여 정했고, 날이 저물어서야 돌아왔다. 3사 또한 윤허를 받지 못하였다.

— 12일, 맑음. 경부와 경선이 새벽같이 먼저 가고, 식사 후에 다 같이 동부에서 만났다. 선산善山과 삼가三嘉에서 와서 같이 상소하였다. 상소 글은 전계하全季賀[125]가 써냈고, 글씨는 중용仲容 이홍량李弘量[126]이

---

123) 李仁壽: 明宗 10년(1555) 乙卯 式年試 생원 三等 55위(85/100). 字 靜叟, 생년 丙申 1536년(중종 31). 본관 全義, 거주지 開寧. 父 李希屈, 前參奉. 弟 李義壽, 李智壽.(한국역대인물종합정보시스템, 20191004 검색)

124) 李憙: 1532(중종 27)~1592(선조 25). 본관 延安(지금의 황해도 연백). 자는 子脩, 호는 栗里. 참의 李仁文의 증손으로, 할아버지는 李玎이고, 아버지는 李歲壽이며, 어머니는 張仲雨의 딸이다. 어려서부터 학문에 뛰어난 재질을 보이더니 李滉에게 수학하여 크게 이름을 떨쳤다. 1561년(명종 16)에 사마시에 합격하여 진사가 되고, 1574년(선조 7)에 별시문과에 병과로 급제하였다. 그 뒤 성균관·이조·호조·병조에서 여러 관직을 역임하고 지방의 현령을 거쳐, 임진왜란이 일어난 1592년에 군수로 있었다. 난이 일어나자 관군과 의병을 지휘하여 왜적과 싸우다가 전사하였다.(『한국민족문화대백과』, 한국학중앙연구원)

125) 全慶昌: 1532(중종 27)~1585(선조 18). 본관은 慶山. 자는 季賀, 호는 溪東. 판서 全伯英의 후손으로, 아버지는 全珣이다. 1555년(명종 10) 사마시에 합격하여 진사가 되고, 1573년(선조 6) 식년문과에 병과로 급제하고 관직은 검열·정언에 이르렀다. 성

썼다. 성산星山 사람이다. 상소에는 '이러저러하다'고 하였다. 글씨를
다 쓰고 움직이려 할 때 광풍이 불고 우박이 쏟아졌다. 미시未時 초에
날이 개어 마침내 상소를 받들어 문을 나섰다. 경부와 상소를 짓고
쓴 사람들이 같이 정원으로 들어갔다. 상소를 올린 후 내한內翰 안용
安容127)과 예문관에서 차를 마시며 담론하였다. 잠시 후 정원의 서리
가 소두를 불렀으므로 바로 들어가 비답을 받았다. 비답은 이러하였
다. "보우의 형벌을 보탤 수 없다는 것은 이미 누누이 이야기하였는
데도 이와 같이 상소를 올려 괴롭히니 나의 마음이 편치 못하다. 나
는 불민한 군주이니 어찌 간언을 내칠 수 있겠는가? 다스리는 사람
은 마땅히 그 중도를 얻어야 하는데 어찌 승려라 하여 죽일 수 있는
일이겠는가? 다시 거론할 수 있는 일이 아니로다." 참군參軍 김일준金
逸駿이 상소 종이 10폭을 보냈다. 같은 지역 사람이다. 3사의 주청은

리학의 태두인 李滉의 학통을 이어받았으며, 한때 가야산에서 학문 연마에 전념하기
도 하였다. 宗系辨誣의 중대함을 강조하며, 일반 사신이 겸하여 추진하던 것을 전담
사신을 파견할 것을 상소하여 실시하게 하였다. 대구의 研經書院에 제향되었다. 저
서로 『계동집』이 있다.(네이버 지식백과『한국민족문화대백과』, 한국학중앙연구원)

126) 李弘量: 宣祖 1년(1568) 戊辰 增廣試 진사 三等 16위(46/100). 1531(중종 26)~1592(선
조 25). 본관은 光山. 자는 仲容, 호는 六一軒. 부친은 李樹이고 형은 李弘器이며 동생
은 李弘宇이다. 1568년(선조 1) 戊 增廣試에 進士 3등 16위로 합격하였다. 吳健, 崔永慶
등과 사귀었으며 鄭逑와 連婚 관계였다. 遺逸로 천거되어 恭陵參奉에 제수되었으나
나가지 않았다. 星州 鄕祠에 제향되었다. 이들 삼형제의 효행과 덕행을 추모하기 위
해서 1668년(현종 9) 경상북도 고령군 성산면에 三處土遺墟碑를 세웠다.(한국역대인
물 종합정보시스템, 한국학중앙연구원)

127) 安容: 1522~?. 본관은 廣州이고, 자는 土默이다. 현감을 지낸 安承命의 아들로 태어
났다. 1552년(명종 7) 생원시에 합격하고, 1558년 식년문과에서 병과로 급제하였다.
1566년(명종 21) 예문관대교에 임명되고, 1569년(선조 2) 지평을 거쳐 1571년 영광
군수로 부임하여 강직한 관리로 이름을 떨쳤다. 1575년 장령을 거쳐 1578년 사간을
지낸 후 1581년(선조 14) 황해도관찰사를 역임하였다. 1613년(광해군 5) 金悌男이
인목왕후 소생인 永昌大君을 추대하려 한 사건에 연관되어 문초당하였다.(네이버 지
식백과『두산백과』)

역시 윤허받지 못하였다.

— 13일, 맑음. 경부는 새벽같이 먼저 나아가고, 경선은 병 때문에 같이 하지 못하였다. 식사 후에 모두 동부에 모였다. 고성固城 · 경산慶山 · 고령高靈 · 영산靈山 · 현풍玄風 · 합천陜川에서 와서 같이 소를 올렸다. 상소는 자미의 손에서 나왔고, 이경사李敬思의 글씨였다. 상소는 '이러저러하다'고 적었다. 오후에 상소를 받들어 문을 나갔다. 경부와 자미, 경사가 같이 정원으로 들어갔다. 상소를 올린 후 주서청에 앉아 차를 마시며 담론하다보니 저녁이 다 지나갔다. 저녁에 비답이 내렸다. 비답은 이러하였다. "군왕은 마땅히 호생好生하는 것을 위주로 하여 금수라도 망령되이 죽어서는 안 된다. 승려가 비록 일반사람이 아니라고 하더라도 어찌 감히 일단 그 벌을 정하였는데 또 붙잡아다 죽여 버릴 수 있다는 말인가? 사람의 목숨을 끊으라고 청하고, 대신의 일을 가볍게 입에 올리니, 나라의 인정을人政 무너뜨리는 것이 우려된다. 수상首相이 어찌 불교를 숭상하고 보우를 보호할 까닭이 있겠는가? 또 세자(二君)로 수상을 막아야 한다고 말하는데, 내 마음은 놀랍기만 하다. 이렇게 도리에 맞지 않는 말을 늘어놓으려고 귀찮기 만한 상소를 올리지는 말도록 하라. 보우의 일은 더 할 수 있는 것이 없다." 3사 역시 윤허를 받지 못하였다.

— 14일, 맑음. 경부와 경선은 새벽같이 먼저 나아가고 식사 후에 다 같이 동부에 모였다. 금산金山의 여상사呂上舍 · 응구應龜 · 문서文瑞 세 사람이 와서 합소하였다. 상소문은 백량이 지었고, 군회가 글씨를 썼다. 상소는 '이러저러하다'고 적었다. 오후에 문 앞으로 나아가고, 경

부·백량·군회가 같이 정원에 들어가 상소를 올린 후 수문청守門廳으로 돌아와 점심을 먹었다. 잠시 후에 비답이 내려졌다. "내 뜻은 이미 다 말하였다. 달리 할 일은 없으니 번거로이 논란하지 말라. 그러므로 윤허하지 않는다." 3사 역시 윤허를 받지 못하였다. 재상을 다시 임명하였으니, 상국相國 이준경李浚慶, 상국 윤개尹漑[128], 4재四宰[129] 홍섬洪暹[130], 판서 권철權轍[131], 상相 이응명李膺命이었다.

---

128) 尹漑: 1494(성종 25)~1566(명종 21). 본관은 坡平. 자는 汝沃, 호는 晦齋·西坡. 좌참찬 尹炯의 종증손으로, 할아버지는 통정대부 尹龜夢이다. 아버지는 현감 尹李孫이며, 어머니는 尹伯涓의 딸이다. 1516년(중종 11) 식년 문과에 병과로 급제해 홍문관저작에 발탁되었으나, 대간들이 연소하다는 이유로 署經에 응소하지 않자 국왕의 적극적인 비호로 등용되었다. 이어서 승정원주서·사간원정언을 거쳐, 1519년 이조좌랑으로서 인사에 관여, 사림을 힘써 등용하였다. 그러나 이 해에 기묘사화가 일어나 趙光祖·金安國 등이 몰려나자 이에 관련되어 외직으로 좌천되었다. 그러나 漢語에 능통해 다시 내직으로 옮겨 세자시강원의 문학·필선, 승문원부제조 등 한직을 역임하며 명나라와의 외교활동에 이바지하였다. 즉, 聖節使·謝恩使의 書狀官으로서 명나라에 내왕하면서 명나라의 夏麟을 비롯한 내각 관원과 친교를 맺어 국위를 선양하였다. 1534년에는 명나라로부터 滙靑·白鐵·泥豆錫의 제조법을 배워왔고, 명나라의 朝服을 얻어와 의복 제도를 개정하게 하였다. 1538년 기묘사화로 화를 입은 사람들이 서용되자, 충청도관찰사·전라도관찰사를 역임하였다. 그 뒤 동지돈녕부사를 거쳐, 1543년 형조참판이 되어 『大典後續錄』 편찬에 관여하였다. 이듬해 한성부좌윤을 지내고, 인종이 즉위하자 예조판서에 올랐다. 명종의 즉위로 文定王后가 수렴청정하면서 尹元衡 등이 을사사화를 일으켜 大尹 일파를 제거하자, 여기에 가담해 推誠衛社弘濟保翼功臣 2등에 책록되고 鈴平君에 봉해졌다. 예조판서로서 오래 근무하면서 의식과 법도를 대략 정돈했고, 1546년(명종 1)에는 외방 학교의 節目을 마련해 교육 제도를 바로잡았다. 이듬해에는 윤원형의 편을 들어 尹元老를 외방으로 귀양 보냈다. 1550년 호조판서·이조판서를 거쳐 이듬해 우의정이 되었다. 8년 동안 우의정을 역임하고 1558년 좌의정에 올랐으나, 윤개가 천거한 간관 金啓가 광패한 언행으로 국왕에게 미움을 받자, 이를 옹호하다가 지탄을 받았다. 그리하여 巧言으로 국정을 다스린다는 대간의 탄핵을 받고 면직되어 司譯院提調가 되었다. 이는 당시 간흉들의 참소에 의한 것으로 겸임하던 領經筵事의 지위에서도 물러났다. 곧이어 윤원형이 좌의정을 거쳐 영의정에 오르자, 1563년 耆老所에 들어가고 几杖을 받았다.(네이버 지식백과『한국민족문화대백과, 한국학중앙연구원)

129) 四宰: 의정부의 '우참찬'을 달리 이르던 말. 三宰에 다음가는 지위라는 뜻이다.(『국어사전』)

130) 洪暹: 1504~1585. 본관 南陽. 자 退之. 호 忍齋. 시호 景憲. 趙光祖 문하에서 수학,

― 15일, 맑음. 아침 식사 후 모두 동부에 모였다. 풍기豐基·거창居昌·함안咸安·칠원漆原·안음安陰·의령宜寧에서 막 온 사람들과 합소하였다. 상소의 글과 글씨는 다 정수靜叟132)가 담당하였다. 상소에는 '이러저

1528년(중종 23) 생원이 되고, 1531년 식년문과에 병과로 급제, 正言을 지냈다. 1535년 이조좌랑으로 金安老의 전횡을 탄핵하다가 그 일당인 許沆의 무고로 興陽에 유배, 1537년 김안로가 賜死된 뒤 풀려나왔는데, 이때의 심경을 「寃憤歌」에 담아 읊었다. 그 후 수찬·경기도관찰사 등을 역임, 1552년(명종 7) 청백리에 뽑히고, 1558년 좌찬성 겸 이조판서, 이듬해 대제학을 겸임하게 되자 三大任이 과중하다 하여 좌찬성을 사임하였다. 1560년 李樑의 횡포를 탄핵하다가 사임, 1563년 義禁府判事로 복직되어 兩館 대제학을 지내고, 1567년 예조판서가 되었다가 이 해 선조가 즉위하자 院相으로 정무를 맡아 처리하였고 우의정에 올랐다. 1571년 좌의정이 되어 1573년 几仗을 하사받고 영의정을 세 번에 걸쳐 중임하였다. 1579년 지병으로 관직을 사임하였다가, 中樞府領事가 되었다. 남양의 安谷祠에 제향되었다. 經書에 밝은 문장가로, 문집에 『인재집』, 『忍齋雜錄』이 있다. 1553년 화재로 소실된 경복궁의 중건 과정을 기록한 「景福宮重新記」를 남겼다.(네이버 지식백과 『두산백과』, 20191007 검색)

131) 權轍: 1503(연산군 9)~1578(선조 11). 본관은 安東. 자는 景由, 호는 雙翠軒. 權摩의 증손으로, 할아버지는 군수 權僑이고, 아버지는 강화부사 權勳이며, 어머니는 順興安氏로 安擢의 딸이다. 權慄의 아버지이다. 1528년(중종 23)에 진사가 되고, 1534년 식년 문과에 을과로 급제, 성균관을 거쳐 예문관검열이 되어 당시 영의정 金安老의 잘못을 直筆하였다가 미움을 사 좌천되었다. 그 뒤 김안로가 사사되자 복직되어 著作·博士兼侍講院說書를 거쳐 1539년 修撰으로 승진하였다. 1547년(명종 2)까지 병조좌랑·이조좌랑·이조정랑·병조정랑·형조정랑·직강·교리·지평·헌납 등을 역임하였다. 1550년에 승문원판교를 거쳐 승정원동부승지에 승진하였으며, 3년 뒤에는 도승지가 되었고, 1556년 형조판서가 되었다. 이때 호남의 新中에 왜구가 침범하자 관찰사 겸 도순찰사가 되어 변경을 평정하였다. 1558년 명나라의 冊世子使臣이 올때 원접사가 되었으며, 이어 우찬성을 역임하고, 1565년에는 병조판서 尹元衡이 죄를 얻어 물러나자 우의정이 되었다. 1567년(선조 즉위년)에는 좌의정, 1571년에는 영의정에 올랐다. 작은 관직에 있을 때부터 몸가짐이 신중하여 일찍부터 재상의 衆望이 있었다고 하며, 비록 출중한 재기는 없었으나 청신하게 법을 지켜 감히 허물하지 못하였으며, 많은 사람들이 福相이라고 칭송하였다. 시호는 康定이다.(네이버 지식백과 『한국민족문화대백과』, 한국학중앙연구원)

132) 柳仁淑: 1485~1545. 본관 진주. 자 原明. 호 靜叟. 시호 文貞. 1510년(중종 5) 문과에 급제, 이조좌랑·직제학·동부승지·대사헌 등을 역임하고, 1519년 왕의 총애를 받던 趙光祖를 미워하는 무리들이 일으킨 기묘사화에 도승지로서 연좌 투옥되었다가 鄭光弼의 변호로 석방되고, 이듬해에도 무고를 받았으나 다행히 위기를 모면하였다. 1521년 또다시 신사무옥에 연루되어 사태를 관망한 기회주의자로 몰려 관직을 삭탈당하고 17년간 두문불출하였다. 1537년(중종 32) 복직되어 한성부좌윤, 대사헌, 대

러하다'고 적었다. 미시 초에 문 앞으로 나아갔다. 경부와 정수가 상소를 받들고 정원으로 들어갔다. 저녁 무렵에 비답이 내려왔다. "이미 정해진 일을 두고 매일같이 귀찮게 상소를 올릴 수 있는 것인가? 보우가 비록 한 명의 승려에 불과하지만 어떻게 계속하여 벌을 더할 수 있는 일인가? 윤허하지 않는다." 3사의 윤원형을 물리치는 것도 윤허를 받지 못하였다. 양사는 죄목을 나열하여 바로 상소하였다. 지평持平 문중文仲 정엄鄭淹이 글을 지었다. 사인舍人 유홍俞泓이 6조낭청六曹郎廳을 이끌고 축출하여 달라는 상소를 올린 것 또한 윤허받지 못하였다. 이날은 민속의 이른바 가배절嘉俳節(추석)이었다. 달 아래에서 술잔을 돌리는데 가을바람이 내려친 발 사이로 가득 들어왔다. 처량한 마음에 부모 생각이 나고, 멀리 떠나와 임금을 사랑하는 행위를 하는 것이 무익하다는 감정도 일었다. 마침내 하인을 불러 모두 다 뜰에 무릎을 꿇게 하고 각각 두 잔 술로 위로하였다. 밤중에 모두 헤어졌다.

— 16일, 맑음. 이른 식사를 마친 후 모두 동부에 모였다. 김해金海·창원昌原·경주慶州·산음山陰·문경聞慶에서 막 와서 합소하였다. 소문은 이자수李子修가 지었고, 글씨는 응문應文 나덕장羅德章이 썼다. 성주 사람이다. 오후가 끝나가려 할 때 문 앞으로 나아갔고, 경부와 소문을

사간, 각 曹의 판서를 거쳐 1545년(명종 즉위) 우찬성 겸판의금부사로서 尹元衡·李芑 등이 일으킨 을사사화에 휩쓸려 영상 柳灌·尹任과 함께 賜死되었다. 이듬해에는 경기 감사 金明胤의 밀고로 사사된 3인이 생전에 桂林君 瑠·鳳城君 岏을 추대할 모의를 하였다는 역모죄까지 씌워 부관참시 효수되고, 가산의 몰수는 물론 3인의 자제는 모두 사형되었다. 1570년(선조 3) 역모죄명이 신설되고 관작도 복구되었다. (네이버 지식백과『두산백과』)

짓고 쓴 사람이 같이 정원으로 들어가 상소를 올렸다. 상소에는 '이러저러하다'고 적었다. 상소를 들여보낸 후 주서注書는 경부·자미와 좌랑佐郞 길재吉哉 황윤길黃允吉을 만났다. 황좌랑은 조정의 예에 따라 경치 좋은 곳에서 음료를 마시고 있었다. 저녁에 비답이 내려왔다. "여러 유생들은 여러 날 서울에 머물고 있으면서 상소를 올려 미치지 않는 곳이 없을 정도가 되었다. 그러나 이미 고도孤島에 내쫓았는데 어찌 또 벌을 덧붙일 수 있을 것인가? 군왕이 복수에 자신을 내맡겨 인명을 살상하는 것을 좋아한다면 아름다운 일이 아닐 것이다. 승려는 비록 임금의 백성과는 무관한 존재라 하더라도 죽여 버리는 문제라 한다면 할 수 있는 일이 아니다. 돌아가 생각하여 보아야 마땅할 것이니 윤허하지 않는다." 3사가 윤원형을 내쫓으라 주청하고, 정원이 다시 말씀을 올리고, 조랑曹郞133)이 상소하였으나, 모두 윤허하지 않았다. 공서公瑞134)가 달빛을 밟으며 내방하였다. 길재(황윤길)는 상소 종이 8폭과 황모黃毛 붓 3자루를 보냈다. 본소本所 사령 이건령李建領은 곡식 40말을 가지고 향리로부터 왔다.

— 17일, 맑음. 백량伯樑이 습독習讀 우조禹涤를 이끌고 이른 아침에 들어왔다. 식사 후에 모두 같이 동부로 나아갔다. 문경聞慶·울산蔚山·언양彦陽·창녕昌寧·단성丹城에서 막 와서 합소하였다. 상소문은 여문서

---

133) 曹郞: 조선시대에 六曹의 정랑과 좌랑을 통틀어 이르던 말.(『국어사전』)
134) 公瑞는 최세진이 아닌가 생각된다. 崔世珍: 1468(세조 14)~1542(중종 37). 조선시대 中國聲韻學者. 본관은 槐山. 자는 公瑞. 司譯院正 崔潑의 아들이다. 출생지는 서울인 듯하다. 漢語·吏文·중국어에 능통하였다. 1502년(연산군 8) 8월에 封世子別試에 2등으로 급제, 그 뒤 禮賓寺副正·質正官·軍資監正·折衝將軍忠武衛副護軍·僉知中樞府事·五衛將·上將軍·承文院提調·折衝將軍義興衛副護軍 등을 거쳐 동지중추부사에 이르렀다.(네이버 지식백과『한국민족문화대백과』, 한국학중앙연구원, 20191010 검색)

呂文瑞가 지었고, 글씨는 이옹頤翁 성팽년成彭年135)이 썼다. 안음 사람이다. 상소는 '이러저러하다'고 적었다. 오후에 상소를 받들어 문 앞으로 나갔다. 경부와 상소문을 짓고 쓴 사람들이 같이 정원으로 들어가 올렸다. 저녁 무렵에 비답이 내려왔다. "여러 유생들이 비록 적을 토멸하기 위해 스스로 상경하였지만, 이미 고도에 유배하는 벌이 정해졌다. 다시 죽여 버리라 논란하는 것은 결단코 할 수 있는 일이 아니다. 어찌 감히 귀찮은 상소를 하여 일을 어지럽게 만든단 말인가? 말한 것은 목적을 이루었으니 더 이상 번거롭게 논란하지 말라." 3사와 정부 6조의 낭청들이 윤원형을 내치라 한 것은 윤허받지 못하였다.

— (24일까지 매일같이 같은 일이 반복된다.)

— 25일, 맑음. 태소와 자미, 그리고 시백이 밤을 보내고 돌아왔다. 아침 식사 후에 동부에 모여 상소문을 거두니, 문서와 경부가 지어 왔다. 논의 끝에 문서의 상소문을 쓰기로 하였다. 군회로 하여금 상소 글씨를 쓰게 하였다. 상소에는 '이러저러하다'고 적었다. 오후에 홍화문 앞으로 나아갔다. 호서湖西에서 이미 글을 상주하여 놓고 대오를

---

135) 成彭年: 1540(중종 35)~1594(선조 27). 본관은 昌寧. 자는 頤翁, 호는 石谷. 安陰(지금의 경상남도 함양) 출신. 아버지는 校尉 成漢良이다. 1564년(명종 19) 사마시에 합격하여 성균관유생으로 있었다. 그러던 중 1569년(선조 2) 아버지가 죽자 학업을 그만두고 오직 어머니에게 효성을 다하였다. 효행으로 천거받아 童蒙教官에 임명되었으나 취임하지 않았다. 1592년 임진왜란이 일어나자 金沔이 고령·거창·현풍 등 경상도 지역에서 의병을 일으켰다. 이때 鄭惟明 등과 함께 안음에서 起兵有司로 倡義文을 발통하는 등 김면의 참모가 되어 의병활동을 하였다. 시문과 글씨에 뛰어났고, 醫藥·卜筮·山經·地誌 등 유학 이외의 분야도 두루 섭렵하였다. 지평에 추증되고, 安義의 龜淵祠에 제향되었다. 저서로는 문집인 『石谷集』이 있다. (네이버 지식백과 『한국민족문화대백과』, 한국학중앙연구원, 20191010 검색)

가지런히 하여 기다리고 있었다. 반궁의 유생들 역시 상소를 받들어 북쪽 방향으로부터 내려왔다. 눈 안 가득히 유관儒冠이라 자신도 모르는 사이에 눈물이 흘러내렸다. 경부·군회·자미가 상소를 받들고 정원으로 들어갔다. 반궁의 소두 언용彦容 성자심成子深136), 호서 소두 인중仁中 박춘원朴春元 등이 양사兩司에 앉아 있었다. 임시거처(依幕)에서 속마음을 이야기하며 조용히 머물렀다. 승선承宣 황서黃瑞137)가 언용彦容과 이야기를 하다 불현듯 눈물을 흘리며 "지금 영남 선비들이 올리는 상소를 보면 언사는 격렬하고 서글픈 마음을 담고 있는 것이라서 읽고 있노라면 감정에 복받쳐 올라 눈물을 흘리지 않을 수 없습니다"라고 하다가 스스로 말을 잇지 못하였다. 원리院吏가 주서注書의 뜻이라며 경부와 자미를 불렀다. 뒤를 따라 본청으로 들어가니 주서 유대원柳大源이 잔을 들어 이별의 말을 하였다. "천 리 먼 길을

---

136) 成子深: 1565년(명종 20) 4월 文定王后가 죽자 成均館生員으로서 문정왕후의 총애를 받으며 禪敎兩宗과 승과제도를 부활시켰던 普雨를 배척하는 상소를 올렸다. 成子深은 보우의 유배형이 가볍다고 여겨 사형 시킬 것을 상소하였으나 명종이 이를 허락하지 않았다.

137) 黃瑞: 본관 平海(지금의 경상북도 울진). 생몰년 미상. 자는 廷玉. 黃自中의 증손으로, 할아버지는 黃詮이고, 아버지는 黃世通이며, 어머니는 尹따의 딸이다. 1552년(명종 7) 司果로서 식년문과에 장원급제하였고, 같은 해 봉상시주부로서 殿經에 참여하여 뛰어난 학문적 능력을 인정받았다. 1555년(명종 10) 사헌부지평으로서 四部學堂을 비롯한 관학교육의 침체상을 지적하고 시정을 촉구하였다. 조정랑을 거쳐 다시 지평이 되었으나, 장악원정 沈銓이 사사로이 노비를 얻으려는 일이 발생하였을 때 "捕告節目(徒民으로서 도망가는 자에 대한 처벌법)을 엄격하게 이행치 못하였다"라는 탄핵을 받아 파직되었다. 1556년 사간원헌납으로 복직되었으며, 병조정랑, 지평, 홍문관교리·부응교 등을 두루 역임하였다. 1559년 양남지방에 큰 흉년이 들자 경상도 지역의 어사로 파견되어 수령들의 진휼 활동 여부를 파악하여 중앙에 보고하는 한편 직접 백성들을 구휼하는 데 진력하였다. 문관응교, 의정부검상·사인, 홍문관전한 등을 거쳐 1564년 직제학이 되었다가 승정원동부승지·예조참의, 우부승지·좌부승지, 병조참지 등을 거치고, 1566년(명종 21) 淸洪道觀察使를 역임하였다.(네이버 지식백과『한국민족문화대백과』, 한국학중앙연구원)

식량을 싸 들고 와 스무날(兩旬)이나 복합상소를 하는 것이 고되고 어려운 일이라는 것은 말로 설명할 수 없는 일일 것입니다. 의기로 떨쳐 일어나 찾아왔으나 소망을 다 이루지 못하고 돌아가는 마음은 처참하기만 하겠지요." 가주假注[138] 구시중其時仲 역시 경부와 이별하는 것을 아쉬워하며 말하였다. "정원의 일원으로 조석으로 얼굴을 마주하다가 오늘 서로 나누어지게 되니 남북으로 떨어져 그리워하게 되겠군요. 오늘의 일에 대해 말하여 보면 마음이 아프기만 합니다. 운명일까요? 추세일까요? 애통하고 한스러워 어찌할 줄을 모르겠습니다. 모름지기 돌아가시는 길 내내 아름다운 꽃길과 소나무 숲 사이만을 통과하셔서 조용히 머물러 사시는 곳에 이르러서 한평생이 다 하도록 그윽하게 살아가시기 바랍니다. 나는 언제나 장원壯元[139]과 함께할 것입니다." 저녁 무렵에 비답에 내려왔다. "상소에 담긴 뜻은 비록 절절한 것이지만 이미 벌을 정하였으니 다시 바꾸기 어려운 일이다. 달리 할 일이 없을 것이다." 문밖으로 나서서 먼저 호서 사림들과 읍揖을 하여 이별하고, 다음으로 동도同道 사림과 악수握手하며 흩어질 것을 알렸는데, 눈물을 뿌리지 않는 이가 없었다. 태소와 백량 역시 돌아갈 것을 알렸다. 그것으로 해산하였다. 경부는 동방同榜

---

138) 假注=假注書: 조선시대 승정원의 대리 임시관직. 정7품 관직이었던 2인의 주서가 유고시에 임시로 차출, 임명되었다. 이들은 대부분 주서의 주 임무였던 승정원의 일기를 기록, 정리하는 일을 대신하였다. 연산군 때 假設注書 2인을 설치하였던 것을 중종반정 직후 폐지하였으나, 이때부터 필요에 따라 가관을 두는 것이 일반화되었다. 선조 때에는 승정원에 별도의 사변가주서 1인을 정식으로 신설하여, 비변사와 鞫獄에 관계된 사무를 전담하게 하였다. 주서는 춘추관기사관을 겸하였으나 가주서는 겸할 수 없었으므로, 그가 기록한 것은 주서에게 주어 관리하게 하였다.(네이버 지식백과『한국민족문화대백과』, 한국학중앙연구원)
139) 壯元: 科擧에서 甲科에 첫째로 及第함 또는 그 사람.(『한자사전』)

의 초대를 받아 문서文瑞의 집으로 가서 문숙재文叔裁·오자강吳子强·
도자정都子壽·정자정鄭子精 등의 사람들과 술을 마시고 시를 읊다가
한밤중이 되어서야 돌아왔다. 동향 사람 비원庇遠 이이李茸가 그 아우
문원聞遠 이훤李萱과 한 손에 게(蟹), 한 손에 술병을 들고 찾아와 그것
으로 전별의 자리를 갖고 밤이 깊어서야 돌아갔다. 이 날 영상은 통
정通政140) 이상의 관원들을 이끌고 명정전明政殿 뜰에 들어가 장계하
였다. 박승임朴承任은 승문원 판교判校로서 소두가 되어 육시칠감六
寺141)七監142)의 주부主簿 이상 관인을 모두 훈련원에 모이게 하고 명정
문明政門 밖의 우측 뜰에서 상소를 올렸다. 이경명李景明은 예문관 봉
교奉敎로서 소두가 되어 4관四館143) 모든 관원들을 이끌고 명정문 밖

---

140) 通政大夫: 정3품 상계부터 당상관이라 하였고, 하계 이하를 당하관이라고 하였다. 조
선이 건국된 직후인 1392년(태조 1) 7월 文散階가 제정될 때 정3품 상계는 통정대부,
하계는 통훈대부로 정하여져 『경국대전』에 그대로 수록되었다. 정3품 당상관에 해
당하는 관직으로는 都正·副尉·參議·參知·도승지·좌승지·우승지·좌부승지·
우부승지·동부승지·判決事·대사간·參贊官·부제학·규장각직제학·대사성·祭
酒·修撰官·輔德 등이 있다. 정3품 당상관에게는 1438년(세종 20)에 정비된 祿科에
의거하여 實職에 따라 1년에 네 차례에 걸쳐 中米(중질의 쌀) 11석, 糙米(매갈아서
만든 쌀) 32석, 田米(좁쌀) 2석, 黃豆(누런 콩) 15석, 小麥(참밀) 7석, 紬 4필, 正布 13필,
저화 8장을 지급하였다. 아울러 정3품 당상관에게는 65결의 직전이 지급되었다. 그
러나 1556년(명종 11) 직전법도 완전히 폐지되고, 이러한 정3품에 지급되던 녹봉은
『속대전』에서는 당상관에게는 매달 미 1석9두, 황두 1석5두를 지급하도록 규정하였
다.(네이버 지식백과『한국민족문화대백과』, 한국학중앙연구원)
141) 六寺: 조선시대 奉常寺·殿中寺·司僕寺·司農寺·內附寺·禮賓寺 등을 아울러 일컫는
말.(네이버 지식백과『한국고전용어사전』, 2001.3.30., 세종대왕기념사업회)
142) 七監: 조선시대 校書監·繕工監·司宰監·軍資監·軍器監·司手監·典醫監을 말함.(네
이버 지식백과『한국고전용어사전』, 2001.3.30., 세종대왕기념사업회)
143) 四館: 성균관·교서관·승문원·예문관을 말한다. 성균관은 최고 교육기관이었고,
교서관은 서적의 교정·인쇄·반포, 승문원은 외교문서의 작성, 예문관은 왕명의 제
찬과 史草의 기록을 담당하였다. 또한 이들 4관은 과거에 합격 또는 급제한 예비관
료들의 실무연수 및 견습기관이 되기도 하였다. 즉 문과급제자들은 갑과 3인을 제
외하면 모두 4관에 분관 배치하여 權知로서 일정 기간 근무한 뒤에 실직을 제수하도
록 하였다. 연소하고 총민한 자는 승문원에, 고금전고에 박식한 자는 교서관에, 노

좌측 뜰에서 상소하였다. 사인 유홍俞泓은 6조 낭관들을 이끌고 상소를 올렸다. 3사는 다섯 번째 상소, 정원은 두 번째 상소를 올렸다. 모두 다 윤원형을 멀리 내치기를 원하는 것이었으나 하나같이 윤허를 받지 못하였다. 호서 유생들 역시 윤허를 받지 못하였다.[144]

숙하고 덕망 있는 자는 성균관에 분관하는 것을 원칙으로 하였다. 그리고 예문관·홍문관의 분관은 권점이라는 특수 절차에 따라 소수 인원을 선발하였다. 4관의 권자는 매년 양도목에 2인씩(성균관은 3인씩) 실직으로 나아가게 하였다.(네이버 지식백과『한국민족문화대백과』, 한국학중앙연구원)

144) 안동대퇴계학연구소, 『退溪學資料叢書』 5(아세아문화사, 1994), 231~258쪽(『開巖先生文集』, 「西行日記」).

개암종택

개암종택 안내문

개암종택 내 현판(개암정)

개암종택
사당

1. 도산문현록

이양원李陽元은 자字가 백춘伯春이고 호가 노저鷺渚인데, 전주인全州人

이고 서울에 산다. 가정嘉靖 병술丙戌[2]년에 출생하였다. 어려서부터 영특

하고 행실이 바랐으므로 번거롭게 지도할 필요가 없었다. 문장은 아름

답고 성취가 빨라서 15~16세에 이미 문명이 높았다. 사마시에 합격하

여 등과하였다. 추천을 받아 한림翰林에 들어갔으며 호당湖堂에서 사가

독서 하였다. 일찍이 벼슬길에 들어가 태산북두 같은 중망을 받았다.

어려서는 소재素齋 이공李公을 좇아 배웠고, 또한 선생(퇴계 이황)의 문하에

들어 커다란 기대를 받았다. 정한강鄭寒岡과 도의로 서로 절차탁마하였

다. 계해년癸亥年(1563) 나라에서 변무辨誣 일로 사신을 보냈을 때 일원으

---

1) 鷺渚: 李陽元. 1526~1592. 본관 全州. 자 伯春. 호 鷺渚·南坡. 시호 文憲. 1556년(명종
   11) 알성문과에 병과로 급제, 검열·저작을 거쳐 1563년 종계변무사의 서장관으로
   명나라에 들어가 객사한 正使 金澍를 대신하여 명나라의 『太祖實錄』과 『大明會典』에
   태조 이성계의 아버지가 고려의 李仁任으로 잘못 기록된 것을 바로잡아, 공로가 加資
   되었다. 1590년 宗系辨正의 공로로 光國공신이 되고 漢山 부원군으로 봉해진 후, 이
   듬해 우의정이 되었다. 1592년(선조 25) 임진왜란으로 선조가 西幸하자 留都大將으로
   한강을 지키다가 불리하여 楊州로 후퇴, 蟹踰峙에서 부원수 申恪·南兵使·李渾의 군
   사와 합세하여 적과 싸워 승리한 공로로 영의정이 되었다. 후에 증강되는 적군을
   당하지 못하여 鐵嶺으로 후퇴하였을 때 왕이 遼東으로 건너가 內附하였다는 풍설이
   전해지자 통탄하여 8일간 단식 끝에 피를 토하며 憤死하였다.(네이버 지식백과『두
   산백과』)
2) 중종 22년, 1527년, 명나라 가정 6년.

로 뽑혀 서장관書狀官이 되어 명나라 서울로 들어갔다. 상사로 모시고 간 김주金澍가 병사하자 공이 정성을 다하여 도맡아 명나라 조정 관리들과 면대하였으므로, 명 황제가 조선의 청을 들어주게 되었다. 종계를 바꾸어 바로잡는다는 칙령을 받들고 돌아오니 임금이 크게 기뻐하여 상을 내렸다. 명종임금이 점점 병이 깊어졌으므로 수상인 동고東皐 이공과 함께 세자를 세운다(建儲)는 언지를 받들었고, 선조를 맞아 즉위시켰다. 급박스럽게 위태로운 상황에 빠져들어 가니 종사의 존망이 숨 한 번 쉴 정도의 찰나에 달려 있었다. 공은 도승지都承旨로서 매사를 주밀하고 신중하게 처리하여 잠시의 틈도 허용하지 않고 종사를 반석 위에 올려놓았다. 이공은 이런 공으로 더욱 무겁게 쓰였다. 일찍이 3도 안찰사로 내려갔을 때에는 매사를 물 흐르듯이 처결하니 시의에 맞지 않는 것이 없었다. 여러 번 양전兩銓[3]의 판서가 되었는데 누구도 감히 청탁을 넣을 생각을 못하였다. 신묘년辛卯年에 재상이 되었고, 광국光國으로 훈작을 받고 한산부원군漢山府院君에 봉하여졌다. 임진년壬辰年, 임금의 어가가 서쪽으로 옮겨가게 되니, 대신들이 공을 대장으로 명하여 수도를 지키고 있게 하라 아뢰었다. 이때 도원수 김명원金命元 공이었는데 군이 괴멸되어 공의 기량으로는 나라를 지킬 수 없었다. 또 임금이 은밀히 적과 거래하려 한다(內附)는 풍문을 듣고 탄식하며 8일을 아무것도 먹지 않다가 타계하였다. 향년 67세였다. 시호는 문헌文憲이다. 공은 성재惺齋 금공琴公과 서신으로 다음과 같이 말하였다. "도산에서 한번 뵈었는데 이미 적막한 지경이 되었군요. 자주 세 선생에게 귀의하려 하나 어찌

---

3) 兩銓: 조선시대에, 이조와 병조를 통틀어 이르던 말. 이조에서는 문관, 병조에서는 무관을 전형한 데서 유래한다.(『국어사전』)

따르고 머무르고 할 수 있을까요? 말과 생각이 이에 이르니 크나큰 설
움을 멈출 수가 없습니다."[4]

2. 종환연록

— 명종 11년 병진 7월 계유(17일) 임금이 문묘로 행차하여 작헌례酌獻禮
를 행하고, 이어서 명륜당明倫堂에 옮겨가 유생들에게 제술과製述科 시
험을 보였다. 도승지 정유길鄭惟吉이 앞으로 나와 말하였다. "전의 학
관 행차에서 인재를 취하셨을 때에는 역사의 '소피례小避例'를 따르셨
습니다. 지금은 어찌 과거를 치러야 할까요?" 전교하여 말씀하셨다.
"예에 따라 하라." 그리고 예방승지 어계선魚季瑄[5]을 물러가지 말라
하였다. 임금이 영의정 심연원沈連源[6], 좌의정 상진尙震[7], 우의정 윤개

---

4) 안동대퇴계학연구소, 『退溪學資料叢書』 5(아세아문화사, 1994), 382~383쪽(『鷺渚遺事』,
「陶山」「賢錄」).
5) 魚季瑄: 1502~1579. 자는 瑄之. 아버지는 魚叔平, 증조부는 양숙공 魚世恭이다. 1528
년(중종 23) 사마시에 합격하고 1540년(중종 35) 문과에 급제하여 전한을 지냈다.
그 후 성균관전적·병조좌랑·형조좌랑·사헌부지평·사간원헌납·예조정랑을 지
냈다. 병조·사헌부·홍문관 등의 관직을 거쳐, 군기시부정·홍문관응교에서 전
한·직제학으로 승진되었다. 병조참지, 공조참의 등을 거쳐 승정원도승지가 되었다.
1560년 형조참판이 되었을 때 牙善君에 봉해졌다. 오위도총관 등을 거쳐 벼슬이 의
정부좌참찬에 이르렀다.(네이버 지식백과『두산백과』)
6) 沈連源: 1491~1558. 관은 靑松, 자는 孟容, 호는 保庵이다. 영의정 沈澮의 증손으로
아버지는 사인 沈順門이며, 어머니는 감찰 申永錫의 딸이다. 金安國의 문인으로, 1516
년(중종 11) 생원을 거쳐 1522년(중종 17) 식년문과에 을과로 급제하였다. 승문원의
權知正字를 거쳐 예문관의 檢閱 待敎 奉敎 등을 지낸 뒤 감찰과 공조·예조·이조의
좌랑을 역임하였다. 1526년 문과중시에서 병과로 급제한 후에는 검상·사복시부정
을 거쳐 1533년(명종 즉위년) 의주목사로 부임하였다. 1537년 내직으로 들어와 동부
승지에 제수되었고, 이후 예조참판·병조참의·대사간·대사성·형조참판·한성부

尹漑, 영중추 윤원형尹元衡, 판중추 정사룡鄭士龍8), 예조판서 홍섬洪暹을
앞으로 나오게 하고 전교하였다. "지금 제술製述 시험을 치르는데 인
재를 뽑고자 함이요. 마땅히 성적을 헤아려 보아 뽑을 것이지만 움
직이는 모습도 보고 들을 것이요. 제술 시험에 합격한 사람은 바로

판윤·호조판서·예조판서·우찬성·우의정·좌의정 등 정부의 요직을 두루 거치
고 1551년(명종 6)에 영의정에 올랐다. 그가 사복시 부정으로 있을 때는 진휼경차관
으로 선발되어 백성들의 기근을 해소하는데 기여하였고, 예조참판으로 재직하고 있
을 때는 진향사進香使의 임무를 부여받아 외교관으로 명나라를 다녀왔다. 1542년(중
종 37) 그의 손녀가 후일 명종으로 왕위에 오르는 경원대군과 혼인하여 외척이 되었
고, 명종이 즉위한 해 을사사화가 발생하자 당시 호조판서겸지의금부사의 직을 맡
고 있었기 때문에 大尹 일파 추국에 참여하였고, 이로 인해 衛社功臣 3등에 녹훈되었
으며 1548년(명종 3) 靑川君에 봉해졌다. 을사사화 당시 많은 선비들이 죽음을 당한
것에는 진심으로 안타까워하며, 녹훈되었을 당시 이를 사양하는 상소를 올렸으나
받아들여지지 않았다. 그는 문장에 능하여 중종실록과 인종실록을 편찬하는 총책임
자의 역할을 수행하였고, 1558년(명종 13)에는 靑川府院君에 진봉되었다.(네이버 지
식백과『두산백과』)
7) 尚震: 1493~1564. 본관 木川, 자 起夫, 호 松峴·泛虛齋·嚮日堂, 시호 成安이다. 1519
년(중종 14) 別試文科에 급제, 史官이 되었으며, 1526년 예조좌랑 때 聖節使의 書狀官
으로 명나라에 다녀왔다. 1528년 弼善이 된 뒤 執義·應敎 등을 거쳐 1533년 대사간
에 올랐다. 1535년 同副承旨에 이어 漢城府判尹·병조판서 등을 지내고 右贊成·敦寧
府知事가 되었으며, 1544년 중종이 죽자 春秋館知事로『中宗實錄』편찬에 참여했다.
그 후 中樞府知事 등을 지내고 우의정·좌의정을 거쳐 1558년 영의정이 되었다. 1563
년(명종 18) 致仕를 청했으나 불허되고 中樞府領事로 전임된 뒤 耆老所에 들어갔으며
几杖을 하사받았다. 15년 동안 재상으로 왕을 보좌, 명상으로서 조야의 신망이 두터
웠다.(네이버 지식백과『두산백과』)
8) 鄭士龍: 1491~1570. 본관은 東萊. 자는 雲卿, 호는 湖陰. 아버지는 부사 鄭光輔이다.
영의정 鄭光弼의 조카이다. 1507년(중종 2)에 진사가 됐고, 1509년(중종 4)별시문과
에 병과 4위로 급제했다. 1514년(중종 9) 賜暇讀書하였고, 1516년(중종 11) 황해도도
사로서 문과중시에 장원하였으며 사간을 거쳐 1523년(중종 17) 부제학이 되었다.
1534년(중종 29) 冬至使로서 명나라에 다녀왔다. 1542년(중종 37) 예조판서로 승진이
되고, 1544년(중종 39) 공조판서로 다시 동지사가 되어 명나라에 다녀왔다. 1554년
(명종 9) 대제학이 됐으나 1558년(명종 13) 과거의 시험문제를 응시자 愼思獻에게
누설하여 파직됐다. 같은 해 判中樞府事로 복직되고 이어 공조판서가 됐다가, 1562년
(명종 17) 다시 판중추부사에 전임됐다. 이듬해에 사화를 일으켰던 李樑의 일당으로
지목돼 삭탈관직 당했다. 그는 일찍이 중국에 사신으로 가서 문명을 떨쳤을 뿐만
아니라 중국 사신을 접대하는 동안 중국인과 주고받은 시가 많았다. 중국에 다녀와
서『朝天錄』을 남겼다.(네이버 지식백과『한국민족문화대백과』, 한국학중앙연구원)

독경讀經도 시켜 보는 것이 어떠하오?" 심연원 등이 상주하였다. "지금은 날이 이미 늦었습니다. 강경을 시켜 볼 여유가 없습니다." 임금이 어찰을 도승지 정유길, 대사성 임열任悅에게 전하여 여러 유생들에게 고시하도록 하였다. 어찰의 내용은 이러하다. "나는 부족한 덕으로 백성과 신하의 주인 자리를 차지하고 있다. 비록 문왕文王의 사람을 만들어 주는 덕에는 미치지 못하지만 어찌 당종唐宗의 유학자를 위무하는 마음조차 없을 것인가? 지금 반궁泮宮에 왔으니 알성시謁聖試를 치러 유생들을 장려하고자 한다. 인재가 숲을 이루듯 나오기를 바라는 것이 나의 소망이다. 특별히 호초胡椒(후추) 열 말을 내려 나의 마음을 보이노라. 바라건대 이 마음을 알아주는 사람이 나와 근본에 힘쓰는 공부를 하고 충효를 마음에 가득 담는다면, 모두가 다 다른 날의 군자유君子儒가 될 것이니, 이것은 나의 소망인 것이다." 정유길은 유생을 불러 어찰을 읽어 보게 하였다. 우승지 박충원은 후추를 나눠 주었다. 이때, 날이 흐려지며 비가 내렸다. 대사헌 윤춘년 등이 계청하였다. "일 년 안에 다시 인재를 뽑는 것은 불가한 일입니다. 비 내리는 기세도 이와 같으니, 유생들에게 곧바로 회시會試를 보러 나아가게 하고 여기서는 인재를 뽑지 않는 것이 옳을 듯합니다." 임금이 말하였다. "그러나 5~6년 내에 회시를 치러 배움의 정도를 가지고 인재를 뽑는 일을 못하였다. 그러므로 지금 인재를 뽑으라 하는 것은 한때의 특별한 명령인 것이다. 어찌 과거 이야기를 하다가 비의 기세가 세차다고 하여서 폐기한다는 말인가?" 진사를 내린 것은 정윤회丁胤禧9) 등 6인이었다. 최언동崔彦洞·조응룡趙應龍·유훈柳塤·이양원李陽元·유사신柳思新 등이 급제하였다. 백관이 차례로 벌려서 있는데 큰비가 내리니, 근신과 백관 중 옷을 적시지 않은 이가 없었다. 시험을 치르는 절차는 창방唱榜10)이 이미 끝난 후였다. 임금이 정원에 전교하였다. "비 내리는 기세가 이같이 세차니 꽃을 내리고 홍패를 주어 치하하는 예는 하지 말도록 하라."

— 12년 정사 4월 28일 정사, 시강원 사서司書가 되었다. 5월 2일 신유, 병조좌랑이 되었다. 21일 경진, 부수찬이 되고, 수찬이 되었다. 10월 16일 을미, 예문관 검열이 되었다. ○ 이 해, 장자 사경犀慶이 출생하였다.

— 13년 무오 정월 6일 을묘, 홍문관 정자가 되었다.

— 14년 기미 3월 21일 경진, 박사가 되었다. 4월 9일 무술, 대제학 홍섬에게 전교하였다. "나는 어리석어 내밀하게 이어져 온 것조차 마음속에 쌓지 못하였으니 본디 지식을 갖추고 있다고 할 수 없다. 또 학문을 쌓는 일에 들인 노력도 부족하며, 시 짓는 것은 더욱 깨치지

---

9) 丁胤禧: 1531(중종 26)~1589(선조 22). 본관은 羅州. 자는 景錫, 호는 顧庵 또는 順庵. 丁壽崗의 증손으로, 할아버지는 丁玉亨이고, 아버지는 좌찬성 丁應斗이며, 어머니는 군수 宋忠世의 딸이다. 李滉의 문인이다. 1552년(명종 7) 생원·진사양시에 모두 수석으로 합격하고, 1556년 알성문과에 장원하여 홍문관전적이 되고, 이듬해 정언에 이어 병조좌랑·수찬·지평·부교리·이조정랑을 역임하고, 1560년에 賜暇讀書(문흥을 일으키기 위하여 유능한 젊은 관료들에게 휴가를 주어 독서에만 전념케 하던 제도)하였다. 다시 부교리·사인·필선·장령·집의를 거쳐, 1566년 문과중시에 다시 장원하여 문명을 떨쳤다. 이듬해 판결사를 거쳐, 수년간 수령으로 근무하였다. 1578년(선조 11) 남양부사로 재직시에 경기감사로부터 관아의 供役이 煩重하다는 이유로 파직이 청하여졌으나 왕의 배려로 면책에서 그쳤다. 그 뒤 장단부사를 거쳐 예조·호조의 참의를 지내고, 1588년 강원도관찰사로 나갔다가 이듬해 돌아와서 죽었다. 문장이 뛰어났고, 특히 四六文에 능하여 한때 홍문관과 예문관의 서책을 많이 찬술하였다. 저서로는 『고암집』이 있다.(네이버 지식백과『한국민족문화대백과』, 한국학중앙연구원)

10) 唱榜: 방목에 적힌 급제자의 이름을 부르는 것.

를 못하였다. 지난번 출제한 일에 대한 경들의 공론은 바른 것이었다. 군왕을 바르게 이끄는 도리를 어찌 즐거이 듣지 않을 일이겠는가. 그러나 제술은 문아文雅함만을 특별히 권장하려는 것이 아니고, 신하들이 충후忠厚한 문장을 지어 삿되고 바른 것과 신중하고 경박한 것을 살펴 알기를 바라는 마음도 있다. 내가 옥당의 제술을 높고 낮은 순서대로 분류해 놓은 것을 보니, 15인이 제술한 것 중 유승선의 것은 제일 좋은 힘찬 문장이나 해마다 힘이 떨어지니, 솔개의 무게가 옛사람을 누르고 있는 듯하여 기쁘지가 않다. 이양원은 포용하지 못할 것이 없으니 재능이 비교할 바가 없다. 박근원朴謹元은 중책을 맡기면 바르고 마땅하게 하면서 사람의 마음을 얻는 것에 힘쓸 사람이다. 이희검李希儉은 어려운 일을 신중히 하니 가장 먼저 후설지신喉舌之臣11)의 자리로 나아갈 것이다. 장사중張士重은 '치약명기부비인致若名器付非人'(그럴 만한 사람이 아닌데도 명망을 얻고 있다)12) 등의 구절을 통해 볼 때, 나의 생각으로는 글 제목에 가장 부합되는 것 같다. 그 나머지의 경우는 안타까운 일이지만 마음에 흡족하지 않다." 8월 25일 갑자, 수찬이 되었다.

— 15년 경신, 호당에서 사가독서 하였다. 한림이 되어 옥당에 들었다.

— 16년 신유 8월 23일 경진, 홍문관 교리가 되었다. 9월 1일 무자, 이조 정랑이 되었다. ○ 이 해에 둘째 아들 구경龜慶을 낳았다.

— 17년 임술, 의정부 검상, 사인이 되었다.

---

11) 왕명 출입을 맡은 승지의 직위.
12) 이 부분은 글자가 흐릿하여 알아볼 수 없는 것을 옮긴이가 추정한 것이다.

— 18년 계해 5월 20일 기묘, 김주金澍가 변무종계사辨誣宗系使가 되어 이양원을 서장관으로 삼았으므로 같이 연경으로 갔다. 6월 22일 무진, 헌부에서 주청하였다. "주청사奏請使 김주가 모리배인 역관 5인을 바꾸어 데리고 갔으니 불러들여 추고하고 바로잡으시기를 바랍니다." 임금이 답하였다. "아뢴 대로 하라." 9월 17일, 김주가 병으로 타계하였다. 이양원이 대신 종계宗系를 개정하여 주기를 주청하여 명 황제의 성지를 받들었다. 명나라에는 국조國祖(태조 이성계)의 부친 성과 휘諱가 기록되어 있다. 30일 역관 한순韓順과 홍정洪貞을 시켜 자문에 잘 응하여 일을 바로잡는 결과를 얻으라 하였다. 【종계수무록宗系受誣錄: 홍무 30년, 본국 사신 조온趙溫이 연경으로부터 상주하여 왔다. "가만히 살펴보건대 명나라 태조 유훈 중 조선 조항의 주석에 우리 태조의 성과 휘가 이인임李仁任의 아들로 이름이 바뀌어 있고, 왕씨 4왕四王을 살해하였다고 되어 있습니다. 이것은 모두 반적 윤이尹彛·이초李初 등이 연경으로 도망 와서 무함하여 상주해서 해를 끼치려고 만들어 낸 일입니다." 영락 원년 공정대왕恭靖大王(定宗)은 이빈李彬 등을 보내 무함을 받은 일을 낱낱이 상주하였는데, 태종문황제太宗文皇帝(명 태종)는 그것에 의거하여 바로잡으라는 성지를 내렸다. 정덕 13년 이계맹李繼孟은 연경으로부터 돌아와 이른바 무함을 당한 일은 지금까지 바로잡아지지 않았다고 말하였다. "공희대왕恭僖大王(중종)은 남곤南袞 등을 보내 변무를 상주하게 하였고, 무황제武皇帝는 '우리 태종께서 이미 바로잡는다는 성지를 내린 것이 있으니 지금 바로잡는 것이 마땅하다'고 하였으나 아직 고쳐지지 않았습니다." 가정 18년 권벌權橃에게 여러 황제의 밝은 성지를 준비해 다시 보내서 개정하여 주기를 주청하였는데, '후에 속찬할 때 상세히 기록하겠다'는 답이 돌아왔다. 가정 36년 임금은 조사수趙士秀를 보내 전에 청원한 것을 갖

추어 상주하도록 하였는데, "'본국의 항목 아래' 같은 것들이 '장계하기 전'의 원인이 되었던 상황을 갖추어 오라" 하였으므로, 금년 5월에 김주 등이 주청하였던 것이다. '국계명록國系明錄과 열성의 밝은 교지(列聖明旨), 황상이 바꾸라고 내린 조칙(皇上改正下詔) 같은 것'들을 책으로 만들고, 한림원에 내린 조칙 하나와 차례로 이 문제를 받들어 왔던 신하들의 이름을 덧붙여서 무욕을 맑게 씻어낸 간절함을 위로한다.】

전교에 이르기를 "이 종계의 문제를 주청하는 장계를 올려 밝은 성지로 조칙이 내리는 결과를 얻어 낸 일은 우리나라의 큰 경사이니 3공, 영부가, 영평부원군鈴平府院君(尹潔), 예조의 당상들에게 이 장계를 고시하고 의논하게 하라." 영상과 우상, 예조 당상들이 아뢰었다. "지금 이 나라의 종계를 밝게 바로잡은 일은 윗대 열성들의 성지이니 우리나라의 큰 경사입니다. 칙서가 당도하기를 기다려서 마땅히 묘당에 고하고 축하하여야 하고, 사은사를 보내 성은에 보답하는 것이 마땅할 것입니다." 11월 27일 임인, 예조에서 아뢰었다. "먼저 떠난 통사通事가 길에서 이양원의 장계를 잃어버렸으나 홍정이 베껴 쓴 칙서는 '칙서를 맞는 예법절목'이 분명히 있으니, 미리 의논하여 정해 놓는 것이 어떠합니까?" 전교를 내렸다. "금일 대신들은 동지를 맞았으므로 모두 대궐에 나와 의논하도록 하라." 영상과 우상이 아뢰었다. "전의 임자년에 한두韓斗가 회전會典을 가지고 왔을 때 다만 이인임李仁任의 후손이라는 계보만을 고시하고 환조桓祖의 성과 휘를 적지는 않았었는데, 지금 이것은 바로잡은 책장이라 국조國祖의 위에 환조의 성과 휘를 자세하게 기록하였으니, 분명 이와 같다면 다시 미진한 부분은 없을 것입니다. 칙서를 받은 후에 종묘에 고하는 의례를 폐할 수는 없는 일입니다." 12월 을사삭 10일 갑인, 이양원이 칙서를 받들고 돌아왔다. 임금이 백관에게 명하여 교외로 나가 칙서를 영접하게 하고 명정전明政殿에서 사면령을 내렸으며 축하례를 베풀었다. 정원에 전교하였다. "종계를 바로잡은 주청사 김주에게 예조판서를 증직하고 전 30결과 노비 5구를 내리며, 서장관 이양원에게 홍문관 응교 벼슬을 주고 전 20결과 노비 3구를 내린다. 행行 사용司勇 안자명安自命, 사역원 정 최세협崔世協, 한문학관漢文學官 임포林苞 등에게는 다 같이 전 10결을 내리는 것이 좋을 것이다." 이보다 앞서 서장관 이양원이 장계하였다. "명나라 황제는 조정을 직접 돌보지 않고 도사들을 많이 모아 날마다 기도를 드리며, 사자를 천하명산에 나누어 보내 신인神人과 기이한 방술을 찾으므로, 방술 서적을 끼고 예부에 나아가기를 바라는 자들이 많습니다. 신들 역시 계속 친견하여 시급한 태자 책봉일을 하려 하였으나 어떻게 친견할 수 있는지 알 수 없었습니다. 종계에 관한 일로 신들은 당시의 정문呈文을 보려고 간절히 상서에게 아뢰었으나 '개봉한 후 그 제목의 원본과 비교해 보겠다'고 답하면서 조금도 어려워하는 기색이 없었습니다. 그 후 그 자리에서 기다렸다가 한 통의 서신을 상달하고 절박한 심정을 전달하였습니다. 또 정문呈文을 올리기도 하였습니다. '종계를 바로잡는 일을 허락받은 것은 그 뜻을 칙서로 받은 것이기도 하니 그것으로 한 나라의 신민을 위무하여 주시기 바랍니다.' 답이 내려왔습니다. '너희 나라의 종계는 이미 바로잡는 것을 허락하였으니 주청하는 글을 갖추고 있으면 궁궐 내의 재계가 끝난 후(罷齋) 들어와 주청할 수 있게 하겠다. 칙서 역시 맨 위에 올려 주청하라.' 상서 이춘방李春方은 포용력이 있고 인자한 사람입니다. 본국의 일을 내각의 노신 서계徐階13)와 의론하여 처결하였는데, 진심으로 성공적 결과가 있기를 바랐습니다. 회전會典을 인출하는 일에 있어서는 그날 재료를 마련하고 일꾼을 구하는 것이 너무 지체될 것을 걱정하여 바로 부내에서 개간改刊하게 하고, 간행이 여러 날이 걸리지 않고 끝날 수 있게 하였습니다. 또한 친히 서성궁西成宮 좌당坐堂에서 칙서를 받들어 신에게 주며 '일에 경비를 지출하는 것을 바라지 않는다'고 말했습니다. 시역弑逆하였다고 하는 일은 영락 원년에 본국에서 주청한 것 속에는 전혀 거론하지 않았고, 다만 종계의 개정 일만을 주청하였기 때문에 그것을 바르게 바꾸라고 하였던 성지 역시 종계 문제에서 그치는 것이었습니다. 전에 한두가 회전을 베껴 온 것 속에는 시역의 일을 개정하는 것을 허락한다고 말한 것이 있는데 본국의 원래 주청문 속에서는 그 일을 전혀 거론하지 않았으니 중국의 조정에서 어찌 그것을 말할 것이겠습니까? 신이 여러 종계 기록을 살펴보니 영락 원년에 주청한 것은 다만 종계의 일 한 가지였습니다. 이제 예부에서 해당 연도마다 내린 성지를 세밀하게 살펴보니, 특별히 바로잡으라 하고 그리고 예부의 상주에서 말하고 있는 것이라는 제목을 달아놓은 내용은 바로 그 종계가 이인인李仁人(李仁任의 오자로 보인다.—옮긴이)에게서 나왔다는 것이었습니다. 또 헐뜯어 욕보인 부끄러운 일을 찾아 맑게 씻어 내는 것이 급한 일이라 말하기도 하는데, 칙서 속의 티 묻은 것을 씻어 내고 때를 벗겨 내서(滌瑕蕩垢) 해와 별처럼 밝게 한다고

---

13) 徐階: 1503~1583. 字는 子升, 號는 少湖, 또 다른 호는 存齋. 直隷松江府華亭縣(지금의 上海市 松江區) 사람. 明朝政治家. 실지로 內閣首輔·吏部尙書·建極殿大學士 역할을 하였음.

하는 구절은 시해의 일을 바로잡는 것을 가르친 것입니다. 사신 김주는 북경에 들어갔을 때부터 병에 걸렸는데, 9월 초에 조금 나아지는 듯하더니 다시 어지럽고 열이 나는 증세가 생겨 17일 밤에 타계하였습니다. 상서는 부음을 듣자 은전 10냥을 내어 주었고, 제독주사提督主事 호정胡定은 홍색 신발 11짝을 보내서 관을 사는 비용으로 쓰게 하였으며, 애도하고 안타깝게 여기는 마음을 대화 속에 여러 번 표현하였습니다. 신은 전후하여 예부에 들어갔을 때 안자명安自命을 통역으로 썼고, 최세협崔世協은 손님 접대를 맡았으며, 임포林苞는 문장을 짓는 일을 담당하였습니다. 칙서를 받들어 대릉하大陵河에 이르렀을 때 수달을 만나 아주 위험하였는데, 군관 이세호李世灝가 두르고 있던 활로 방호하였습니다. 이 네 사람에게는 공이 있습니다." 전교하였다. "이양원·안자명·최세협·임포는 한 등급을 승진시키고, 이양원은 특별히 호조참의 벼슬을 내린다." 헌부는 아뢰었다. "지금 이 종계를 바로잡은 일은 진실로 나라의 커다란 경사입니다. 그러나 주청한 일은 조정이 의론을 정하여 여러 사신에게 맡긴 일이니, 두루 힘써서 일을 이루어 낸 것이 다 사신으로부터 비롯된 일이라 하여 사신 김주에게 증직을 하고 공을 이룬 은전으로 상을 내린 것은 극진한 대우입니다. 서장관 이하의 여러 사람들은 다 직분을 수행한 것이니 훈작을 보태고 상을 내리는 일은 정도가 지나친 것이므로 명을 바로잡아 주시기 청합니다." 간원에서 또 아뢰었다. "상이 그 공보다 과하면 작위와 상훈을 다루는 근본이 적절함을 잃게 됩니다. 일을 지휘하고 처치하여 나간 것은 오로지 사신인 서장관입니다. 안자명 이하에게 주어진 상은 너무 과중한 것이니 바르게 하여 주시기

를 바랍니다." 임금이 답하였다. "이양원 등이 상국으로 사신의 임무
를 받들고 가서 진심으로 청원하여 이 크게 경사스러운 결과를 이루
어 냈으니 상이 내려진다고 해도 불가할 것이 없다." 양사에서 다시
아뢰었다. 임금은 윤허하지 않았다. 21일 을축, 이양원은 동부승지가
되었다. 28일 우부승지가 되었다.

— 19년 갑자 2월 27일 경신, 병조참지가 되었다. 5월 6일 정미, 우승지
가 되었다. 7월 신축 삭일, 예조참의가 되었다. 8월 경오 삭일, 간원
에서 아뢰었다. "상국에 골라 보낸 인마의 호송사신은 후의에서 나
온 것입니다. 그런데 지금 물건의 가격이 조금 나쁜 것 같으니 요동
에 알려 호송하기를 멈추도록 하여 나라의 체모에 거리낌이 없게 하
십시오. 또 요동 도사가 관장하는 일이 아니라면 탕점湯站과 연강대沿
江臺 두 성(兩堡)의 일일 것이니, 의주에서 두 성으로 글을 보내도록
하는 게 마땅한 것 같습니다." 답하였다. "예조, 승문원에서 의론하
라." 윤원형尹元衡·이명李蓂·정응두丁應斗·김개金鎧·채세영蔡世英·민
기閔箕·윤의중尹毅中·이지신李之信·이문형李文馨·홍섬洪暹·이양원李
陽元 등이 의론하여 아뢰었다. "강상江上의 미포 가격은 계산하여 보
지 않을 수 없습니다. 글을 내려보내 멈추라 하시는 것이 좋을 것입
니다." 11월 23일 임진, 좌승지가 되었다.

— 20년 을축 정월 4일 임인, 병조참의가 되었다. 2월 20일 신묘, 임금이
양화당養和堂 뒤 정원에 임어하여 홍섬洪暹·윤춘년尹春年·박충원朴忠
元·이홍남李洪男·윤의중尹毅中·이양원李陽元·홍천민洪天民·박응남朴
應男·강사필姜士弼·정윤희丁胤禧·최우崔顒·유전柳㙉·신응시辛應時·

기대승奇大升·이산해李山海에게 승지 박계현朴啓賢·유순선柳順善·황서黃瑞·홍인경洪仁慶·임여任呂와 더불어 입시하도록 명하였다. 임금은 어필로 7율, 5율을 써서 내렸는데 제목은 각각 둘이었다. 7언율시의 제목은 인주애충人主愛忠과 신영한식臣詠寒食이었고, 5언율시의 제목은 원단대춘휘遠端帶春輝(?)와 춘입조능언春入鳥能言이었다. 각각 지어서 올리는데, 합격한 사람에게는 상을 내린다고 하였다. 이어서 술을 내리라(宣醞) 명하여 각각 따르라 하였다. 임금 역시 술을 따라 주었는데, 해가 저물어서야 파하였다. 임금과 신하가 다 같이 아주 즐거웠던 날이다. 3월에 의정부 검상이 되었고, 4월 계묘 삭일에 부제학이 되었다. 10월 19일 임오에 병조참의가 되고, 11월 17일 경술에 대사간이 되었다. ○ 이 해에 셋째 아들 시경蓍慶이 태어났다.

— 21년 병인 정월 계사삭 24일 병진, 중궁전 승전색承傳色 조연종趙連宗, 내수사 별좌 박평朴評이 내명부의 교지를 받고 개성을 살피러 갔다 와서 아뢰었다. "성황당城隍堂·월정당月井堂·개성당開城堂·대국당大國堂의 사당祠堂이 모두 유생과 선비들에 의해 불타 버렸고, 덕적당德積堂은 내관內官의 난잡한 근거지라 하여 불 질러 버리려 하므로 내관이 유수에게 아뢰어 못하게 막았지만 유생들이 끝내 불태웠습니다." 전교가 내렸다. "이 단자單子를 보니 몹시 놀랍다. 개성부는 제릉齊陵14)과 목청전穆淸殿15)이 봉안되어 있는 곳인데, 내전에서 내관을 난

---

14) 齊陵: 경기도 개풍군 상도면 풍천리(현재 개성 판문군 지동)에 있는 조선시대의 능. 조선 태조의 正妃 神懿王后韓氏의 능이다. 신의왕후는 密直司副使贈領門下府事 安川府院君卿의 딸로 1391년(공양왕 3)에 죽었다. 태조 즉위 후 節妃의 시호와 1408년(태종 8) 承仁順聖의 徽號가 추상되었다. 능을 개풍으로 한 것은 조선 건국 이전에 별세하였기 때문이다.(네이버 지식백과『한국민족문화대백과』, 한국학중앙연구원)

잡한 근거지라는 곳으로 보내 보니 바로 옛날부터 영산靈山 기도처로 쓰여 왔는데 다 불타 없어지고 말았다 한다. 사령의 명령을 돌아보지 않고, 관의 금지를 듣지 않고, 결국 불 질러 버렸으니, 유생들이 아주 패악하기만 하다. 금랑禁郎을 보내 잡아들여 치죄하도록 하고, 유수와 도사, 교수는 불태우는 것을 막지 못하였으니 또한 추고推考하도록 하라." 정원에서 아뢰었다. "개성의 음란한 사당은 혹세무민하여 온 지 오래됩니다. 군왕부터 힘써 음란하고 미혹되는 것을 배격하고 널리 밝은 도리를 펼쳐내며, 그것을 어기는 것을 서로 다투어 막아 내게 한다면, 비록 미친바람이 일더라도 익히 알게 될 것입니다. 붙잡아다 왕의 옥사를 일으켜 다스리는 일은 아마 성명한 임금의 본심이 아닐 것이니 징치하지 마시기를 감히 아룁니다." 임금이 답하였다. "음란한 사당은 마땅히 관에서 금지하여야 한다. 그러나 미친 무리들이 사령의 명령도 듣지 않는 것은 나라를 가볍게 보고 업신여기는 큰 죄이다. 붙잡아 다스리지 않을 수 없는 일이다." 금부에서 아뢰었다. "유생의 행위는 아주 패악한 것이지만 낭청郎廳16)을 보내는 것은 일이 아주 중대하니, 나장羅將을 보내 그 주장자 한두 명을 붙잡아다 다스리는 것이 어떠합니까?" 임금은 윤허하지 않았다. 간원에서 아뢰었다. "근래 나라 안 풍속은 무격巫覡에 사로잡

---

15) 穆淸殿: 시행 일시 1418년(태종 18), 폐지 일시 1907년(융희 원년). 穆淸殿은 조선시대 국조인 태조의 초상화(어진)를 봉안하고 제사 지내던 외방 진전 중의 하나이다. 개성에 있던 태조 옛집에 세워져 태조 진전으로 기능하다가 임진왜란 때 소실되었다. 1899년 황실기념사업의 일환으로 복구되었다가 1907년 칙령으로 폐지되었다.(네이버 지식백과『한국민족문화대백과』, 한국학중앙연구원)

16) 郎廳: 朝鮮時代 때 堂下官을 달리 이르던 말.(『한자사전』)

혀 있어 음란한 사당을 다투어 모시고 남녀가 한꺼번에 쓸려 다닙니다. 신령을 모신 묘당은 음란한 사당이며 풍속을 해치고 습속을 무너뜨리는 것이 이보다 극심한 것은 없습니다. 유생이 불살라 버린 일은 비록 미친 짓이라 할 수 있으나 그 마음은 음사를 근절시키고자 하는 것이었으니 선왕과 선후先后와 유생으로서의 사명을 공경히 받든 일이 아닐 수 없습니다. 잡아다 징치하지 마시기 바랍니다. 다만 본부의 유수에게 명령하여 그 정황과 이유를 물어보는 것이 합당한 일입니다." 임금은 윤허하지 않았다. 헌부에서 아뢰었다. "남녀가 함께 모여 음주가무를 하고 신령을 제사하며 어지럽고 추한 행위를 합니다. 여러 유생들이 그 폐해를 목도하고 치밀어 오르는 직정을 이기지 못해 한꺼번에 불 질러 버린 것입니다. 일이 비록 적절하지 못하였어도 실로 성명한 임금이 위에 있음을 자랑삼은 것이니 심하게 힐책할 것은 아닙니다. 지금 붙잡아다 옥에 가두게 되면 안팎의 사람들이 모두 놀라워할 것입니다. 신들은 진실로 여러 유생들이 안타깝고 죄를 범한 것이 아니라고 생각합니다. 또한 성덕에 누를 끼치지나 않을지 걱정스럽기만 합니다." 대사간 이양원, 사간 고경웅高景應, 헌납 황정욱黃廷彧, 정언 이이李珥·이경명李景明 등이 아뢰었다. "신들이 망령되게 생각하여 보니, 개성 유생들의 일은 유생들 자신으로 하여금 그 뜻을 진달하게 하는 것이 좋겠다 여겨 본부에 명하여 물어보도록 하였습니다. 지금 헌부의 의론을 보니 명백하고 바릅니다. 신들은 대부 간관의 체면에 그 직위에 눌러앉아 있을 수 없으니 속히 바꾸라는 명을 내려주시기 바랍니다." 답이 내려왔다. "아뢴 대로 행하라." 2월 3일, 병조참의가 되었다. 3월 2일 계사, 임금이 영

의정 이준경李浚慶, 영중추 심통원沈通源, 좌의정 이명, 우의정 권철權
轍, 우찬성 오겸吳謙, 병조판서 박충원, 상호군 오성吳誠, 병조참판 성
세장成世章, 병조참의 이양원, 좌윤 유강兪絳, 첨지 오상吳祥, 참지 황서
黃瑞를 불러 하교하였다. "지난해 서우西虞[17])가 우리나라를 능멸하였
으니 없애지 않을 수 없는 일이다. 군대를 일으켜 토벌하는 일에 대
해 상세히 의론하라." 여러 신하들이 주청하였다. "조금 기다리며 군
사를 기르고 힘을 비축한 다음에 일거에 없애시는 것이 시의에 합당
한 듯합니다." 4월 13일 갑술, 홍문관 부제학 이양원이 상차하였다.
"엎드려 살펴보건대, 성덕이 일신하고 조정의 기강이 점차 떨쳐 나
가며 그릇된 정사가 차례로 바로잡히니 안팎의 사람들이 눈을 씻고
왕성한 다스림의 양상을 지켜보고 있습니다. 모든 것이 새로이 정비
되고 바로 고쳐져야 하는 때인 것입니다. 양종兩宗[18])의 설립과 내수
사[19])(內司)의 관직은 첫 번째로 혁파하여야 하는 것입니다. 초록하여
상주하는 즈음에 번잡한 조목과 폐쇄적인 항목은 거의 삭제되어 나
갔으나 이 두 가지만은 정치를 어렵게 하는 큰 장애로 남아 있는데
도 그대로 두고자 하십니다. 대신들이 여러 번 아뢰었는데도 받아들
이지 않으시고, 대간이 번갈아 글을 올려도 듣지 않으시니, 선비의
기상을 떨치고자 하여도 가로막히고, 세상의 여론은 억눌려서 펼쳐
져 나가지 못하게 됩니다. 이것은 바로 유학 도리의 흥망을 가르는

---

17) 西虞: 중국 고대사에 西虞가 나오고 신채호도 서우를 이야기하나 그것은 아닌 듯하
고, 아마도 조선시대 국경 서북쪽의 어떤 종족 또는 집단을 의미하는 것 같다.
18) 불교의 禪教兩宗을 의미하는 것 같다.
19) 내수사는 왕실 재정을 담당하는 곳이었으나 권한이 막강하여 혁파 논의가 제기되기
도 하였다.

기틀이고, 국가 안위가 뒤엉켜 있는 곳인데, 전하께서는 어찌 깊이 생각하여 보지 않으시는 것입니까? 수십 년 동안 민생의 곤궁함과 국맥의 쇠잔함은 다 이 몇 가지로부터 원인한 것입니다. 대신들이 바로잡기를 바라는 것으로는 이것을 제외하고는 따로 커다란 것이 있을 수 없습니다. 여러 번 정성을 다하여 힘쓰는 것은 나라를 걱정하는 마음이 아니라 할 수 없을 것입니다. 정원은 은밀한 곳에 자리 잡고 가까이서 모시는데 오직 이러한 일을 하라고 허락된 직위입니다. 합당하지 못한 일이 있다면 마땅히 진달하여야 하는데 전하께서는 교서를 내려 '대신은 순수하게 화합하는데 정원은 가볍게 계장을 올린다' 하시니, 신들은 두렵기만 합니다. 옛날의 성왕은 자신을 비우고 다른 사람들을 받아들였으며, 이와 같지는 않았을 것입니다. 공자가 '한마디 말로 나라를 잃는다'고 하였던 것이 불행히도 이것과 비슷할 것입니다. 대신은 전하의 목구멍과 혀입니다. 섬기는 것에는 얻고 잃는 것이 있고, 일삼는 것에는 옳고 그른 것이 있습니다. 대신들이 조용하게 따르며 그릇된 것에 내맡기고, 정원이 이어서 쫓으며 용납되기만을 바란다면, 전하는 누구의 말을 들어서 나라를 바르게 안정시키겠습니까? 전하는 신하들이 주청하는 것을 듣기 싫어할 뿐만 아니라 도리어 이렇게 엄중한 표현까지 드러내시니, 이것은 잠시 조정을 포용할 수 있다고 하더라도, 포용한 것은 오직 손바닥만 한 것으로 되어 버릴 따름일 것입니다. 신들이 슬며시 전하의 마음속을 엿보니 간언 듣기를 싫어하시는 것 같아 이렇게 방자한 모습을 보이게 되었습니다. 전날의 전교에서는 이런 말씀을 하셨습니다. '혹시 대간臺諫의 숫자를 겨우 채운 때라 하더라도 어긋나고 부딪치는 경우라 한다면 임명하지 않을 생각이다.' 또 이렇게도 말씀하셨습니다. '대간과 시종은 아주 순박한 사람을 택하여 쓸 것이다.' 이것은 비록 어렵고 조심스럽다는 뜻을 담아 표현하신 것이라 하더라도, 성왕의 밝은 지혜가 세상사를 비추어 볼 때 혹시라도 미치지 못하는 부분이 있다면 의심스러운 상황들이 다 마땅하게 처리되지는 않을 것이니, 직책이 언로言路를 맡고 있는 신하라면 먼저 의심하고 두려워하여 감히 스스로 문제삼기를 그만둘 수 없는 까닭은 반드시 이것으로부터 말미암은 것이라 할 것입니다. 순박한 것을 숭상하는 일이 언제나 옳지 않다고는 할 수 없는 일이지만, 말세의 인심은 윤리가 사라지고 입을 다무는 것이 풍속을 이루고 있습니다. 비록 직언하여 이끌어 간다 하다라도 오히려 그 품은 뜻을 다하지 못하는 것이 걱정스러운 일입니다. 만약 순박한 것으로 이끌어 가서 아첨하고 용납하기만 하여 바르게 말하는 것을 피한다면, 비록 위태롭고 패망할 수 있는 재앙이 조석으로 찾아들더라도 전하의 의중에만 맞추어서 말할 것입니다. 조종조祖宗朝에서는 대간을 육성하려고 일에 대해 강개하여 말하는 이를 선택하고 심지어 나라 융성의 주역으로 삼았습니다. 신이 걱정하는 것은 전하께서 말씀하시는 순박한 사람은 일에 대해 강개하여 말하는 이가 아닐 것이라는 점입니다. 대체로 충성스러운 말은 거슬리게 마련입니다. 뜻이 나라 걱정에 있는데 아첨하는 말을 하고 뜻에 따르기만 한다면 아양 떠는 것에만 마음을 쓰게 됩니다. 말에 따르는 것이 있고 거스르는 것이 있어야 임금이 자문을 구하기 마땅한 것입니다. 진실로 이러한 전제가 있어야 사람들은 모든 것을 다 말씀드릴 수가 있고 일의 잘못이 드러날 수 있으며 군신 사이에 인정과 의리가 오고 갈 수 있는 것입니다. 전하가 성명함으로 밝게 살펴 들으실 수 있기를 진실로 바랍니다." 임금은 윤허하지 않았다. 이때 임금은 불교를 숭상하여 선과禪科를 설치하였다. 이것이 바로 양종兩宗이라 말하는 것이다. 재부가 내수사에 모인다고 말하는 것은 허가장을 가지고 부유한 상인으로부터 재물을 마음대로 거두어들이는 것이다. 그러므로 임금에게 글을 올려 충간한 것이다. 6월 경신삭, 병조참지가 되었다. 11월 13일 기사, 이조참의가 되었다.

— 22년 정묘 정월 4일 경신, 도승지가 되었다. 4월 25일 경술, 가선대부로 오르고 행도승지行都承旨가 되었다. 헌부에서 아뢰었다. "의전懿殿의 옥체가 평안하여지고 있습니다. 제조提調 원혼元混이 탕약을 받들어 올린 것이 10일에 지나지 않고, 승지 이양원이 숙직한 것이 불과 며칠이지만, 어찌 조금치도 도움이 된 것이 없다 할 것이겠습니까만, 상을 주고 품계를 올려 주는 것은 아주 마땅한 일이 아니니 바로잡아 주시기 바랍니다. 병판이 정치의 중심이 되고崇政 승지가 사치를 부리면腰金 예로부터 옮겨 버리는 것이 예입니다. 상을 주지는 못할 일이라 하더라도 어찌 아뢴 것을 논란할 문제이겠습니까?" 윤허하지 않았다. 6월 27일 경술, 임금이 병에 들었다. 약방제조 심통원沈通源, 원혼, 이양원이 문안하였다. 전교가 내렸다. "나의 기후는 한결같지만 병의 상황은 의관이 알 것이다." 신해, 영부사 심통원, 병판 원혼, 도승지 이양원, 사관 등이 입시하였다. 임금이 침상 위에 누워 있었는데, 신음소리가 아주 고통스러워 보였다. 내시가 큰소리로 제조 등에게 들어오라 불렀다. 전교를 듣게 하기 위한 것이었다. 임금이 신

음하며 말하고자 하였으나 할 수 없었다. 좌우의 신하들은 울음소리만 내고 있을 따름이었다. 영의정 이준경 등이 빈청에 모였다. 도승지 이양원 등은 경회루 남문에 모였다. 정원이 중궁전에 아뢰었다. "놀라지 마시고, 즉시 계획을 마련하십시오." 중궁전이 전교하였다. "망극하여 어찌해야 좋을지를 모르겠습니다. 전에 들어가 옆에서 모실 때 전교를 내린 것이 있습니다. 을축년 교서를 내렸던 사람을 정하는 것이 좋겠습니다." 이준경 등이 중궁전에 아뢰었다. "신속히 봉영하여 오시기를 청하옵니다." 축시에 임금이 경복궁 양심당養心堂에서 붕어하였다. 이준경 등이 아뢰었다. "후사는 순회세자順懷世子[20]로 하고 이름을 연昖으로 바꾸는 것이 어떠합니까?" "아뢴 대로 하십시오." 이날 축시에 도승지 이양원을 보내 중궁전의 명을 봉행하게 하였다. 사직동 덕흥군 집에 말을 달려 이르니 날이 밝기 전이라 문을 걸고 들여보내 주지 않았다. 문밖에 서서 하늘이 밝아오기를 기다리다 보니 많은 관인들이 계속 당도하였다. 순식간에 벌어진 일이라서 잡인들이 끼어들기까지 하였다. 도승지 이양원이 대장 이원우李元祐

---

20) 宣祖: 1552~1608. 조선 제14대 왕(재위 1567~1608). 처음에는 많은 인재를 등용하여 국정 쇄신에 노력했고 여러 典籍을 간행해 유학을 장려했다. 후에 정치인들의 분열로 당파가 나타나 당쟁 속에 정치기강이 무너져 혼란을 겪었다. 재위 후반에 왜군의 침입(임진왜란: 1592~1598)과 건주 야인(여진족)의 침입도 받았다. 본관은 전주, 어렸을 때의 이름은 李鈞이었으나 후에 李昖으로 바꾸었다. 시호는 昭敬이며, 德興大院君 岹의 셋째 아들이니 즉 중종의 손자(셋째 아들 게)이다.(중종의 첫째 아들은 12대 인종, 둘째 아들은 13대 명종.) 어머니는 贈領議政에 추증된 鄭世虎의 딸인 河東府大夫人 鄭氏이며, 妃는 朴應順의 딸 懿仁王后, 繼妃는 金悌男의 딸 仁穆王后이다. 처음에 河城君에 봉해졌다. 1552년 11월 서울 仁達坊에서 출생하였고, 명종이 後嗣가 없이 죽자 1567년(명종 22) 16세에 왕위에 올랐다. 즉위 후에도 학문에 정진하였다. 나이가 어려 처음에는 명종의 비 인순왕후 沈氏가 수렴청정하다가 이듬해부터 친정을 하였다. 그가 왕위에 오름에 따라 아버지가 대원군으로 봉해짐으로써 조선에서 처음으로 대원군제도가 시행되었다.(네이버 지식백과『두산백과』)

를 불러 군사들을 시켜 잠저潛邸(邸宮)를 둘러싸서 잡인을 금하도록 하였다. 하늘이 비로소 밝아지고 외삼촌 정창서鄭昌瑞가 잠저의 문을 열었다. 이양원이 병조참지 박대립朴大立, 부총관 남궁침南宮忱, 승전색 정신명鄭神明과 환관 10여 인을 이끌고 중문 안으로 들어서서 경비군 대로 하여금 연여輦輿와 의장儀仗을 문 앞에 벌려 세워 놓게 하고, 모든 일을 정비한 후에 정창서를 불러 말하였다. "나는 전교를 받들어 덕흥군의 제3자를 봉영하러 왔습니다. 전교는 여기 있으니 그대는 위로 올려 바로 전교를 받들도록 하여 주십시오." 이때는 덕흥군의 부인 정씨가 타계하였고 아직 장례를 치르기 전이었다. 위를 이은 임금은 먼저 빈전殯殿에 아뢰고 통곡하고 절하며 이별을 고하였다. 뒤이어 백단령白團領 · 오사모烏紗帽 · 흑각대黑角帶 · 백화자白靴子를 착용하고 걸어서 행랑 아래로 내려왔다. 도승지는 앞으로 나아가 올려다 보며 몇 째 아들인지와 몇 살인지를 묻고 바로 여러 관원들을 대동하여 절하며 뵌 후 좌석을 마련하여 전교를 올렸다. 위를 이은 임금을 봉영하여 와서 광화문 동쪽 협문을 통해 대궐로 들어왔다. 왕은 근정문勤政門 밖에 이르러 여輿를 내려 걸어서 경성궁敬成宮으로 들어가 대행대왕大行大王을 잇는 사자嗣子로 즉위하셨다. 7월, 대간들이 아뢰었다. "도승지 이양원은 일의 처리가 주밀하지 못하였고 권세가 너무 무겁습니다. 청컨대 파직하여 주십시오." 영의정 이준경이 극력 구원하여 그것이 무고임을 상주하였다. 【이보다 앞서 종의 신분을 벗어 났다고 하는 사람이 그 기예재능으로 여러 재상들을 가지고 놀았다. 하루는 자리를 만들어 공을 청하였는데, 공이 이르자 종이 좌석에서 희롱을 시작하였다. 공은 크게 노하여 여러 관인들의 단정하지 못한 것을 크게 질책하였던 적이 있다. 이때에 이르러 여러 사람들은 공이 큰 공을 세운 것을 시기하고 전날 책망을 들은 원망을 마음에 담아서 무고로 상주하여 해코지하려 한 것이다. 공은 위험에 빠질 것을 걱정하여 외직을 구하였다.】 8월, 안동부사가 되었다. 퇴계선생 문하로 나아가 학문을 강론하였다.

― 선조 1년 무진 8월, 영좌병마절도사嶺左兵馬節度使가 되었다.

― 2년 기사, 영남관찰사가 되었다.

― 3년 경오 10월, 형조참판이 되었다. 11월, 사신이 되어 황도皇都로 갔다.

― 4년 신미, 대사헌이 되었다. 옥당에서 아뢰었다. "이조판서 정유길鄭惟吉은 용렬한 사람이라서 혼자서 몰래 전형銓衡의 권한을 행사하며 맑은 의론을 받아들이지 않는데, 대간이 된 사람들은 침묵으로 방관하기만 하여 크게 직책의 임무를 잃고 있으니, 대사간 이산해, 대사헌 이양원 이하의 모두를 체직하라 하명하십시오." 왕이 답하였다. "아뢴 대로 행하라." 8월, 전라도 관찰사가 되었다.

― 5년 임신, 호남관찰사가 되었다.

― 6년 계유 정월 을유삭, 대사헌이 되었다. 2월 계축, 병조참판이 되었다. 7월 갑신, 대사헌이 되었다. 8월, 사은사가 되어 연경으로 갔다. 10월 조정으로 돌아오니 예조에 연회를 베풀었다.

― 7년 갑술 6월 정미삭, 부총관이 되었다. 7월 을미, 대사헌이 되었다.

― 8년 을해 7월, 송경유수가 되었다. 10월 무진, 대사헌이 되었다.

― 9년 병자 3월, 이조참판이 되었다. ○ 이 해 막내아들 용경龍慶이 태어

났다.

— 10년 정축 5월 경인, 임금이 대사헌 이양원을 불러 조강朝講에 나아가
는 것을 의논하였다.

— 11년 무인, 평안도관찰사가 되고 자헌대부가 가자되었다.

— 12년 기묘, 부제학으로 불려 들어왔다.

— 13년 경진, 특별히 형조판서에 배임되었다.

— 14년 신사 예조판서가 되었다. 10월 병오, 임금이 천재지변으로 공경
을 불러 물었다. 영상 박순朴淳, 병판 유전柳㙉, 형판 강섬姜暹, 판윤
임문任兗, 좌찬 심수경沈守慶, 우찬 이문형李文馨, 공판 황림黃琳, 예판 이
양원李陽元, 이판 정지연鄭芝衍, 호판 이이李珥, 승지 이우직李友直, 대사
헌 구봉령具鳳齡, 부제학 유성룡柳成龍 등에게 각각 품고 있는 생각을
개진하게 하였다.

— 16년 계미 3월 병술삭, 임금이 전교하였다. "지금 장군은 지명도가
떨어진다. 만약 남쪽 경계에 일이 생긴다면 누가 원사가 되고, 누가
방어사가 될 것인가? 널리 의론하여 고하라." 비변사가 아뢰었다.
"경상감사 유훈柳壎, 전라감사 김명원은 무재를 갖추고 있고, 변방의
사정을 알고 있으니, 순찰사巡察使 역할을 감당할 수 있을 것입니다.
방어사를 감당할 수 있는 인물로는 장흥부사 임진林晉, 순천부사 신
익申翌입니다. 원사를 담당할 수 있는 사람은 이이·강섬·이양원·이
준민李俊民·유홍俞泓·구봉령·홍연洪淵이고, 방어사를 감당할 수 있는
인물은 곽흘郭屹·이진李戩·이윤덕李潤德·최원崔遠·신각申恪입니다."

4월 기묘, 또 대사헌이 되었다.

— 19년 병술, 이조판서가 되었다.

— 21년 무자 3월 5일 무자, 임금이 여러 대신들에게 병판에 적당한 인물을 천거하라 하였다. 중의를 모아, "이양원을 임명하소서" 아뢰었다. 병조판서가 되었다.

— 22년 기축, 정여립鄭汝立 모반사건 옥사가 일어났다. 공이 극력 구원하여 목숨을 구한 사람이 많았다. 8월 병자삭, 이조판서가 되었다. 10월, 홍문관 대제학, 예문관 대제학, 전문형典文衡21)이 되었다.

— 중략.22)

— 23년 경인 11월 기사, 우찬성에 배임되었다.

— 24년 신묘 정월 무술삭, 우의정 겸 병판이 되었다. 헌부가 허준許浚에게 상을 더해 준 일로 탄핵하는 상주를 하였으나 윤허하지 않았다.

— 25년 임진 4월 28일 정사, 좌의정 유성룡을 도체찰사都體察使, 우의정 이양원을 도성검찰사都城檢察使, 이성중李誠中을 수어사守禦使, 정윤복丁允福을 동서로호소사東西路號召使로 삼았다. 김명원金命元을 도원수都元帥, 신각申恪을 부원수로 삼아 한강에 진을 쳤고, 변언수邊彦琇를 유도대장留都大將으로 삼았다. 이때 선조宣祖는 서쪽으로 나아갔다. 도성이 함락되고, 공과 신각은 대탄大灘에 옮겨 주둔하였다. 군을 나누어 양

---

21) 典文衡: 文權을 주관함. 조선시대에 弘文館·藝文館의 大提學과 成均館大司成을 겸임하는 것을 이르는데, 후세에는 兩館의 대제학과 성균관의 知事를 겸하는 것을 일컬었다. 典文柄이라고도 한다.(『한자사전』)
22) 중간에 정여립 사건과 연관된 여러 기록들이 수록되어 있다.

주 해유령蟹踰嶺 아래 매복시켰는데, 처음으로 작은 승리를 거두어 상주하니 임금이 크게 기뻐하면서 도검찰사 이양원을 영의정과 행동북도검찰사行東北都檢察使에 배임하였다. 5월 25일, 강원도로부터 징병하고 양곡을 운송하여 행재소行在所로 보냈다. 비변사에서 아뢰었다. "대탄의 방어는 지금 가장 중요한 일입니다. 군사를 보태고 양곡을 운송하여 오는 것은 오로지 강원도만이 맡을 일입니다. 해당 도의 감사가 항상 도검찰사 진중에 있으면서 힘을 합하여 지킨다고 합니다. 임금께서 교서를 내려 장려하시는 것이 어떠합니까?" 임금이 그 말을 따라 행하였다. 6월 10일, 도검찰사는 군사를 이동하여 철령을 지켰다. 방비가 견고하여지고 나서 군사를 나누어 양곡을 행재소로 보냈다. 이때 세자는 이천伊川에 있었는데, 도검찰사의 군으로 자위自衛하였다. 7월 1일 계미, 도검찰사 이양원이 이천에서 타계하였다. 이보다 앞서 임금은 이미 서쪽으로 행차하였고, 여러 갈래의 군대는 다 궤멸하여 임금과 소식이 두절되었다. 정탐하는 자가 보고하였다. "임금은 이미 요동으로 넘어갔고, 3경8로三京八路가 다 실함되었습니다." □ □ □ □ 이헌국李憲國23)으로 대신시키다. (이상 실록)24)

---

23) 李憲國: 1525(중종 20)~1602(선조 35). 본관은 全州. 자는 欽哉, 호는 柳谷. 정종의 왕자 鎭南君 終生의 현손이며, 衡의 증손으로, 할아버지는 汝이고, 아버지는 壽昌副正 秤이며, 어머니는 南嶙의 딸이다. 1551년(명종 6) 사마시에 합격하고 그해 별시문과에서 병과로 급제, 예문관검열·사간원정언·경기도사·사헌부장령 등을 거쳤으나 권신 尹元衡의 異姓近族이라 하여 오해를 받는 경우도 있었다. 그 뒤 사간원사간·승정원동부승지·도승지·충청도관찰사·동지의금부사 등을 역임하고, 1589년(선조 22) 기축옥사의 처리에 공을 세워 平難功臣 3등에 책록되었다. 1592년 임진왜란이 일어나자 형조판서로서 세자 광해군을 호종, 보필하여 扈聖功臣 3등에 책록되었고, 정유재란 때는 좌참찬으로 재직하면서 討馘復讐軍을 모집하여 활약하였다. 1598년부터 이듬해까지 잇달아 이조판서를 제수받았으나 끝내 사양하여 취임하지 않았고, 1599년 선조가 우의정에 임명할 때 "이조판서를 사양하는 자를 내가 보지 못하였는

『노저유사』 발간사　　　　　　　　　　　　　　　『노저유사』

데, 이 사람이 두 차례나 사양하니 가히 정승할 사람이다"라고 하였다. 뒤에 좌의정이 되어 기로소에 들어갔다. 성질이 곧고 완고하여 임금 앞에서도 말하고자 하는 바를 피하거나 숨기지 않았다. 完城府院君에 봉하여졌고 시호는 忠翼이다.(네이버 지식백과『한국민족문화대백과』, 한국학중앙연구원)

여기 마지막 부분에는 빠진 글자가 많으므로 무슨 내용인지 명확하게 알기 어렵다.

24) 이 글은 實錄에서 이양원의 이름이 나오는 부분을 중심으로 뽑아 편집한 것으로 보인다. 안동대퇴계학연구소, 『退溪學資料叢書』5(아세아문화사, 1994), 385~432쪽(『鷺渚遺事』, 「從臣年錄」).

풍암선생유고楓菴[1]先生遺稿

1. 행장[2]

공의 이름은 위세緯世, 자字는 숙장叔章, 성은 문文씨이다. 시조 문다성文多省은 신라시대에 출현하여 남평현南平縣의 성주를 하였으므로, 자손들은 따라서 남평인이 되었다. 고려시대에 이르면 문공유文公裕가 있는데, 대학사이고, 시호는 경정敬靖이다. 문극겸文克謙이 있는데 평장사平章事이고, 시호는 충숙忠肅이다. 조선에 들어와 두 분은 훈공이 빛을 내어 고려 왕(麗王)에 비견되었고, 마전麻田[3]의 숭의전崇義殿[4]을 녹봉(食)으로 받

<hr>

1) 文緯世: 1534~1600. 본관 南平. 자 叔章. 호 楓菴. 柳希春·李滉의 문인. 1567년(명종 22) 진사가 되었다. 1592년(선조 25) 임진왜란 때 朴光前과 함께 의병을 일으켜 군량 조달 등의 공을 세웠고, 1595년 龍潭縣令에 임명되었다. 1597년 정유재란 때 읍민을 동원, 왜군의 퇴로를 차단하고 많은 왜적을 무찔렀다. 1600년 파주목사에 임명되나, 신병으로 부임하지 못하고 죽었다. 병조참판이 추증되었고, 전라남도 長興郡 소재의 江城書院에 제향되었다.(네이버 지식백과『두산백과』)
2) 안동대퇴계학연구소,『退溪學資料叢書』5(아세아문화사, 1994), 589~597쪽(『楓菴先生遺稿』,「行狀」).
3) 연천군 미산면 마전리.
4) 崇義殿: 경기도 연천군 미산면에 있다. 1397년(태조 6)에 태조의 명으로 廟를 세우고, 1399년(정종 1)에는 고려 태조와 혜종·성종·현종·문종·원종(충경왕)·충렬왕·공민왕의 7왕을 제사지내고, 1423년(세종 5)과 1452년(문종 2)에 중건하였다. 문종은 이곳을 '숭의전'이라 이름 짓고, 이와 함께 고려조의 충신 鄭夢周 외 15인을 제사지내도록 하였으며, 고려 왕족의 후손들로 하여금 이곳을 관리하게 하였다. 중종은 1512년(중종 7) 여름에 작은 소를 잡아 제사지내게 했고, 선조 때는 고려조 王氏를 후예로 참봉을 제수하여 殿閣의 수호와 제사를 지내게 하였다. 영조는 1731년(영조 7) 승지를 이곳에 보내 제사지냈으며, 1789년(정조 13)에는 이 건물을 고쳐 지었다. 처음에는 使(종3품), 守(종4품), 令(종5품), 監(종6품), 麗陵參奉(종9품)의 관리를 1인씩 두었으나 뒤에 와서 사와 수는 없앴다. 일제강점기에도 조선총독부가 이를 계승

았다. 문익점文益漸5)이 있는데 끊어진 학문(絶學)을 창달하여 배움을 찾는 사람들의 스승이 되었고, 부모에게 효성이 높았다. 살던 마을에 정려가 있다. 이분이 삼우선생三憂先生이다. 고려에서 벼슬을 하였다. 일찍이 사신을 받들고 중국에 들어가 목면 씨를 얻어서 돌아왔다. 동방의 백성들이 만세토록 이롭게 만들어 준 것이다. 우리 조선의 여러 임금들도 그 공덕을 되새겨서 강성군江城君이라는 호를 주고 부민후富民侯로 봉하였으며, 시호를 충선忠宣으로 내렸다. 공의 9세조이다. 7세조는 도승지로 물

<hr />

하였으나 한국전쟁으로 전각이 소실되었다. 그 뒤 1973년 왕씨 후손이 정전을 복구하였고, 국비 및 지방보조로 1975년 2월에는 배신청 13평을, 1976년 1월에는 이안청 8.7평, 이듬해 2월에는 三門을 신축하였다.(네이버 지식백과『한국민족문화대백과』, 한국학중앙연구원])

5) 文益漸: 1329~1398. 시호 忠宣. 본관은 南平이며 字는 日新, 號는 三憂堂, 初名은 益瞻이다. 晉州 江城縣(지금의 경남 산청) 출신으로 아버지 文淑宣은 과거시험에는 합격하였으나 벼슬을 하지는 않았다. 1360년(공민왕 9) 문과에 급제하여 金海府司錄으로 임명되었으며, 成均館의 諄論博士를 거쳐 1363년(공민왕 12)에 中書門下省의 從六品 벼슬인 左正言이 되었다. 1360년 啓禀使로 元나라로 파견된 左侍中 李公遂의 書狀官으로 중국을 방문하였다. 고려로 돌아오는 길에 木縣의 씨앗을 가지고 들어왔다. 당시 붓두껍에 목화씨를 몰래 숨겨서 가지고 들어왔다는 이야기도 전해지지만 이는 후대에 그의 업적을 추앙하는 과정에서 긴장감을 높이기 위해 덧붙여진 이야기로 추정되며, 『朝鮮王朝實錄』의 태조 7년 6월 13일자에는 "길가의 목면나무를 보고 그 씨 10여 개를 따서 주머니에 넣어 가져왔다"고 기록되어 있다. 태종 1년 윤3월 1일자에도 "목면 종자 두어 개를 얻어 싸 가지고 와서"라고 기록되어 있어 가지고 들어온 씨앗의 수는 차이가 있지만 붓두껍에 감추어 들어왔다는 이야기는 기록되어 있지 않다. 使行을 마치고 돌아온 문익점은 1364년 고향인 晉州로 내려가 장인인 鄭天益과 씨앗을 나누어 목면의 재배를 시험하였다. 그가 심은 것은 모두 재배에 실패했지만, 정천익이 심은 씨앗 가운데 하나에서 꽃이 피어 100여 개의 씨앗을 얻었다. 해마다 재배량을 늘려서 1367년에는 鄕里 사람들에게 씨앗을 나누어 주며 심어 기르도록 권장하였다. 그리고 정천익은 胡僧인 弘願에게서 실을 뽑고 베를 짜는 기술을 배워 10년이 되지 않아서 나라 전체에 木棉 재배와 무명이 보급되었다. 이러한 사실이 조정에 알려지면서 문익점은 고려 우왕 때인 1375년(우왕 1)에 典儀注簿로 등용되었으며, 1389년에는 중서문하성의 諫官인 정사품 左司議大夫가 되었다. 그러나 공양왕 때 李成桂 일파에 의하여 추진된 田制改革에 반대했다가 趙浚의 탄핵으로 벼슬에서 물러났고, 1398년(조선 태조 7)에 70세의 나이로 사망하였다.(네이버 지식백과『두산백과』])

러났고, 5세조는 예조참의를 지냈다. 증조 창현령昌縣令은 봉사 현賢을 낳았으니 중종 기묘년에 사화에 연루되어 금고에 묶여 출사하지 못하였다. 봉사는 공의 선고 량亮을 낳았는데, 국자생원으로 변방(邊圈)을 맡을 만하였다. 변란이 생기자 조정에서는 억지로 선전관을 맡겼다. 얼마 후 적신賊臣 기¹)를 싫어하여 집 안에 들어앉아 나아가지 않았다. 어초은漁樵隱 윤효정尹孝貞 공의 여식을 아내로 맞아 장흥의 풍산리楓山里 집에서 공을 낳았다. 공은 어렸을 때 외삼촌 귤정橘亭 윤구尹衢⁷)에게 배웠는데, 외삼촌이 그 총명함과 단정함을 사랑하여 『소학』 책을 권하였고, 항상 "이 아이는 필경 대유大儒가 될 것이다"라고 하였다. 조금 자라서는 스스로를 채찍질하여 여러 책을 두루 섭렵하고, 성현의 경전을 요약하며, 벼슬길에 나아가는 것에 관심을 두지 않았다. 일찍이 미암眉巖 유희춘柳希春⁸) 공의 문하에 나아가 경의이동經義異同에 대해 질문하였는데,

---

6) 李芑를 의미하는 것 같다.

7) 尹衢: 1495(연산군 1)~?. 본관은 海南. 자는 亨仲, 호는 橘亭. 할아버지는 尹耕이며, 아버지는 생원 尹孝貞이다. 1513년(중종 8) 사마양시에 합격하고, 1516년 식년문과에 을과로 급제하여 賜暇讀書를 하였다. 다음 해 주서에 이어 홍문관의 수찬·知製教·經筵檢討官·춘추관기사관 등을 역임하였다. 1519년 기묘사화 때 삭직되었다. 주서로 있을 때 왕에게 거짓말을 한 사실이 드러나 영암에 유배되었다가 풀려났다. 1538년에 복직되었으며, 南海鄕祠에 봉안되었다. 저서로 『귤정유고』가 있다.(『한국민족문화대백과』, 한국학중앙연구원)

8) 柳希春: 1513(중종 8)~1577(선조 10). 본관은 善山. 자는 仁仲, 호는 眉巖. 해남 출신. 柳陽秀의 증손으로, 할아버지는 柳公濬이다. 아버지는 柳桂鄰이며, 어머니는 사간 崔溥의 딸이다. 妻父는 宋駿이며, 金麟厚와는 사돈 간이다. 金安國·崔斗山의 문인이다. 1538년 별시 문과에 병과로 급제하였다. 1544년(중종 39) 賜暇讀書(문흥을 위해 유능한 젊은 관료들에게 독서에 전념하도록 휴가를 주던 제도)한 뒤 수찬·정언 등을 역임하였다. 1546년(명종 1) 을사사화 때 金光準·林百齡이 尹任 일파 제거에 협조를 요청했으나 호응하지 않았다. 1547년 良才驛의 벽서사건에 연루되어 제주도에 유배되었다가 곧 함경도 종성에 안치되었다. 그곳에서 19년간을 보내면서 독서와 저술에 몰두하였다. 이때 국경 지방의 풍속에 글을 아는 사람이 적었는데, 교육을 베풀어 글을 배우는 선비가 많아졌다 한다. 1565년 충청도 은진에 이배되었다가, 1567년 선

공이 칭송하였다. 31세에 이 선생을 도산에서 뵈었는데, 비록 모부인母夫
人이 연로하셔서 선생을 가까이서 모시고 있지는 못하였어도, 수년 동
안 와서 뵙고 직접 깊은 가르침을 받았다. 일찍이 선생이 제갈무후諸葛武
侯9)의 팔진도八陣圖를 공에게 주며 말하였다. "이것 또한 격치格致의 한
가지이니, 독서하는 여가에 마음을 기울여 연구하여 보거라." 34세에 모
친의 명으로 과거장에 나아가 진사가 되었으나 다시는 나가지 않았다.
효성으로 부모를 모시고 법도 있게 가정을 다스리니, 향리에서 모범으
로 삼았다. 죽을 때까지 백씨·중씨와 더불어 강가에 초옥을 지어 놓고
살며 화합하는 모습을 보였다. 또 가지산迦智山10) 속으로 들어가 수석과

조가 즉위하자 삼정승의 상소로 석방되었다. 직강·응교·교리 등을 거쳐 知製敎를
겸임했으며, 이어 장령·집의·사인·전한·대사성·부제학·전라도관찰사 등을 지
냈다. 1575년(선조 8) 예조·공조의 참판을 거쳐 이조참판을 지내다가 사직해 낙향하
였다. 경전에 널리 통했고 諸子와 역사에도 능하였다. 시강원설서 재임 시에 세자(후
의 인종)의 학문을 도왔고, 선조 초에는 경연관으로 經史를 강론하였다. 왕위에 오르
기 전에 유희춘에게 배웠던 선조는 항상 '내가 공부를 하게 된 것은 희춘에게 힘입
은 바가 크다'고 하였다 한다. 만년에는 왕명으로 經書의 口訣諺解에 참여해 『대학』
을 완성하고, 『논어』를 주해하다가 마치지 못한 채 죽었다. 성격이 소탈해 집안 살림
을 할 줄 몰랐으나, 사람들과 세상 이야기나 학문, 정치하는 도리에 대한 투철한 소
견과 해박한 지식은 남들이 도저히 생각하지 못한 것들이었다고 한다. 외할아버지
崔溥의 학통을 계승해 李恒·김인후 등과 함께 호남지방의 학풍 조성에 기여하였다.
좌찬성에 추증되었으며, 담양의 義巖書院, 무장의 忠賢祠, 종성의 鍾山書院에 제향되
었다. 저서로는 『미암일기』·『續蒙求』·『歷代要錄』·『續諱辨』·『川海錄』·『獻芹錄』·
『朱子語類箋解』·『詩書釋義』·『玩心圖』 등이 있으며, 편서로 『國朝儒先錄』이 있다. 시
호는 文節이다.(네이버 지식백과『한국민족문화대백과』, 한국학중앙연구원))

9) 諸葛亮: 181~234. 劉備를 도와 吳나라의 孫權과 연합하여 남하하는 曹操의 대군을
赤壁의 싸움에서 대파하고, 荊州와 益州를 점령하였다. 221년 한나라의 멸망을 계기
로 유비가 제위에 오르자 승상이 되었다. 자는 孔明, 시호는 忠武侯이며, 瑯琊郡 陽都
縣(山東省 沂南縣)에서 태어났다. 豪族 출신이었으나 어릴 때 아버지를 여의고 荊州
(湖北省)에서 숙부 諸葛玄의 손에서 자랐다. 後漢 말의 전란을 피하여 出仕하지 않았
으나 명성이 높아 와룡선생이라 일컬어졌다.(네이버 지식백과『두산백과』))

10) 迦智山(가지산은 여럿 있으나 여기서는 장흥에 있는 것을 말하는 듯하다): 전남 장흥
군 유치면 봉덕리와 장평면 병동리의 경계. 높이 510m이다. 達磨의 禪法을 처음 전한
통일신라 憲德王 때 道義國師가 開山한 寶林寺가 있다. 보림사는 九山門(선법의 절을

절승을 사랑하여 작은 집 주변에 매화나무·대나무를 죽 둘러 심고 그 속에 단정히 앉아 날마다 성인의 경서를 읽거나 퇴계의 글을 찾아 해석하였다. 사람들과 소통하기도 하여, 학자가 찾아오면 가르쳐 주기도 하며 피로한 줄을 몰랐다. 기축년의 재앙이 닥치자 사람들과 교유하는 것을 좋아하지 않게 되어 그 자신을 더욱 깊이 숨겨 버렸다. 만력 임진년, 섬나라 오랑캐가 침범하여, 우리 임금의 가마와 수레가 도성을 떠나게 되었다. 이때 7로가 모두 궤멸되고, 호남만이 한 귀퉁이를 보전하고 있을 뿐이었다. 두(兩) 절도장節度將 소속의 병사들은 왕을 지키며 서쪽으로 나아갔다. 조헌趙憲[11], 고경명高敬命 등의 여러 의로운 선비들이 일으킨

뜻함)의 하나이다. 고려 말기 9산문이 모두 그 기운을 다하여 퇴락하였는데, 이 산문의 太古和尙이 王師로 1356년(공민왕 5)에 구산문을 통합하여 일가를 이루었으며, 그 후 門風을 전하였다고 한다. 사찰 내에는 국보와 보물급 문화재를 보유하고 있다. 남쪽으로 탐진강을 막아 장흥댐이 건설되어 있다.(네이버 지식백과『두산백과』)

11) 趙憲: 1544(중종 39)~1592(선조 25). 본관은 白川. 자는 汝式, 호는 重峯·陶原·後栗. 경기도 김포 출생. 趙璜의 증손으로, 할아버지는 趙世佑이고, 아버지는 趙應祉이다. 어머니는 車順達의 딸이다. 李珥·成渾의 문인이다. 1555년(명종 10) 12세 때 金滉에게 詩書를 배웠는데, 집이 몹시 가난해서 추운 겨울에 옷과 신발이 다 해어졌어도 눈바람을 무릅쓰고 멀리 떨어진 글방 가는 것을 하루도 쉬지 않았으며, 밭에 나가 농사일을 도울 때나 땔감을 베어 부모의 방에 불을 땔 때에도 책을 손에서 떼지 않았다고 한다. 1565년 성균관에 입학했으며, 1567년 식년문과에 병과로 급제하였다. 1568년(선조 1) 처음으로 관직에 올라 정주목·파주목·홍주목의 교수를 역임하면서 士風을 바로잡았다. 1582년 계모를 편히 모시기 위하여 보은현감을 자청하여 나갔는데, 그 치적이 충청좌도에서 으뜸으로 손꼽히었다. 그러나 대간의 모함에 따른 탄핵을 받아 파직되었다가, 다시 公州牧提督을 지냈다. 1587년 동인 鄭汝立의 흉패함을 논박하는 萬言疏를 지어 縣道上疏하는 등 5차에 걸쳐 상소문을 올렸으나 모두 받아들여지지 않았다. 다시 일본 사신을 배척하는 소와 李山海가 나라를 그르침을 논박하는 소를 대궐문 앞에 나아가 올려 국왕의 진노를 샀다. 관직에서 물러난 뒤 옥천군 안읍밤티(安邑栗峙)로 들어가 後栗精舍라는 서실을 짓고 제자 양성과 학문을 닦는 데 전념하였다. 1589년 持斧上疏로 時弊를 극론하다가 길주 嶺東驛에 유배되었으나, 이 해 정여립의 모반 사건으로 동인이 실각하자 풀려났다. 1591년 일본의 도요토미 히데요시(豊臣秀吉)가 겐소(玄蘇) 등을 사신으로 보내어 명나라를 칠 길을 빌리자고 하여, 조정의 상하가 어찌할 바를 모르고 있을 때, 옥천에서 상경, 지부상소로 대궐문 밖에서 3일간 일본 사신을 목 벨 것을 청했으나 받아들여지지 않았다.

병사들은 패하여 죽어 나갔다. 사람들은 모두 조석으로 전쟁이 끝나기를 기다리긴 하였지만 어찌하여야 좋을지를 알지 못하였다. 공은 박광전朴光前 공을 찾아가서 보고 울며 말하였다. "나라의 양식은 병졸이라 말하는데, 오직 호남만이 의지할 곳입니다. 그런데 지금 호남에는 텅 비어 사람이 없습니다. 호남이 보전되지 못하면 나라도 따라서 망하게 됩니다. 진실로 한두 명 현명한 선비를 얻어 흩어져 버린 사람들을 불러 모으고, 험지에 의거하여 적을 요격하여야 합니다. 훗날 부흥하는 것이 어찌 이 일에 달려 있지 않다고 하겠습니까? 또한 군자가 죽음에 있어서는 죽더라도 그 마땅한 자리를 얻어야만 하는 것이지 새나 쥐처럼 숨어서 구차한 삶을 도모할 수는 없는 일입니다." 박공은 의연하게 말하였다. "그대가 하는 말이 나의 뜻입니다." 일어나 글을 써서 임계영任啓英 공에게 알렸다. 임공은 일찍이 박공과 더불어 이 일에 대해 의론하며 같이 일을 꾀할 사람이 없는 것을 한탄하였었다. 임공은 즉시 달려와 공의 손을 잡고 말하였다. "나는 그대 때문에 일을 하게 되었습니다. 문을 닫아걸고 고요히 앉아 있는 것은 결과적으로 세상을 잊는 것이고 오늘을 도모하는 일이 아니니, 남자답게 의로운 선비의 기개를 떨

1592년 4월 임진왜란이 일어나자 옥천에서 문인 李瑀·金敬伯·全承業 등과 의병 1,600여 명을 모아, 8월 1일 靈圭의 僧軍과 함께 청주성을 수복하였다. 그러나 충청도 순찰사 尹國馨의 방해로 의병이 강제해산당하고 불과 700여 명의 남은 병력을 이끌고 금산으로 행진, 영규의 승군과 합진해서, 전라도로 진격하려던 고바야카와 다카카게 (小早川隆景)의 왜군과 8월 18일 전투를 벌인 끝에 중과부적으로 모두 전사하였다. 후세에 이를 숭모하여 금산전투라 일컬었다. 1604년 宣武原從功臣 1등으로 책록되고, 1734년(영조 10) 영의정에 추증되었다. 1883년(고종 20) 문묘에 배향되고, 옥천의 表忠祠, 배천의 文會書院, 김포의 牛渚書院, 금산의 星谷書院, 보은의 象賢書院 등에 제향되었으며, 1971년 금산의 순절지 칠백의총이 성역화되었다. 시호는 文烈이다.(네이버 지식백과『한국민족문화대백과』, 한국학중앙연구원)

처 보십시다." 계획을 세워 능성 현령 김익복金益福[12]을 만나기로 하였

는데, 현령은 현으로부터 이곳에 이르렀다. 이에 격문을 기초하여 여러

군현에 효유하였다. 공이 말하였다. "이는 대사입니다. 다만 오합지졸

만을 믿을 수는 없는 일입니다. 우리는 각자 군사를 모집하여 한 방향

을 맡읍시다. 모두 같이하는 것이 최선입니다." "그럽시다." 공은 충의

로 친지와 일족에게 알리고 자제들을 주변 고을에 나눠 보내 2백여 명

을 모았고, 7월 모일 보성寶城 관아 문밖에 이르렀다. 임任·박朴 두 공도

약속한 것과 같이 군사를 모집하였는데, 역시 수백 명이었다. 공이 말하

였다. "장수가 없이는 군사를 제대로 쓰지 못합니다." 이에 임공을 의병

장으로 추대하고, 공과 박공은 계획(謨畫)을 맡았다. 마침내 북을 치며

나아가 동쪽으로 움직여 가며 병사를 수습하니 또 천여 명을 얻었다.

---

12) 金益福: 김익복은 순흥안씨 思齊堂 安處順의 손자사위가 되어 남원지역으로 옮겨 살
   게 되었다. 이로 인해 후손들이 대대로 남원에 세거하여, 지금은 전라북도 남원시
   남골(木洞)과 전라북도 장수군 산서면 社倉에 살고 있다. 아들 金瀏는 정유재란 때
   運糧官으로 공을 세워 敎官에 贈職되었고, 둘째 아들 參奉 金澤는 이괄의 난 때 의병
   을 일으켜 執義에 증직되었으며, 막내아들 進士 金澁은 이괄의 난과 병자호란 때 의
   병을 일으켜 교관에 증직되었다. 손자인 참봉 金之純은 병자호란 때 의병을 일으켜
   집의에 증직되었고, 손자인 生員 金之重는 병자호란 때 和議를 물리쳐서 교관에 증직
   되었으며, 손자인 교관 金之白도 역시 병자호란 때 화의를 배척하여 집의에 증직되
   었다. 그리하여 세상 사람들은 이 집안을 '三世七忠'이라고 칭송하였다. 본관은 扶安,
   자는 季應, 호는 金陵, 시호는 忠景. 文貞公 止浦 金坵의 후손이며, 察訪 金光의 아들이
   다. 김익복은 玉溪 盧禛의 문하에서 수학했고, 충청도 연산으로 옮겨 살면서 沙溪
   金長生과 교류했다. 1573년(선조 6)에 생원시에 합격하고, 1580년(선조 13) 별시문과
   에 급제하여 佐郎·都事 등을 역임하였다. 임진왜란이 일어나자 능성현령으로 있으
   면서 前 현감 任啓英 등과 같이 의병을 일으켜 성주와 개령을 지키고, 금산에서 무주
   로 넘어오는 적을 막았다. 1597년 정유재란 때는 부모 상중이었는데 도원수 權慄이
   격문을 보내자 다시 나와서 권율 장군의 종사관이 되었다. 1598년(선조 31) 영광군
   수로 부임하여 명나라 장수 陳璘과 협조 아래 曳橋 싸움에 참여하였다가 적의 화살
   을 맞고 세상을 떠났다. 조정에서는 김익복에게 吏曹參判을 증직했고, 이후 吏曹判書
   와 忠景公이라는 시호를 내렸다. 전라남도 나주시 충장사에 제향하였다.(네이버 지
   식백과(한국향토문화전자대전)

군대가 움직인다는 소리가 점점 떨쳐나갔지만, 지나가는 여러 성읍에서는 유병儒兵 수가 적다하며 양곡을 내어 도와주지 않는 곳도 있었다. 임공은 그것을 걱정하여 공에게 말하였다. "충분히 먹이는 것이 용병의 급선무입니다. 그런데 지금 이와 같이 양곡이 모자라니 모든 군사들이 중도에서 흩어져 버리지나 않을까 걱정입니다. 공을 빼놓고 누가 이 일을 맡아 할 수 있겠습니까? 공이 만약 이 일을 해결하고 비책을 마련해 대응해서 군대로 하여금 공을 세울 수 있게 한다면, 적장의 목을 베거나 적진의 군기를 빼앗는 것과 같을 것입니다." 공은 밤중에 원근의 각 지역으로 달려나가 읍재邑宰나 부민富民을 찾아 지성으로 깨우치고, 한마디로 가르치며 읍소하니, 사람들은 누구라도 감격하며 그 생각을 본받지 않는 이가 없었다. 군량을 운반하여 오는 행렬이 길 위에서 만나기도 할 정도였다. 이에 말은 날아오르고 군사들은 배가 불러서, 마침내 여러 의병장과 모여 금산金山·무주茂朱의 적을 무찌르고, 개령開寧(김천)의 적을 성주星州로 쫓아냈다. 이 모든 것이 공이 군량을 끊어지지 않게 한 공이었다. 10월, 임공이 종사從事 정사제鄭思悌를 시켜 군진(幕府)의 공을 상소하게 하였는데, 공을 첫 번째로 적었다. 계사, 순찰사 권율權慄 공이 행재소로 계장을 올려 의병의 군공을 논하였는데, 역시 공이 첫머리에 말하여졌다. 갑오 여름, 적은 남해南海로 물러났다. 대가가 비로소 경사京師로 돌아와 모든 의병을 해산하라고 명하였다. 이에 공도 가지산 속으로 돌아갔다. 을미, 조정신료들이 다투어 공을 재학才學 겸비로 추천하였다. 임금은 특별히 6품으로 올리도록 명하고 용담龍潭(진안) 현령縣令을 제수하였다. 벼슬살이는 공의 뜻이 아니었지만, 나라가 걱정되어 강성하여지게 하는 일은 공이 사양할 것이 아니었다. 바닷가에는 적이 아직 가득 차 있었고, 공은 혼자서 땅을 쓸고 외롭게 서 있는 형국이었다. 공은 진심으로 알뜰하게 보살피고 믿음으로 감싸며, 백성들을 부모처럼 사랑하였다. 정유, 적이 다시 돌진하여 오니 나라 남쪽은 두려움에 요동하였다. 수령들은 다 쥐처럼 숨어 몸을 지키고 처자를 보전할 계책을 삼았다. 공만 홀로 읍민들을 정돈하여 군사로 만들고 적의 진출로를 끊었으며, 자제들을 시켜 죽음을 각오한 4~5인을 이끌고 출몰하며 적을 기습하게 하였는데, 죽이고 붙잡은 적병의 수가 아주 많았고, 한 지역이 그에 의존하여 완전히 지켜졌다. 그 지역으로 들어온 명나라 장수(天將)가 감탄하여 말했다. "호남과 영남이 적병에 의해 쓸려 나가고, 사람과 물자가 다 없어졌는데, 이 고을만은 평상시처럼 평안하게 지켜졌으니 그 태수가 얼마나 현명한 사람인지 알 수 있겠다." 다음 해, 적이 평정되었다. 공은 벼슬을 그만두고 돌아왔다. 백성들이 울며 수령으로 머무르기를 청하였지만 결국 이루지 못할 줄 알게 되자 돌에 새겨 그 마음을 담았다. 공은 산으로 들어와서 세상의 사무에 그 마음이 얽히는 법이 없었다. 즐거운 마음으로 책을 보며 살았는데, 병이 든 때가 아니라면 잠시도 손에서 책을 놓는 경우가 없었다. 경자 봄, 선조가 공의 공적을 생각하여 파주목사를 제수하였다. 공은 이미 병이 들어 있었다. 결국 3월 14일, 집에서 타계하였다. 향년 67세였다. 장흥 늑룡동勒龍洞 건향建向의 들에 장례하였다. 【정종正宗 무오 8월 일, 병조참판에 증직되었다. 유생 임오원任五原 등이 상소하여 특별히 은전을 입은 것이다. 이 일이 행장을 받은 후에 일어났으므로 분주分註한다.】 사림에서는 그 의기를 경모하여 관산冠山의 월천月川에 그 사당을 건립하고 춘추로 향사한다. 배위는 광주廣州이씨 참봉 경춘景春의 여식이다. 5남1녀를 낳았다. 원개元凱는 주부主簿이고, 영개英凱는 선전관인데 중부仲父의 후사를 이었으며, 형개亨凱는 직장이고, 홍개弘凱 역시 직장이며, 여개汝凱가 있다. 사위는 직장 백민수白民秀이다. 손자는 남자가 9인이다. 주욱周郁, 재욱再郁, 현욱顯郁, 취욱就郁, 사욱斯郁, 익준益晙은 현감이고, 치욱致郁, 치괴致畦, 만욱晚郁 등이다. 손녀는 6인이다. 모두 선비에게 시집갔다. 증손은 남녀 합하여 39인이고, 현손은 남녀 합하여 60인이다. 내손來孫(현손의 아들, 5대손)은 남녀 합하여 100여 인이다. 공은 자호가 풍암楓菴이고, 저술은 난리통에 전부 불타 버려 남아 있는 것이 없다. 일찍이 달빛을 밟으며 앞의 내에 있는 암대巖臺에 올라 고요히 북쪽을 바라보며 시를 읊은 것이 있다. "북쪽 대궐은 멀어 소식은 끊어졌는데/ 남산(終南)과 한강(渭水)은 꿈속에서도 여전하네//" 남쪽의 선비들은 지금도 이 시를 암송하여 전해오고 있으며, 그 암대를 사군대思君臺라 부른다. 아아! 우리 도의 체와 용이 이미 다하였어라. 천하의 일에는 그 체는 있고 그 용이 없는 것은 있을 수 없고, 또한 그 용은 있고 그 체에 근본을 두지 않는 것도 있을 수 없다. 공이 큰 현자의 문하에서 전해받은 것은 부모에게 효도하고 군왕에게 충성하며 일을 떳떳하게 하고 그 이치를 본받는 것을 넘어서지 않는 것이었다. 또 항차 무후의 요결에 '아주 조용하게 기다리고 있는 것은 그 머물러 있는 것이 말아서 감싸놓은 것 같으나 품고 있는 생각은 고목이나 타버린 재 같은 것이 아니니, 그것이 펼쳐져 나오게 되면 의리의 지팡이가 되고, 지혜로운 계획이 되는 것이다'라 함에 있어서라. 벌떼와 전갈 같은 것은 그 예봉에 꺾여 나갔고, 사직은 그 힘에 의존하였으니, 찬연히 빛이 나서 지금에 이르기까지 사람들이 칭송하여 말하는 것이다. 대저 평일에 강설하여 밝힌 것은 중中을 근본으로 하지 않음이 없었다. 사람으로서 배움이 없는 자라면 누가 이 사람과 같을 수 있겠는가? 공이 타계한 지 2백 년이 되었는데, 그 덕을 형용하는 글은 아직 부탁할 만한 사람을 만나지 못하고 있다. 지금 그 6세손 취광就光과 그 종질 사한史漢이 천 리 밖으로부터 찾아와 외람되게 부탁을 받게 되니, 이는 효성스런 후손의 성실한 마음 탓일 것이다. 감히 글을 쓰지 못한다고 할 수 없는 일이었다. 그러므로 있는 글에 덧붙이고 있었던 사실에 빗대어 후에 제대로 붓을 잡을 사람(乘筆者)에게 채택될 수 있는 내용을 갖추어 놓는다.

보국 숭록대부 행 판중추부사 겸 병조판서 판의금부사 지경연 춘추관 홍문관제학 예문관제학 세손좌빈객 규장각제학 지실록사 채제공蔡濟恭13) 찬술.

---

13) 蔡濟恭: 본관은 平康. 자는 伯規, 호는 樊巖·樊翁. 효종 때 이조판서·대제학을 지낸 蔡裕後의 방계 5대손이며, 蔡時祥의 증손으로, 할아버지는 蔡成胤이고, 아버지는 지중추부사 蔡膺一이다. 어머니는 李萬成의 딸이다. 홍주 출생. 1735년(영조 11) 15세로 향시에 급제한 뒤 1743년 문과정시에 병과로 급제하여 승문원권지부정자에 임명되면서 관직 생활을 시작하였다. 1780년(정조 4) 洪國榮의 세도가 무너지고 소론계 공신인 徐命善을 영의정으로 하는 정권이 들어서자, 홍국영과의 친분, 사도세자의 신원에 대한 과격한 주장으로 정조 원년에 역적으로 처단된 인물들과의 연관, 그들과 동일한 흉언을 했다는 죄목으로 집중 공격을 받아 이후 8년간 서울근교 명덕산에서 은거 생활을 하였다. 1788년 국왕의 친필로 우의정에 특배되었고, 이때 皇極을 세울 것, 당론을 없앨 것, 의리를 밝힐 것, 탐관오리를 징벌할 것, 백성의 어려움을 근심할 것, 권력기강을 바로잡을 것 등의 6조를 진언하였다. 이후 1790년 좌의정으로서 행정 수반이 되었고, 3년간에 걸치는 獨相으로서 정사를 오로지 하기도 하였다. 이 시기에 이조전랑의 自代制 및 당하관 통청권의 혁파, 신해통공정책 등을 실시했으며, 반대파의 역공으로 珍山事件이 일어나기도 하였다. 1793년에 잠간 영의정에 임명되었을 때는, 전일의 영남만인소에서와 같이 사도세자를 위한 단호한 討逆을 주장하여 이후 노론계의 집요한 공격이 야기되기도 하였다. 그 뒤는 주로 수원성역을 담당하다가 1798년 사직하였다. 문장은 疏와 箚에 능했고, 시풍은 위로는 李敏求·許穆, 아래로는 丁若鏞으로 이어진다고 한다. 또한, 학문의 嫡統은 동방의 주자인 李滉에게 시작하여 鄭逑와 허목을 거쳐 李瀷으로 이어진다고 하면서 정통 성리학의 견해를 유지하였다. 1799년 1월 18일에 사망, 3월 26일에 士林葬으로 장례가 거행되었고, 묘는 경기도 용인에 있다. 1801년 黃嗣永帛書事件으로 추탈관작되었다가 1823년 영남만인소로 관작이 회복되었다. 시호는 文肅이다.(『한국문화대백과사전』)

『풍암선생유고』「서」

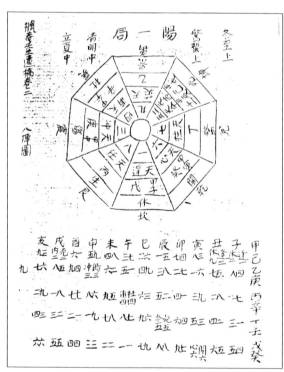

팔진도

제2장

성재선생문집
야로당선생문집
일휴면진연고

전성건

【해제】

『성재선생문집』은 성재惺齋 금난수琴蘭秀(1530~1604)의 시문집이다. 성재는 그의 호이고, 자는 문원聞遠이며, 본관은 봉화奉化이다. 성재는 예안현禮安縣 부포리浮浦里에서 태어났다. 아버지 금헌琴憲이 처음『소학小學』을 가르쳤고, 더 이상 가르칠 수 없다고 판단하여 인근 임천서당臨川書堂에서 마을의 청년을 모아 강학하던 학봉鶴峯 김성일金誠一(1538~1593)의 부친 청계靑溪 김진金璡(1500~1580)에게 보내 수학하도록 하였다. 성재는 이곳에서 약봉藥峯 김극일金克一(1522~1585)·귀봉龜峯 김수일金守一(1528~1583)·백담柏潭 구봉령具鳳齡(1526~1586)·양곡暘谷 이국량李國梁(1517~1554) 등과 교유를 맺을 수 있게 되었다.

『성재선생문집』은 2책 4권의 목판본이다. 권1은 모두 시詩로 이루어져 있는데, 대부분 퇴계문하의 사우들 사이에서 주고받은 증답시贈答詩로 그 원시原詩까지 수록해 놓았다. 권2는 서書와 잡저雜著로 이루어져 있다. 서는 퇴계선생에게 보낸 편지로, 대다수가 질의質疑의 형식을 취하고 있고, 각각의 항목에 따른 답변이 문목問目의 형태로 제시되어 있다. 동문들에게 보낸 편지는 주로 월천月川 조목趙穆(1524~1606)에게 보낸 것이다. 그 내용은 월천에게 수학하고 있던 두 아들의 학업성취와 그들의 안부에 대한 것이다.

잡저는 모두 10편이다. 화담花潭 서경덕徐敬德(1489~1546)의 리기설理氣說에 대한 글을 읽고 쓴 「독『화담집』변讀『花潭集』辨」은 퇴계학파의 리기론에 대한 특징을 잘 보여 주고 있다. 또 「퇴계선생역명사의退溪先生易名私議」에서는 퇴계의 덕성이 주자 이후 유일무이한 분으로 '문文'이라는 글자가 선생의 시호諡號에 가장 합당하다는 사견私見을 붙여 놓았다. 향약鄕約과 관련한 잡저로 중요한 것이 있는데, 그것이 바로 「족계입의후지族契立議後識」와 「동중약조소지洞中約條小識」이다. 이 두 가지는 향약의 규정으로 성재가 봉화현감으로 재직할 때 그 마을에 실제로 시행한 조목들이다.

권3은 3편의 기문記文이 들어 있는데, 「도산서당영건기사陶山書堂營建記事」는 도산서당을 건립할 때의 시말을 상세하게 기록해 놓은 것이다. 이 글을 통해 당시 도산서당과 농운정사隴雲精舍의 규모와 건립 연대 및 부속건물의 위치와 명칭 등을 자세하게 알 수 있다. 또 퇴계선생이 직접 이름을 붙인 암서헌巖栖軒·절우사節友社·정우당淨友塘·유정문幽貞門·천연대天淵臺·천광운영대天光雲影臺·탁영담濯纓潭·반타석盤陀石·석간대石磵臺 등의 명칭과 그 위치, 그리고 만든 시기와 명칭의 유래 등을 살펴볼 수 있다.

권4는 부록으로, 후대 사람이 찬한 묘갈명墓碣銘과 유사遺事 및 동계서원봉안문東溪書院奉安文·상향축문常享祝文·경현사상량문景賢祠上梁文 등이 실려 있고, 동문제현들이 쓴 만사와 일동정사日東精舍를 노래한 사우들의 증시贈詩를 모아 놓은 「고산정제영孤山亭題詠」이 수록되어 있다.

1. 성재의 한평생

성재는 1530년(중종 25) 2월 3일 예안현 부라리[1]에서 태어났다. 7세에 처음 『소학』을 배웠다. 12세에는 학봉 김성일[2]의 아버지 청계靑溪 김진 金璡(1500~1580)[3]에게 나아가 수학하였다. 이때 청계는 전암서당傳巖書堂[4]

---

1) 부라리 혹은 浮羅院·부포리라고 불린다. 부포리는 고려 중기부터 조선 말기까지 시행된 驛院公營制度에 의하여 예안현에 배치되었던 浮羅院이 있었던 지역이다. 과거 100여 호가 살 정도로 넓고 기름진 들판이 있었고 생계가 넉넉하였으며 壽鄕으로 불릴 정도로 장수한 사람이 많았다고 한다. 그러나 1974년 안동댐이 건설되면서 수몰지구로 포함되었으며 오늘날에는 30여 가구만이 살아가는 작은 마을이 되었다.

2) 金誠一의 본관은 義城이고 자는 土純이며 호는 鶴峰이다. 1556년 金復一(1541~1591)과 함께 이황의 문하에서 『서경』·『易學啓蒙』·『심경』·『大學疑義』 등을 수학하였다. 1564년 진사가 되어 성균관에 들어갔으며 1568년 증광문과에 병과로 급제하여 승문원권지부정자가 되었으며 1569년 정자를 거쳐 검열·대교 등을 역임하였다. 1573년 전적과 형조좌랑·예조좌랑을 거쳐 정언에 재수되었으며 곧바로 홍문관수찬·지제교·경연검토관·춘추관기사관을 겸하였다. 1574년 부수찬을 거쳐 정언의 신분으로 盧守愼(1515~1590)을 탄핵하였다. 1575년 이조좌랑·병조좌랑을 역임하였으며 1578년 홍문관교리·장령·검상·사인 등을 역임하였다. 1580년 함경도순무어사로 함흥·삼수·길주·종성 지역 등을 살폈으며, 1583년 사간에 제수되었고 이어서 황해도순무어사로 황주 인근 지역을 시찰하였다. 1584년 나주목사에 부임하였으며 1586년 종부시첨정에 이어 奉常寺正·京畿推刷敬差官·禮賓寺正·사성 등을 역임하였다. 1590년 通信副使로 일본에 다녀온 후 일본이 침략하지 않을 것이라고 보고하였다. 이후 부호군을 거쳐 대사성이 되어 승문원부제조를 겸하였으며 1592년 형조참의를 거쳐 경상우도병마절도사로 재직하였다. 그해 임진왜란이 발발하자 좌천되었다가 류성룡의 간청으로 경상우도초유사에 임명되어 경상도로 돌아왔다. 의병장 郭再祐(1552~1617)의 의병활동을 고무시켰으며 경상도 인근의 지역을 돌며 의병을 규합하였다. 그리고 관군과 의병 사이에 의견을 조화시켜 전투력을 향상시키는 데 힘을 기울였다. 1593년 경상우도순찰사를 겸하게 되었으며 경상도 각 고을에서 왜군에 대한 항전을 독려하다가 병으로 사망하였다. 저서로는 『喪禮考證』·『海槎錄』 등이 있으며 1649년에서야 『鶴峯集』이 간행되었다.

3) 金璡의 본관은 義城이고 자는 瑩仲이며 호는 靑溪이다. 어려서부터 재능이 뛰어나고 뜻이 높아 명유들을 찾아가 가르침을 배웠으며 견문을 넓히고 학문에 정진하였다. 淫祠나 귀신으로 자신의 몸을 더럽히는 행위를 기피하였기 때문에 마을에 무당이 출입하지 못하였다. 사후 이조판서에 추증되었으며 안동 泗濱書院에 제향되었다.

4) 傳巖書堂은 靑溪 金璡이 司馬試에 합격하고 성균관에서 공부하였으나 이내 과거에 응시하는 것을 단념하고 安東 臨河縣으로 돌아와 후진교육에 전력하고자 지은 서당이

을 짓고 자제들과 고을의 수재들을 가르치고 있었다. 15세에 부지런히 독서하여 위기지학爲己之學을 일찍부터 알게 되었다. 특히 사람의 본성은 모두 선하다는 뜻을 읽을 때에는 척연히 경계하고 반성하였다고 한다. 20세 겨울에 청량산 선암仙庵에 들어가 독서하였다. 이때에 백담 구봉령[5]과 양곡 이국량[6] 등과 암자에 기거하면서 날을 정해 서로 만나 독서한 것을 강론하였다.

21세에 퇴계선생의 문하에 들어가 수업을 받았다. 이때 관례를 행하고 월천 조목[7]에게도 배움을 청했다고 한다. 선생은 매번 성재의 인품이 매우 좋고 지향이 가상하다고 칭찬했다고 한다. 23세에 퇴계선생의 편지를 받았다.

다. 자신의 자제와 향내의 蒙士들을 교육 대상으로 삼았으며 學令을 세우고 과정을 엄격하게 하여 체계적인 교육활동을 하였다. 그는 『朱子家禮』와 『소학』의 예절교육을 향촌사회에서 그대로 실천할 수 있도록 지도하였으며 무속이나 귀신에 대한 제사를 거절하였고 마을에 있는 성황당을 훼철하였다.

5) 具鳳齡의 본관은 綾城이고 자는 景瑞이며 호는 柏潭이다. 외종조 權彭老에게 『소학』을 배웠으며, 1545년 퇴계 이황의 문하에 들어가 수학하였다. 1546년 사마시에 합격하였으며 1560년 별시문과에 乙科로 급제하였다. 이후 承文院副正字 · 戶曹佐郎 · 吏曹佐郎 · 兵曹參判 · 刑曹參判 등을 역임하였다. 그 당시의 조선은 동서로 당쟁이 시작되는 무렵이었으나 중립을 지키고자 힘썼다. 시문이 뛰어났으며 『渾天儀記』를 짓는 등 천문학에도 조예가 깊었다. 저서로는 『柏潭文集』과 그 속집이 있다.

6) 李國樑의 본관은 永川이고 자는 庇遠이며 호는 暘谷이다. 아버지는 李賢俊(1477~1552)으로 前德源敎授를 역임하였다. 그는 嘉靖 25년 丙午 9월 生員進士試에 합격하였다. 온계리에서 살았다고 한다.

7) 趙穆의 본관은 橫城이고 자는 士敬이며 호는 月川이다. 그는 新民보다 明德을 중요하게 여겼기에 벼슬을 사양하고 독서를 즐긴 것으로 유명하다. 1552년 생원시에 합격하였으나 대과를 포기하고 학문과 수양에 전념하였다. 이후 조정에서 恭陵參奉 · 成均館首薦 · 集慶殿參奉 · 童蒙敎官 · 宗簿寺主簿 · 造紙署司紙 · 工曹佐郎 등에 제수되었으나 모두 부임하지 않고 퇴계 이황을 가까이에서 모시며 경전연구에 주력하였다. 저서로는 『月川集』과 『困知雜錄』이 있다.

사람은 모두 과거시험에 마음을 쓰고, 이 학문이 있는 것을 모릅니다. 그러나 그대는 뜻이 이 학문에 있고 과거시험에 응시하는 것을 걱정하지 않으니, 그대의 뜻이 매우 아름답습니다. 그러나 그대는 지금 연로하신 부모님이 계시니, 과거시험에 힘쓰지 않아서야 되겠습니까? 두 가지는 함께 진행해야 하고, 매우 부지런히 공부해야 합니다. 서울에서 시험 소식을 들으니 그 득실이 사람을 놀라게 합니다. 안타까움이 큽니다. 편지를 받아 보니, 그에 관해 한마디 언급도 없고, 산간에 초가집을 짓고 사람들이 맛보지 못한 것을 맛본다고 하니, 이것은 사람들이 괴이해할 말입니다만, 나의 마음에는 더욱 사랑스런 말입니다.[8]

성재가 퇴계문하에 올랐을 처음에는 과거시험에 뜻이 없었던 것으로 보인다. 그가 위기지학에 뜻을 두었기 때문이다. 그러나 퇴계는 물론, 학우들은 그에게 연로하신 부모를 모셔야 하고 집안이 빈한하기 때문에 과거시험 준비도 함께 병행해야 함을 권하였던 것이다. 여하튼 이해 11월에는 현묘사에서 모임을 가졌는데, 월천 조목·백담 구봉령·지산芝山 김팔원金八元(1524~1569)[9]·인재忍齋 권대기權大器(1523~1587)[10] 등과

---

8) 『惺齋先生文集』, 권1, 「惺齋先生年譜」, "書曰: 人皆役心於科擧, 不知有此學. 賢則意在此學, 而不恤擧業, 賢之志甚佳. 然賢居今之世, 且有老親, 何可不務擧業? 二者並進, 要著百之千之之功, 可也. 又曰: 京外榜出, 得失驚人, 波沸雲騰, 而書來無一言及之. 結茅山間, 味衆人之所不味, 此乃人所怪罵, 而吾心益以愛向焉."

9) 金八元의 본관은 江陵이고 자는 舜擧 또는 秀卿이며 호는 芝山이다. 태어난 지 얼마 안 돼 어머니를 여의고 외가에서 성장하였고 周世鵬(1495~1554)과 이황의 문하에서 수학하였다. 1555년 식년 문과시에 을과로 급제하였으며 禮曹佐郎·龍宮縣監 등을 지냈다. 저서로는 『芝山文集』이 있다.

10) 權大器의 본관은 安東이고 자는 景受이며 호는 忍齋이다. 이황의 문하에서 수학하였다. 1552년 식년시 생원에 합격하였으나 학업에 뜻을 두었기 때문에 관직에는 나아가지 않았다. 행실이 반듯하고 품성이 순수하였으며 경서에 능통하고 공부한 것을 실천하는 知行合一의 삶을 살았다. 그는 평생을 검약하게 살았으면서도 爲人之學을 추구하지 않았으며 孝悌忠信의 실천 및 명예와 이득에 대한 경계를 잃지 않았다. 伊溪書院을 지어 후진양성에 힘을 쏟았다. 저서로는 『忍齋先生實紀』가 있다.

함께 모두 그 모임에 참여하였다. 그리고 "우리 벗들이 이렇게 흩어졌다가 모였다가를 반복하면 자못 도움이 없을 것입니다. 어떤 때는 산山에서 어떤 때는 사社에서 아름다운 절경을 보게 될 것인데, 각자 경전과 역사책을 휴대하여 모여 함께 읽으면 좋겠습니다"라는 모임의 뜻을 세우기도 하였다.11) 24세에는 『심경心經』을 읽고, 절구絶句 2수를 퇴계선생에게 보냈다. 퇴계선생은 이에 차운次韻하였다.

서산의 『심경』이 사문을 창도하니	西山一部倡斯文
경의를 배합하여 본원을 함양하네	敬義相須養本源
사서의 유서가 함께 시종이 되니	四子遺書共終始
어찌 다른 길로 공문을 구하는가	何須別路更求門

성인과의 거리 멀지만 사문은 그대로 사문이니	聖遠千秋文自文
다행히 상계를 따라 참된 본원으로 나아가네	幸從溪路溯眞源
창밖 밝은 달 반듯이 글 쓰고 독서해야 하니	窓明几淨書宜讀
산구름 골짜기 입구에 자물쇠 채우게 하네	分付山雲鎖洞門12)

인재는 무너진 시대의 문장을 한탄하니	人才堪嘆壞時文
누가 유경을 향해 근원을 강토할까	誰向遺經討一源
금생이 새롭게 터득하여 심히 기쁘니	絶喜琴生新有得
나침반이 되어 사문을 구하리라	指南經理爲求門

---

11) 『惺齋先生文集』, 권1, 「惺齋先生年譜」, "盖登門之初, 便有謝絶擧業之志, 而累發於師門奬諭者如此. 十一月修契于玄沙寺, 趙月川・具栢潭・金芝山人元・權忍齋大器諸公皆與其會. 其立議畧曰: 凡我朋執, 乍分乍合, 殊無資益. 或山或社, 佳辰勝節, 各攜經史, 齊會通讀."
12) 『惺齋先生文集』, 권1, 「讀『心經』書二絶上退溪先生」.

청량에서 우리 사문 지킨 것이 오래도록 부끄러운데 久愧淸凉勒我文

그대가 내 곁에 살면서 허령의 근원을 헤아리니 容君棲息度靈源

어느 때 나 또한 참된 은자가 되겠는가 何時我亦成眞隱

달 뜬 골짜기 바람 부는 바위에서 사문에 자물쇠를 채우네

霽月嵒風靜鎖門[13]

이 시 뒤에 퇴계는 다음과 같은 이야기를 덧붙였다. "한 번 서울에 온 뒤로 2년 동안 귀향하지 못했는데, 문원(성재의 자)이 나의 계당을 찾아 그 벽 위에 시를 썼다. 아울러 내가 예전에 주었던 사문승천절구沙門勝天絶句를 붙여 둔 것에 화답하였다. 읽어 보니, 사람으로 하여금 감격을 일으키게 하였다. 인하여 차운하여 붙여 둔다."[14] 퇴계는 성재에게 『심경』에 침잠하여 공력을 쌓을 것을 권고하였다.

『심경』에 진실로 능히 잠심하여 공력을 쌓을 수 있다면, 도에 들어가는 문은 이를 벗어나지 않을 것입니다. 그대의 돈후한 뜻은 이것을 얻어 공효를 사용할 수 있을 것입니다. 어떻게 그것을 헤아릴 수 있겠습니까? 일상생활에서 주경과 궁리를 몸소 절실하게 공부하십시오. 진리가 쌓이고 공력이 오래되면, 성인의 말씀이 나를 속이지 않음을 분명히 알 수 있을 것입니다. 공효를 사용하는 것이 끝이 없다는 것을 걱정할 필요가 있겠습니까? 전현들이 이 일을 논한 것을 익숙하게 보십시오. 그러나 억지로 잡으려고 해서는 안 되고, 또 급박하게 붙잡으려고 해서도 안 됩니다. 이와 같다면, 목표를 이루지 못할 뿐만이 아니라,

---

13) 『退溪先生文集外集』, 권1, 「『心經』絶句次琴聞遠韻」.

14) 『退溪先生文集外集』, 권1, 「『心經』絶句次琴聞遠韻」, "一來京師, 兩年未歸, 聞遠尋余溪堂, 用其壁上詩韻, 幷和余舊所贈沙門勝天絶句見寄. 讀之, 使人悢然起感, 因次韻卻寄云. 嘉靖癸丑臘月晦前數日, 溪翁草草."

병통이 생기는 데 이를 것입니다. 모름지기 마음을 관대하게 하여 우유함영優遊涵泳한다면, 깨어 있는 주인이 항상 조관照管하는 것을 잃지 않을 것입니다. 이 방법은 간략합니다. 주자가 이른바 "미발할 때에는 찾으려고 하지 말고, 지각한 이후에는 안배하지 말라. 오직 평상시에 장경함양莊敬涵養하는 것이 본령이 되는 공부이다"라고 한 구절을 더욱 경계하고 절실하게 생각하세요.15)

25세 봄에 동계東溪에 성성재惺惺齋를 지었다. 이때 퇴계선생이 손수 성재惺齋라는 편액을 써서 주셨다. 26세에 『연평답문延平答問』16)을 읽었다. 이때는 월천 조목과 함께 독서하고 질정하였는데, 성재惺齋에 기거하거나 용수사龍壽寺17)에 가서 학문을 익혔다. 27세에는 월천과 함께 월란

---

15) 『惺齋先生文集』, 권1, 「惺齋先生年譜」, "退溪先生赴召在都, 次韻以寄. 又答書畧曰心經苟能潛心積功, 入道之門, 不外於此. 以足下之篤志, 得此用功, 豈可量耶? 又曰日用之間, 主敬窮理, 親切用工, 眞積力久, 則有以見聖言之不我欺, 何憂用功之未端的耶? 熟觀前賢之論此事也, 不可强力把捉, 亦不可急迫制縛. 如此則非但無成, 必至生病. 須寬著意思, 優遊涵泳, 而惺惺主人常不失照管, 此法差爲簡約, 而朱子所謂未發之前, 不可尋覓, 已覺之後, 不容安排. 惟平日莊敬涵養, 爲本領工夫一節, 尤爲警切."; 『退溪先生文集』, 권36, 「答琴聞遠」.

16) 『연평답문』은 주희가 스승 李侗(1093~1163)과 학문에 대해 문답한 편지를 모아 간행한 서간집이다. 조선에서는 2차례 간행되었는데, 1554년(명종 9) 퇴계 이황의 발문이 있는 초간본과 1666년(현종 7) 同春堂 宋浚吉(1606~1672)의 발문이 있는 중간본이다. 李侗의 자는 愿中이고 延平이 호이다. 주희의 아버지 朱松(1097~14143)의 친구로, 楊時(1044~1053 또는 1130~1135)의 제자인 羅從彦(1072~1135)에게 수학했기 때문에 程頤(1033~1107)의 학문이 李侗을 통해 주희에게 전해지는 사승관계에 있는 인물이다.

17) 龍壽寺는 경상북도 안동시 도산면 운곡리에 있는 대한불교 조계종 제15교구 통도사의 말사이다. 고려 명종 11년(1181)에 최선이 건립하였다. 용수사의 창립계획은 毅宗(1127~1173) 때 고승 석윤이 자신의 소견을 의종에게 개진한 데서부터 시작하였다. 의종은 睿宗(1079~1122)이 봉화의 覺華寺를 지어 화엄교리를 널리 편 것을 본받아 용수사를 지어 화엄교리를 두루 펴고자 하였다. 그래서 의종은 용두산 암자에 일관인 영위를 보내어 절터를 살펴보게 하고 용수사라 사액하였으며 지방관으로 하여금 증축을 돕게 하였다. 조선 宣祖(1552~1608)에 이르러 극락전을 건립하였다. 그러나 용수사는 1895년 을미의병이 일어나 의병과 일본군 사이의 전투로 인하여 전소되었다. 1994년 승려와 불자들이 힘을 모아 대웅전과 요사를 건립하여 복원하였다.

암月瀾菴에서 독서했고, 퇴계의 명에 의해 『주자서절요朱子書節要』[18]를 베끼는 일을 했다. 28세에는 계당溪堂에서 금응훈琴應壎(1540~1616)[19]·이안도李安道(1541~1584)[20]·김전金㙉 등과 공부하였다. 이때는 퇴계선생이 『계몽전의啓蒙傳疑』[21]를 편성했을 때이다.

30세에는 간재艮齋 이덕홍李德弘(1541~1596)[22]이 성재에 와서 머물다가

---

18) 『朱子書節要』는 이황이 『주자대전』의 서간 중에서 가장 중요한 부분을 발췌하여 편찬한 서적이다. 이황의 序文과 황준량·기대승의 跋文이 있으며 황준량·유중영·김성일·정경세 등이 간행하였다. 『주자전서』에는 주희의 사상이 담겨 있으나 그 중에서 서간문은 단편적이긴 하지만 사상을 집약해서 상대방에게 보내는 것이기 때문에 매우 중요하였다. 이황은 이 점에 주목하여 서간문 연구에 집중하였다. 그리고 서간 중에서 정주학의 핵심이 되는 내용을 간추려 책을 완성하였다. 초기에는 필사본으로 유통되었을 것으로 추정되며 1561년에 황중량이 성주에서 간행한 것을 시작으로 1567년 유중영이 정주에서, 1586년 김성일이 나주에서, 1611년 정경세가 금산에서 간행하였다. 『주자서절요』는 주희의 사상을 총망라하여 정리하였기 때문에 이후 조선 성리학 연구와 발달에 근간으로 작용하였다.

19) 琴應壎의 본관은 奉化이고 자는 壎之이며 호는 勉進齋이다. 이황의 문하에서 수학하였으며 1570년 사마시에 합격하였다. 1574년 左贊成 鄭琢 등의 천거로 인하여 宗廟署副奉事에 제수되었다. 이후 永春縣監과 提川縣監을 역임하고 義興縣監에 제수되었으나 서애 류성룡과 월천 조목의 권유로 인하여 사직하고 『퇴계선생문집』의 간행실무자로 참여하였다. 이후 후진교육에 진력하였다.

20) 李安道는 이황의 장손으로 본관은 眞城이고 자는 逢原이며 호는 蒙齋이다. 조부인 퇴계에게 수학하여 성리학에 대한 조예가 깊었으며 퇴계문하의 名儒들과 교유하였다. 1561년에 생원시에 합격하였으며 1574년 이황의 적손이라 하여 蔭敍로 穆淸殿參奉에 임명되었다. 이후 儲倉副奉事·尙書院副直長·司醞直長을 역임하였다. 저서로는 『蒙齋文集』이 있다.

21) 『계몽전의』는 퇴계 이황이 주희의 『易學啓蒙』에 대하여 해설한 서적이다. 차례는 저자의 小序와 「本圖書」·「原卦畫」·「明蓍策」·「考變書」로 구성되어 있다. 「본도서」와 「원괘획」은 董仲舒(B.C.170~120)와 邵雍(1011~1077), 胡炳文(1250~1333)의 주장과 주희의 주석을 비교하여 자신의 의견을 첨부하였다. 「명시책」과 「고변서」는 점에 대하여 주로 해석하였는데 擲錢占에 대한 해설과 萁三百의 수치를 설명하였다. 이 밖에 명나라 韓邦奇(1479~1555)의 『啓蒙意見』 중에서 중요한 부분을 뽑아 추록하였다.

22) 李德弘의 본관은 永川이고 자는 宏仲이며 호는 艮齋이다. 10여 세부터 이황의 문하에서 수학하였으며 이황으로부터 사랑을 받았다. 학문에 대해서도 두루 뛰어났으나 특히 역학에 밝았다고 한다. 1578년 조정에서 선조에게 이름난 아홉 선비를 천거할 때 4위로 뽑혀 集慶殿參奉에 임명되었다. 이후 宗廟署直長·世子翊衛司副率을 역임하였다. 임진왜란(1592)이 발발하자 세자를 따라 成川(오늘날 평안남도 성천군, 대동강

갔다. 31세에는 합천에 향시를 치러 갔다가 성주에 이르러 금계錦溪 황준량黃俊良(1517~1563)[23]과 영봉서원迎鳳書院[24]의 입향의절立享儀節에 대해 논의했으며, 덕계德溪 오건吳健(1521~1574)[25]과 향교에서 만났다. 34세에는 퇴계에게 편지하여 왕세자복제 및 시제와 상례 등의 조목을 질의했다. 36세에는 족형들과 족계회族契會를 만들었다. 그의 족계입의族契立議에 따르면, 이것은 퇴계선생이 온계溫溪에서 입약立約한 것을 따른 것으로 종

지류인 비류강 유역)까지 호종하였다. 전란 중 永春縣監(오늘날 단양군 영춘면)을 역임하여 백성을 구제하는 데 힘을 쏟았다. 저서로는 『周易質疑』·『四書質疑』·『溪山記善錄』·『朱子書節要講錄』·『艮齋集』 등이 있다.

23) 黃俊良의 본관은 平海이고 자는 仲擧이며 호는 錦溪이다. 어릴 때부터 재주가 뛰어나 신동으로 불렸으며 문장이 뛰어나 소문이 자자하였다. 이황의 문하에서 수학하였다. 1537년 생원이 되었고 1540년 식년 문과시에 을과로 급제하였다. 權知成均館學諭로 임명되었으며 星州訓導로 차출되었다. 이후 成均館學諭·學錄·養賢庫奉事·學正·博士·典籍·工曹佐郎 등을 역임하였다. 공조좌랑 재임 중 3년 시묘상을 당하여 상을 치르고 전적으로 복직하였다. 또한 호조좌랑과 春秋館記事官을 겸하였으며 이후 兵曹佐郎으로 전직되었다. 1551년 慶尙道監軍御史에 임명되고 持平에까지 제수되었다. 그러나 언관의 모함으로 新寧縣監과 丹陽郡守·星州牧使를 재임하였고 負債文券을 태워버리고 학교와 교육진흥에 힘을 쏟아 서원과 서당을 건립하였으며 선정을 베풀었다. 저서로는 『錦溪集』이 있다.

24) 迎鳳書院은 이황이 생전에 건립한 18개소 서원 중에 초창기에 세워진 것으로 文烈 李兆年(1269~1343)과 文忠 李仁復(1308~1374), 寒暄 金宏弼(1454~1504)의 학문과 덕행을 추모하였다. 영봉서원의 건립에는 목사 盧慶麟(1516~1568)의 적극적인 도움이 있었다. 노경린은 迎鳳山 일대를 물색하여 폐사지가 된 智藏寺 터를 적합한 장소로 선정하였다. 당해 가을에 서원 건립에 착수하였으며 겨울에 재목을 모으고 다음 해 여름 기와를 올려 가을에 완공하였다. 이후 寒岡 鄭逑(1543~1620)가 臥龍 諸葛亮(181~234)의 고사를 인용하고 성주에 소재한 伊川과 雲谷의 지명을 하나씩 따서 川谷書院으로 개명하였다. 흥선대원군의 서원철폐령으로 훼철되었으나 복원되지 못하였다.

25) 吳健의 본관은 咸陽이고 자는 子强이며 호는 德溪이다. 11세에 부친상을 당하였으나 지극한 효성으로 소문났으며, 29세에 모친상을 당하였으나 예의에 더욱 힘써 禮曹의 포상과 명종으로부터 復戶를 받았다. 1552년 진사시에 합격하고 1558년 식년 문과시에 병과로 급제하였다. 1567년 承政院注書를 시작으로 이듬해 正言·獻納·持平·校理·直講·司成과 호조·예조·병조·공조의 좌랑, 檢詳·舍人 등을 역임하였다. 1571년 吏曹佐郎 및 春秋館記事官을 겸임하였고 『明宗實錄』 편찬에 참여하였다. 1572년 吏曹銓郎에 있다가 조정의 언관이 막히는 경향이 강성해지자 벼슬을 버리고 낙향하였다. 저서로는 『德溪文集』·『丁卯日記』 등이 있다.

족 간의 인목婣睦의 도에 대해서 인정과 의리를 다하기 위해서이다.

41세에는 퇴계선생을 모시고 역동서원易東書院[26]에 가서 『심경』을 배웠고, 역동易東 우탁禹倬의 위판位版을 봉안하고 석채례釋菜禮를 행했다. 9월에 다시 도산에 모여 『역학계몽』과 『심경』을 배웠다. 이해 12월 신축에 퇴계선생이 돌아가셨다. 이때 성재는 선생을 위해 성심으로 상례를 치렀으며, 기년에 포대를 하고, 심상삼년心喪三年을 행했다. 42세 3월 모여 퇴계선생의 장례를 치렀다. 여러 공들과 상례의절에 대해 논의하였다. 6월에는 역동서원에 모여 선생의 문집에 들어갈 내용을 모았다.

43세에는 부석사浮石寺를 유람했는데, 이때 참가한 사람은 후조당後彫堂 김부필金富弼(1516~1577)[27] · 매헌梅軒 금보琴輔(1521~1584)[28] · 백담柏潭 구봉령具鳳齡(1526~1586) · 서애西厓 류성룡柳成龍(1542~1607)[29] · 문봉文峯 정유일

---

26) 易東書院은 고려 말기의 학자인 禹倬(1263~1342)의 학문과 덕행을 추모하기 위해 건립된 서원이다. 이황의 발의로 시작하여 인근의 사족과 수령들의 협조를 받아 예안지역에 최초로 건립한 서원으로 숙종 10년(1684)에 사액을 받았다. 그러나 흥선대원군의 서원철폐령으로 훼철되었다가 1969년 서원을 안동시 송천동 388-2번지로 이건하여 복원하였으며 1991년 역동서원으로 이전해 온 안동대학교에 기부되었다.

27) 金富弼의 본관은 光山이고 자는 彦遇이며 호는 後彫堂이다. 어려서부터 효심이 많았고 성품이 강직하고 굳건했다. 1537년에 사마시에 합격하여 성균관에서 학업하였다. 1544년 부친상을 당하였고 1546년 모친상을 당하였는데 그 슬픔을 이기지 못하고 죽만 먹어 얼굴이 초췌해지고 몸이 수척해져 나뭇가지와 같았다고 한다. 그러나 항상 몸가짐을 근엄하게 유지하였고 실질에 힘써 조상을 추모할 때 재계와 정성을 다하였다. 이황의 문하에서 공부하였으며 세 번이나 參奉에 제수되었으나 나아가지 않았다. 易東書院과 陶山書院을 건립할 당시 경영을 주관하였으며 정성을 다하여 감독하기를 중단하지 않았다.

28) 琴輔의 본관은 奉化이고 자는 士任이며 호는 梅軒 또는 栢栗堂이다. 1546년 사마시에 합격하였으나 당시 仁宗이 죽고 明宗이 즉위하면서 乙巳士禍가 일어나 대과에 응시할 뜻을 버리고 낙향하였다. 이후 학업에 뜻을 두고 이황의 문하에 들어가 수학하였다. 南溪에 寒栖菴을 짓고 사서공부를 하며 朱書를 보조 자료로 삼았다. 만년에는 온계로 처소를 옮겼다. 居敬窮理를 학문하는 데 있어서 종지로 삼았으며 敬 · 誠 · 和 3글자를 중심으로 자신을 다스리고 타인과 만나며 가정을 다스리는 것을 중심 이념으로 삼았다.

鄭惟一(1533~1576)[30] · 문공公文 이규李奎 등이었다. 11월에는 계당에 모여 고봉高峯 기대승奇大升(1527~1572)[31]이 찬한 퇴계선생의 묘갈문을 의논하여 결정하였다. 45세에는 동문의 여러 공들과 도산에 상덕사를 지을 것을 의논하였다. 그리고 「퇴계선생역명사의退溪先生易名私議」를 지었다. 이때 여러 의견이 선생의 시호는 전례에 따라 이름을 지어서는 안 되고,

---

29) 柳成龍의 본관은 豊山이고 자는 而見이며 호는 西厓이다. 1564년 생원 · 진사가 되었으며 다음 해 성균관에 들어가 수학하였다. 1566년 별시 문과에 병과로 급제하여 承文院權知副正字가 되었고 1567년 藝文館檢閱 및 春秋館記事官을 겸직하였다. 1582년 大司諫 · 右副承旨 · 都承旨를 거쳐 大司憲이 되었으며 왕명을 받고 「皇華集序」를 지어 올렸다. 1583년 부제학이 되어 다시 「備邊五策」을 지어 올렸다. 1585년 왕명으로 「精忠錄跋」을 지었으며 다음 해 『圃隱集』을 교정하였다. 1588년 鄭汝立(1546~1589)의 모반사건으로 己丑獄死가 있었다. 柳成龍은 사직하였으나 받아들여지지 않자 스스로를 탄핵하는 소를 올렸다. 1592년 임진왜란이 발발하자 전란을 타개하고 수습하고자 힘썼다. 훈련도감을 설치하였으며 『紀效新書』를 강해하였다. 저서로는 『西厓集』 · 『懲毖錄』 · 『愼終錄』 · 『永慕錄』 · 『觀化錄』 · 『雲巖雜記』 · 『亂後雜錄』 · 『喪禮考證』 · 『戊午黨譜』 · 『鍼經要義』 등이 있다.

30) 鄭惟一의 본관은 東萊이고 자는 子中이며 호는 文峯이다. 詩賦에 뛰어나 명망이 높았고, 이황의 성리학의 정통성을 이어받아 理氣互發說을 핵심 사상으로 주장하였다. 1552년 생원이 되었으며 1558년 문과에 병과로 급제하여 진보현감과 예안현감을 거쳐 영천군수 등을 지냈다. 이후 조정에 복귀하여 設書 · 正言 · 直講 · 持平 · 吏曹佐郎 등을 역임하였다. 정계에 물러난 이후에는 『閑中錄』 · 『關東錄』 · 『宋朝名賢錄』 등을 저술하였으나 임진왜란 중 소실되었다.

31) 奇大升의 본관은 幸州이고 자는 明彦이며 호는 高峯 또는 存齋이다. 1549년 사마시에 합격하였으며 1558년 식년 문과에서 을과로 급제하였다. 1559년 이황과의 서신 교환을 통하여 조선유학사에 지대한 영향을 미친 四七論辨을 전개하였다. 承文院副正字 · 藝文館檢閱 · 春秋館記事官을 거쳐 承政院注書에 임명되었다. 1565년 兵曹佐郎 · 吏曹正郎을 거쳐, 1566년 司憲府持平 · 弘文館校理 · 司憲府獻納 · 議政府檢詳 · 舍人을 역임하였다. 1567년 遠接使의 從事官이 되었고, 그해 선조가 즉위하자 사헌부집의가 되었으며, 이어서 典翰이 되어서는 趙光祖 · 李彦迪에 대한 추증을 건의하였다. 1568년 우부승지로 侍讀官을 겸직했고, 1570년 大司成으로 있다가 영의정 李浚慶(1499~1572)과의 불화로 해직당했다. 1571년 弘文館副提學 겸 經筵修撰官과 藝文館直提學으로 임명되었으나 부임하지 않았다. 1572년 成均館大司成에 임명되었고, 이어서 宗系辨誣奏請使로 임명되었으며, 大司諫 · 工曹參議를 지내다가 병으로 벼슬을 그만두고 귀향하던 도중에 古阜에서 객사하였다. 저서로는 『論思錄』 · 『往復書』 · 『理氣往復書』 · 『朱子文錄』 · 『高峯集』 등이 있다.

마땅히 한 글자의 시호를 사용해야 한다는 것이었다. 문文·원元·정正 세 글자를 비정하였다. 태상묘당太上廟堂의 견해가 합치되기도 하고 불합치되기도 하였으나, 선생의 도덕은 고정考亭(朱熹) 이후 일인자이므로 태상의 시법諡法에서 문文이란 글자를 버리면 안 된다고 하였다.

46세에 첨지공僉知公이 돌아가시고, 8월에 백운산에 장사지냈다. 거기서 3년 동안 여묘살이를 하였는데, 슬퍼함이 예제를 넘어섰다. 47세 봄에 백운재사가 이루어졌다. 47세에 읍청挹淸 김부의金富儀(1525~1582)32)· 설월雪月 김부륜金富倫(1531~1598)33)· 백암柏巖 김륵金玏(1540~1616)34)과 일휴

---

32) 金富儀의 본관은 光山이고 자는 愼仲이며 호는 挹淸이다. 일찍부터 형인 김부필과 함께 이황의 문하에서 수학하였다. 易東書院의 초대 원장으로 추대되었으며 이황이 艮齋 李德弘(1541~1596)에게 제작하도록 요청하였던 渾天儀와 璇璣玉衡을 수리하고 보완하는 작업을 맡았다. 1555년 생원이 되었으나 이듬해 모친상으로 물러났다가 탈상 이후 성균관에서 유학하였다. 1575년 司贍寺郎官에 제수되었으나 친형의 눈병으로 부임하지 않았고, 1577년 集慶殿參奉에 제수되었으나 風痺로 부임하지 못하였다. 그의 문집인『挹淸亭遺稿』는『烏川世稿』에 수록되어 있다.『오천세고』는 김부의 집안의 문집이다.

33) 金富倫의 본관은 光山이고 자는 惇敍이며 호는 雪月堂이다. 金富儀의 동생으로 형들과 함께 이황의 문하에서 수학하였다. 1555년에 사마시에 합격하였으며 1572년 遺逸로 천거되어 集慶殿參奉에 제수되었으나 부임하지는 않았다. 1585년 전라도 동복현감으로 부임되었다. 현감으로 재임 중 향교를 중수하였으며 봉급을 털어 서적 800여 책을 구입하는 등 지방교육 진흥에 힘을 쏟은 한편 學令을 세워 교육 내용에도 기틀을 닦았다. 임진왜란이 발생하자 가산을 털어 鄕兵 구축에 역할을 하였으며 봉화현감이 도망가자 임시로 현감이 되어 선무에 힘썼다. 저서로는『雪月堂集』이 있다.

34) 金玏의 본관은 禮安이고 자는 希玉이며 호는 栢巖이다. 1576년 식년 문과에 병과로 급제하였으며 1578년 檢閱·典籍을 거쳐 禮曹員外郎·正言이 되었다. 1584년 영월군수가 되었으며 1590년 執義·司諫·檢閱·史臣·司成·司僕寺正이 되었다. 임진왜란 시기에는 刑曹參議를 거쳐 안동부사가 되었으며 경상도 安集使로 영남에 가서 국가의 뜻을 선비들에게 알리고 왜적을 토벌하도록 의병을 장려하였으며 백성들을 잘 다스렸다. 이듬해 경상우도관찰사가 되었으며 전라좌우도의 곡식을 운반해 기근에 든 백성들을 구제하는 데 힘썼다. 1595년 大司憲으로 제수되어「시무 16조」를 상소하였으며 모두 치안에 좋은 대책이라는 평을 들었다. 1612년 賀節使의 신분으로 명나라에 가서 조선에 명나라 군대가 상주하는 것처럼 꾸며 일본의 재침략의 야욕을 꺾어달라고 요청하였으며 또한 일본에 일본의 재침을 허락하지 않겠다는 명나라의

당에 모였다. 50세 되던 해 4월 제릉참봉에 제수되었고, 8월에 능침陵寢을 다스리라고 명을 받았다. 52세에 집경전 참봉으로 이직하였다. 54세 되던 해 2월에 경릉참봉에 제수되었다. 이때 율곡栗谷 이이李珥(1536~1584)가 내방하였다. 7월에 학봉 김성일과 관학유소館學儒疏를 논하였다. 이때는 동서분당으로 관학의 유생들이 죄목을 나열하여 소장을 올리려고 할 때였기 때문이다.

55세에는 화담花潭 서경덕徐敬德(1489~1546)[35]의 리기설에 대한 변설辨說을 지었다. 57세에는 동료들과 장흥고계회長興庫契會[36]를 만들었다. 7월 백담 구봉령의 상례를 치렀다. 12월에 장흥고 직장으로 승급되었다. 10월 교정청에 참여하여 연례宴禮를 받았다. 61세에는 학봉 김성일이 일본으로 사신 갈 때 전별하였고, 4월에는 해직되어 고향으로 돌아왔다. 가을 상덕사를 배알하고, 동문의 여러 공들과 만났다. 62세 봄에는 풍호대와 총춘대를 지었고 소나무를 심었다. 63세에는 임진왜란이 일어나 동래가 함락되었고, 5월에는 경성을 지키지 못했다는 소식을 듣고 통곡하였다.

64세에는 학봉 김성일의 부음을 들었다. 67세에는 퇴계선생이 고금의 잠명箴銘을 모아 놓은 『고경중마방古鏡重磨方』[37]을 써서 신명부申明府에

칙서를 보내게 하고 돌아왔다. 이후 대사성이 되었으며 안동부사로 나가 낙동강 재해를 막기 위한 제방을 건설하였다. 저서로는 『栢巖文集』이 있다.

35) 徐敬德의 본관은 唐城이고 자는 可久이며 호는 復齋 또는 花潭이다. 1502년 『書經』을 공부하다가 태음력의 수학적 계산인 일월운행의 度數에 의문이 생겨 보름 동안 스스로 궁리하여 해득하였다. 1519년 趙光祖에 의해 채택된 賢良科의 수석으로 추천 받았으나 사양하였다. 1531년 어머니의 요청으로 생원시에 응시하여 급제하였으나 벼슬 길에 오르지는 않았다. 1544년 김안국 등의 천거로 厚陵參奉에 임명되었으나 사양하였다. 서경덕은 송대의 周敦頤·邵雍·張載의 철학사상을 조화시켜 독자적인 氣一元論을 제창하였다. 그의 학문과 사상은 이황·이이 같은 학자들에 의해 독창성이 높게 평가되었고 한국 氣哲學의 학맥을 형성하게 되었다. 저서로는 『花潭集』이 있다.

36) 장흥고는 고려와 조선의 궁중에서 사용하는 물품을 조달하고 관리하던 관청을 말한다.

게 주었다. 익위사익위로 제수 받았으나 나아가지 않았다. 68세는 영지
회靈芝會를 만들었다. 4월에는 체찰사 오리梧里 이원익李元翼(1547~1634)[38]
상공相公을 천연대에서 만났다. 수성장첩守城將帖을 다시 받았다. 69세 되
던 가을 향교에서 향약을 강론하고 수정하였다. 70세에 봉화현감을 제
수 받았다. 71세에는 옥연정에서 서애 류성룡 상공을 방문하였다. 5월
에 도산에 모여 퇴계선생의 문집이 이루어졌음을 아뢰었다. 6월 의인왕
후懿仁王后(1555~1600)[39]가 승하하였기에 거애擧哀하고 성복成服하였다.

72세 되던 봄에 고산정에 머물면서, 퇴계선생이 지으신 「심경후론心
經後論」을 읽고 절구 2수를 지었다. 73세 되던 여름 애일당愛日堂을 방문

---

37) 『古鏡重磨方』은 이황이 옛날의 箴銘들을 가려 수양이 될 만한 내용을 뽑아 엮은 책이
다. 중국 고대 商나라의 성왕인 湯임금의 「盤銘」과 周나라 武王의 「席四端銘」, 唐宋의
명유인 韓愈(768~824)의 五箴, 程子의 四勿箴 등 23편이 수록되어 있다.

38) 李元翼의 본관은 全州이고 자는 公勵이며 호는 梧里이다. 15세 때 東學(조선 한성에
위치한 4학 중 하나이다.)에 들어가 수학하여 1564년 사마시에 합격하였으며 1569년
별시 문과에 병과로 급제하여 승문원권지부정자로 제수되었다. 1575년 정언이 되어
중앙관으로 올라왔으며 1583년 우부승지로 재임 하던 시기 도승지 朴謹元과 영의정
朴淳(1523~1589)과 사이가 좋지 않아 탄핵을 당하여 5년간 야인으로 생을 보냈다.
1587년 이조참판 權克禮(1531~1590)의 추천으로 안주목사가 되었으며, 곡식 1만여
석을 청하여 기민을 구제하고 種穀을 나누어주어 백성의 생업을 안정시켰다. 또한
병졸들의 훈련 근무도 3개월씩 근무하는 것에서 2개월씩 근무하는 것으로 고쳐 백
성들의 부담을 경감시켰다. 임진왜란이 발발하자 병사를 모집하고 왜병을 토벌하는
전공을 세웠으며, 전란 중 명나라의 사신으로 다녀오는 등 외교전에서도 동분서주하
였다. 광해군 즉위 후 민생 안정책의 일환으로 大同法을 실시하였다. 1623년 인조반
정으로 광해군이 죽을 위기에 처하자 "광해군이 죽어야 한다면 자신도 떠나야 한다"
라는 말로 광해군의 목숨을 구하기도 하였다. 성품은 사람과 번잡하게 어울리기를
좋아하지 않았으며 공적인 일이 아니면 외출도 잘 하지 않았다. 또한 소박하고 단조
로워 과장이나 과시를 몰랐고 소임에 충실하여 정의감이 투철하였다. 다섯 차례나
영의정을 지냈으나 집은 초가에 불과하였으며 퇴관 이후에는 조석거리조차 없을 정
도로 청빈하였다. 저서로는 『梧里集』·『續梧里集』·『梧里日記』 등이 있다.

39) 懿仁王后의 본관은 潘南으로 조선 제14대 선조의 왕비이다. 1569년 왕비에 책봉되어
嘉禮를 행하였다. 1590년 장성왕후의 존호를 받았다. 사후 1604년과 1610년에 貞憲
의 존호가 추가되었다. 시호는 章聖徽烈貞憲懿仁王后이며 능호는 穆陵이다.

하여 기로회耆老會에 참석하였다. 여러 제공과 역동서원에서 모였다. 8월에 다시 도산서원에 모여 석채례를 행했다. 봉람서원鳳覽書院40)의 유생 신지남申智男이 내방하여 입향 의절을 알려 주었다.

75세 되던 2월 침실에서 돌아가셨다. 8월 19일 백운산 향곤向坤 언덕에 장사지냈다. 그 이듬해에 조정에서 선무원종공 중 통정대부 승정원 좌승지 겸 경연참찬관宣武原從功贈通政大夫承政院左承旨兼經筵參贊官으로 기록하고 공훈의 문권文券을 내렸다. 1683년(숙종 9) 11월에 첨지공의 무덤 아래로 이봉移奉하였다. 1709년(숙종 35) 동계사東溪祠를 짓고 위판을 봉안하였다. 1785년(정조 9) 원우院宇를 성성재 제사 뒤로 이건移建하였다.41)

2. 성재선생잡저 ①

1) 「『국조유선록』42)에 대해」

『국조유선록』 중에 4선생의 언행과 사적은 진실로 우리나라 도학의

---

40) 鳳覽書院은 경상북도 청송군 진보면에 있었던 서원으로 이황을 추모하기 위해 창건하였던 서원이다. 1602년 지방 유림의 공의로 이황의 학문과 덕행을 추모하기 위해 창건하여 위패를 모셨다. 숙종 16년(1670)에 '鳳覽'이라고 사액되었다. 그 후 선현배향과 진보면 지방교육을 담당하였다. 그러나 1871년 흥선대원군의 서원철폐령으로 훼철되었으며 오늘날까지 복원되지 못하여 강당만 남아 있는 실정이다.

41) 『惺齋先生文集』, 권1, 「惺齋先生年譜」, "皇明世宗嘉靖九年庚寅二月十三日甲戌亥時, 先生生于禮安縣浮羅里第,……"

42) 『국조유선록』은 宣祖의 명에 의해 柳希春(1513~1577)이 중심이 되어 金宏弼, 鄭汝昌, 趙光祖, 李彦迪의 문헌을 모아 중국의 『伊洛淵源錄』을 모방하여 편찬된 서적이다. 이에 대한 구체적인 내용은 임명희, 「『國朝儒先錄』에 나타난 선조대 사림파의 道統 인식과 관념의 변화」, 『민족문화논총』 60(2015) 참조.

영수라고 말할 수 있다. 그러나 애석한 것은, 이와 같은 덕행과 재능을 지닌 이가 있어도 그들이 배운 것을 진전시키고 전파할 수 없을 뿐만이 아니라, 심지어 소멸시키고 끊어버리는 데로 나아가게 된다는 것이다. 어떤 경우는 그 성명性命을 보존하지도 못하고, 어떤 경우는 조정에서 편안하지도 못하며, 어떤 경우는 산림으로 종적을 감추어서 오래도록 돌아오지 않고, 어떤 경우는 초췌하게 고난을 겪으면서 임천林泉에서 늙음을 마감하지 못하기도 한다.

그들이 남긴 글을 읽으면 사람으로 하여금 눈물을 떨구게 하니, 사도斯道를 행하기 어려운 것이 이렇게 힘든 것이다. 이전의 옛일을 하나하나 살펴보니, 허다한 포부를 지니고 있으면서 마침내 그들이 배운 것을 진전시키고 전파할 수 있었던 이가 몇 사람 되지 않았다. 만일 고요, 기, 직, 설, 이윤, 부열, 주공, 소공이 요, 순, 탕, 무의 성시盛時를 만나지 못했다면, 역시 시행할 곳이 없었을 것이다.

이 때문에 공자와 맹자 이후로 송나라 여러 유현儒賢에 이르기까지 하나같이 자신의 의지와 소원을 그대로 행할 수 없었던 것이다. 이제 여기에 있는 4명의 유현들이 때를 만나지 못하고 운명이 그러했던 것 역시 괴이할 것이 무엇이겠는가? 그러나 선비가 이 세상에 태어나 어떻게 궁액窮厄 때문에 자신이 지키는 것을 바꿀 수 있겠는가? 그가 맞이하게 되는 재화와 복록은 하늘이 정한 것이니, 나머지는 모두 자신에게 달려 있는 것이다. 후대의 군자는 고인古人이 때를 만나지 못하고 불행하다고 해서 스스로 의지를 꺾지 말아야 한다. 내가 『국조유선록』을 읽고 감동한 것이 있어 책의 말미에 마침내 몇 마디 적는다.[43]

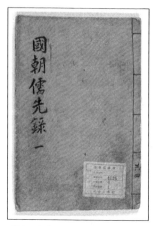

『국조유선록』1

『화담집』건

2) 「『화담집』을 읽고」

화담 서경덕의 학문은 근세에 보기 드문 것이다. 우리 당이 받드는 것이 적지 않다고 할 수 있으나, 일찍이 퇴계선생의 문하에서 들을 수 있었던 것은 그가 리理를 기氣로 인식하고 있다는 것이 바로 그의 병통이라는 점이다. 다만 아직 그가 저술한 『전집』을 보지 못해서 감히 경솔하게 논설할 수 없었다.

서울에 벼슬살이하러 가서 날마다 그곳의 선비들과 서로 만났는데, 그의 학문을 비방하는 이들도 진실로 많았지만, 독실하게 믿는 이들도

43) 『惺齋先生文集』, 권2, 「題國朝儒先錄後」, "此錄中四先生言行事蹟, 眞可謂吾東方道學之領袖矣. 惜乎! 有如是之德行才具, 而非徒不能展布其所學, 乃至於消鑠斬伐. 或不得保其性命, 或不得安於朝廷之上, 或遁迹山林, 長往而不返, 或憔悴困苦, 不得終老於林泉. 讀其遺文, 令人隕涕, 甚矣, 斯道之難行也. 歷觀前古, 有許多抱負而終能展布者幾人, 使皐夔稷契伊傅周召, 不遇堯舜湯武之盛, 則亦將無所施矣. 由是自孔孟以下, 至于有宋諸儒賢, 一不得如其志願. 今此四儒賢之不遇與無命, 亦何足多怪焉? 然士生斯世, 豈可以窺陀而易其所守哉? 其於禍福天也, 盡其在我而已. 後之君子其毋以古人之不遇與不幸而自沮哉! 余讀此錄而有感焉, 遂題其卷末."

열에 여덟아홉이나 되었다. 나는 이에 더욱 마음에 의심이 들었지만, 증명할 방향을 알지 못했다. 추연秋淵 우경선禹景善(1542~1593)[44]과 종유하면서 그의 유집遺集을 얻어 읽을 수가 있게 되었다. 이때 비로소 이전에 들었던 것이 허언이 아니었고 나의 견해 또한 공연한 것이 아님을 알게 되었다.

화담이 "원기와 태허는 담연하여 형체가 없다. 강절康節 소옹邵雍(1011~1077)[45]에 이르기까지 여기에 한 글자도 더할 수 없다"라고 한 것은 기氣를 말한 것이다. 화담이 "『주역』에서 '적연부동'하다고 한 것, 『중용』에서 '성誠이란 스스로 이루어지는 것이다'"라고 한 것은 리理를 말한 것이다. "담연한 체體와 혼연한 용用"이라고 한 것은 또 기를 말한 것이다. 염계濂溪 주돈이周敦頤(1017~1073)[46]는 이를 어떻게 할 수가 없어 다만 억지로 "무

---

44) 禹景善의 본명은 禹性傳이고 景善은 자이다. 본관은 丹陽이며 호는 秋淵 또는 淵庵이다. 1561년 진사가 되었으며 1564년 성균관 유생들과 합심하여 요승 普雨의 주살을 청원하였다. 1568년 증광 문과에 병과로 급제하였으며 예문관검열 · 奉教 · 修撰 등을 거쳐 1576년 수원현감으로 나아갔다. 임진왜란이 발발하자 경기도지역에서 의병을 모집하였으며 군호를 秋義軍이라 하였다. 추의군은 소금과 식량을 조달하여 난민들을 구제하였으며 강화도에 들어가 金千鎰(1537~1593)과 합세하여 강화도를 장악하는 전공을 세워 남북으로 통하게 하였다. 병선을 이끌어 왜적의 진격로를 차단하였으며 권율의 행주대첩에 의병을 이끌고 지원하였다. 이후 용산의 왜적을 쳐서 양곡을 확보하였으며 퇴각하는 왜군을 의령까지 쫓아갔으나 과로로 사망하였다. 저서로는 『癸甲錄』 · 『易說』 · 『理氣說』 등이 있다.

45) 邵雍의 자는 堯夫이며 호는 安樂先生 또는 伊川翁이다. 젊어서부터 벼슬길에 오르지 않고 학업서 뜻을 두어 蘇門山 百源에서 독서하였다. 北海 李之才에게 河圖洛書와 천문과 역수를 배웠으며 스스로 깨우치며 자득한 것이 많았으며, 농사를 지으면서 자급하였다고 한다. 仁宗과 神宗 때 將作監主簿 등에 임명되었으나 모두 사양하였다. 저서로는 『伊川擊壤集』 · 『漁樵問答』 · 『觀物篇』 · 『先天圖』 등이 있다.

46) 周敦頤의 본명은 敦實이었으나 당시 英宗의 이름을 피휘하기 위하여 敦頤로 개명하였다. 자는 茂叔이며 호는 濂溪이다. 蔭補로 寧縣主簿에 제수되었으며 이후 南安軍司理參軍 · 南昌縣令 · 虔州通判 등을 지내면서 공적과 명성을 쌓았다. 神宗 熙寧 초기에 郴州知州에서 廣南東路轉運判官으로 발탁되었으며, 提點刑獄으로 옮겨졌다. 『주역』에 정통하였으며 名理를 논하기 좋아하여 無極과 太極, 理氣와 心性命 등의 철학적 담론을

극이태극無極而太極"이라고 하였으니, 이 또한 기를 리로 생각하는 것이다.

그의 리기설理氣說은 『주역』의 이른바 '적연부동'과 염계가 말한 '무극이태극'을 태허太虛로 생각한 것이다. 그가 모이고 흩어지고, 열리고 닫히고, 움직이고 고요하고, 상생하고 상극할 수 있는 것의 근원을 찾아 그것을 '태극'이라고 명명하고, 태허는 본래 끝이 없으니, 또한 끝이 없다고 말한 것은 태허를 리理로 인식한 것이다. 또 "허란 기이다"라고 하고, 다시 정靜과 허虛를 기의 체라고 말하였으니, 이 또한 태허를 기로 여긴다.

아마도 리기理氣의 구분에 대해서 애초 적확한 견해가 없었기 때문에 말에 주장이 없는 것이 이와 같았던 것이다. 또 담일청허를 태허라고 생각하고, 또 일음일양이 유행하는 것을 기라고 생각하였다. 일음일양 이전에 별도로 이른바 담일청허한 기가 있다면, 이것은 리를 인식하지 못한 것뿐만이 아니라, 기도 인식할 수 없었던 것이다.

사생귀신死生鬼神의 설에 이르러서는 모이고 흩어지는 것만 있고 있음과 없음의 설도 없게 되었다. "미미한 초목 하나 나무 하나와 한 조각 향촉도 그 기는 끝내 또한 흩어지지 않는다"라고 한 것은 본래 정주학程朱學의 은미한 취지를 얻은 것이라고 할 수 있지만, 그 나머지는 종횡으로 설을 만든 것이니, 모두 이 의미라면, 한마디도 병통이 없는 것이 없고, 어느 곳도 통할 만한 것이 없는 것이다. 대개 그가 한 학문은 독서와 강론의 공부가 적고 스스로 믿고 스스로 주장한 뜻이 컸기 때문에, 비록 우리 학문이 이미 성의誠意의 경계에 도달하였지만, 그가 필수적인

제안하여 도학을 창시하였다. 북송시대 오현 중 한 명으로 이정 형제도 그의 문하에서 수학하였다. 저서에는 『太極圖說』·『通書』 등이 있다.

공부라고 한 것은 여전히 아직 올곧고 바른 것은 아니다.

이 때문에 퇴계선생께서 동강東岡 남언경南彦經(1528~1594)[47]에게 준 편지[48]에서 "화담공의 소견은 기수氣數에 치우쳐 있었기 때문에 리를 기로 인식하는 것을 면할 수 없었습니다. 또한 혹여 기를 리라고 가리키는 이들이 있다면, 이것은 리와 기를 같게 보고 말하는 것입니다"라고 하였고, 또 "불은 사라졌지만 화로 속은 여전히 따뜻한 기운을 가지고 있습니다. 그러나 오래되면 곧 사라집니다. 여름의 달과 해가 이미 떨어졌지만 여전히 따뜻한 열기가 있습니다. 그러나 밤이 깊어지면 곧 사라지게 되는 것은 모두 똑같은 이치입니다. 다만 오래도록 항존恒存하는 것은 없습니다. 또한 이미 굽힌 기가 막 펼친 기가 되는 경우는 없습니다. 이것은 귀신사생의 설을 가리켜 말한 것입니다."

또 문봉文峯 정유일鄭惟一(1533~1576)에게 답한 편지[49]에서 "초당草堂 허엽許曄(1517~1580)[50]은 화담을 횡거橫渠 장재張載(1020~1077)[51]에 비견하였고,

---

47) 南彦經의 본관은 宜寧이고 자는 時甫이며 호는 東岡이다. 서경덕의 문인으로 조선시대 최초의 양명학자이다. 그는 뛰어난 학행으로 천거되어 헌릉참봉에 제수되었으며 1566년 조식·이항 등과 함께 발탁되어 砥平縣監에 제수되었다. 1573년 양주목사가 되었으며 이듬해 持平으로 임명되었으나 어머니의 병간호를 위해 계속 楊州牧使를 할 수 있도록 상소하여 허락받았다. 1575년 掌令·執義를 거쳐 全州府尹이 되었으나 1589년 정여립의 모반사건이 일어나자 사헌부의 탄핵을 받고 파직되었다. 1592년 여주목사로 다시 제임되었고 이듬해 工曹參議가 되었으나 李瑤와 함께 이황을 비판하다가 양명학을 숭상한다는 빌미로 탄핵을 받아 사직하였다. 그는 우주의 본질과 현상작용을 모두 氣로 설명하고 기의 영원성을 주장하였다. 그리고 선천성과 후천성을 구별하면서도 그 저변에 있는 一氣의 연속성을 강조하였다. 이는 이황이 주장한 氣는 유한하고 理는 무한하다는 주장과 대립하는 논변이었다. 또한 심성에 관하여 이황은 理인 본연의 성은 純善無惡한 것이라고 하여 절대적 가치를 부여한 반면 그는 우주는 氣이기 때문에 마음도 기로 구성되어 있으므로 선과 악이 함께 있음을 주장하였다.
48) 『退溪先生文集』, 권14, 「答南時甫」.
49) 『退溪先生文集』, 권25, 「答鄭子中講目」.

그 저술을 저도 모두 보았습니다. 잘 모르겠습니다만, 그 저술을 『서명』
에 비견할 수 있는 것입니까? 『정몽』에 비견할 수 있는 것입니까?' 대개
선생께서는 그의 학문에 대해서 깊이 알고 있었기 때문에 변설辨說이 이
와 같았기에 종유하던 여러 공들이 하나같이 존경하고 믿었던 것이다.

어떤 사람은 화담이 실제로는 횡거 장재와 강절 소옹 등의 제현들을
겸했다고 하고, 또 어떤 사람은 화담의 공력이 횡거의 아래에 있지 않다
고 한다. 오늘날 그 실상을 알지 못하는 이들을 어떻게 따르지 않게 할
수 있겠는가? 이러한 걱정 때문에 대략적이나마 전체의 내용을 논하여
후일 스스로를 살피고 반성하는 자료로 삼고자 할 뿐이다.52)

---

50) 許曄의 본관은 陽川이고 자는 太輝이며 호는 草堂이다. 진사시를 거쳐 1546년 식년시
　　문과에 갑과로 급제하였다. 1551년 부교리에 제수되었으며 1553년 장령으로 있을 때
　　재물을 탐했다는 명목으로 파직되었다. 1559년 弼善으로 기용되었고 이듬해 대사성
　　에 이르렀다. 1562년 知製敎를 겸하였으며 同副承旨로 승직하였다. 그해 참찬관이 되
　　어 경연에 참석하여 조광조의 伸寃을 청하고, 許磁·具壽聃의 무죄를 논하여 파직되
　　었다. 1563년 삼척부사로 다시 기용되었으나 과격한 언론으로 파직되었다. 1568년
　　진하사로 명나라에 다녀와서 향약의 설치와 시행을 건의하였다. 1575년 부제학을 거
　　쳐 경상도 관찰사에 임명되었으나 병환으로 사임하였다. 저서로는 『草堂集』·『前言往
　　行錄』 등이 있다.

51) 張載의 자는 子厚이고 호는 橫渠先生이다. 仁宗 嘉祐 2년인 1058년 진사가 되었으며
　　이후 雲巖令이 되었으며 神宗 熙寧 초에 崇文院校書에 올랐다. 그러나 병으로 사직하
　　고 南山에 들어와 독사와 강학을 병행하며 학문을 닦았다. 1077년 呂大防의 천거로
　　知太常禮院에 제수되었으나 병으로 사직하고 돌아오는 길에 사망하였다. 송대 리학을
　　창시한 五賢 중에 한 사람으로 關中지역에서 강학하였으며 이 때문에 그의 학문을
　　關學이라고 통칭한다. 이정 형제와 함께 『주역』을 강론하였으며 『중용』을 정밀하게
　　탐구하여 신유학의 기틀을 세웠다. 저서로는 『正蒙』·『橫渠易說』·『經學理窟』·『張子
　　全書』 등이 있다.

52) 『惺齋先生文集』, 권2, 「讀花潭集辨」, "徐花潭學問, 近世所罕, 吾黨之崇奉, 不爲不少, 而嘗於
　　先師門下, 得聞緖餘, 則以認理爲氣, 爲其所病處. 第以未見所著全集, 不敢輕爲之論說矣. 遊宦
　　京師, 日與搢紳士友相接, 非毀其學者固多, 而篤信之者, 亦十之八九矣. 余於是, 益爲之疑之於
　　心, 而莫知證辯矣. 從禹景善, 得其遺集而讀之. 始知向者所聞非虛, 而余之所見爲不徒也. 其曰:
　　原氣太虛, 淡然無形, 至邵翁不得下一字處云者, 是言氣也. 其曰: 『易』所謂寂然不動, 『中庸』
　　所謂誠者自成云"者, 是言理也. 湛然之體渾然之用云者, 又言氣也. 濂溪之此, 不奈何, 只消下
　　語曰: 無極而太極云者, 又以氣爲理也. 其理氣說, 以『易』所謂寂然不動, 濂溪所謂無極而太極

3) 「상복의 옷깃과 복의에 대한 변론」

『가례』상복의 제도에는 반드시 협이 있다. 협袷자는 협袪과 같으니, 복의復衣(초혼에 사용하는 옷)이다. 옛날 베의 너비는 2자 2치에 이르렀는데, 재단하여 옷깃은 8치 내외를 더하였고, 남은 것 또한 너비 1자 4치이기 때문에 3조각으로 나누었고, 꿰매어 협령袪領을 만들었다. 예컨대 오늘날 사람들의 홑옷에 협령이 있는 것과 같다. 3조각 중에 가장 긴 것이 1자 6촌의 베인데, 그것을 늘려 길게 하면, 상의의 옷깃 위에서 아래의 양 변으로 띠 아래에로 나누어지게 되어 협령袷領을 만들면 꼭 들어맞게 되어 남는 것이 없게 된다.

다만 지금에는 베의 너비가 1자 남짓을 채우지 못하고 나머지를 사용하는 것 또한 2~3치를 채우지 못하니, 이 제도 또한 분명하게 다스리기에 매우 어렵다. 의중義仲은 부득이 의기意起(義起)로 영연領緣(옷깃의 가장자리에 선을 두르는 것)을 만들었으니, 비록 구차한 것 같지만, 오히려 애례존양愛禮存羊의 뜻[53]을 가지고 있는 것이다. 매우 안타까운 것은 퇴계선

爲太虛. 原其所以能合散開闔動靜生克者, 名之曰太極, 而虛本無窮極, 亦無窮云者以太虛專爲理也. 又曰: 虛者, 氣也.; 又曰: 靜虛, 即氣之體也云者, 又以大虛爲氣也. 蓋 於理氣之分, 初無的見, 故言之無主張如是. 又以澹一淸虛者爲太虛, 又以一陰一陽流行者爲氣, 有若一陰一陽之前, 別有所謂澹一淸虛之氣者然, 此不但不識理也, 又不能識氣也. 至於死生鬼神說, 有聚散而無有無之說. 與夫一草一木之微, 一片香燭之物, 其氣終亦不散云者, 自以謂得程朱微旨, 而其縱縱橫爲說, 皆是此意, 無一語無病, 無一處可通. 蓋其爲學, 讀書講論之工少, 自信自主之 意勝, 故雖曰: 吾學已到誠意境界, 而其所需工夫猶未端的. 是以退溪先生與南彦經書曰: 其學似朴而實誕, 似高而實雜.; 又曰: 花潭公所見, 於氣數一邊路熟, 故未免認理爲氣. 亦或有指氣爲理者, 此則指理氣等說而言也. 又曰: 火之旣滅, 爐中猶有薰熱, 久而方盡, 夏月已旣落, 餘炎猶在, 至夜陰盛而方歇, 皆一理也. 但無久而恒存, 亦無將已屈之氣爲方伸之氣, 此則指鬼神死生之說而言矣. 又答鄭子中書曰: 許太輝以花潭比之橫渠, 而其著逃某皆見之, 不知可比『西銘』者何? 可比『正蒙』者何? 蓋先生漠知其學故, 辨說如是而從遊諸公, 一味停信, 或謂花潭實乘卻諸賢, 或謂花潭功不在橫渠下. 今世不知其實者, 安得不靡然從之乎? 由是之懼, 略論梗槩, 以爲後日觀省之資云爾."

생께서 이 부분을 강론하시지 않았다는 점이다. 서울에 있는 김이정金而精과 여러 사람들이 비록 이 일에 대해서 잘 아는 것 같지만, 역시 이를 행하지 않으니, 이것은 필시 베의 너비가 넉넉하지 못하는 데에 구애되어서일 것이다.

내가 생각하건대, 옛 제도에 없었던 연緣(옷의 가장자리에 선을 두르는 것)을 창기剙起하는 것은, 별도로 베의 길이 1자 6치를 사용하여 베의 너비가 짧은 잘못을 보완하여 협을 만들어야 한다는 것을 가르치는 것만 못할 것이다. 영연을 만드는 것이 비록 오늘날의 사람들이 남아 있는 베에 해당시키더라도 여전히 예를 아는 본의에 합당하지 못할 것 같다. 지금의 잘못으로 옛 사람들의 바꿀 수 없는 정해진 제도를 가볍게 변경하는 것은 타당하지 않은 듯하다.[54]

4) 「퇴계선생역명사의」

퇴계선생께서 조정에서 받는 시호에 대해 의론하던 날, 서울에 있는

---

53) 『論語』 「八佾」에 "자공이 희생양을 없애려 하자, 공자께서 '사야, 너는 그 양을 아까워하느냐? 나는 그 예를 아까워한다' 하였다"(子貢欲去告朔之餼羊. 子曰: 賜也, 爾愛其羊, 我愛其禮.)라고 한 데서 나온 고사로, 예를 보호하기 위해 형식일 뿐이라도 옛 제도를 보존한다는 말이다.

54) 『惺齋先生文集』, 권2, 「喪服領袷辨」, "『家禮』喪服制必有袷. 袷字與袂同, 復衣也. 古者布廣闊至二尺二寸, 裁加領廣八寸外, 所餘又有廣一尺四寸, 故分作三條, 縫爲袂領, 如今人襌衣之有袂領也. 三其長一尺六寸之布, 而引而長之, 則自衣領上分下兩邊至帶下, 爲袷領則橫縮恰好無餘欠也. 但今者布闊或不滿一尺許, 用餘亦不滿二三寸, 此制甚難辦. 義仲不得已意起爲領緣. 雖似苟且, 猶有愛禮存羊之義, 而甚恨先師講不及此. 洛中金而精諸人, 雖似善於此事, 亦不爲此, 此必拘於布闊之未洽耳. 愚意以爲剙起無古制之緣, 不若別用布長一尺六寸而補布闊之失, 以爲袷之喩也. 爲領緣雖當於今人所餘之布, 而猶不合知禮之本意. 以今之失, 輕變古人不易之定制, 恐未安也."

사람들의 여러 의론들이 역명易名의 전례典例를 따라서는 안 되고 마땅히 한 글자의 시호를 사용해야 한다고 하여 문文·원元·정正 세 글자로 의정擬定하였다. 태상묘당의 논의에서는 부합하는지 부합하지 않는지에 대해 운운하였다. 일휴공이 나에게 묻기를, "본국에서는 아직까지 한 글자로 시호를 만든 적이 없는데 어떻습니까?"라고 하였다. 내가 답했다. "주공 때부터 시호를 제정하였습니다. 천자의 정경正卿과 제후의 삼경三卿에게 모두 시호가 있었는데, 역사와 전기를 두루 고찰해 보면, 역시 두 글자의 시호는 없습니다. 문왕과 무왕 그리고 주공의 큰 성인들도 비록 두 글자로 그들의 성덕盛德을 모두 표현할 수 없지만, 한 글자를 더하는 것이 어찌 그 뜻이 없겠습니까? 송나라의 여러 현인들 역시 대부분 한 글자로 시호를 만들었고, 본국에서 시호를 의론하는 것도 모두 주공의 시법諡法을 따르고 있으니, 어찌 본국에 일찍이 그러한 적이 없다고 의심하는 것입니까?"

또 물었다. "문文·원元·정正 세 글자는 염계濂溪 주돈이周敦頤와 이천伊川 정이程頤 그리고 회암晦庵 주희朱熹의 시호이니, 이것이면 어떻겠습니까?" 또 답했다. "주나라에 문왕과 목공이 있었고, 신하 역시 주 문공, 소 목공이라고 칭했습니다. 노나라에도 문공이 있었는데, 시조의 시호를 썼지만 『춘추』에는 기롱하고 폄하하는 것이 없습니다. 문공의 후사 중에 또 계문자季文子가 있지만 역시 폄하하는 말이 없습니다. 위나라에는 두 명의 공문자가 있었으니, 아울러 하나의 문자로 시호를 삼았지만 구애되는 것이 없었습니다. 그 실제를 얻기만 하면 부자와 군자 사이에도 오히려 혐의할 것이 없으니, 여기에 의심할 만한 것이 있겠습니까?"

또 물었다. "정正자는 공公이나 상相을 경험한 이가 아니면, 부가할 수 없습니다. 모재慕齋 김안국金安國(1578~1543)[55])이 항상 이 말을 했는데, 만일 송나라의 사마문정, 왕문정, 범문정의 부류가 이와 같습니다. 어떻습니까?" 또 답했다. "이윤 역시 항상 이것을 시호로 삼았습니다. 비록 공과 상이 아니더라도, 여전히 그것을 사용할 수 있는 것은 분명합니다. 또한 이것에 대해 어찌 의심하시는 것입니까? 그러나 퇴계선생의 도덕은 고정考亭(회암 주희) 이후 일인자이니, 태상의 시법이 문文자를 버리고 어떻게 가능하겠습니까?"[56]

---

55) 金安國의 본관은 義城이고 자는 國卿이며 호는 慕齋이다. 趙光祖·奇遵 등과 함께 金宏弼의 문인이었으며 道學에 통달하여 至治主義 사림파의 선도자가 되었다. 1501년 생진과에 합격하였으며 1503년 별시 문과에 을과로 급제하여 승정원에 등용되었다. 이후 博士·副修撰·副校理 등을 역임하였다. 1507년 문과 중시에 병과로 급제하였으며 1517년 경상도관찰사로 파견되어 각 향교에 『小學』을 권하고 『農書諺解』·『蠶書諺解』·『二倫行實圖諺解』·『呂氏鄕約諺解』·『正俗諺解』 등의 언해서와 『辟瘟方』·『瘡疹方』 등을 간행하여 널리 보급하였으며 향약을 시행하도록 하여 교화사업에 힘썼다. 1519년 다시 한양으로 복귀하여 參纂이 되었으나 己卯士禍가 일어나 겨우 화를 면하고 파직되어 경기도 이천에서 후학을 기르며 한가하게 지냈다. 1532년 다시 등용되어 禮曹判書·大司憲·兵曹判書·左參贊·大提學·贊成·判中樞府事·世子貳師 등을 역임하였다. 1541년 천문·역법·병법 관련 서적의 구입을 상소하였으며 물이끼와 닥을 화합시켜 태지를 만들어 왕에게 바치고 이를 권장하였다. 저서로는 『慕齋集』·『慕齋家訓』·『童蒙先習』 등이 있다.

56) 『惺齋先生文集』, 권2, 「退溪先生易名私議」, "先師退溪先生議諡之日, 洛中諸議, 以爲先生諡議, 不可用循例易名之典, 當用一字之諡, 以文元正三字擬之. 太常廟堂之論, 或合不合云. 日休公問于余曰本國未嘗有一字爲諡者, 如何? 余答曰自周公制諡, 天子之正卿. 諸侯之三卿, 其卒皆有諡, 而考諸史傳, 並無二字之諡. 文武周公之大聖, 雖二字不能盡表其盛德, 而以一字加之者, 豈無其意乎? 宋之諸賢, 亦多有一字爲諡者, 本國議諡, 一從周公諡法, 豈可以本國所未嘗有而疑之乎? 又問曰文元正三字, 是濂溪伊川晦庵之諡, 是則如何? 又答曰周有文王穆王而臣子亦稱周文公召穆公, 魯又有文公, 則冒祖之諡而春秋無譏貶. 文公後又有季文子, 亦無貶辭. 衛有二孔文子則並以一文字爲諡而無拘, 如得其實則父子君臣之間, 猶不以爲嫌, 此其有可疑者乎? 又問曰正字非生經公相則不可加也. 慕齋常有是言. 如宋之司馬文正王文正范文正之類是也, 如何? 又答曰伊川亦嘗以此爲諡, 雖非公相, 猶得用之明矣. 亦何疑於此乎? 然先生道德, 爲考亭後一人, 大常諡法, 舍一文字奚以哉?"

196 퇴계학파의 사람들 3

3. 성재선생잡저 ②

1) 「퇴계선생의 향약 조문에 대하여」

퇴계선생께서 향풍이 투박한 것을 근심하여 향약의 조문을 저술하여 향사당鄕射堂에 보내어 벽에 걸어 두게 하였다. 그때 향인들에게 의론이 통일되지 않았는데, 선생께서 그것을 도로 취하여 보관하고 계셨다. 이제 선생의 문집에서 그것을 베껴 써서 향사당에 걸어 두어 선생께서 남긴 뜻을 이루고자 하였다. 만력 무술 가을 향인 금난수가 쓴다.

향약의 조문은 모두 31조목이다. 선생의 문집 가운데에 기재되어 있다. 지금은 열록列錄하지 않는다.[57]

■퇴계선생의 「향약 조문 서」

옛날 향대부의 직책은 덕행과 도예로써 백성을 인도하고 따르지 않는 자는 형벌로써 규탄하는 것이었다. 선비가 된 이 또한 반드시 집에서 닦아 고을에서 드러난 이후라야 나라에 등용되니, 이와 같음은 어째서인가? 효제와 충신은 인도의 큰 근본이요, 집안과 향당은 실로 그것을 행하는 곳이기 때문이다. 선왕의 가르침은 효제충신을 중대하게 여기기 때문에 그 법을 세우기를 이와 같이 하였다. 후세에 이르러 법제는 비록 폐하였으나, 사람으로서 지켜야 할 도리는 진실로 그대로 있으

---

57) 『惺齋先生文集』, 권2, 「退溪先生鄕立約條後識」, "退溪先生悶鄕風之渝薄, 著成約條, 送鄕射堂掛壁, 而其時鄕人有議論不一者, 先生還取而藏之. 今於先生文集, 傳寫揭于鄕射堂, 以遂先生遺意云. 萬曆戊戌秋, 鄕人琴蘭秀書. 約條凡三十一條, 載在先生文集中, 今不列錄."

니, 어찌 고금의 마땅함을 참작해서 권하고 징계하지 아니하겠는가?

지금의 유향소는 바로 옛날 경대부가 끼친 제도이다. 알맞은 사람을 얻으면 한 고을이 화평해지고, 알맞은 사람이 아니면 온 고을이 해체가 된다. 더욱이 시골은 왕의 교화(王靈)가 멀어서 좋아하고 미워하는 자들이 서로 공격하고, 강하고 약한 자들이 서로 알력을 벌이고 있으니 혹시라도 효제와 충신의 도가 저지되어 행해지지 못하면 예의를 버리고 염치가 없어지는 것이 날로 심해져서 점점 이적이나 금수의 세계로 돌아갈 것이니, 이것이 실로 왕도정치의 큰 걱정인데, 그 규탄하고 바로잡는 책임이 이제는 유향소로 돌아오니, 아아, 그 또한 중요하다.

우리 고을은 비록 땅은 작으나 본래 문헌의 고을로 이름이 났고 유현이 많이 나서, 왕조에 빛나는 자가 대대로 자취를 계승하였기 때문에 보고 느끼고 배우고 본떠서 고을의 풍속이 매우 아름답더니, 근년에는 운수가 좋지 못하여서 덕이 높아 존경받는 여러 공들이 서로 잇달아 돌아갔다. 그러나 오히려 오래된 집안에 남아 전하는 법도가 있어 문의가 높고 성하니, 이를 서로 따라서 착한 나라가 되는 것이 어찌 불가능하겠는가? 그런데 어찌하여 인심이 고르지 않고 습속이 점점 그릇되어 맑은 향기는 드물게 풍기고, 나쁜 얼(萌蘖)이 사이에서 돋아나니, 지금 막지 않으면 그 끝이 장차 이르지 않을 바가 없을 것이다.

그러므로 숭정대부 지중추부사 농암(聾巖) 이현보李賢輔(1467~1555)[58] 선

---

58) 李賢輔의 본관은 永川이고 자는 菲仲이며 호는 聾巖 또는 雪鬢翁이다. 1498년 식년
문과에 급제한 이후 32세에 벼슬에 올라 藝文春檢閱·春秋館記事官·藝文館奉敎 등을
거쳐 1504년 司諫院正言이 되었다. 이때 書筵官의 비행을 탄핵했다가 안동에 유배되
었으나 중종반정으로 持平에 복직되었다. 密陽副使·安東副使·忠州牧使를 지냈고
1523년 星州牧使로 재임 중 선정을 베풀어 중종으로부터 表裏를 하사받았다. 이후

생이 이러함을 근심하여 일찍이 약조를 세워서 풍속이 정중하게 되도록 노력하였으나 미처 이루지 못하였다. 그런데 지금 지사知事의 여러 아들이 방금 경내에서 거상居喪하고 나 역시 병으로 전원에 돌아와 있는데, 고을 어른들이 다 우리 몇 사람으로 하여금 속히 선생의 뜻을 이룩하라고 책임 지우는 것이 매우 지극하였다. 사양했으나 되지 않아 이에 서로 함께 의논하여, 그 대강만 들어서 이같이 하고, 다시 고을 사람에게 두루 보여 가부를 살핀 뒤에 정하였으니, 영원토록 행하여도 폐단이 없을 것이다.

어떤 사람이 말하기를, "먼저 가르침을 세우지 않고 다만 형벌을 사용하는 것은 의심된다" 하니, 그 말이 진실로 그럴듯하다. 그러나 효제와 충신은 사람이 타고난 성품에 근본 하였고, 더구나 나라에서 상庠과 서序를 베풀어 가르침을 권하고 가르치는 방법 아님이 없으니, 어찌 우리가 지금 특별한 조목을 세우겠는가? 맹자가 말하기를, "도가 가까운 데 있는데 먼 데서 구하고, 일이 쉬운 데 있는데 어려운 데서 구하도다. 사람마다 부모를 사랑하고 그 어른을 존대하면 천하가 편안해진다"[59] 하였으니, 이것은 공자의 이른바 지극한 덕이며 중요한 도요, 선왕이 인심을 착하게 하였던 것이다.

이제부터는 우리 고을의 모든 선비들이 성명性命의 리理를 근본 하고 국가의 가르침을 따라서 집에 있어서나 고을에 있어서나 각기 사람의 도리를 다하면, 곧 이것은 나라의 좋은 선비(吉士)가 되어서 혹은 궁하거

정계의 요직을 거치면서 1542년 76세에 知中樞府事에 제수되었으나 병을 핑계로 벼슬을 그만두었다. 李滉・黃俊良 등과 교유했다. 저서로는 『顰巖集』이 있다.
59) 『孟子』, 「離婁上」 11, "孟子曰: 道在爾而求諸遠, 事在易而求諸難, 人人親其親長其長, 而天下平."

나 달하거나 서로 힘입을 것이니, 오직 반드시 특별한 조목을 세워서 권할 것이 아닐 뿐 아니라, 역시 형벌로 쓸 바가 없을 것이다. 만약 이같이 함을 알지 못하고 예의를 침범하여 우리 고을의 풍속을 허물면, 이는 바로 하늘이 버린 백성이니 아무리 형벌을 쓰지 않고자 하나 그렇게 되겠는가? 이 점이 오늘날 약조를 세우지 않을 수 없는 이유이다.

가정 병진년(1556, 명종 11) 12월에 고을 사람 이황은 서문을 쓰다.[60]

▶ 父母不順者.【不孝之罪, 邦有常刑, 故姑擧其次.】
부모에게 불순한 자.【불효한 죄는 나라에서 정한 형벌이 있으므로 우선 그 다음 죄만 들었다.】

▶ 兄弟相鬩者.【兄曲弟直, 均罰; 兄直弟曲, 止罰弟; 曲直相半, 兄輕弟重.】
형제가 서로 싸우는 자.【형이 잘못하고 아우가 옳으면 균등하게 벌하고, 형이 옳고 아우가 잘못하였으면 아우만 벌하며, 잘못과 옳음이 서로 비슷하면 형은 가볍고 아우는 중하게 처벌한다.】

---

60)『退溪先生文集』, 권42,「鄕立約條序 附約條」, "古者鄕大夫之職, 導之以德行道藝, 而紏之以不率之刑. 爲士者, 亦必修於家著於鄕而後, 得以賓興於國, 若是者, 何哉? 孝悌忠信, 人道之大本, 而家與鄕黨, 實其所行之地也. 先王之敎, 以是爲重, 故其立法如是. 至於後世, 法制雖廢, 而彝倫之則, 固自若也. 惡可不酌古今之宜, 而爲之勸懲也哉? 今之留鄕, 卽古鄕大夫之遺意也. 得人則一鄕肅然, 匪人則一鄕解體. 而況鄕俗之間, 遠於王靈, 好惡相攻, 強弱相軋, 使孝悌忠信之道, 或尼而不行, 則棄禮義捐廉恥日甚, 流而爲夷狄禽獸之歸, 此實王政之大患也. 而其紏正之責, 乃歸之鄕所. 嗚呼, 其亦重矣!. 吾鄕雖壤地褊小, 素號文獻之邦. 儒先輩出, 羽儀王朝者, 前後接踵, 觀感薰陶, 鄕風最美. 頃年以來, 運值不淑, 達尊諸公, 相繼逝沒. 然猶有故家遺範, 文義蔚然, 以是相率而爲善國, 豈不可也? 奈何人心無恆, 習俗漸訛, 淸芬罕聞而蘗芽間作, 玆不防遏, 厥終將無所不至矣. 故崇政知事韓巖先生, 患是然也, 嘗欲爲之立約條, 以厲風俗, 鄭重而未及焉. 于今知事諸胤, 方居喪境內, 滉亦守病田間, 鄕丈皆欲令我輩數人, 遂成先生之志, 委責甚至, 辭不獲已, 乃相與商議, 而擧其梗槩如此, 復以徧示鄕人而審可否, 然後乃定, 庶幾期行於久遠而無弊也. 或者以不先立敎, 而徒用罰爲疑, 是固然矣. 然而孝悌忠信, 原於降衷秉彝之性, 加之以國家設庠序以敎之, 無非勸導之方, 奚待於我輩別立條耶? 孟子曰: 道在邇而求諸遠, 事在易而求諸難. 人人親其親長其長而天下平, 此孔子所謂至德要道, 而先王之所以淑人心也. 自今以往, 凡我鄕土, 本性命之理, 遵國家之敎, 在家在鄕, 各盡夫彝倫之則, 則斯爲王鄕之吉士, 或窮或達, 無不脊賴, 非唯不必別立條以勸之, 亦無所用刑矣. 苟不知出此而犯義侵禮, 以壞我鄕俗者, 是乃天之弊民也. 雖欲無罰, 得乎? 此今日約條之所以不得不立也. 嘉靖丙辰臘, 鄕人李滉, 序."

▶ 家道悖亂者.【夫妻毆罵, 黜其正妻. [妻悍逆者, 減等] 男女無別, 嫡妾倒置, 以妾爲妻, 以孼爲
　適, 適不撫孼, 孼反陵適.】
집안의 도리를 어지럽히는 자.【남편과 아내가 때리고 모욕하는 일, 아내를 쫓아내는
일.[아내가 맹렬하게 거부하는 경우 형벌을 감해 준다.] 남자와 여자 사이에 분별이 없는 일,
본처와 첩을 바꾸는 일, 첩이 본처가 되는 일, 서얼이 맏이가 되는 일, 맏이가 서얼을 돌보지
않는 일, 서얼이 도리어 맏이를 업신여기는 일.】

▶ 事涉官府, 有關鄉風者.
일이 관부에 간섭되고 향풍에 관계되는 자.

▶ 妄作威勢, 擾官行私者.
망녕되이 위세를 부려 관을 흔들며 자기 마음대로 행하는 자.

▶ 鄉長陵辱者.
향장을 능욕하는 자.

▶ 守身孀婦, 誘脅汚奸者.
수절하는 과부가 된 사람을 유인하여 더럽히는 자.

　　已上極罰【上中下】
　　이상은 상등의 벌에 해당한다.【상·중·하의 구분이 있다.】

▶ 親戚不睦者.
친척과 화목하지 않는 자.

▶ 正妻疎薄者.【妻有罪者, 減等.】
본처를 박대하는 자.【처에게 죄가 있는 경우는 감등한다.】

▶ 隣里不和者.
이웃과 화합하지 않는 자.

▶ 儕輩相毆罵者.
동무들과 서로 치고 싸우는 자.

▶ 不顧廉恥, 汚壞士風者.
염치를 돌보지 않고 선비의 풍모를 허물고 더럽히는 자.

▶ 恃强陵弱, 侵奪起爭者.
강함을 믿고 약한 이를 능멸하고 침탈하여 다투는 자.

▶ 無賴結黨, 多行狂悖者.
무뢰배와 당을 만들어 횡포한 일을 많이 행하는 자.

▶ 公私聚會, 是非官政者.
공적이고 사적인 모임에서 관정을 시비하는 자.

▶ 造言構虛, 陷人罪累者.
말을 만들고 거짓으로 사람을 죄에 빠뜨리게 하는 자.

▶ 患難力及, 坐視不救者.
환란을 보고 힘이 미치는데도 가만히 보기만 하고 구하지 않는 자.

▶ 受官差任, 憑公作弊者.
관가의 임명을 받고 공무를 빙자하여 폐해를 만드는 자.

▶ 婚姻喪祭, 無故過時者.
혼인과 상제에 아무 이유 없이 시기를 넘기는 자.

▶ 不有執綱, 不從鄕令者.
집강(座首)을 업신여기며 유향소의 명령을 따르지 않는 자.

▶ 不伏鄕論, 反懷仇怨者.
유향소의 의논에 복종하지 않고 도리어 원망을 품는 자.

▶ 執綱徇私, 冒入鄕參者.
집강이 사사로이 향안(鄕案)에 들인 자.

▶ 舊官餞亭, 無故不參者.
구관을 전송하는데 연고 없이 참석하지 않는 자.

　　已上中罰【上中下】
　　이상은 중등의 벌에 해당한다. 【상·중·하의 구분이 있다.】

▶ 公會晩到者.
공적 모임에 늦게 이른 자.

▶ 紊坐失儀者.
문란하게 앉아 예의를 잃은 자.

▶ 座中喧爭者.
좌중에서 떠들썩하게 다투는 자.

▶ 空坐退便者.
자리를 비워 놓고 물러가 편리한 대로 하는 자.

▶ 無故先出者.
까닭 없이 먼저 나가는 자.

　　已上下罰【上中下】
　　이상은 하등의 벌에 해당한다. 【상·중·하의 구분이 있다.】

▶ 元惡鄕吏.

원악향리(지위를 이용하여 악행을 저지르는 지방관서의 향리).

▶ 人吏民間作弊者.

아전으로서 민가에 폐를 끼치는 자.

▶ 貢物使濫徵價物者.

공물 값을 과도하게 징수하는 자.

▶ 庶人陵蔑士族者.

서인이 문벌 있는 자손을 능멸하는 자.

2) 「봉화 향서당에 게시하면서」

기해년 봉화현감에 제수되었다. 봉화는 실제 나의 고향이다. 관사에
도착하는 날 어른들과 아이들에게 고유하여 퇴계 이황 선생의 향약 조

봉화 닭실마을
전경

문의 뜻을 행하고자 하였는데, 모두 허락하였다. 이에 향약의 조문을 취하여 예안에 입안하였고 마침내 향회를 만들어 향서당에 게시하였다. 만약 이를 준수하고 강구하여 폐단이 없으면, 또한 향풍을 돈독히 교화하는 데에 조금의 도움이 있을 것이다. 지현知縣 금난수琴蘭秀(1530~1604)[61]는 기록하다.[62]

3)「마을의 동족에게 향약을 입의하며」

마을의 동족에게 향약을 입의하는 것 또한 퇴계 이황 선생께서 온계마을에 세운 향약이다. 【첫째, 길사로 혼인과 과명(과거에 급제하는 영예)에는 백미 5승, 닭과 꿩 가운데 1마리를 제공한다. 둘째, 흉사로 부모와 처자에 해당하는 자는 쌀과 콩 각각 5승과 보통의 종이 1권, 부역할 노비 2명을 제공한다. 셋째, 매년 봄과 가을의 답청(3월 3일)과 중구(9월 9일)의 원래 정해 놓은 강회를 연다. 해당 달에 까닭이 있으면 임시로 진퇴의 일을 처리한다. 넷째, 유사 2인이 동일한 직임을 번갈아 한다. 강회 뒤에는 서로 일을 번갈아 한다.】 이성과 동성의 화목을 위한 도리가 여기에서 그 정의情義를 다했다. 우리 마을에 기거하는 이들이 거의 30여 명에 이르는데,

---

61) 琴蘭秀의 본관은 奉化이고 자는 聞遠이며 호는 惺齋 또는 孤山主人이다. 처음에는 金進에게 글을 배웠으며 이후 이황의 문하에 들어가 수학하였다. 1561년 사마시에 합격하였으며 1577년 齊陵參奉 및 集慶殿과 敬陵의 參奉을 지냈으며 1585년 長興庫奉事가 되었다. 이후 直長과 掌隸院司許을 지냈으나 임진왜란이 발발하자 노모의 봉양을 위해 고향에서 은거하였다. 그러나 정유재란이 발발하고 나서는 고향에서 의병을 일으켰으며 많은 선비들이 참가하고 지방 백성들이 군량미를 헌납하였다. 1599년 고향인 奉化縣監에 임명되었으나 1년 만에 사임하고 집에 돌아왔다. 저서로는 『惺齋集』이 있다.

62) 『惺齋先生文集』, 권2,「揭付奉化鄕序堂小識」, "己亥除授奉化縣監. 奉化實吾姓鄕. 到官之日, 謹告父老士子以欲行李先生約條之意, 皆許焉. 於是取來約條, 立議於禮安, 仍作鄕會而揭鄕序堂. 若遵守講究而無弊, 則亦敦化鄕風之一助云爾. 知縣琴蘭秀識."

모두 친척이 문호와 밭두둑을 연접하고 있으니, 온계와 큰 틀에서는 서로 유사하다. 그러므로 그것을 취하여 기록하여 준수하여 시행한다. 길흉과 경조사와 강회의 부류는 모두 조례에 따라 약속을 위반하거나 처벌을 경계하는 조목이 없기 때문에 경중을 구분하여 뒤에 별도로 기록하니, 어찌 박절하다고 할 것인가? 모두 동성과 이성이 화목하지 못하고서는 선을 두터이 하는 의리로 함께 귀의하지는 못할 것이다.[63]

戒罰條目계벌조목

▶ 損徒(오륜에서 벗어난 행동이 있는 사람을 그 지방 또는 유림에서 쫓아내는 것)

定罰不行.

정해진 벌을 이행하지 않은 자.

謀害族中.

종족을 해치고자 도모한 자.

▶ 重罰(상등의 처벌)

凌蔑長上.

어른과 윗사람을 능멸한 자.

庸言相詰.

쓸데없는 말로 서로를 헐뜯는 자.

▶ 中罰(중등의 처벌)

留上擅用.

윗자리에 있으면서 멋대로 행하는 자.

---

63) 『惺齋先生文集』, 권2, 「族契立議後識」, "洞中族契立議, 亦退溪先生於溫溪洞中所立之約也. 【一, 吉事, 昏姻科名, 白米五升, 雞雉中一首. 一, 凶事, 父母妻子當身, 米太各五升, 常紙一卷, 役奴二名. 一, 每春秋踏靑重九元定講會, 右月有故, 臨時進退事. 一, 有司二員同任二度, 講會後相遞事】 其於媚睦之道, 情義兼盡, 而吾洞中所居幾至數三十員, 皆親戚連門接畔, 與溫溪大段相似, 故取以傳錄, 遵守施行焉. 其於吉凶慶吊講會之類, 擧以條列, 而無違約戒罰之條, 故分輕重別錄于後, 豈其薄乎? 率以不睦不媚而同歸於厚善之義也."

違令不從.
명령을 어기고 따르지 않는 자.

▶ 輕罰(하등의 처벌)
所任不能.
맡은 것을 하지 못한 자.
無緣不參.
까닭 없이 참여하지 않은 자.

4) 「마을의 향약 조목에 대해」

향약의 조목과 마을의 종계는 모두 좋은 법도와 아름다운 뜻이다. 변란이 있은 이후 인심이 나날이 더욱 각박해져서 형장과 태벌로 권선 징악을 행할 수 없게 되었다. 그러므로 나는 부포마을에서 별도로 향약 의 조목을 세우고, 이를 통해 인정으로 인도한다. 하인과 노비들은 각각 자신의 분수가 다르지만 동일하게 천명의 본성을 부여받았으니, 어찌 비루하다고 하여 함께 지극한 선의 영역으로 귀의하는 것을 권유하지 못하겠는가? 이것이 상하를 구분하여 향약의 조목을 별도로 세운 이유 이니, 조례는 다음과 같다.[64]

---

64) 『惺齋先生文集』, 권2, 「洞中約條小識」, "鄉立約條與洞中族契, 皆是良法美意. 而自變亂以後, 人心日益淸薄, 不可以刑杖笞罰而爲勸懲也, 故蘭秀於夫浦洞中, 別立約條, 因人情以導之. 下 人賤隷名分雖殊, 同受天命之性, 則豈可鄙夷而不爲之勸誘同歸於至善之地乎? 是用分上下別立 條列如左."

約條【鄉立約條洞中族契中, 上下通行, 最切者抄錄.】
향약 조문【향약의 조목과 마을의 종계는 상하가 두루 행하는데, 가장 절실한 것을 초록하였다.】

▶ 順于父母.
　부모에게 순종한다.

▶ 友于兄弟.
　형제간에 우애한다.

▶ 和隣睦族.
　이웃과 화목하고 종족과 화목한다.

▶ 患難相救.
　어려운 일이 있을 때에는 서로를 구제한다.

▶ 戒勿呈訴爭訟.
　헐뜯고 쟁송하지 못하도록 경계한다.

▶ 戒勿割耕占畔.
　밭두둑을 잘라내서 점거하지 않도록 경계한다.

▶ 戒勿溝渠曲防.
　도랑과 방둑을 차지하지 않도록 경계한다.

▶ 戒勿起伐禁陳山林.
　산림에 들어가 벌목하지 않도록 경계한다.

　已上上下通行事.
　이상은 위아래 모두가 해당하는 일이다.

▶ 少遇長, 必敬而行禮.
　젊은이는 어른을 만나면, 반드시 공경하여 예를 행해야 한다.

▶ 少壯者, 必代長者負戴.
　젊고 힘이 있는 이는 반드시 어른을 대신해서 짐을 짊어져야 한다.

▶ 儕輩相敬, 勿相鬪詰.
　동년배는 서로를 공경하여 서로 헐뜯지 말아야 한다.

▶ 男女有別, 勿相偸竊.
　남자와 여자는 구별이 있으니, 서로 부정을 행하지 말아야 한다.

▶ 女人勃豀鬪詰者, 奴婢橫逆不順者, 洞中僉議治罪.
　여자들 가운데 갑작스럽게 다투는 자들이나, 노비 가운데 거스르고 순종하지
　않는 자들은 마을에서 의논하여 죄를 다스린다.

已上下人勸懲事.
이상은 아랫사람에게 권선징악을 교화하는 일이다.

一. 洞內品官中定都監一員, 有司一員, 下人中定約長一人, 色掌一人, 勸誘
    紏檢事.
  첫째, 마을 안에 관품이 있는 사람 가운데 도감 1인, 유사 1인을 정하고, 아랫
  사람 가운데 어른 1인, 색장 1인을 정하여 규찰하고 검관하는 일을 권유한다.

一. 春秋上下同日而會, 品官爲一廳, 鄕吏爲一廳, 下人爲一廳, 而下人則男
    女皆會, 男左女右, 各行禮數, 上下同講和睦之道事.
  둘째, 봄과 가을에 윗사람과 아랫사람이 같은 날에 모인다. 관품이 있는 이들
  이 한 청사에 모이고, 아랫사람이 한 청사에 모인다. 아랫사람의 경우 남자와
  여자가 모두 참석하는데, 남자는 왼쪽 여자는 오른쪽에 있으면서 각기 자신
  의 예를 행하며, 윗사람과 아랫사람이 함께 화목의 도리를 강론한다.

一. 從順洞約, 忠信良善, 德行卓異者, 洞中告鄕所. 鄕所報官司, 官司報使
    褒賞, 俾令觀感事.
  셋째, 마을 향약을 잘 따르고 충심과 신뢰가 매우 좋으며 덕행이 탁월한 이
  들은 마을에서 유향소에 보고한다. 유향소에서는 관사에 보고하고, 관사에서
  는 보고 받은 이들을 포상하여 느끼는 바가 있도록 한다.

一. 違逆洞約而不順者定罰, 定罰而不行不悛者, 勿與同參, 使之孤立. 甚則
    洞中報官司治罪, 俾令懲戒事.
  넷째, 마을 향약을 거스르고 순종하지 않는 자는 벌을 정하고, 벌을 정했는데
  실행하지 않고 고치지 않는 자는 동참하지 못하게 하여 고립되게 한다. 심한
  경우 마을에서 관사에 보고하여 죄를 다스리고 징계하도록 한다.

5) 「봉화 향서당에 첩유하는 글」

  퇴계 이황 선생께서 입안한 향약의 조문과 마을의 종계가 어떻게
우리 한두 마을이나 고을의 화목에만 도움이 되겠는가? 한 나라의 향리
에 전파하여 그것을 준수하고 시행한다면, 실로 우리나라에서 풍속을
돈독하게 교화하는 데에 큰 행복일 것이다. 관사에 도착한 날에 1통을
잘 베껴서 향당에 게시하였고, 마을의 종계와 향약의 몇 조목을 보입해

붙여 두었다. 사방의 품관 자제들에게 편지를 보내 권유하였다. 만력 29년 기해 오월이다.[65]

6) 「토민들이 장인의 전지를 빼앗아 점유하는 것을 금지하는 규약」

본 현의 토지가 매우 좁아 백성들의 잔결殘缺이 10가구나 되어 모양을 이루지 못하고, 단지 이 때문에 점포를 유리걸식하고 있을 뿐이다. 또 산과 계곡에 인접하고 있어 개간한 땅도 황무지일 뿐이다. 토민의 3분의 1이 거주하는데, 모두 관가에 속해 있다. 관가에서는 땔나무와 숯을 수리하고, 하인과 말 그리고 빈객들에게 하인들이 음식을 올리고 있으니, 하나같이 사환使喚(관청이나 개인 집에 고용되어 심부름하는 사람)의 일인데, 모두 장인을 고용하고 있다. 관가에서는 이에 의지하여 부지하고 있으니, 토민들이 그 요역을 펴고 있다. 그 유래가 오래된 것이다. 정묘 연간에 품관 및 토민 가운데 장인의 전지를 빼앗아 점유하고 있는 자들이 있었는데, 그 당시 유향소의 이빙 별감이 퇴계선생에게 대략을 갖추어 아뢰었다.

금지하는 규약을 의정하니, 몇 개월도 안 되어 토인 가운데 규약을 범하는 이들이 없게 되었다. 선생께서 자제들에게 곽 성주에게 가게 하였는데, 성주는 사방에서 이를 금지하고 통렬하게 다스렸다. 이미 바뀐 것은 도로 물러나게 하고 이거한 이들은 돌아오게 하였다. 그 후 품관

---

65) 『惺齋先生文集』, 권2, 「帖論奉化鄉序堂文」, "退溪先生鄉立約條, 洞中族契, 豈但吾一鄉二里之媤睦乎? 傳布乎一國之鄉里, 而遵守施行焉, 則實邦家敦化風俗之一大幸也. 到官之日, 繕寫一通, 揭付鄉堂, 洞中族契與約條, 附補入若干條. 書與四面品官士子而勸誘焉. 萬曆二十七年己亥五月."

의 관리와 토민들이 마을에서 금지하는 것을 두려워해서 그치게 되었다. 빼앗아 점유하는 이들이 없기 때문에 장인들이 편안하게 산과 계곡을 충분히 채우게 되었다.

근년 이래 인심이 예전과 달라 향선생과 부로들이 입안한 향약의 뜻을 지니고 있지 못했다. 여러 사람들이 점유하기를 도모하였는데, 어떤 사람은 사채를 갚지 않는다고 하여 빼앗고, 어떤 사람은 이리저리 꾀를 내어 빼앗아 점유하였다. 정착할 뿌리가 없이 이리저리 유리걸식하는 사람들이 어떻게 뒤돌아보며 흩어지지 않을 수 있겠는가? 게다가 변란을 만나, 요역에 고난을 겪고, 춥고 배고픔에 긴박하여 모두 팔아버리고 흩어지니, 사방의 장인들이 하나같이 텅 비어 관가가 어떻게 지탱할 수 있겠는가?

성주와 유향소가 비로 그 폐단을 알고 있지만, 사방에 체하帖下(관아에서 금품을 줄 때 서면으로 내주는 일)하니, 사찰에게 추문하고 보고하게 하였으나, 사찰이 인정에 구애되어 실제의 보고를 하지 않았고, 규찰하고 검사하는 길이 없으니, 매우 마음이 안타까웠다. 그러나 장인들의 이름과 깃기(衿記: 각 佃夫의 이름 밑에 結負를 기록한 것)가 여전히 존재하고, 초록하여 책을 만들었으니, 모두 90여 결이다. 강직하고 현명한 품관에게 그 창고의 수 및 경작한 이들을 신중히 조사하게 하니, 추문을 할 필요도 없이 자연스럽게 밝게 드러나게 되었다.

전토가 존재하면 지금 비록 흩어져 있다고 하더라도 이후에는 반드시 다시 모여들 것이다. 새롭게 오는 이들이 그 전토를 계산하여 완전히 보호하면 사방에서 구름처럼 모여들 것이다. 비단 토민들이 점유하여 농단하고 있는 점포뿐만 아니라, 호주들이 향금을 빙자하여 모두 취하여 점유하고 있는 것들도, 호 내에 새롭게 오는 사람들에게 주지 않는 다면, 더욱 통렬히 금지해야 할 것이다. 또 이와 관련해서는 일설이 있다. 단지 토민만을 금하고 장인이 점유하고 있었던 토민의 전토를 판매하는 것을 금지하지 않는다면, 매우 좁은 백성의 전토가 장차 장인의 전토가 될 것이니, 이 역시 막을 방도가 없어서는 안 된다. 이 규약을 유향소에 보관해 두고, 영원토록 전하여 시행하여 폐단이 없게 한다면, 관가를 부지하는 하나의 방법이 될 것이다. 만력 계사 지월에 유향소에 써서 보낸다.

장인의 점포는 관가와 관련이 있다. 봉화와 예안은 서로 유사한 상황이다. 비록 번갈아 집에 있더라도 초나라와 월나라를 동일하게 보아서는 안 된다. 그러므로 함께 1통을 써서 봉화의 유향소에 보낸다. 만력 경자 10월.[66]

---

66) 『惺齋先生文集』, 권2, 「土民侵占匠人田地禁斷規約」, "本縣壤地褊小, 民殘十室, 不成模樣, 只緣流離匠店. 止接山谷, 耕墾荒地, 居土民三分之一, 盡屬於官家. 官家修理柴炭, 新舊從馬賓客下人供饋, 一應使喚之事, 皆用匠人. 官家賴以扶持, 土民舒其徭役, 其來已久. 而丁卯年間, 品官及土民有侵占者, 其時留鄕李憑別監具幹進白于退溪先生. 議定禁斷規約, 而未數月土人有犯規約者. 先生令子弟達于郭城主. 城主四禁而痛治之. 已換者還退, 移去者還來. 厥後品官官吏土民畏戢鄕禁. 無侵占者, 故匠人晏然充滿山谷矣. 近年以來, 人心不古, 不有鄕先生父老立約之意. 百般謀占, 或以私債未償而攘奪, 或誘脅臆買而侵占, 無根著流離之人, 何所顧戀而不爲流散乎? 況値變亂, 困於徭役, 迫於飢寒, 盡賣而流散, 四面匠人, 蕭然一空, 官家何以支持乎? 城主與鄕所, 雖知其弊, 帖下四面, 司察推問牒報, 而司察拘於人情, 不爲實報, 糾撿無路, 極爲痛心. 然匠人名字衿記尙存, 抄錄成冊, 合九十餘結. 令剛明品官考驗其庫數及耕作者, 則不費推問而自然現露. 田土若存則今雖流散, 後必還集. 而新來者計給其田而十分完護, 則四面雲集矣. 非但土之占斷匠店, 戶主憑藉鄕禁, 盡取自占, 不給戶內新來之人, 尤當痛禁者也. 又有一說焉, 只禁土民, 而不禁匠人占買土民田土, 則褊小民田, 將盡爲匠人之田, 亦不可無隄防也. 以此規約, 藏諸鄕所, 永傳施行而無弊, 則亦扶植官家之一也. 萬曆癸巳至月, 書送于留鄕所. 匠店之有關於官家, 奉化與禮安相似, 雖遞來在家, 不可視同楚越, 故並書一通, 送于奉化鄕所. 萬曆庚子十月."

봉화 청량산

4. 성재선생기문

1)「보현암 벽 위에 입산한 전후를 기록한 글」

청량은 산림 가운데 최고의 승경이다. 당나귀 타고 지팡이 지녀 두루 찾아보고, 행장 꾸려 머무르려니, 다른 산과는 아주 구별된다. 나는 정미년 봄 이 산에 들어와서 처음으로 그 진면목을 알게 되었고, 기유년 겨울 이자원, 이임중과 함께 산에 들어와 상선암에 거처하였다. 구경서, 윤이직, 권자반, 김대보는 이미 여러 암자 사이에 기거하고 있었다. 날마다 경서 등 여러 사람과 서로 모여 독서한 것을 강론하였다. 경춘년 봄 다시 이 암자에 거처하였다. 신해년 맹춘에 또 연대사에 기거하였다. 퇴계선생을 전송하는 시가 있다. 임자년 여름 6월 입산하여 홀로 기거할 때, 한 달을 남겨 두고 옮겨 만월에 우거하였다. 달이 남아 돌아와 안거하였다. 병진년 여름 다시 연대사에 기거하였다. 자리를 옮겨 금강굴에 한 달을 머물렀다. 정사년 겨울 구여웅과 함께 입산하였는데, 여웅은 문수에 머물렀고, 나는 홀로 이 암자에 기거하였다. 무술년 겨울 또 이인중 삼형제와 입산하였는데, 세 사람은 문수에 기거하였고, 나는 또 이 암자에 거처하였다. 갑자년 정월 경과 업 두 아이를 문수에 기거하게 하고, 자리를 옮겨 금생 · 대승 · 중대 · 별실 등의 암자에 거처하였다.

대체로 정미년 이후로 지금 갑자년에 이르기까지 거의 20여 년을 이 산에 왕래하였던 것이 열두서너 번이었던 것 같다. 옛 글을 만져 보니 이미 옛 흔적이 되었다. 이자원, 이임중, 이인중은 모두 고인이 되었고 보니, 또 그 감회를 이길 수가 없다. 그 가운데 더욱 부끄럽고 한스러운 것은 막 입산할 때에 마음을 씻고 생각을 닦아 책상 앞에 앉아서 책을 보고, 몸과 마음을 수습하고 본원을 함양하여 다른 날에 사용하려고 했는데, 그때 세속의 업무로 이러한 생각을 빼앗기고 말았다는 것이다. 때로는 일 때문에 산문을 나오게 되어 공부에 전력을 기울일 수가 없었다. 막 산문을 나왔을 때는 귀와 눈이 끝없이 변화하는 사물의 소리와 색깔을 접고는 마침내 그때 얻은 조그만 것조차 보존할 수가 없게 되고 모두 잃어버리게 되었다.

그러니 일상생활에서 볼만한 것이 하나도 없게 되었고, 도리어 세속의 흐름에 몰두하는 것만 못하게 되었다. 지금은 어리석어 소인의 귀의처를 면할 수 없게 되었다. 사람이 기를 것을 아는 것은 공부를 어떻게 하느냐에 달려 있는 것이지, 거처하는 곳이 시끄러운지 조용한지에 매어 있는 것이 아니다. 훗날 입산하는 자는 나를 경계로 삼아라![67]

---

67) 『惺齋先生文集』, 권3, 「普賢菴壁上, 書前後入山記」, "淸涼, 是山林之最勝也. 驪節之探歷, 樸被之留蓮, 與他山逈別矣. 余於丁未春, 歷入玆山, 始識面目. 己酉冬, 與李庇遠, 李任仲, 入山栖上仙庵. 其景瑞, 尹而直, 權子胖, 金大寶則已寓諸庵間. 日與景瑞諸人相會, 講論所讀書. 庚戌春, 又棲斯庵. 辛亥孟秋, 又栖蓮臺寺. 先生有送行詩. 壬子夏六月, 入山獨棲安中, 留一月移

도산서당   도산서원

2) 「도산서당영건기사」

　가정 6년 정사에 선생께서 서당의 터를 도산의 남쪽에 얻으셨다. 느
낀 것을 기록한 시 2편이 있다. 그 후 다시 도산의 남쪽 동네에 가 보니,
오언고시五言古詩가 있었다. 마침내 서당을 이곳으로 이건하고자 하였으
나, 법련法蓮이란 중이 그 일을 맡기를 청하였는데, 결실을 이루지 못하
였다. 무오년 7월 선생께서 서울의 부르심을 받아 가게 되었는데, 건물
의 그림 1본을 그려서 벽오碧梧 이문량李文樑(1498~1581)[68] 어른에게 주어

　　寓滿月, 月餘還安中. 丙辰夏又棲蓮臺, 移寓金剛窟留一月. 丁巳冬, 與具汝膺入山, 留汝膺于文
　　殊, 獨棲斯菴. 戊午冬, 又與李仁仲三昆季入山, 三人則寓文殊, 余則又棲菴. 甲子正月, 率懷,
　　懼兩兒寓文殊, 移棲金生大乘, 中臺別室等庵. 蓋自丁未以後至今甲子, 幾二十年, 往來于玆山
　　者, 十有二三焉. 摩挲舊題, 已成陳迹. 而李庇遠, 李任仲, 李仁仲皆爲古人, 又不勝其感懷矣.
　　其中尤有所可愧可恨者, 方其入山之時, 洗心滌慮, 對案觀書, 收拾身心, 涵養本源, 以爲他日受
　　用之地, 而被他俗務擾奪, 或因事卽出, 做功不專. 纔出山門, 耳聲目色接事物無窮之變, 則竟未
　　能保其些少所得而並失之. 其於動靜云爲, 無一可觀, 反不如沒頭塵土之俗流. 至今貿貿, 終不免
　　小人之歸, 是知人之所養, 在用功之如何. 不係於所處之閒靜也. 後之入山者, 於余戒之哉!"

68) 李文樑의 본관은 永川이고 자는 大成이며 호는 碧梧 또는 綠筠이다. 1520년 이후 음서
　　를 통하여 將仕郎・通仕郎・從仕郎・迪順副尉・秉節校尉가 내려졌으며, 1559년 平陵道
　　察訪에 제수되었다. 이황과 이웃에 살면서 매우 친하였는데 1564년 그와 함께 淸凉山
　　을 유람하면서 학문을 토론하고 시를 읊기도 하였다. 효성이 지극하고 우애가 독실
　　한 사람으로 명성이 자자하다. 저서로는 『碧梧文集』이 있다.

법련이란 중에게 주어서 건물을 짓게 하였다.

또 월천月川 조목趙穆에게 편지를 써서 "도산정사의 건설은 만년에 관심 있는 일이니, 법련이란 중에게 담당하게 하고, 내가 귀향하는 것을 기다려서 경영할 필요가 없다. 요즘 들으니 법련이란 중이 죽었다고 하니, 이는 마귀의 일인가?"라고 하셨다. 법련 사후 정일淨一이란 중이 계승하여 이를 경영하였다. 나에게 편지를 보내서, "도산의 일은 어떤 중이 있어 임무를 맡기려고 하는데, 질기와의 차제가 장차 가망이 있을 것이다. 그러나 어찌 법련이란 중이 용기 있게 스스로 감당해 내겠는가?"라고 하셨다.

경신년 7월 역사役使를 시작하였는데, 11월에 당堂이 완성되었다. 당은 모두 3칸인데, 헌軒을 암서巖棲라고 하였고, 재齋를 완락玩樂이라고 하였고, 이를 합하여 편액을 도산서당陶山書堂이라고 하였다. 당의 서쪽에 정사 8칸을 마련했는데, 헌을 관란觀瀾이라고 하였고, 재를 시습時習이라고 하였고, 요寮를 지숙止宿이라고 하였고, 합하여 편액을 농운정사隴雲精舍라고 하였다. 당은 반드시 남향을 정방위로 하였는데, 행례行禮를 편하게 하기 위해서이다. 재는 반드시 서쪽을 치우치게 하여 원포園圃와 상대하게 하였으니, 유치幽致를 숭상해서이다. 그 나머지 방과 실, 부엌과 창고, 문과 호는 모두 의미가 있는데, 모두 선생께서 손수 쓰신 것이다. 「경재잠敬齋箴」, 「백록동규白鹿洞規」, 「당명실기堂名室記」 역시 벽 위에 게시하였다.

이때부터 또 도옹陶翁이라고 불렀다. 선생의 필법은 단아端雅하고 중경重勁하여 다른 명가名家들이 기괴함을 숭상하는 것과는 같지 않다. 혹 어떤 사람이 구하기를 청하면, 때때로 병풍과 족자를 써서 주었는데,

선생께서 사람을 마주 대하고 붓을 잡는 것을 보지는 못하였다. 혹 쓰는 것이 아직 끝나지 않아서 외부에서 온 사람이 있는 경우, 비록 항상 문 아래에 계시면서 또한 반드시 보관해 두고 접대하였으니, 그 근엄하신 것이 이와 같으셨다.

암서헌은 위세가 남쪽을 면해 있는데, 3칸의 제도를 사용하였고, 삼면이 툇기둥에 세워져 있다. 동쪽 면은 날개 모양의 처마가 덮여 있기 때문에 자못 시원하고, 실室 가운데 서북쪽 벽에는 서가書架가 조성되어 있으며, 서쪽은 막아서 반쪽 침실을 만들고 비워 놓았다. 내가 서가를 연침燕寢의 아래쪽에 설치하지 않는 것은 뜻이 있습니까? 라고 물으니, 선생께서 이곳은 내가 잠자고 일어나는 처서로 경훈經訓이 뒤쪽에 있는 것이 타당하지 못하기 때문에 이와 같이 하였다고 하시었다.

중간에 고서 천여 권이 있는데, 좌우의 서가에 나누어 끼워 놓았다. 또 화분 1개, 책상 1개, 연갑 1개, 궤장 1개 및 침구, 담석, 향로, 혼천의가 있었다. 남쪽 벽 위 뒤쪽에는 세로로 된 시렁을 두었는데, 옷상자와 책상자를 놓아두었다. 이 밖에 다른 것은 없다. 서가에 있는 첨지籤紙는 정돈되어 있어 어지럽지 않았다. 괴하와 청명에는 매번 책을 내와서 말렸다. 계상에 있는 장서와 함께 서로 왕래가 있었기 때문에 때때로 넘치고 모자람이 있었다. 일찍이 나로 하여금 이 두 곳의 서적과 장부를 함께 계산하게 하였는데, 모두 1천7백여 권이나 되었다. 모시고 있을 때 선생께서 혹 열람하실 것이 있으면, 몇 번째 서가 몇 번째 줄 몇 권에 있는 아무개 책을 뽑아오라고 명하셨다. 뽑아서 살펴보면, 조금의 착오도 없었으니, 선생의 역량과 정신 역시 그 일단을 알 수 있었다.

절우사는 암서헌 동쪽 기슭에 있는데, 신유년 3월에 조성된 것이다.

선생께서는 하루 동안 계상에서 도보로 도산에 오셨다. 시 한 수가 있는데 다음과 같다. "가파른 벼랑 꽃이 피어 봄은 더욱 적적하고, 시내 숲에 새가 울어 물은 더욱 잔잔하네. 우연히 산 뒤에서 제자들을 대동하고, 한가히 산 앞에서 고반[69]을 묻는다."[70] 나는 일찍이 이 시에 상하가 같은 흐름이지만, 각기 자신의 묘를 터득함이 있으니, 증점曾點이 기수沂水에서 목욕하고 돌아오겠다는 기상과 염계濂溪 주돈이周敦頤의 정초庭草와 의미가 같은 지를 물은 적이 있다. 선생께서는 이덕홍과 이복홍 등에게도 이 말이 있었는데, 추론한 것이 너무 지나치다고 답하셨다.

정우당은 당의 동쪽에 자그마한 우물을 판 것이다. 그 가운데 연꽃을 심었는데, 염계濂溪의 뜻을 취하고 정우를 이름으로 삼은 것이다.

유정문은 당 앞 출입처를 시비로 가린 것이다. 유정으로 이름 한 것은 "바른 길을 밟으니 탄탄하고, 마음이 조용한 사람이라야 바르고 길하리라"라는 『주역』「이괘履卦」구이九二의 뜻을 취한 것이다.

천연대는 무오년 3월 중 승여 등에게 물가에 대를 쌓도록 시켰는데, 처음 창파라고 명명한 것이 이것이다. 강에 임해 격절이 있어 경계가 창활하다. 갑자년 여름 나는 고산孤山에서 선생에게 인사하러 갔는데, 선생께서 지팡이를 잡고 천연대 위를 소요하고 계셨다. 이때 바람이 점점 시원해졌는데, 경물이 화창하고, 천리가 유행하여 막힌 바가 없이 오묘하였으니, 우러러보고 굽어살피는 모습을 볼 수 있었다. 선생께서

---

69) 『시경』의 篇名인데, "고반이 시냇가에 있다" 하였다. 이 시는 은둔한 선비의 생활을 노래한 것인데, 고반의 해석은 일정하지 않다. 여기서는 한 가지 거처할 터를 말함인 듯하다.

70) 『退溪先生文集』, 권3,「步自溪上, 踰山至書堂. 【李福弘, 德弘, 琴悌筍輩從之】」, "花發巖崖春寂寂, 鳥鳴澗樹水潺潺, 偶從山後攜童冠, 閒到山前問考槃."

말씀하시기를, 오늘 우연히 심경心境을 이해할 수 있었다. 그대가 이때에 당도하였으니, 또 마음의 친구를 얻은 것이라고 하셨다. 인하여 나아가 묻기를, 솔개가 날고 물고기가 뛰어오르는 것을 자사子思子가 인용하여 상하가 밝게 빛나는 이치를 밝혔는데, 특별히 솔개가 날고 물고기가 뛰어오르는 것을 말한 것은 어째서입니까? 라고 하였다. 선생께서 답하시기를, 모든 사람의 자연스러움이 바로 이치이다. 솔개가 하늘을 날고, 물고기가 연못을 뛰어오르는 것이 어찌 억지로 힘써서 그렇게 되겠는가? 의도하는 것이 있자마자 이치의 자연스러움이 아니게 된다고 하셨다.

천광운영대는 계해년 3월 조성된 것이다. 천연대 서쪽 기슭에 위치하는데, 천연대와 함께 나란히 있다. 일명 천운대라고도 한다.

곡구문은 천연대와 운영대 양쪽 기슭 사이에 있다. 마을의 출입문으로 일명 곡구암이라고도 한다.

탁영담은 천연대 아래에 있다. 신유 4월 보름에 탁영담에 배를 띄웠다. 선생께서는 조카인 교와 손자인 안도 및 이굉중에게 청풍명월로 운을 나누게 하였는데, 밝은 명明자를 얻었다. "묻노니 황천길 백세 뒤에 뉘 다시 바른 소리 이을 것인가?"라는 시구가 있다.71)

---

71) 『退溪先生文集』, 「言行錄」. 李德弘의 기록에는 다음과 같이 기록되어 있다.
　　푸른 물 달빛 아래 밤기운 맑은데　　　　　　　　水月蒼蒼夜氣淸
　　바람이 쪽배 밀어 빈 강 거슬러 오르네　　　　　風吹一葉泝空明
　　박항아리 백주가 은잔에 오가고　　　　　　　　匏樽白酒釃銀酌
　　삿대는 물결 저어 玉横星을 끌어올리네　　　　桂棹流光掣玉横
　　采石江의 미친 짓은 뜻에 맞지 않으나　　　　采石顚狂非得意
　　落星樓의 시 짓던 일이 가장 마음에 걸려라　　落星占弄最關情
　　묻노니 황천길 백 세 뒤에　　　　　　　　　　不知百世通泉後
　　뉘 다시 바른 소리 이을꼬　　　　　　　　　　更有何人續正聲

반타석은 탁영담 속에 있다. 물이 불으면 물속으로 들어간다. 『도산잡영陶山雜詠』 기록에는 "여제구입與齊俱入"(소용돌이치는 물속에 함께 빠져듦) 네 글자가 있는데, 『장자莊子』에 출전을 두고 있는 것72)을 선생께서 차용한 것으로, 수면과 가지런한 물이 소용돌이치는 곳이다.

석간대는 운영대 서쪽 성동聲洞의 마을 입구이다. 임술년 3월 선생께서 배를 타고 청계에 가셨다. 그곳에 있는 대를 청계靑溪라고 명명했는데, 곧 석간대이다. 매년 여름과 가을이 교체될 때, 관가에서 이 대 아래에 어량을 축조하였기 때문에 선생께서 일찍이 왕래가 없으셨다. 농암 이현보 선생과 함께 이 대를 노닌 적이 있었는데, 답청시踏靑詩(삼월 삼짇날 들에 나가 돋아나는 풀을 밟으면서 봄을 즐기며 짓는 시를 말함)가 있다. 이강이가 도산에 며칠을 머물다가 돌아갔다. 선생께서 이 대에서 송별하였다. 선생께서 당나라 시인의 "훗날 그리울 때 이 물가 찾아오리"73)라는 시구를 주셨다.74)

신유년에 이군미와 조사경, 금사임, 김신중, 금협지, 금훈지, 김돈서 및 내가 농운정 옆에 몇 칸의 재실을 만들어서 독서와 학업의 장소로 삼았다. 선생께서 그 뜻을 가상히 여겨 허락하였다. 이군미가 그 일을 확대하려고 해서 두 번이나 광고를 해서 원근에서 입실하기를 원하는

---

72) 『莊子』, 「達生」, "與齊俱入, 與汨偕出."(나는 소용돌이치는 물속에 함께 빠져 들었다가 다시 용솟음치는 격류와 함께 빠져 나온다.)

73) 당나라 시인 劉商의 「送王永」(왕영을 전송하며) 첫째 수의 제3, 4구이다. 『全唐詩』, 권304.

74) 『退溪先生文集』, 권21, 「與李剛而 壬戌」, "夜來令體何如, 三日聯床之歡, 豈盡千里命駕之意, 別後惘惘, 不能爲懷, 所祝行色珍衛, 益崇明德, 以副病舊之望, 幸甚. 君去春山誰共遊, 鳥啼花落水空流, 如今送別臨溪水, 他日相思來水頭, 初欲於石磵臺, 吟敍別懷, 偶思唐人此詩, 道盡今日事無以復加, 故只寫此詩, 送呈行軒, 想垂領悉也."

이들 또한 많았다. 재실을 만드는 구역이 넓어진 이유이다. 선생께서 월천 조목에게 편지하면서, "조카 교 등이 도산에 자그마한 집을 짓고 자 하는데, 문원과 덕홍 등과 함께 편의에 따라 조성하면 금지하지는 않을 것이다. 지금 양 도에서 회문回文을 내었다고 하는데, 그것을 일삼 는 자들이 20여 명이라고 한다. 그러나 지금을 위한 계책은 부득이 또 그쳐야 한다. 속히 이 뜻을 문원에게 통보하고, 만약 죽계에 간다면 반 드시 영천을 지나서 교 등을 보게 될 것이니 그만두라고 상세히 알려 달라"고 하시었다.[75] 그 후 비로소 여러 사람들이 정사성과 함께 전일 헤아려 놓았던 곳에 재실을 마련하여 이름을 역락재라고 하였다.

선생께서 지으신 기문은 신유년 11월이니, 곧 선생의 회갑 때이고 참 판에 체직하시고 동중추부사로 이배되었을 때이다. 「도산언지陶山言志」[76] 와 「도산잡영陶山雜詠」[77]을 지으셨다.

명종대왕 병인년에 임금의 명으로 도산의 서당과 서재 및 원근각지 산천의 형세를 그리라고 하였고, 여성군 송인에게 기문과 시를 지어서 병풍으로 만들어 침전에 들이라고 하였다.

가경 4년 경오 5월, 선생께서 도산에 출타하셔서 여러 학생들과 『계 몽전의啓蒙傳疑』를 강론하셨다. 9월 또 『심경』과 『계몽전의』를 강론하셨

---

75) 『退溪先生文集』, 권23, 「與趙士敬」, "審姪輩, 欲於陶山構小屋. 意謂與聞遠, 德弘等, 隨便草 造, 故不爲禁止. 今聞兩道出回文, 與於其事者二十餘人云. 若如此煩張, 則與前日所止之擧, 何以異乎? 況其中彼本無意, 而幷入其名者非一二, 此又不可之大者, 非徒此也. 僕之卜幽居, 本欲爲養閒養病計耳, 豈欲聚集童蒙輩, 勸課誦讀爲學長役耶? 旣不副所望, 則答責輩輿, 所不 能堪, 故爲今之計, 不得已又當止之, 而喬等已歸榮川, 姑告於君, 須速以此意, 通于聞遠. 若往 竹溪, 必過榮川而見喬等, 爲詳告停之."
76) 『退溪先生文集』, 권3, 「陶山言志」, "自喜山堂牛已成, 山居猶得免躬耕. 移書稍稍舊龕盡, 植 竹看看新筍生. 未覺泉聲妨夜靜, 更憐山色好朝晴. 方知自古中林士, 萬事渾忘欲晦名."
77) 『退溪先生文集』, 권3, 「陶山雜詠 幷記」.

다.【선생의 언행을 기록한 몇 조목을 부록하였다.】

만력 2년 갑술 봄, 고을의 선비들이 의론하였다. 도산선생께서 도를 강론하는 곳에 서원이 없을 수 없다. 이어 서당의 뒤쪽 몇 걸음을 취하여 개간하고 경영하였다.[78]

---

78) 『惺齋先生文集』, 권3, 「陶山書堂營建記事」, "嘉靖六年丁巳, 先生得書堂基址於陶山之南. 有感賦二詩, 其後再往祝陶山南洞, 有五言古詩. 遂欲移建書堂於此. 而有浮居法蓮者, 請幹其事, 而未及結屋. 戊午七月, 先生赴召入都, 寫屋舍圖子一本, 書與碧梧李丈, 使之指授蓮僧而結搆焉. 又與趙士敬書曰陶山精舍之卜, 最是晚來關心事, 蓮閣梨勇自擔當, 不待吾歸而欲事營葺. 今聞蓮僧化去, 有此魔事云云. 法蓮死後, 淨一者繼而營建. 與蘭秀書曰陶山事, 有僧欲任, 陶瓦次第, 將有可望. 然豈如蓮僧之勇自擔當耶云云. 庚申七月始役, 十一月堂成. 堂凡三間, 軒曰巖棲, 齋曰玩樂, 合而扁之曰陶山書堂. 堂之西搆精舍八間, 軒曰觀瀾, 齋曰時習, 寮曰止宿, 合而扁之曰隴雲精舍. 其所以堂必南向正方位, 便行禮也. 齋必西偏對園圃, 尙幽致也. 其餘房室厨舍門戶, 皆有意思, 所揭扁額, 皆先生手書, 而敬齋箴, 白鹿洞規, 名堂室記, 亦揭于壁上. 自是又號陶翁, 先生筆法端勁雅重, 非如他名家尙奇怪而已. 或因人求懇, 時書屛簇, 而未嘗見其對人揮灑. 或當寫未畢而有自外至者, 雖常居門下者, 亦必藏而待之, 其謹嚴類如此. 巖棲軒, 位勢面陽, 用三間之制, 而三面się退柱. 東面覆翼簷, 故頗極瀟麗, 室中西北壁造書架, 而西則隔限半寢而空其中. 蘭秀問書架之不設燕寢下方者亦有意乎? 先生曰此是余之寢處及起居之所, 經訓在後背之未安, 故如是爾. 中有古書千餘卷, 分揷左右書架. 又有一花盆一書床一硯匣一几一杖寢具簟席香爐渾天儀. 南壁上面後橫平, 置衣箱書筒. 此外無他物. 書架所儲書籍, 整齊不亂. 每於槐夏淸明之日, 出而曝曬. 與溪上所藏書, 互相往來, 故時有盈縮. 嘗使蘭秀出兩處書簿, 通共計數, 凡一千七百餘卷. 侍座之日, 先生或有考覽處, 命抽第幾架第幾行第幾卷某書, 而抽出撿視, 無一差誤, 先生之力量精神, 亦可見其一端矣. 節友社, 在巖棲軒東麓下, 辛酉三月所築也. 先生一日自溪上步出陶山. 有詩一絶曰花發巖崖春寂寂, 鳥鳴澗樹水潺潺, 偶從山後携童冠, 閒到山前問考槃. 蘭秀嘗問此詩有上下同流各得其所之妙, 而與曾點浴沂氣像, 濂溪庭草, 一般意思同. 先生曰李德弘輩亦有此語, 而但推言之太過耳. 淨友塘, 堂之東偏鑿小方塘, 種蓮其中, 取濂溪之意名以淨友. 幽貞門, 堂前出入處, 掩以柴扉. 名以幽貞, 取易履道坦坦幽人貞吉之意也. 天淵臺, 戊午三月, 令僧愼如輩臨水築臺, 始名滄浪者此也. 臨工斗截, 境界敞豁. 甲子夏, 蘭秀自孤山往拜先生, 先生杖屨逍遙於臺上. 時風日暄姸, 景物和暢, 天理流行, 無所滯礙之妙, 可得於仰觀俯察矣. 先生曰今日遇會心境, 君此際來到, 又得會心人矣. 因進而問曰鳶飛魚躍, 子思子引之以明上下昭著之理, 而特言鳶之飛魚之躍, 何也? 先生曰凡事物之自然者, 是理也. 鳶之戾天, 魚之躍淵, 豈勉强而爲之歟? 纔涉於有所作爲, 非理之自然也. 天光雲影臺, 癸亥三月所築也. 在天淵臺西麓上, 與天淵臺齊等, 一名天雲臺. 谷口門, 在天淵臺雲影臺兩麓間. 出入之洞門, 一名谷口巖. 灌纓潭, 在天淵臺下. 辛酉四月旣望, 泛舟灌纓潭. 先生令姪畬, 孫安道及李宏仲, 以淸風明月分韻得明字. 有不知百歲通泉下更有何人續正聲之句. 盤陀石, 在灌纓潭中, 水漲則入水中. 記中與齊俱入四字, 語出莊子, 先生借用之耳, 齊水之旋磨處也. 石磵臺, 在雲影臺西聲洞洞口. 壬戌三月, 先生乘舟抵靑溪, 名其臺曰靑溪, 卽石磵臺也. 每年夏秋之交, 官家築漁梁於此臺下, 故先生未嘗往來焉. 嘗與聾巖李先生遊此臺, 有踏靑詩. 李剛而來留陶山

3) 「야은 길재 선생 사전 사적」

나는 가정 신유 4월 남명 조식을 알현하여 국초의 일에 대해서 물었다. 이에 남명이 "야은이 임금으로부터 전토 100결을 하사받았는데, 농사를 다 짓지는 않고 대나무를 심었는데, 지금까지 그 대나무가 아직도 있다"고 하셨다.[79]

5. 성재선생의 명과 제

1) 「좌우명」

사람이 태어날 때 품수 받은 기운이 동일하지 않으니, 우둔한 이도 있고 명철한 이도 있다. 진실한 군자는 안은 은과 같고 밖은 철과 같다. 저 소인들은 안은 철과 같고 밖은 은과 같다. 은이란 비록 희지만 묻으

數日而還, 先生送別于此臺. 先生書唐人詩他日相思來水頭之句以贈. 辛酉, 李君美與趙士敬, 琴士任, 金愼仲, 琴夾之, 壎之, 金惇敍及蘭秀, 約搆數間齋室於隴雲之側, 以爲讀書肄業之所. 先生嘉其意而許之. 李君欲張大其事, 兩度出文, 遠近願入者亦多, 以至設施之境矣. 先生與士敬書曰崙姪軰欲於陶山搆小屋, 意與聞遠, 德弘等隨便草造, 故不爲禁止. 今聞兩道出回文, 與於其事者二十餘人云. 爲今之計, 不得已又當止之. 速以此意通于聞遠, 若往竹溪, 必過棨川而見崙等, 詳告停之云云. 其後始事諸人, 與鄭士誠搆齋於前日所擬之地, 名曰亦樂齋. 先生著記, 在辛酉十一月, 卽先生回甲之歲, 遞參判移拜同中樞府事時也. 有陶山言志詩及雜詠詩. 明宗大王丙寅, 自上命畫陶山堂齋及遠近山川形勢, 令礪城君宋寅書記與詩, 列爲屛風, 張之卧內. 隆慶四年庚午五月, 先生出陶山. 與諸生講啓蒙. 九月乃講心經啓蒙. 【附先生言行數條】萬曆二年甲戌春, 一鄕士子議, 陶山先生講道之所, 不可無書院. 乃就書堂後數步而闢地營建."

79) 『惺齋先生文集』, 권3, 「冶隱吉先生賜田事蹟」, "蘭秀嘉靖辛酉四月, 見曺南冥, 語及國初事. 迺曰冶隱自上賜田百結而盡不耕播, 栽之以竹, 至今遺竹尙存云."

면 어둡다. 철이란 비록 검지만 단련하면 금이 된다. 하물며 나의 본성은 성인의 마음이다. 우둔함으로 스스로를 속일 수 없고, 성스러움으로 스스로를 해이하게 할 수 없다. 큰일을 행하는 자 역시 이와 같아야지, 어찌 현명하고 우둔하다는 것으로 의심하겠는가? 지나치면 후회할 수 있고, 고치면서 경계로 삼아야 한다. 밝은 천명을 돌아보고 예가 아니면 금하라. 상제께서 임하시니 감히 삼가지 않을 수 있겠는가? 이에 영대(마음)에 명을 세워 얇은 얼음을 밟듯 깊은 연못에 임한 듯하리라.[80]

2) 「류성룡 옥연정의 명」

저 굽이도는 하회 석학이 사는 마을. 인산(仁山) 우뚝 솟아 있고 지수(智水) 돌아가는 곳. 지수 흘러넘치고 그 연못 깊다네. 한 치의 아교도 필요 없이 맑고 밝은 곳. 어떻게 이와 같나 물으면 수원이 계곡의 입구에서 나온다고. 도체는 크고 넓어 물고기와 솔개가 활발하네. 수원은 멀고 물길은 맑으니 옥연의 연못이네. 보석 빛의 수면에 물결의 마음을 비추네. 찌꺼기 모두 정화되어 모든 이치를 머금고 있네. 탁한 물결 빨아들여 물가를 분별하지 못하네. 바람이 씻어 낸 듯 파도가 출렁이네. 조차라도 연못이 탁해지는 것이 어떻게 물의 본성이겠는가? 장마 안개 수습하니 본체가 맑고 맑네. 이 때문에 군자는 함양을 귀하게 여긴다네. 물결 보고도 깨달음 있고 연못에 임하니 날마다 반성하네. 고인이 마음

---

80) 『惺齋先生文集』, 권3, 「座右銘」, "人稟不齊, 有愚有哲. 允矣君子, 內銀外鐵. 嗟彼小人, 內鐵外銀. 銀者雖白, 埋之則昏. 鐵者雖黑, 點之則成金. 況我之衷, 則聖之心. 不以愚而自棄, 不以聖而自弛. 有爲者亦若是, 豈賢愚之有二? 過而能悔, 酒悛廼箴. 顧諟明命, 非禮則禁. 上帝是臨, 敢不欽欽. 爰刻銘於靈臺, 如履薄而臨深."

전한 것 밝은 달과 차가운 물이라오. 탕임금 반명을 구하여 수양으로 삼는다네. 그래서 연못의 머리에서 옥 같은 물길이 맑게 돌아 흐른다네. 푸른 언덕이 우뚝 솟아 있고 위에는 정亭과 대臺가 있네. 주인옹은 매우 공손하고 고요한 재실은 연못에 있네. 나는 마침내 즐겁게 명정銘亭을 지었는데, 안씨 심재心齋의 비유를 취한 것[81)이다.[82)

3) 「퇴계선생제문」 ①

엎드려 생각하건대, 선생께서는 빛나는 큰 산이고 정기가 온전하십 니다. 세상에서 툭 뛰어나와 우뚝하게 사숙하여 독자적인 데로 나아가 셨습니다. 어찌 사승관계가 있겠습니까? 공자와 맹자를 추종하셨고 정 이와 주희를 흠앙하셨습니다. 덕을 숭상하고 도를 존숭하여 세상의 종 유가 되셨습니다. 봄바람의 기풍이 있으셨고 가을 달의 신령함을 지니 셨습니다. 우리나라는 천 년이 지나 성학이 밝아졌습니다. 저는 다행이 이때에 태어나고 또 고향을 함께할 수 있게 되었습니다. 어려서부터 가 까이서 모시고 선생님의 지팡이와 신을 받들었습니다. 이십여 년을 문 하에서 가르침을 받았습니다. 위기지학을 독실하게 믿고 경을 위주로 이치를 궁리하였습니다. 귀를 기울이며 가르침을 받았는데 순순히 타

---

81) 顔回가 터득했다는 心齋의 경지를 누리며 생활하겠다는 뜻이다. 심재는 마음을 재계 한다는 뜻으로서 마음을 비우고 외물을 대하는 것이다. 『莊子』, 「人間世」 참조.

82) 『惺齋先生文集』, 권3, 「柳而見玉淵亭銘」, "彼河之曲, 碩人所里. 峙以仁山, 環以智水. 智水 瀁瀁, 其淵有灌. 不待寸膠, 澄淸徹波. 問何如是, 源從谷口. 道體浩浩, 活潑魚鳶. 源遠流淸, 玉淵之淵. 珠光水面, 鏡明波心. 査滓淨盡, 萬理斯涵. 如汩濁浪, 不辨涯涘. 如被風漚, 波濤激 起. 造次淵畔, 而豈水性? 潦收霧霽, 本體之瀅. 是以君子, 所貴涵養. 觀瀾有訓, 臨淵日省. 古 人傳心, 月照寒水. 湯盤澡淪, 捫潄淸泚. 所以淵頭, 玉流澄洄. 蒼厓壁立, 上有亭臺. 主翁深拱, 靜室淵窩. 余遂樂爲銘亭, 取譬顔氏之心齋."

이름이 그치지 않으셨습니다. 안타까운 것은 제가 우둔하고 용렬하여 끝내 지극한 뜻을 받들지 못한 것입니다. 비루하지 않게 이끌어 주시니 실로 마음에서 나온 정이라고 느꼈습니다. 나를 낳아 주신 것은 부모지만, 나를 깨우쳐 주신 것은 선생님입니다. 백 년을 기약하고 돌아감이 있을 것입니다. 산이 무너지고 들보가 내려앉으니 제가 누구를 의지하겠습니까? 제 병통을 누가 치료해 주며, 제 의심을 누가 질정해 주겠습니까? 널 앞에서 엎드려 곡하니 오장이 갈기갈기 찢어집니다. 술 한 잔 올리니 부디 흠향해주십시오.[83]

4) 「퇴계선생제문」 ②

공손히 생각하건대 사람이 태어난 이래 공자가 없었더라면 안자_{顔子}, 증자_{曾子}, 자사자_{子思子}, 맹자_{孟子}가 어떻게 출현할 수 있었겠습니까? 성인과의 거리는 멀고 성인께서 하신 말씀은 통하지 않아 사도斯道가 폐해진지 오래되었습니다. 주자周子와 정자程子가 없었더라면 누가 사도를 전수받아 전해 주었겠습니까? 장자張子와 주자朱子가 없었더라면, 누가 계왕개래繼往開來할 수 있었겠습니까?

눈과 귀가 진리를 잃어버린 지 오백여 년이나 되었습니다만, 하늘이 사문을 도와 우리의 도가 동쪽으로 왔습니다. 조화옹造化翁이 주조하

---

83) 『惺齋先生文集』, 권3, 「祭退溪先生文」, "伏惟先生, 光嶽氣全. 間世挺興, 私淑獨詣. 豈有師承? 追蹤孔孟, 薰香程朱. 德崇道尊, 爲世宗儒. 春風氣度, 秋月衿靈. 我東千載, 聖學大明. 蘭秀幸生一世, 又同鄕坰. 少年攝衣, 得奉杖屨. 卅載門下, 幾承春顔. 篤信爲己, 主敬窮理. 提耳敎詔, 諄諄不已. 嗟我愚庸, 終負至意. 不鄙誘掖, 實感中情. 生我父母, 誨我先生. 將期百年, 恃有所歸. 山頹樑毀, 夫我何依? 我病誰砭, 我疑誰質? 伏哭柩前, 五內摧裂. 奉奠一卮, 庶賜歆格."

여[84] 퇴계선생께서 일어나셨습니다. 여러 사람들을 사숙私淑하시고는[85] 초연히 독자적인 조예를 지니시게 되었습니다. 의리義理에 침잠하고 문예文藝를 중요하지 않은 일로 여기셨습니다. 공자의 수사학洙泗學으로 거슬러 올라가시어 염락관민濂洛關閩[86]의 근원을 탐구하셨습니다. 제자백가諸子百家[87]를 두루 출입하시었습니다.

경전을 연구하여 의심나는 부분을 해석한 저술(『四書釋義』[88])이 있으시며, 『역학계몽易學啓蒙』을 고증하시고 『계몽전의』을 저술하였습니다. 『주자대전朱子大全』을 진실하게 공부하여 손수 『주자서절요朱子書節要』를 초록하였습니다. 우러러 생각하시고 굽어 독서하셨는데, 밤낮을 계속하셨습니다. 천명은 미미하고 인심은 위태로웠으나, 의리를 분별하는 것과 선악의 기미를 살피는 것을 자세하게 분석하시기를 희고 검은 것을 변별하는 것과 같이 하셨습니다.

---

84) 큰 용광로로 만물을 생성하는 본원을 말한다. 『莊子』「大宗師」에서 "지금 천지를 큰 용광로로 생각하고 조물주를 훌륭한 대장장이라고 생각한다면 어디를 가든 안 될 것이 있겠는가"라고 하였다.

85) 『孟子』「離婁下」에 "나는 공자의 문도가 되지는 못했지만 스승을 통해 공자의 도를 듣고 사숙하였다"라고 하였다.(予未得爲孔子徒也, 予私淑諸人.)

86) 염락관민은 송나라의 유학자인 周敦頤, 程顥·程頤, 張載, 朱熹를 말하는데, 이들이 살던 지역의 명칭을 따 부른 것이다.

87) '諸子'란 여러 학자들이라는 뜻이고, '百家'란 수많은 학파들을 의미한다. 곧 수많은 학파와 학자들이 자유롭게 자신의 사상과 학문을 펼쳤던 것을 나타낸다. 『漢書』「藝文志」에서는 제자백가를 儒家, 道家, 陰陽家, 法家, 名家, 墨家, 縱橫家, 雜家, 農家 등 아홉 부류에 小說家를 부록으로 하여 분류하였다.

88) 『四書釋義』는 이황이 四書 중에서 난해한 부분에 관하여 해석과 현토를 더한 책이다. 이 책은 본래 이황의 필사본으로 저작되었으나 임진왜란 때의 화마를 피하지 못해 소실되었다. 이후 경상감사 최관래가 도산서원에 들렀다가 이 책의 간행을 제의하여 여러 전사본들을 구해 편찬하였다. 책의 순서는 『大學釋義』·『中庸釋義』·『論語釋義』·『孟子釋義』로 구성되어 있다. 『대학석의』와 『중용석의』는 장의 구별 없이 수록되어 있으나 『논어석의』와 『맹자석의』는 각 장으로 구분하여 수록하였다.

사양하고 받으며 취하고 주는 것을 각기 그 이치에 합당하게 하셨으며, 일상적인 말과 행동에 있어서는 모두 그 의리에 부합하게 하셨습니다. 겉과 속이 한결같으셨고 융회관철融會觀徹하시었습니다. 학문은 이미 높고 밝으셨으나 오히려 날마다 부족한 듯이 하셨습니다. 보지 못하고 듣지 못하는 것에 대해서는 경계하고 두려워하기를 더욱 간절하게 하셨고, 은미하고 홀로 있을 때 더욱 삼가셨으며, 성찰하기를 더욱 정밀하게 하셨습니다. 마음을 보존하여 본성을 기르는 것을 완전하고 순수하게 하셨으며 모난 것을 드러내지 않으셨습니다.

자연스럽게 날마다 법도를 이루셨으며, 귀향하셔서는 조용하게 있으시면서 단지 비바람만 막을 뿐이셨습니다. 생을 마치려는 듯하셨는데, 선생님께서 또 무엇을 흠모하셨겠습니까? 선조 임금에게 「무진육조소戊辰六條疏」를 올리셔서 경계가 있게 하셨습니다. 『성학십도聖學十圖』를 바치셨는데 성학에 부끄러움이 없었습니다. 높은 벼슬을 더하였지만 어찌 능히 이것을 오래할 수가 있으셨겠습니까? 하루아침에 사직하시고 귀향하셨는데 도산의 낙수가 그곳입니다. 뜻을 함께하는 이들이 모여드니, 정성스럽게 가르치셨습니다. 다른 점과 같은 점을 분별하자 사람들의 의심이 얼음이 녹듯이 하였습니다.

사단과 칠정에 분별이 있고 물격物格에 대한 설명이 있으셨습니다. 근거를 고찰하는 것을 정밀하고 상세하게 하시고 서찰을 묶어 놓으셨습니다. 상례와 변례에 대해 의심하시고 절목을 만드시면서 학문에 조예가 있게 되었습니다. 어떤 이들은 깊게 가르치시고 어떤 이들은 기본만 가르치시고, 어떤 이는 높은 상달처上達處에 이르도록 하셨고 어떤 이들은 하학처下學處에서 공부하게 하셨습니다. 타고난 바탕에 따라 가르치시되 게으름이 없으셨습니다.

우리 당의 학생들은 함께 퇴계선생님의 가르침에 참여하였습니다. 문하를 청소하고 삼십 년을 여기에 있었습니다. 봄이 깊으면 뜰에 풀이 자랐고 연못에는 물고기가 뛰어올랐습니다. 강당에는 밝은 달이 떠오르고 강연 자리에는 바람이 불었습니다. 설령 마음을 전하지는 못했을지라도 스승의 은혜가 어떻게 작았겠습니까? 어떻게 하룻저녁에 그렇게 되셨습니까? 두 기둥 사이에서 꿈을 깨고 돌아가시고 말았습니다.[89] 돌아가시기 전날, 우리들을 불러 옆에 있게 하셨습니다. "제군들과 함께 모여 강설하였는데, 지금 생각해 보면 어찌 우연이겠는가?"라고 하셨습니다. 가르치심은 귀에 있었고 슬픈 눈물이 샘처럼 흘러내렸습니다. 예를 잃게 되고 나무가 뽑히는 때가 되었습니다. 갑자기 의지할 곳을 잃었으니, 아~ 편안히 돌아가십시오. 통서統緒를 떨어뜨려 망망하니 소자들의 비애입니다. 정성스럽게 궤안几案에 의지하여 약간의 제수祭羞를 올립니다. 엎드려 생각하옵건대, 존귀하신 신령이시여 흠향하소서.[90]

---

89) 훌륭한 사람의 죽음을 가리킨다. 『예기』「단궁상」에 공자가 두 기둥 사이에 앉아 제수를 받는 꿈을 꾸고 얼마 뒤에 죽은 고사에서 유래한다.

90) 『惺齋先生文集』, 권3, 「祭退溪先生文與諸門人聯名」, "恭惟生民以來, 未有夫子, 顏曾思孟, 豈無所自? 聖遠言湮, 斯道廢久. 不有周程, 孰能受授? 不有張朱, 孰能繼開? 口耳失眞, 五百年來, 天相斯文, 吾道東矣. 洪爐【缺】籲, 先生是起. 私淑諸人, 超然獨詣. 沈潛義理, 餘事文藝. 溯流洙泗, 尋源濂洛, 諸子百家, 泛濫出入. 研窮經傳, 釋疑有作, 考證啓蒙, 傳疑有述. 眞經朱全, 手自抄節. 仰思俯讀, 夜以繼日. 天命之微, 人心之危, 義理之辨, 善惡之幾, 毫分縷析, 如別白黑. 辭受取與, 各當其理, 語默動靜, 皆適其義. 表裏洞然, 融會貫徹. 學已高明, 猶日不足. 不睹不聞, 戒懼愈切, 謹微幽獨, 省察愈密. 充養完粹, 不露圭角. 自然之中, 日有成法. 環者蕭然, 只蔽風雨. 若將終身, 他又何慕? 陳疏六條, 宸聰有戒. 書進十圖, 聖學無愧. 寵秩雖加, 安能久此? 一朝辭歸, 陶山洛水. 同好畢來, 誘諄告諭. 分別異同, 羣疑冰釋. 四七有辨, 物格有說. 考據精詳, 翰札簡束. 常變疑節, 學問造詣. 或深或淺, 或高或下. 隨其資稟, 誘掖無惰. 吾黨小子, 並參摳衣, 掃除門下, 卅年于玆. 春深庭草, 魚躍盆池. 鱣堂月明, 講筵風吹. 縱未傳心, 恩豈小爾? 何意一夕? 兩楹夢罷. 易簀前日, 招我由側. 曰與諸君, 羣居講說, 而今追思, 夫豈偶然? 敎詔在耳, 哀淚如泉. 領禮之間, 拔木之時. 遽失所依, 悢悢安歸. 墜緒茫茫, 小子之悲.

6. 성재선생의 시문

1) 「『심경』을 읽고」[91]

서산의 『심경』 사문을 노래하니	西山一部倡斯文
경과 의 서로를 필요로 하고 본원을 기르네	敬義相須養本源
남아 있는 사서 함께 처음과 끝을 이루니	四子遺書共終始
어찌 다른 길에서 다시 문호를 구하리요	何須別路更求門

성인과의 거리가 멀어 글은 글일 뿐이나	聖遠千秋文自文
다행히 퇴계의 길로부터 진원지를 찾아가네	幸從溪路溯眞源
밝은 창가에 앉아 책을 쓰고 읽으니	窓明几淨書宜讀
산의 구름에게 동네 입구를 나눠주네	分付山雲鎖洞門

2) 「조사경에게 차운하여」

구십의 봄빛 차례로 구경하니	九十春光取次尋
굴원이 얼마간의 시를 읊었는가?	騷人費盡幾篇吟
산사에서 꽃의 흥취를 탐하니	卻將山寺探花興
시냇가를 향해 앉아 녹음을 보네	替向溪邊坐綠陰

술동이 대동하고 모래가 언덕에 모여	樽酒沙頭會

聊憑几案, 薦此菲薄. 伏惟尊靈, 庶賜歆格."
91) 『惺齋先生文集』, 권1, 「讀心經. 書二絶上退溪先生」, "次韻【退溪先生】. 人才堪歎壞時文, 誰向遺經討一源. 絶喜琴生新有得, 指南經裏爲求門. 久愧淸涼勤我文, 容君棲息度靈源. 何時 我亦成眞隱, 堅月巖風靜鎖門."

시문을 상세히 의론하네 詩文細可論

봄 막걸리 더불어 상대하기 어렵게 하고 春醪難與敵

먼저 취하니 황혼에 이르렀네 先醉到黃昏[92]

3) 「퇴계선생이 증여하신 절구[93]에 삼가 차운하며」

소쇄한 한서암 네 벽에 그림이니 瀟灑寒棲四壁圖

선생님 모시고자 몇 번의 발걸음을 농운정사로 향했네 摳衣幾向隴雲途

두 해를 격년으로 봄바람이 자리에 불고 二年遙隔春風座

천 리 깊은 정을 몇 번이고 썼구나 千里深情幾度書

흰 구름 붉은 나무 참된 날을 찾으니 白雲紅樹尋眞日

바로 산의 중이 몇 년을 빌었다네 正是山僧乞句年

정성을 다하여 패옥을 차고 신의 가호 청했는데 滿幅瓊琚神句護

지금의 빛이 푸른 하늘에서 비추네 至今光照鬱藍天[94]

7. 퇴계선생에게 올린 편지

1) 「퇴계선생에게」 ①

무더위가 더욱 심해지고 있는데, 도체가 어떠신지 모르겠습니다. 저

---

92) 『惺齋先生文集』, 권1, 「次趙士敬【穆】韻二絶」.

93) 『退溪先生文集外集』, 권1, 「心經絶句, 次琴聞遠韻」, "濡滯京城豈我圖, 夢魂長繞去歸途, 半殘溪屋空延佇, 憇愧山中尺素書. 山僧卷裏吾詩句, 舊日逢僧不記年, 久客蒙君追和寄, 怳如同訪玉壺天."

94) 『惺齋先生文集』, 권1, 「謹次退溪先生贈勝師絶句韻, 因遞送呈」.

는 궁벽한 산골에 칩거하면서 그럭저럭 보내고 있습니다. 일전에 사무로 부포로 발걸음을 옮긴 적이 있는데, 갑작스럽게 가게 되었고 게다가 궂은비를 만나 체후를 여쭙지 못했습니다. 죄스럽고 한스러움을 이루 다할 수 없었습니다. 산속은 멀고 간격이 있어서 외간의 일들을 전혀 들을 수 없는데, 서울의 일이야 어떻게 기별을 알 수가 있겠습니까? 향읍에 무슨 일이 있었는지 또한 공부하는 이가 거처하고 있는 서당에 와서야 알게 되니, 앙모하고 울적한 마음을 이길 수가 없습니다.

지난번 깊은 골짜기에 건물을 짓는 일에 대해 하문하셨는데, 시끄러운 곳을 피해 고요한 곳에 나아가 책을 읽고 밭을 일구려는 계책에 불가할 뿐이고, 건물을 짓는 것은 쉬운 일이 아니며 마음과 힘을 많이 소비하게 합니다. 봄부터 여름까지 열심히 수고한 까닭에 조금 고요하게 되었고 근자에는 겨우 공부도 할 수 있게 되었으며 비로소 『근사록』[95]도 읽게 되었습니다. 부포의 가묘家廟도 또 차례대로 경륜하고 있는데, 힘이 부족하여 수리하고 단장하는 데에까지 미치지 못하고 바람과 비에 의해 문제가 되고 있습니다. 또한 다시 경영하고 조성하는 일을 면할 수 없습니다. 모르겠습니다만, 이것이 살아 있는 동안 어느 때에 정돈하고 쉴 시절이 있을까요? 세월은 유유자적하며 흘러 본래 사람을 기다려 주지 않습니다. 엎드려 탄식하고 있지만, 어쩌겠습니까?[96]

---

95) 『近思錄』은 중국 宋나라 시기의 신유학의 생활과 학문의 지침서이다. 『근사록』의 서명은 『論語』「子張」 6장에 나오는 자하의 말로 "배우기를 널리 하고, 뜻을 독실하게 하며 간절하게 묻고 가까운 것부터 생각하면 인이 그 가운데 있다"(子夏曰: "博學而篤志, 切問而近思, 仁在其中矣.")에서 따왔다. 1175년에 주희와 呂祖謙(1137~1181)이 周敦頤(1017~1073)·程顥(1032~1085)·程頤(1033~1107)·張載(1020~1077)의 글에서 학문의 중심 주제와 일상생활에 긴요한 부분들을 추려서 편집하였다.
96) 『惺齋先生文集』, 권2, 「上退溪先生」, "炎熱比酷, 伏未審道體何如. 蘭秀跧伏竆山, 幸粗遣耳.

2) 「퇴계선생에게」 ②

【문】주자의 글에서 의심나는 부분을 기록하였습니다. 가르침을 하사해 주시면 감사하겠습니다. 반자선潘子善이 횡거橫渠에 물어 말하기를 "마음은 크고 호방해야 한다"라고 하였습니다. 또 "마음이 크면 모든 것에 두루 통하고, 마음이 작으면 모든 것에 병통이 있다"고 하였습니다. 손사막孫思邈이 "담이 크고자 하면 마음이 작고자 한다"고 하였습니다. 가만히 생각해 보건대, 횡거의 설명은 마음의 체단體段을 말한 것이고, 사막의 설명은 마음의 작용作用을 말한 것 같습니다. 어떤지 모르겠습니다. 주자께서 답하시었습니다. "마음에는 본래 커야만 부합하는 것도 있고 작아야만 부합하는 것도 있다. 만약 제목에만 착안한다면 생각해 볼 것이 없을 것이다." 제가 가만히 생각해 보건대, 사막이 담이 크고자 한다고 말하는 것은 바로 횡거가 마음은 크고 호방해야 한다고 말하는 의미이고, 사막이 마음이 작고자 한다고 말하는 것은 조심하고 조심한다는 뜻인 것 같습니다. 횡거의 조심하는 마음이 아니면 모든 것이 모두 병든다는 말을 일컫는 것입니다. 자선이 어떻게 횡거의 설명이 체단이 되고 사막의 설명이 작용이라고 생각했겠습니까?

日前以事往還浮浦, 而忽遽且値陰雨, 未得進候, 罪恨千萬. 山中逈隔, 全不聞外間事, 京中有何奇, 鄕邑有何事, 亦有學子來寓書堂問業否, 伏不勝仰鬱之忱. 頃日下詢深峽卜築, 不過避喧就靜讀書耕田之計, 而營搆不易, 多費心力. 自春抵夏, 勞撓少靜, 近纔訖功, 始近書冊, 而浮浦家祠廟亦次第經紀, 力薄未及修粧, 旋爲風雨所仆. 又未免更有營造之役, 未知此生何時有定頓休歇時節. 悠悠歲月, 本不待人, 伏歎奈何."

【답】 일찍이 그대가 보낸 편지에서 말하기를 도리어 저것은 본심을 가리키고 단서를 강론할 것에 대해 실소한 적이 있다. 가만히 생각해 보건대, 저것은 반드시 앞서 근세의 헛되고 간편한 것이 없는 폐단을 비판 것이다. 본심이라고 가리키는 것은 오히려 깨달을 것이 있지만, 저것이 어떻게 단서를 강론한 것이라고 할 수 있겠는가? 단서를 강론한 뜻 역시 어떤 것인지 모르겠다.[97]

3) 「퇴계선생에게 올린 문목」 ①

【문】 예경禮經에 의하면, 서모庶母를 위해서는 시마복緦麻服을 입는다고 했습니다. 자식이 있건 없건 모두 시마복을 입는 것입니까?

【답】 예경에서 서모를 위해서는 시마복을 입는다고 했는데, 그것은 아버지의 첩으로서 아들 있는 여자를 가리켜서 말한 것이다. 그렇다면 자식이 없는 첩을 위해서는 복이 없다고 말해도 될 것 같다. 그러나 또 아버지의 첩이 주인마님(主母)을 대신하여 집안일을 처리하는 경우에는 더욱 후하게 한다. 지금 그대의 부친을 모시는 분은 비록 자식이 없지만 주인마님을 대신하여

---

97) 『惺齋先生文集』, 권2, 「上退溪先生問目」, “朱書所疑錄上, 下賜敎誨伏望. 潘子善問橫渠云心要弘放. 又曰心大則百物皆通, 心小則百物皆病, 孫思邈云膽欲大而心欲小. 竊謂橫渠之說, 是言心之體, 思邈之說, 是言心之用, 未知是否. 朱先生答云心自有合要大處, 有合要小處. 若只着題目斷了, 便無可思量矣. 蘭秀竊謂思邈之膽欲大, 卽橫渠心要弘放之義, 而思邈之心欲小, 乃小心翼翼之意. 非橫渠之心小則百物皆病之謂也. 子善何以橫渠之說爲體而思邈之說爲用歟? 答: 曾景善書云反爲彼之指本心講端緖者所笑. 竊謂彼必指前所詆近世空無簡便之弊者, 指本心猶可曉, 彼何以謂之講端緖也? 講端緖之意, 亦未知如何.”

가사를 주관한 사람이니, 마땅히 시마복을 입고 날짜를 조금
더 길게 하는 것이 옳다. 일찍이 생각해 보건대, 고례古禮에 자
식이 있고 없고를 변별하여 복을 입은 것은, 옛날의 경대부들
의 첩들이 어진이가 많았기 때문이다. 모두 비천하지만 모두
첩의 부류였다. 그러나 아버지의 첩이라고 범칭하고 모두 시
마복을 입을 수는 없었다. 그러므로 자식이 있는 경우에만 시
마복을 입는다는 예문禮文이 있었던 것이다. 기실 인정과 의리
의 가볍고 무거운 것을 살펴서 처리해야 한다. 그러므로 아버
지에게 여쭙고 복제를 행하라는 명령을 듣고 행해야 하니, 모
름지기 이와 같은 것은 사리를 잘 따져서 처리해야 한다.98)

4)「퇴계선생에게 올린 문목」②

【문】 동궁의 상례에 복제는 어떠해야 합니까? 사가私家에서 제례를
행하는 것은 어떻습니까?

【답】 동궁의 복제는 내관과 외관이 4일이 되는 때에 상복을 입고,
7일이 지나서 벗는다. 나머지 사서인士庶人은 복제가 없는데,
덕과 은혜를 서민에게 이르게 한 적이 없기 때문이다. 6~7일
뒤에는 묘제廟制를 거행해도 안 될 것은 없다.

---

98) 『惺齋先生文集』, 권2,「上退溪先生問目」, "禮, 庶母之服服總疏. 無論有子無子, 皆服總疏歟?
答: 禮庶母之服總疏, 指父有子之妾言也. 然則似謂無子之妾無服也. 然又謂父妾代主母斡家事
者加厚焉. 今尊公侍人雖無子, 乃代斡之人, 宜服總而稍加日數爲可也. 嘗思古禮所以辨有子無
子而服者, 古之卿大夫妾御良多. 凡婢皆妾之類也, 不可泛指父妾而皆服總疏, 故以有子服總爲
文. 其實當觀情義輕重而處之, 故又有稟父命行服之言, 須以此等事理量處."

【문】 시제時祭는 중월仲月이 지나도 거행하지 않습니까?

【답】 예경에서 중월이 지나면 시제를 행하지 않는다고 하였다. 다만 빈궁한 가문에서는 대부분 중월까지 이를 수 없는데 매번 이 때문에 폐지하니 도리어 타당하지 않다. 그러므로 준아寯兒는 이러한 일이 있을 때 역시 금지하지 않고 행하였다. 어찌 그대에게 다르게 말하겠는가?

【문】 부모보다 먼저 죽은 사람이 있는데, 부모의 상중에 그 제사에 고기를 사용하는 것은 어떻습니까?

【답】 부모보다 먼저 죽은 사람을 제사하는 경우에 고기를 사용했는가는 『가례』에 명문明文이 없다. 억견으로 결정하기 어렵다. 마땅히 후일을 기다려 다시 생각해 보아야 할 것이다.99)

5) 「퇴계선생에게」③

엎드려 생각하건대 요즘 도체道體는 만복하신지요. 흠앙하고 흠앙합니다. 지난날의 발걸음으로 인해 신년에는 인사가 어지러워져서 가르침을 온전하게 받을 수가 없으니, 저의 심정이 지금 매우 슬프고 한탄스럽습니다. 저는 부모님을 모시면서 혼정신성昏定晨省100)을 다하는 여가

---

99) 『惺齋先生文集』, 권2, 「上退溪先生問目」, "東宮之喪, 服制何如? 私家行祭何如? 答:東宮服制, 內外官四日成服, 七日而除. 其他士庶人則無服, 以未嘗臨莅德惠未及於民庶故也. 六七日後擧行廟祭, 恐無不可. 時祭過仲月不擧? 答: 禮過仲月則不擧時祭. 但窮家多不及仲月, 而每因以廢之, 反爲未安, 故寯兒有如此之時, 亦不禁而遂行之矣. 於君何異云耶? 先亡於父母者, 當父母喪中, 其祭用肉何如? 答: 先亡於父母者其祭用肉與否, 家禮無之, 難以臆決. 當竢後日更商量."

100) 이 말은 『禮記』「曲禮」에 나오는 말로 '밤에 잘 때 부모의 침소에 가서 밤새 안녕하

에 옛날 독서하는 것을 다시 익히고 공부하려고 하지 않은 것은 아니지만, 매일의 일들이 걷잡을 수 없어 마음을 시시콜콜한 세속의 잡무에 분산되는 것을 면하지 못하고 있습니다. 책을 대하는 때가 있으면 이 마음이 문득문득 나갔다가 다시 들어오고 있어 다잡으려고 해도 그럴 수가 없습니다. 『맹자』에서 말한 "출입하는 것이 때가 없어 그 향하는 바를 알 수 없다"[101]고 한 것이 진실로 이것을 말한 것입니다. 일찍이 주자가 "범조우范祖禹의 여식은 수고롭게 쫓아다니지 않았기에 마음에 출입이 없었다. 왜냐하면 오히려 병통이 없는 사람이 다른 사람의 병통을 알지 못하기 때문이다"라고 한 것을 본 적이 있습니다. 이것을 통해 말하자면, 범조우의 여식은 전혀 마음을 이해하지 못하고 있는 것 같습니다. 어떤지 모르겠습니다.[102]

6)「퇴계선생에게」④

봄날이 따뜻해지고 있습니다. 도체는 평안하신지 모르겠습니다. 우

시기를 여쭙는다'는 뜻의 '昏定'과 '아침 일찍 일어나 부모의 침소에 가서 밤새의 安候를 살핀다'는 뜻의 '晨省'의 결합으로 이루어진 말이다.

101) 『맹자』「고자상」에서 "그러므로 만일 그 기름을 얻으면 자라지 않을 만물이 없고, 만일 그 기름을 잃으면 없어지지 않을 만물이 없다. 공자는 '잡으면 보존되고 버리면 없어져서 나가고 들어오는 것이 때가 없어, 그 방향을 아는 사람이 없는 것은 오직 마음을 말한 것이다'라고 말하였다"(故苟得其養, 無物不長, 苟失其養, 無物不消. 孔子曰, 操則存, 舍則亡, 出入無時, 莫知其鄉, 惟心之謂與)라고 하였다.

102) 『惺齋先生文集』, 권2,「上退溪先生」, "伏惟日來, 道體萬福, 慕仰慕仰. 頃日之進, 因新年人事膠擾, 未克穩承敎誨, 下懷至今悵歎. 蘭秀親闈定省之餘, 非不欲溫理舊讀, 而日事浪汨, 未免分心於蟲細俗務. 有時對卷, 此心乍出乍入, 把住不得. 鄒書所謂出入無時, 莫知其鄉者, 正謂此也. 嘗見朱夫子之言曰范女不勞攘, 故心無出入, 猶無病者, 不知人疾痛. 以此言之, 則范女似全不識心. 伏未知何如."

러러 그리워함이 간절합니다. 일전에 이웃이 와서 상례의 복식을 물은 적이 있습니다. 비록 간략하게 답변하였지만 의심나는 곳이 없을 수가 없었습니다. 여기에 조목으로 열거하여 우러러 질문을 드립니다. 어떠한지 모르겠습니다. 평일 왕래하는 문하의 인물들 중에는 상례의 변례에 대한 의심나는 절문을 가지고 왕복서신을 하는 경우가 많습니다. 이일을 가지고 문하에 질의한 적이 없기 때문에 창졸간에 상례를 치러야하는 집안에서는 복식의 의절에 대해서 졸렬함을 면하지 못하고 있습니다. 자의로 제도를 만드니 대부분 예식을 어기고 있고, 때로는 사람들의 이목을 놀라게 하는 이들도 있으니, 정신력을 소비할 뿐만이 아니라, 학문의 실질에 도움이 없어서 소홀하게 여길 뿐입니다. 지금 이덕홍李德弘 편에 우러러 질문을 드립니다. 이 사람은 수일 후에 또 이곳에 올 것입니다. 그때에는 엎드려 가르침을 받기를 바랍니다.[103]

8. 서문과 발문

1) 「성재선생문집 서문」

옛날 공자 문하의 열 명의 철인들은 그 덕행과 문학이 흥성하였고,

---

103) 『惺齋先生文集』, 권2, 「上退溪先生」, "春日向暖, 伏未審道體平安. 仰慕區區. 日前隣生來問喪禮服式, 雖略有供答, 而不無可疑處, 玆以條列仰稟, 伏未知何如. 平日往來門下之人, 多以喪變疑節, 有所往復, 而未有以此事質稟於門下, 故倉卒有喪之家, 其於服式儀節, 未免卤莽. 準意裁制, 多違禮式, 往往駭人所見者有之, 不可以徒費精神, 無補於學問之實而忽之也. 今因李君德弘之行, 因便仰稟, 此人數日後又當來此, 其時伏望批誨耳."

『성재집』 건 　　　　　　　　　『성재집』, 금난수

언어와 정사가 아름다웠으니, 세상에 전해질 수 있는 것이 무슨 한계가 있었겠는가? 안연과 민자건 이하는 별도로 문자를 세우지 않았지만, 공자께서 당일 문답한 말이 『논어』에 실려 있어 하나로 전수되어 후세에 비난할 틈이 없었다. 성인의 말씀은 근간이 있다. 나는 일찍이 도산에서 선생의 글을 읽은 적이 있었는데, 성재선생의 학문의 바름과 조예의 깊음을 알게 되었다.

대개 성인의 한 몸은 덕을 이루는 과정에 넉넉히 들어갈 수 있는 법이다. 며칠 전 선생의 대를 이은 손자 정기가 그 종제를 시켜 남아 있는 책을 가져다가 내게 보여 주게 하였다. 하여 그 책을 펴 보니 나는 우매한 후학일 뿐이었다. 어떻게 감당하겠는가? 예로 사양한 나머지 절하여 받고 열람하였다. 모두 2책이었는데, 시문과 잡저가 약간 있었다. 부록으로 만사와 뇌문 역시 약간 있었다. 사문들이 보내어 수작한 시문과 왕복하여 토론한 것들이 『성재선생문집』 가운데 실려 있었던 것이다.

밝기가 해와 별과 같았으니, 산실된 본집을 어찌 의론할 수 있겠는가?

지금 도산의 글이 곧 해동의 『논어』이고, 기재되어 있는 제현들은 『논어』에 나오는 열 명의 철인들과 다를 것이 없는데, 선생께서는 그 가운데 한 분이시다. 사문 사이에서 주고 답한 것들이 대략 60여 편에 이르렀으니, 이 또한 제현들에게 아직까지는 없는 것이다. 백세 뒤에 도산의 도리를 강론하고 도산의 글을 강독하는 자들이 어찌 선생을 노나라 『논어』에 등장하는 안연, 민자건, 자유, 자하처럼 사모하지 않았다는 것을 알 수 있겠는가? 아, 선생께서 물려주신 말씀을 뱃머리에서 얻는 것이 비록 몇 마디 말과 반밖에 안 되는 구절이더라도 묘도妙道와 정의精義를 말씀하지 않으신 것은 없다.

태극의 본원을 열어 밝히시고 리와 기를 분별하셨다. 하늘의 밝은 천명을 돌아보시고 좌우명으로 삼으셨다. 분노와 성냄의 경계를 간직하고 성찰하고 극기하는 공부를 볼 수 있다. 글을 써서 향약의 조목을 게시하였고 스승을 높여 풍속을 교화시킨 뜻을 알 수 있다. 성재惺齋 두 글자 또한 사문에서 명령하는 것이다. 주경主敬을 단전單傳하는 비결을 은밀히 당일에 주셨으니, 선생의 일용생활에서 존심양성存心養性하는 공부가 항상 깨어 있는 법을 벗어나지 않았으니, 거의 부지런히 노력하였다고 할 수 있다. 이렇게 원했던 가르침을 이루었으니 후세에게 징험하기에 충분하다고 하겠다. 예전부터 크게 경모하였는데, 특별히 이와 같이 느낀 바를 적는다. 손을 씻고 권단卷端에 쓰다.

무신년 가평절에 후학 문소 김도화(1825~1912)[104]는 삼가 서하노라.[105]

---

[104] 金道和의 본관은 義城이고 자는 達民이며 호는 拓菴이다. 1893년 유일로 천거되어 義禁府都事에 임명되었으나 1895년 12월에 乙未事變과 斷髮令에 항거하여 안동군내

2)「성재선생문집 발문」①

　　이상은 성재 금난수 선생의 유집遺集이다.「연보」와「부록」을 함께
하면 4책이다.「연보」를 통해 보면, 선생은 퇴계선생의 고향인 도산에
서 태어나셨다. 이른 시기에 문하에 들어 묘도妙道와 정의精義를 발명하
였는데, 모두『도산전서陶山全書』(『퇴계전서』)에 보이니,『논어』에 공자가
문인들과 문답한 것과 같다. 그 문인들의 인품의 높고 낮음 그리고 학
문의 깊고 얕음을 살펴볼 수가 있다. 그러므로 애초 별도의 문집을 편
찬하려고 하지 않았다. 유문遺文이 대부분 사라져 수습하지 못했다. 묘
갈명 이외에 또 행장 등의 저작도 갖추어지지 못했다. 대개 공자의 제
자 70명의 대의大義는 어그러지지 않았으나, 또한 주나라 말기에 문승文
勝한 것을 경계한 바가 있기 때문이다.

　　「부록」을 통해 보면, 선생과 도산의 관계는 정이천程伊川의 문하에

유림 대표로 擧義通文을 발표하였다. 또한 안동 의병진의 의병장에 추대되었고 그해
12월 3일 안동관찰부를 점령하고 무기를 빼앗았다. 1896년 태봉전투에 참전하였으
며 이후 노환으로 은거하였으나 乙巳條約과 庚戌國恥에 대한 항의문과 규탄문으로
일제에 항거하였다. 저서로는『拓庵文集』이 있다.

105)『惺齋先生文集』,「惺齋先生文集跋引金道和」, "昔孔門十哲, 其德行文學之盛, 言語政事之美,
可傳於世者顧何限? 而顔閔以下, 未有別立文字, 惟聖師當日答問之言, 載在論語, 一統傳授而
後世無間然. 聖人之辭幹矣. 不佞嘗讀陶山夫子之書, 有以知惺齋先生學問之正造詣之深. 蓋有
聖人之一體, 而優入於成德之科者也. 日者先生嗣孫鼎基, 使其從弟岱基甫, 齎遺卷示余. 仍責
弁其首, 道和眇然末學耳. 何敢焉? 禮辭之餘, 拜受而閱之. 合二冊詩文雜著僅若干篇, 附錄挽
誄亦若干篇. 然師門所以倚期酬贈之詩, 往復論討之篇, 載在集中. 炳若日星, 則本集之散失,
何足論哉? 今陶山之書, 卽海東論語也, 所載諸賢, 無異十哲之於論語, 而先生居其一. 師門贈
答, 多至六十餘篇, 是又諸賢之所未有也. 百世之下, 講陶山之道, 讀陶山之書者, 安知不想慕
先生, 如顔閔游夏之於魯論乎哉? 嗚呼, 先生遺唾之得於航頭者, 雖片言半句, 莫非妙道精義之
發耳. 闡發太極之本原而理氣有辨, 顧是上天之明命而座右有銘. 膽存忿懥之戒而省身克己之
功可見也, 書揭鄕約之條而敦師化俗之意可知也. 惺齋二字, 又師門所命也. 主敬單傳之訣, 密
付於當日, 而先生之日用存養, 不出於常惺之法, 則庶不負俛焉孳孳, 以遂此顧之訓, 而有足可
徵於後. 矧昔景慕之餘, 特書所感如此, 盥手書于卷端. 戊申嘉平節, 後學聞韶金道和謹序."

사상채謝上蔡가 있는 것과 같다. 친히 홀로 전한 한 말씀을 계승하여 덕행을 온축하였고, 정사政事와 공훈功勳을 말한 것이 사람들의 입에 금석이 되었으며 나라에 철권이 되었다. 그러나 일생 동안 생황을 잡지 않으니, 우리의 도리가 날마다 어두워졌고 괴이한 말이 여기저기에서 시끄럽게 말해지니, 은미한 말씀과 간이한 행동이 고산孤山의 안개비 가운데서 썩어 가고 있었다. 그것을 모아 전하기를 생각하지 않을 수가 있겠는가? 『주역전의周易傳義』 서문에서 "후세를 근심하고 걱정한다"106)고 한 것 역시 이 뜻일 것이다.

지금 이 책을 가지고 『퇴계전서』와 서로 참고하면, 퇴계선생과 성재선생이 서로를 발명하여 서로를 도운 것이 적지 않음을 알 수가 있다. 안타까운 것은 일찍 유문을 수습하지 못하여 솥 안에 있는 일부분의 고기만 맛볼 수밖에 없다는 것이다. 그러나 곡례삼천을 한마디로 하면 '무불경毋不敬'에 지나지 않고, 『상서』 50편은 '흠欽' 한 글자가 책을 열면 보이는 첫 번째 의미이다. 후인들이 이것이 성성재惺惺齋의 글임을 알면, 책을 열지 않아도 이미 '흠경欽敬'의 의미를 우러러보고, 그것이 스승의 법도라는 것을 알 수 있을 것이다. 글이 많다고 어떻게 좋은 것이겠는가? 많을 필요는 없다.

기유년 윤월 초하루에 후학 진성 이만도(1842~1910)107)는 삼가 발문

---

106) 『주역전의』 서문에서 정이천은 "역은 변역이니, 때에 따라 변역하여 도리를 따른다. 『주역』이란 책은 광대하여 모든 것을 갖추고 있으면서 장차 性命의 이치를 따르며, 幽明의 도리를 관통하며 사물의 실상을 다하여 開物成務의 도리를 보여 주니, 성인께서 후세를 걱정하고 근심하신 것이 지극하다고 할 만하다"라고 하였다.

107) 李晩燾의 본관은 眞城이고 자는 觀必이며 호는 響山이다. 1866년 정시에 장원급제하여 成均館典籍으로 임명되었다가 兵曹佐郞에 제수되었다. 이어 司諫院正言·弘文館副修撰으로 임명되었고 홍문관부수찬 때 南學敎授를 겸하였다. 이후 副校理·掌令·持

을 쓰다.108)

3) 「성재선생문집 발문」 ②

우리 선조 성재선생의 일집逸集은 시가 114편이고 서신이 23편이고, 잡저와 지변識辨이 13편이며, 잠명箴銘과 제문이 각각 2편으로, 모두 약간의 편만이 있다. 아, 이렇게 적구나! 선조께서는 퇴계선생을 섬기셨는데, 퇴계선생의 훈도를 가장 오래 받으셨다. 사문에 시문과 서신을 기증하셨으니, 원집原集과 전서全書에 보이는데, 대략 60여 편이다.

선조께서는 품질이 경敬을 닦으셨고, 반드시 이 몇 가지를 준수하셨고, 사려를 때로 더하셨다. 화재와 난리로 책 상자를 잃어버렸다. 전하

平·右通禮·兵曹正郞·忠淸掌試都事·校理·應敎·司諫·執義·中學敎授 등을 역임하였으며 가는 곳마다 명성이 높았다. 1876년 강화도조약을 체결할 때 崔益鉉(1833~1906)이 반대상소를 올리자 사헌부와 사간원이 한 목소리로 최익현을 탄핵하였다. 그때 집의였던 이만도는 탄핵문의 문구가 사리에 맞지 않는다고 판단하여 제거하였다가 대사헌의 미움을 받아 집의직을 삭탈 당하였다. 이후 다시 복직하여 사성·응교·掌樂正 등을 역임하였고 1878년 다시 집의에 임명되어 홍문관·사헌부·사간원의 요직을 역임하였다. 1895년 을미사변이 일어나고 단발령이 시행되자 예안에서 의병장으로 활약하였다. 1905년 을사조약이 체결되자 乙巳五賊의 매국죄를 통렬하게 비판하는 소를 올렸다. 1910년 일제에 의해 대한제국이 병탄되자 유서를 지어 남긴 뒤 24일 동안 단식하다가 순국하였다.

108) 『惺齋先生文集』, 부록, 「跋[李晩燾]」, "右惺齋琴先生遺集, 並年譜附錄合四冊也. 由前則以爲先生生於陶山夫子之鄕. 早年登門, 凡妙道精義之發, 俱見於陶山全書, 如論語之載孔門人問答. 其人品高下學問淺深, 可按而知也. 以故初不欲別立編集, 而遺文多放而不收. 碣銘外又不區區於行狀等作. 蓋七十子之大義未乖而亦所以戒周末之文勝也. 由後則以爲先生之於陶山, 如程門之有謝上蔡. 親承單傳一語, 蘊之爲德行, 發之爲政事及勳庸者, 人口有銘, 國有鐵劵. 然一自笙簧之撤, 吾道日晦, 異言方熾, 則微言短簡, 幾何不蠹於孤山烟雨之中, 而不思所以彙輯而印傳乎? 易序所謂憂患後世, 亦此義也. 今以此書, 參互師門全書, 其相發明而羽翼者不少. 惜乎不早自收拾, 而徒味全鼎之一臠也. 雖然曲禮三千, 一言蔽之曰毋不敬, 尙書五十篇, 欽之一字, 爲開卷第一義. 後之人, 知此爲惺惺齋書, 則不待開卷, 已仰欽敬之義, 而有以師法之矣. 文豈多乎哉? 不多也. 己酉扐月朔, 後學眞城李晩燾謹跋."

는 것은 단지 한두 동문이 서로 교유한 왕복서신뿐이다. 기타 나머지 저술은 모두 산실되었고, 추론할 수 있을 뿐이니, 어찌 자손에게 끝없는 한이 아니겠는가? 가학으로 전해지는 봉사공과 낙포공에게 있는 유집으로 수습할 겨를이 없었다. 왕고 매촌부군 형제가 통렬히 책 상자를 실전한 것을 안타깝게 여겼다. 일찍이 남아 있는 것이라도 모으려고 하였으나, 역시 공자 문하의 10명의 철인은 『논어』에서 얻을 수 있으니, 우리 선조의 행사도 스승의 문집에서 구하면 충분하다고 생각하였다.

본집을 간행할 때, 삼가는 뜻이 있어서 번란한 것을 끊고 수습하여 편의 차례를 제대로 이루지 못하였다. 이처럼 불초하게도 겸약謙約하는 가법家法을 준수하기만 하였다. 세대가 점점 멀어지니, 선인先人의 문자와 말씀을 더욱 귀중하게 여김을 더욱 감출 수가 없게 되었다. 하물며 지금 다행히 전해지는 것을 고찰할 수 있는 것 또한 정밀한 뜻이 관계된 것이다. 리와 기를 변석하고 도에 들어가는 관건關鍵을 보이시고, 향약을 강론하고 닦아 풍속을 변화시킬 법도를 내려 주셨다. 책을 읽을 때에는 시끄러운 것을 고요하게 할 수 있는 경계가 있게 하시고, 의론할 때에는 출처의 의리를 밝혀 주셨으니, 모두 스승께서 전수해 주신 것을 발휘한 것이다.

스승의 문집을 참고하여 근거로 삼는 것 이외에 이리저리 방증할 수 있는 것이 있으니, 전해지지 않은 것이 더욱 개탄스러울 뿐이다. 종조從祖 아우 대기가 다시 모아서 집록한 것을 더하여 연보年譜, 묘갈墓碣, 유사遺事, 만사挽詞, 뇌문誄文, 동계원향사실東溪院享事實, 사우들이 증여한 글 여러 편을 부록하였는데, 4권 2책이다. 활탑活搨을 붙여 추모하는 감정을 깃들게 하였으니, 앞으로 살펴볼 수 있을 것이다.

기유년 2월 초하루에 10대손 정기[109]가 삼가 쓰노라.[110]

109) 琴鼎基의 본관은 奉化이고 자는 子凝이며 호는 疏軒이다.

110) 『惺齋先生文集』, 부록, 「跋[琴鼎基]」, “惟我先祖惺齋先生逸集, 詩凡一百有十四, 書二十三, 雜著識辨十三, 箴銘祭文各二, 總若干篇. 噫乎其零小也. 先祖服事陶山, 陶薰最久. 師門寄贈詩若書, 見於原集及全書者. 多至六十餘篇. 先祖稟質修敬, 必準此數, 慮或加焉. 火于僎逸于燹, 所傳只有一二同門交遊之所往復. 餘他著述之並致散失, 從可推也, 詎非子孫無窮之恨耶? 家學之傳. 有若奉事公洛浦公, 而遺集有未遑焉. 繼以王考梅村府君兄弟痛念巾篋失傳, 嘗極意裒稡. 然亦曰聖門十哲, 當於論語得之, 吾先祖事行, 求之師集足矣. 本集梓行, 輒有謹愼之意, 以斷爛收拾, 不成篇第也. 藐玆不肖, 謹當遵守謙約家法, 而惟其世代愈遠, 則先人隻字片言, 尤可貴重, 其不可掩弃也審矣. 矧今幸傳而可攷者, 亦精義之所關也. 辨析理氣而示入道之關鍵, 講修鄕約而垂化俗之規度. 讀書而有閒靜之戒, 尙論而明出處之義, 皆足以發揮師傳. 而師集考據之外, 有可以曲暢傍證, 則其所不傳, 尤可慨也. 與從祖弟岱基, 更加搜輯, 附以年譜墓碣遺事挽誄東溪院享事實師友贈遺諸篇, 爲四卷二冊. 付以活搨, 以寓追慕之感, 庶來世之有攷云. 己酉二月朔, 十代孫鼎基謹書.”

야로당선생문집 野老堂先生文集

【해제】

『야로당선생문집』은 야로野老 이순李淳(1530~1606)의 시문집을 모아 놓은 것이다. 야로는 성주星州 이아리李牙里 야동冶洞에서 태어났다. 5세에 부친을 여의었으며, 줄곧 학문에만 전념하였다. 그는 "과거 합격을 위한 사장학詞章學은 선비가 할 노릇이 아니다"라고 생각하여 마침내 퇴계 선생의 문하에 나아가 성리학에 전념하였다. 그는 당대 지식인이었던 남명南冥 조식曺植(1501~1572)·여헌旅軒 장현광張顯光(1544~1637) 등과도 서신을 주고받으면서 성리학에 대한 깊이를 더했는데, 특히 동강東岡 김우옹金宇顒(1540~1603)·한강寒岡 정구鄭逑(1543~1620)와는 의리학義理學에 대한 논의를 많이 주고받았다.

그는 조정의 관직에 나아간 적은 없지만, 임진왜란과 정유재란 때 의병활동을 전개하였다. 전란 이후 조정에서는 그간의 전공을 높여 여러 차례 벼슬을 내렸지만 모두 사양하고 나아가지 않았다. 성주 남쪽 견곡촌堅谷村에 초당을 짓고 자호自號를 따서 편액을 야로당이라고 하였다. 이는 남은 여생을 산야에서 조용히 지내겠다는 그의 뜻을 나타낸다고 할 수 있다. 한강은 이러한 야로의 뜻을 기려 그를 "산남선생山南先生"이라고 칭하기도 하였다. 그는 1603년 77세(선조 39)를 일기로 세상을 떠났다. 이후 1689년(숙종 15)에 사림의 천거로 한강의 형인 백곡柏谷 정곤수

鄭崑壽(1538~1602)와 함께 성주 유계서원柳溪書院에 배향되었다.

야로의 저술은『가훈家訓』·『성리휘집性理彙集』·『속가례습유續家禮拾遺』
와 시문이 약간 있었다고 하는데, 이들 대부분이 병화로 인해 소실되고
오늘 전하는 것은 이 문집뿐이라고 한다. 권1은 10수의 시, 4편의 서,
2편의 잡저, 5편의 제문과 행장 1편이 수록되어 있다. 여기에서 주목할
만한 것은 퇴계선생에게 예禮에 대해 질의한「상퇴계선생의례문목上退溪
先生疑禮問目」및 임진왜란 때의 의병활동을 다룬「상방백上方伯」·「집서란
통논강우문執徐亂通論江右文」·「서중문誓衆文」등이다.

권2는 부록인데, 여기에는 야로와 관련된 동문제현들의 글이 실려 있
다. 여헌 장현광과 감호鑑湖 여대로呂大老(1552~1619) 등이 지은 만사 15편
과 제문 2편, 한강과 여헌 등이 야로에게 보낸 7편의 서간, 그리고 그의
한평생을 알 수 있는 행록行錄·가장家狀·행장行狀·묘갈명·묘지명·묘
표·유계서원봉안문 등이 기재되어 있다. 또한『도산급문제현록』·『김
동강사우록』·『조선역대명신록』등에 소개된 관련 기록을 첨부하였다.
이 밖에도「공곡서당유생완의」·「공곡서당이건상량문」·「공곡서당이건
기」등이 수록되어 있는데, 이 글들은 공곡서당에서 후학들을 가르치고
양성했던 그의 도학정신을 담고 있다고 할 수 있다.

갈천서원 전경   갈천서원 정면

1. 야로당의 한평생

1)「행록」

선생의 휘諱는 순淳이고 자字는 자진子眞이고 호號는 야로野老이다. 철
성鐵城에서 계속 나왔는데, 우리나라에서 대성大姓에 해당되고, 휘 진瑨은
과거에 급제하였지만 관직에 나아가지 않았고 처음 족보에 기재되었다.
아들 휘 존비尊庇에 이르러 급제하여 판밀직 진현관 대제학이 되고 문희
文僖를 시호로 받았다. 이때부터 선생에 이르기까지 11대가 이어서 세상
에 드러났다. 9대조는 휘가 우瑀인데, 철성군에 봉해졌다. 8대조는 휘가
엽曄으로 호가 행촌杏村이고 시중侍中에 있으면서 문정文貞이란 시호를 받
았으며, 고성固城의 갈천서원葛川書院[1]에 배향되었다.

---

1) 葛川書院은 고려 공민왕 때 회화면에 金鳳書院으로 세워졌으나 임진왜란 때 소실되었
   다. 1713년 지방 유림들이 李嶠(1297~1364)·魚得江(1470~1550)·盧瑾(1464~1532)
   의 학문과 덕행을 추모하기 위해 대가면으로 자리를 옮겨 증축하였다. 1869년 흥선
   대원군의 서원철폐령으로 훼철되었다가 광복 이후 유림들에 의해 복원되었다. 1983
   년 경상남도문화재자료 제36호로 지정되었다. 강당은 정면 3칸 규모이고 측면은 1.5
   칸 규모이다. 중앙 마루와 마루 양쪽에 방 1칸씩을 두고 있다. 오른쪽 방 앞에는
   누마루가 설치되어 원내의 행사나 학문의 토론 장소로 사용되었다. 강당 뒤로는 사

7대조는 휘가 강岡이고 호는 평재平齋이며 집현전 대제학을 역임하였고 시호는 문경文敬이다. 6대조는 휘가 원原이고 호는 용헌容軒이며 조선에서 영의정을 지냈고 시호는 양헌襄憲으로 청도의 명계서원明溪書院2)에 배향되었다. 5대조는 휘가 대臺이고 좌승지를 역임하였고, 고조는 휘가 억嶷으로 병조판서를 지냈고, 증조는 휘가 필苾로 예조참판을 지냈으며 호는 상우당尙友堂이며, 조부는 휘가 우佑이고 수찬과 의정부사인을 지냈으며 호는 성암省庵이며, 아버지는 휘가 언명彦明으로 공조참판을 지냈고, 어머니는 밀양박씨로 승지를 지내고 호가 강수江叟이고 시호가 문도文度이며 휘가 훈薰인 분의 따님이시다. 가정 경인에 태어나서 만력 병오에 돌아가셨으니, 향년 77세이다. 배위는 홍양이씨로 참봉을 지낸 휘가 인수麟壽인 분의 따님이다. 무덤은 성주星州 동쪽에 있고, 선남船南 삽곡鈒谷의 건좌乾坐의 언덕에 장사지냈고 성주의 유계서원柳溪書院3)에 배향되었다.

선생은 코흘리개 때부터 대인의 뜻이 있었으며 행동거지에 일정한 법도가 있었다. 성품은 인仁과 효孝를 다하여 부모 섬기는 도리를 극진히 하였다. 일찍부터 숙부인 모헌공慕軒公에게 수학하였고, 공은 가훈家訓을 전수하여 바른 길로 가려는 지취志趣를 잃음이 없게 하였다. 또 제사를 섭행하고 가업을 이었다. 공의 힘이 많이 들었지만 모두 종중宗中을

당이 있으며 사당 앞에는 내삼문이 있다. 사당에 신주의 배치는 왼쪽부터 杏村 李嵒, 桃村 李嶠(?~1361), 墨齋 盧瑾(1464~1532), 灌圃 魚得江(1470~1550)을 모시고 있다.

2) 明溪書院은 容軒 李原(1368~1430)과 忘軒 李胄(1468~1504)의 학문과 덕행을 추모하기 위해 창건된 서원이었다. 1782년 柳湖書院으로 창건되었다가 1787년에 향중 사림이 映翠軒 李慶聘과 협력하여 건립하고 明溪書院으로 개창하였다. 1868년 흥선대원군의 서원철폐령으로 훼철되었으나 복원되지 못하였다.

3) 柳溪書院은 鄭崑壽(1538~1602)·朴燦(1580~?)·李淳(1530~1606)의 학문과 덕행을 추모하기 위해 경상북도 성주군에 창건된 서원이었다. 1868년 흥선대원군의 서원철폐령으로 훼철되었으나 복원되지 못하였다.

중시하려는 지극한 의리에서 나온 것이다.

일찍이 동강 김우옹(1540~1603)[4]과 한강 정구(1543~1620)[5] 두 선생과 함께 지내면서 서로를 따랐고 의리를 강론하였다. 선생께서는 일찍이 향교 문회文會에서 입론立論한 바가 있었는데, 한강이 향교에 답서를 보내, "이 선생의 글을 상세히 살펴보니, 우리들 가운데 생각이 여기에까지 이른 사람은 없었으니, 매우 부끄럽다고 할 수 있다. 이 선생의 한

---

4) 金宇顒의 본관은 義城이고 자는 肅夫이며 호는 東岡 또는 直峰布衣이다. 1558년 진사가 되었으며 1567년 식년 문과시에 병과로 급제하여 承文院權知副正字에 임명되었으나 병으로 나아가지 못하였다. 1573년 弘文館正字가 되었으며 이어서 修撰·副修撰을 거쳐 다시 수찬이 되었다. 1576년 副校理·吏曹佐郎·舍人 등을 역임하였으며 1579년에는 副應敎가 되어 붕당의 폐단을 논변하였다. 1582년 弘文館直提學이 되었으며 大司成·大司諫에 제수되었다. 1584년 副提學으로 임명된 이후 全羅道觀察使·安東府司를 역임하였다. 1592년 鄭汝立의 모반사건으로 인한 己丑獄事가 일어나자 정여립과 함께 曹植 문하에서 수학했다는 구실로 회령에 유배되었다. 1592년 임진왜란으로 특별사면 되어 의주에서 承文院提調로 기용되었고 이후 兵曹參判을 역임하였다. 1594년 대사성이 되었으며 大司憲과 吏曹參判을 지냈다. 1597년 다시 대사성이 되었으며 禮曹參判을 역임하였다. 그는 남명의 문하였지만 선학을 존경하여 1573년에 이황에게 시호를 내릴 것을 청하였으며, 다음 해 趙光祖(1482~1519)를 제향한 양주의 道峰書院에 사액을 내릴 것을 요청하였다. 또한 李珥(1536~1584)에 대해서 존경의 태도를 취하였는데 이이를 비난하는 宋應漑(1539~1592)에 맞서 그의 입장을 두둔하였다.

5) 鄭逑의 본관은 淸州이고 자는 道可이며 호는 寒岡이다. 정구는 어려서부터 유달리 총명하였는데 5세에 이미 신동으로 소문이 자자했으며 10세에는 『大學』과 『論語』의 대의를 이해하고 있었다. 또한 13세 때에 성주향교 교수인 吳健(1521~1574)에게 『周易』을 배웠는데 乾卦·坤卦만 배운 것을 가지고 나머지 괘는 유추하여 스스로 깨달았다고 한다. 1563년 이황의 문하에 들어갔으며 1566년 조식에게 찾아가 스승으로 삼았으며 成運(1497~1579)을 찾아뵙기도 하였다. 1573년 김우옹의 천거로 禮賓寺參奉에 임명되는 등 여러 번 관직에 제수되었으나 사양하였다. 1580년에야 昌寧縣監으로 관직생활을 하기 시작하였다. 1584년 동복현감을 거쳐 다음 해 校正廳郎廳으로 제수되어 『小學諺解』·『四書諺解』 등의 교정에 참여하였다. 임진왜란이 일어나자 通川郡守로 재직하면서 의병을 일으켰다. 1603년 『南冥集』 편찬에 참여하였으나 鄭仁弘이 이황과 李彦迪(1491~1553)을 배척하자 그와 절교하였다. 그는 성리학뿐만 아니라 예학과 제자백가·역사·算數·兵陣·醫藥·卜筮·풍수지리 등에 박학하였다. 그의 성리설에 가장 많이 영향을 미친 인물은 이황이며, 그는 이황과 마찬가지로 『心經』을 중요하게 여겼다. 저서로는 『家禮輯覽補註』·『心經發揮』·『聖賢風範』·『洙泗言仁錄』·『濂洛羹墻錄』·『歷代紀年』·『古今忠謨』·『治亂提要』 등이 있다.

말씀이 어찌 구름과 안개를 거치고 푸른 하늘을 보이게 한 것이 아니겠는가? 더욱이 생각해 보건대, 나는 선생과 도의道義로 교제하는 사이였다. 무릇 의리에 대해서 강론하는 데에 평소에 견해가 있었고 선생께서 의론하신 말씀을 들으면 매우 논리적이고 명확하였다"라고 하셨다. 이렇게 추천하고 장려하는 말씀이 있으니, 여기에서 선생께서 여러 친우들 사이에서 중요한 분이었다는 것을 볼 수가 있을 것이다.

일찍이 보우普雨(1509~1565)6)가 인심을 유혹하고 혼란시키는 것에 분노하여 고산高山 신언申漹과 함께 주벌해 주실 것을 청하는 상소를 올린 적이 있다. 이어서 복을 구하는 것이 삿된 것이 아님을 청하였다. 충신忠信과 독경篤敬으로 힘써 영원한 명령의 근본을 하늘에 기도하였다. 청휘당晴暉堂 이승李承(1552~1596)7)은 선생을 섬기기를 공경히 하였으며, 『사우록師友錄』에서는 "선생은 일찍 퇴계의 문하에 들어 성리학을 들을 수가 있었고 서신을 통해 의문 나는 점을 질의하였는데, 대부분 칭찬을

---

6) 普雨는 법명이며, 호는 虛應 또는 懶庵이다. 文定大妃의 비호 아래 度牒制度와 僧科制度를 부활시키면서 억불정책 속에서 불교의 중흥에 힘썼다. 15세에 출가한 이후 長安寺와 表訓寺 등에서 6년 동안 학업에 정진하면서 대장경과 『주역』을 공부하였다. 경기도 龍門寺에서 많은 유학자들과 사귀었고 특히 재상 鄭萬鍾(?~?)과의 교유를 통해 문정대비와 밀접한 관계를 맺게 되었다. 1548년 奉恩寺의 주지로 임명되었다. 1550년 문정대비가 선종과 교종을 다시 부활시키는 備忘記를 내렸고 그에 따라 1551년 선종과 교종이 다시 부활하였다. 그해 그는 判禪宗事都大禪師로 임명되었다. 그러나 1565년 이이가 『論妖僧普雨疏』를 올려 그를 귀양 보낼 것을 주장함에 따라 1565년 제주도에 유배되었고, 제주목사 邊協(1528~1590)에 의하여 죽음을 당하였다. 보우는 禪教一體論을 주장하여 당시의 선종과 교종을 다른 것으로 여기는 불교관을 바로잡았으며 一正說을 통하여 불교와 유교의 융합을 강조하였다. 저서로는 『虛應堂集』・『懶庵雜著』・『水月道場空花佛事如幻賓主夢中問答』・『勸念要錄』 등이 있다.

7) 李承의 본관은 全州이고 자는 善述이며 호는 晴暉堂이다. 태종의 둘째 아들인 효령대군 이보의 6대손이다. 효심이 지극하여 부친상을 당하였을 때에 여러 번 기절했다가 살아났다. 임진왜란이 일어나자 전장 속에 뛰어다니며 전투하였고 곡식을 걷어서 군량을 보충하고 병기를 주조하여 군용을 도왔다고 한다.

받았으며, 아름다운 말씀과 좋은 행실로 세상에 중망이 있었다"라고 하였다. 또 동강 김우옹과 한강 정구 두 선생과 함께 교유하며 강학하였는데, 당대의 제현諸賢들이 추허推許하였음을 알 수가 있다.

선조 경진에 어사 송언신宋言愼(1542~1612)[8]이 천거를 논한 것으로 인해 광릉참봉에 제수되었고, 이후 10년 경인에 또 강릉참봉에 제수되었으나, 모두 사양하고 나아가지 않았다. 임진년이 되었을 때 적병들이 창궐하여 선생께서 소모장召募將으로 의려義旅를 일으켜 순국殉國에 마음을 걸고 누차 천거되었으니, 당시의 일이 날로 잘못되고 있었음을 알았다.

숲을 고수하여 스스로 야로野老라고 호를 지었으며 끝내 일어나지 않았다. 만년에 견곡촌堅谷村에 우거하면서 별서別墅를 지었는데, 선부군 참찬공의 분묘墳墓와 서로 바라보는 곳이었다. 선생께서는 작은 단을 쌓고 매번 아침저녁으로 우러러 절하였다. 모진 추위와 심한 더위에도 잠시라도 폐하지 않으셨다. 늙었지만 쇠약하지 않았으니, 하늘이 내신 효를 사람들이 모두 감탄하고 공경하였다. 항상 호평虎坪에 가서 성암省庵과 부인의 묘소墓所를 살폈다. 돌아오는 길에 물방아를 보고 절구絶句 시

---

8) 宋言愼의 본관은 礪山이고 초명은 宋承海였다. 자는 寡尤이며 호는 壺峰이다. 1567년 사마시에 합격하였으며 1577년 알성 문과에 병과로 급제하여 藝文館檢閱과 司諫院正言 등을 지냈다. 1580년 예조좌랑·병조정랑·司諫院獻納 등을 역임하였고, 1586년 호남에 巡撫御史로 파견된 뒤 부수찬을 역임하였다. 1581년 弘文館 典籍·修撰, 司憲府掌令 등을 차례로 역임하였으며, 젊은 시기 언관으로 지내면서 서인을 공격하는 데 앞장섰으나 1589년 정여립의 모반사건으로 인한 기축옥사 때 연루되어 副校理에서 면직되었다. 1592년 다시 사마시에 합격하고 平安道觀察使가 되었으나 임진왜란이 발발하였다. 그는 工曹參判이 되어 平安道巡察使를 겸직하였다가 다시 咸鏡道巡察使를 겸하게 되면서 모병에 힘썼다. 그러나 그해 삭직되었다. 1596년 東面巡檢使로 다시 등용되었고 大司諫·兵曹判書·吏曹判書를 역임하였다. 불교를 배척하여 보우를 죽일 것을 건의하였으며 당쟁의 선봉에 섰던 관계로 반대파의 비평이 높았다. 당쟁의 선봉에 섰으나 광해군 초년에 축출되었다. 저서로는 『聖學指南』이 있다.

를 지었다.9)

물방아는 긴 두월	水碓長斗月
산 그림자 사이에 들은 적 없네	山影未曾間
채우자마자 다시 기울여 쏟으니	纔滿還傾瀉
채우고 비우는 것 여기에서 볼 수 있다네	盈虛此可觀

그의 말이 문식을 이루니, 배우고 힘쓰는 중에 유출되어 나온 것이 아님이 없고, 지금까지 인구에 회자되고 있다. 선생께서 돌아가신 뒤에 한강선생은 상차喪次에 글을 보내셨는데, "부음을 받고 매우 놀라고 아파서 안정시킬 수가 없었습니다. 자리를 만들어 곡을 한다고 어떻게 이런 아픔을 표현할 수 있겠습니까?"라고 하였다. 만오晚悟 정공鄭公이 쓴 선생을 위한 제문은 대략 다음과 같다. "저는 공에게 숙은叔恩과 사의師義를 입었습니다. 공께서는 가르치시기를 부지런히 하시고 정성을 다하셨습니다. 저는 마음으로 따랐고 가까이서 가르침을 받았습니다. 충효忠孝 두 글자입니다."

여헌(1554~1637)10)선생께서 쓰신 만사輓詞에는 "철성은 충의를 가훈으

---

9) 『野老堂先生文集』, 권1, 「虎坏寺水碓」.

10) 旅軒은 張顯光의 호이고 본관은 仁同이며 자는 德晦이다. 1576년 조정에 천거되었으며 1591년 典獄署參奉에 임명되었으나 나가지 않았다. 임진왜란이 발발하자 金烏山으로 피난하였다. 1594년 禮賓寺參奉과 齊陵參奉에 임명되었으나 부임하지 않았고 1595년 報恩縣監에 임명되어 부임하였으나 관찰사에게 세 번이나 사직을 청하였다. 세 번째 사직을 청한 이후 바로 향리로 돌아갔다가 직무유기 혐의로 義禁府에 잡혀갔다. 1601년 경서교정청낭청에 임명되었으나 나가지 않았고 1602년 居昌縣監・經書諺解校正郞廳에 임명되었으나 나가지 않았다. 그해 11월 工曹佐郞으로 부임하여 『주역』 교정에 참여했고 刑曹佐郞에 옮겨졌으나 이듬해 2월 향리로 돌아왔다. 1603년 龍潭縣令에 임명되었으나 나가지 않았고 義城縣令에 임명되어 부임하였으나 몇 달 만에

로 전수하였고, 공은 또 노나라의 군자와 같다"고 하셨습니다. 기타 제
현諸賢들도 혹은 제문祭文을 혹은 만어輓語를 보내왔는데, 모두 실적實蹟을
진술한 것이었다. "재주가 세상을 구제하는 것을 감당할 만하다"고 하
신 것도 있고, "태산泰山의 북두北斗이시고 시초와 거북으로 유림이 함께
추대하는 사람이었다"라고 하신 것도 있고, "바른 의론으로 향읍鄕邑을
따르게 하였고, 충신忠信은 본분의 일이었다"고 하신 것도 있고, "아름답
고 마음을 편안히 행하였던 분이고 효우孝友와 공경恭敬의 덕을 지닌 분
이셨다"라고 하신 것도 있고, "세상이 복종하는 어진 사람으로 사람들
은 군자라고 칭했다"라고 하신 것도 있다.

게다가 정사正史 양홍주梁弘澍(1550~1610)[11]와 함께 상소문을 올린 것
이 있는데, "이 아무개는 일찍이 정인홍鄭仁弘(1535~1623)[12]에게 분노하여

그만두었다. 1604년 順川郡守, 1605년 陜川郡守, 1607년 司憲府持平에 임명되었으나
모두 사퇴하였다. 1623년 사헌부지평·成均館司業 등에 제수되었으나 모두 사양하였
다. 이듬해 司憲府掌令으로 부임하여 왕을 알현하였고 바로 司憲府執義·工曹參議로
승진되었으나 사양하고 돌아갔다. 이후 吏曹參議·承政院同副承旨·龍驤衛副護軍 등에
임명되었으나 모두 사퇴하였다. 1626년 刑曹參判에 특제되었으나 謝恩하였고 1628년
吏曹參判, 1630년 大司憲 등에 임명되었으나 부임하지 않았다. 1636년 병자호란이 일
어나자 여러 군현에 통문을 돌려 의병을 일으키게 독려하였고 군량미를 모아 보냈
다. 장현광의 철학은 명나라의 羅欽順과 李珥(1536~1584)의 리기심성론에 크게 영향
을 받은 것으로 보인다. 남인계열의 학자들 중에서는 매우 이색적이고 독창적인 학
설이다. 저서로는 『旅軒集』·『性理說』·『易學圖說』·『龍蛇日記』 등이 있다.
11) 梁弘澍의 본관은 南原이고 자는 大霖이며 호는 西溪이다. 成渾(1535~1598)과 趙光
祖·曹植·李珥 등의 대학자들로부터 수학하였다. 임진왜란이 발발하자 의병을 일으
켰으며 鶴峰 金誠一의 휘하에서 왜군과 싸웠다. 큰아들 梁楒(1575~1597)과 함께 파
천한 어가를 쫓아 가산을 팔아 마련한 곡물과 화살 등의 물품을 바쳤다고 한다. 환
도 후 조정에서 양홍주에게 義禁府都事·參奉직을 제수하였으나 모두 사양하였다.
당시 유명한 의병장인 鄭仁弘과는 妹壻 관계였으나 사이가 좋지 않았다. 정인홍이
실권일 잡고 성혼 등을 비판하자 1603년 장문의 상소문을 올려 정인홍을 탄핵하였
으나 받아들여지지 않았다. 저서로는 『西溪遺稿』가 있다.
12) 鄭仁弘의 본관은 瑞山이고 자는 德遠이며 호는 來庵이다. 南冥 曹植의 수제자로 崔永慶
(1529~1590)·吳健·金宇顒·郭再祐 등과 함께 南冥學派를 대표한다. 1573년 학행으

그를 사적 원한으로 사람들을 해친다고 하여 글을 지어 그 문객門客에게 주고는 정인홍에게 전하게 하였습니다"라고 하였다. 전한 말은 다음과 같다. "그대의 스승은 스스로 의병을 일으켰는데, 대부분 불의不義를 행하여 사사로운 복수를 하는 것을 자신의 일로 삼고 있습니다. 고인古人들이 비록 두 눈 아래에서 도륙하는 것을 드러내지 않았더라도, 귀신들은 이미 지하에서 몰래 주살하겠다고 의론하고 있을 것입니다. 당신의 스승이 어찌 유독 이 아무개의 책망을 괘념하지 않는 것입니까?' 이것이 그 큰 핵심이다.

대개 정인홍이 이 서신을 얻고서 이 아무개에서 중독되어 어려우니, 이 아무개를 모시고 있는 사람을 잡아서 그 분노를 풀려고 하였다가 갑자기 명을 거두어 그가 보내온 편지를 고맙다고 여겼다. 이 아무개가 비록 연로하지만, 어찌 정인홍의 조종에 현혹되어 그의 농락에 걸려들 었겠는가? 이 아무개는 실제로 산야山野에 사는 소박하고 곧은 사람이다. 어떻게 이것을 평계로 임금을 속이겠는가? 양홍주는 바로 정인홍의

로 천거되었으며, 1575년 黃澗縣監에 제수되어 선정을 베풀었다. 1581년 掌令에 제수되었다. 1589년 정여립의 모반사건으로 인한 기축옥사를 계기로 동인이 남북으로 나누어질 때 북인에 가담하여 領首가 되었다. 1592년 임진왜란이 발발하자 합천에서 성주에 침입한 왜군을 격퇴하였으며 그 공으로 영남의병장이라는 칭호를 받아 많은 공적을 세웠다. 1593년 의병 3,000명을 모아 성주·합천·고령·함안 등지를 방어하였다. 그는 의병활동을 통하여 강력한 재지적 기반을 구축하였다. 1602년 大司憲에 승진하였으며 同知中樞府事·工曹參判을 역임하였다. 선조 말년 李山海(1539~1609)와 李爾瞻(1560~1623)과 함께하여 대북을 영도하였으며 永昌大君을 옹립하려는 소북에 대항하여 광해군을 적극 지지하였다. 1612년 右議政이 되었으며 1613년 이이첨이 癸丑獄事를 일으켰을 때 영창대군 지지세력 제거에는 찬성하였지만 영창대군을 죽이는 것에는 반대하였다. 이후 瑞寧府院君과 左議政에 올랐으며, 1618년 領議政에 올랐다. 그러나 1623년 仁祖反正으로 인해 정인홍은 참형되어 가산이 적몰되었다. 1908년 신원되었다. 그가 대북의 영수로 활동하여 그에 대한 평가는 저마다 다른데 丹齋 申采浩(1880~1936)는 그를 乙支文德(?~?)·崔瑩(1316~1388)·李舜臣(1545~1598)과 함께 우리나라 4대 영웅으로 그의 우국충정의 정신을 높이 평가하였다.

처조카이다. 홍주는 선생에 대해서 본래 서로 일면일식—面—識이 있는 사이가 아니라, 소장에 정인홍의 죄상을 나열하고자 했을 뿐이니, 반드시 선생께서 정인홍을 엄격하게 배척하는 말을 가지고 명확한 증거로 삼으려고 했던 것이다.

선생께서는 바르고 큰 견해를 당당하게 가지고 계셨으니 밤중의 자잘한 무뢰배들에게 부월斧鉞이었을 뿐만 아니라, 가을 서리처럼 차가운 말씀을 지니셨으니, 타인들이 임금에게 올리는 문자에 올라가는 것이 평일에 사람들의 신뢰를 받는 것과는 다른 점이 있었을 것이다. 어떻게 이러한 데에까지 이른 것인가? 정인홍은 뒤에 과연 대역죄로 주살되었다. 사람들의 말에 선생께서 일찍이 정인홍과 단절하였는데, 동강 김우옹과 한강 정구 두 선생 또한 선생을 좇아 절교하였다고 하니, 선배들의 소견이 부합하는 것이 이와 같았다. 어떻게 바르지 않겠는가?

선생께서 평소 지으신 저술은 『가훈家訓』 및 성리학과 관련된 것들이다. 쌓아 책을 이루었지만 임진왜란 때에 모두 산실되었다. 사림에서 이를 지금까지도 안타깝게 여기고 있으니, 애석함을 이루 다할 수 있겠는가? 지금 가문에서 적게나마 기록해 둔 것 및 여러 문중의 문자를 모아 놓고, 간략하게나마 그 시종에 차례를 매기니, 한 개를 걸고 만 개를 놓치는 꼴이라고 할 수 있다. 그의 후사後嗣가 마음을 보존하여 받들어 계승하지 않고서야 되겠는가?

을묘 중춘에 외현손 전 현감 벽진 이지완(1668~1755)[13]은 삼가 기록

---

13) 李志完의 본관은 碧珍이고 자는 仲全이며 호는 聽澗堂이다. 아버지를 일찍 여의고 스스로 경사를 깊이 연구하였다. 벼슬을 구하는 것에 뜻을 두지 않았으며 절의를 숭상하고 후진교육에 힘썼다. 1722년 辛壬士禍로 영의정 金昌集이 유배지에서 사사되자 그는 성주로 내려가서 장례에 참여하였다. 이 때문에 儒籍에서 이름이 삭제당하였

하다.14)

다. 1725년 閔鎭遠(1664~1736)의 천거로 선공감감역에 임명되었으며 이어 義禁府都
事·監察 등을 역임하게 되었다. 1727년 和順縣監으로 나아가 선정을 베풀어 이름이
널리 퍼지게 되었다. 1728년 이인좌의 난으로 지방관원들이 피신하는 일이 발생하
자 화순 인근의 여러 고을의 일까지 관장하였으며 병사들을 모집하고 격문을 돌려
흩어진 민심을 수습하는 데 노력하였다. 이인좌의 난이 평정되자 사임하였으며 향
리에서 후진양성에 힘썼다.

14) 『野老堂先生文集』, 권2, 「行錄」, "先生諱淳, 字子眞, 號野老. 繼出鐵城, 吾東大姓, 有諱瑤,
登第不仕, 始載于譜. 及子諱尊庇, 及第判密直進賢館大提學諡文僖. 自此至先生十一世, 連珠
顯世. 九代祖諱碼, 封鐵城君. 八代祖諱嵒, 號杏村, 位侍中諡文貞, 享固城葛川書院. 七代祖諱
岡, 號平齋, 位集賢殿大提學諡文敬. 六代祖諱原, 號容軒, 入我朝位領議政諡襄憲, 享淸道明溪
書院. 五代祖諱臺, 位左承旨, 高祖諱巖, 兵曹參判, 曾祖諱珌, 禮曹參判, 號尙友堂, 祖諱佑,
位修撰議政府舍人, 號省庵, 考諱彥明, 工曹參判, 母密陽朴氏承旨, 號江娑, 諡文度, 諱薰之女.
生於嘉靖庚寅卒於萬曆丙午, 享年七十七. 配興陽李氏參奉諱麟壽之女. 墓在星州東面, 船南鋪
谷乾坐之原, 享星州柳溪書院. 先生自髫齔, 便有大人之志, 動止有常. 性, 仁孝克盡事親之道.
早學于叔父慕軒公, 公垂以家訓, 無失正路之趨. 又攝主㒷逑饁業, 公之力爲多而皆出於重宗之
至義也. 嘗與金東岡鄭寒岡兩先生, 杖屨相隨, 講論義理. 先生嘗在覺堂文會時, 有所立論, 寒
岡答書於覺堂曰: 詳李丈書, 吾輩中未嘗慮及於此, 極可慚歎. 李先生一言, 豈非披雲霧而睹青
天也? 益想寒岡與先生托道義之交. 凡諸義理講劘有素故, 及聞先生言議之堅確. 有此推奬之
辭, 於此可見先生見重於儕友用者不翅尋常也. 嘗憤普雨惑亂人心, 與申高山湹, 上疏請誅. 繼
請以求福不回, 忠信篤敬, 勉作祈天永命之本焉. 晴暉堂李公, 事先生甚敬, 其師友錄曰先生早
登退陶之門, 得聞性理之學, 往復質疑, 多被奬許. 以嘉言善行, 重於世. 又與金東岡寒岡兩
先生, 追從講學, 一時諸賢之推許可知矣. 宣廟庚辰, 因御使宋言愼論薦, 除光陵參奉, 後十年庚
寅, 又除康陵參奉, 俱遜謝不就. 歲在壬辰, 敵兵猖獗, 先生以召募將起義旅, 一心殉國, 累被薦
進而 見時事日非. 固守林樊, 自號曰野老, 終不起. 晚年寅堅谷村, 構一別墅, 與先府君參判公
墳墓相望地也. 先生設小龕, 每於朝夕望拜. 雖祈寒盛暑, 未嘗或廢. 至老不衰, 其出天之孝, 人
皆歎欽. 嘗往虎坪, 省省庵夫人墓. 歸路見水砧, 作一絶詩曰: 水砧長斗月, 山影未曾間. 纔滿還
傾瀉, 盈虛此可觀. 其發言成章, 無非學力中流出來, 至今膾炙人口. 先生沒後, 寒岡先生, 致書
於喪次曰: 奉訃驚慟, 不能自 老, 爲位之哭, 何能伸此悒耶? 晚悟鄭公祭先生文, 略曰而我於公
叔恩師義, 公誠勤欵, 我服心理, 摳衣承敎, 忠孝二字. 旅軒先生輓曰: 鐵城忠義傳家訓, 公又魯
邦君子同. 其他諸賢或祭文或輓語, 俱陳實蹟. 有曰有才堪濟世, 有曰山斗著龜, 儒林共推, 有
曰正議服鄉邑, 忠信分內事, 有曰休休樂易之行, 孝友恭謹之德. 有曰世服仁人. 衆稱君子. 且
混正史中梁弘澍, 疏略以李某嘗愼仁弘, 以私怨傷人害物, 作書贻其門客, 使傳仁弘. 其辭曰:
汝之師, 自主義兵, 多行不義, 以復私讐爲務, 古人所謂人雖不顯戮於兩觀之下, 鬼已議陰誅于
地下矣. 汝師胡獨不念李某之責? 此其大要也. 蓋仁弘得此書而於李某, 難以中毒, 乃捉致李某
之侍人, 以洩其愼, 俄又命還, 欲致其來謝. 李某雖老. 豈肯於仁弘之操縱而受其籠絡哉? 李某
實山野樸直之人也, 何敢諱此於君上耶? 弘澍, 乃仁弘之妻甥也. 弘澍於先生, 本非相識而當其
臚列仁弘之罪狀於疏中也, 必以先生嚴斥仁弘之語, 執以爲明證. 先生堂堂正大之見, 非但斧鉞
於宵小鬼蜮之輩, 秋霜凜語, 至登於他人奏御文字, 如非平日見信於人者, 何以至此? 仁弘後果

256 퇴계학파의 사람들 3

2)「가장」

  선생의 휘는 순淳이고 자는 자진子眞이고 철성 사람으로 성암省庵선
생의 손자이다. 아버지의 휘는 언명彦明으로 공조참판을 지냈고 밀양박
씨 문도공文度公 강수江叟선생 훈薰의 따님에게 장가들었다. 명나라 가정
9년 경인 7월 23일 미시未時에 선생은 본아리本牙里 치동冶洞 이제里第에서
태어나셨다. 선생은 어려서부터 행동거지에 일정한 법도가 있었고 성
품과 풍도는 어질고 효성스러웠으며, 이미 부모를 섬길 때에 옆에서 기
쁘게 해 드리는 것과 부지런해야 하는 도리를 알고 있었다. 나이가 겨
우 10세가 되었을 때에 배움을 받게 되었는데, 이끌어 주고 깨우쳐 주는
것을 번거롭게 생각하지 않았다. 15세가 되자마자 문예文藝에 밝았고,
성장해서 도량과 재주가 크고 훌륭했으며, 모습이 단정하고 장엄하였
다. 배우기를 좋아하여 게으르지 않고 부지런히 학업에 매진하였다.

  어느 날 탄식하면서 분연히 말하기를 "과거를 보는 선비들의 사장詞
章의 습속이 비록 발신發身하는 계단이 되기는 하지만, 애시당초 위기지
학爲己之學이 아니다"라고 하였다. 퇴계 이황 선생의 명성을 듣고 도산에
서 도리를 강론하였는데, 마침내 책상을 지고 가서 집지執贄하였다. 성
리학에 대해서 들을 수가 있었고, 왕복편지로 의심나는 부분을 질문하
였는데, 대부분 칭찬을 받았다. 이때부터 과거시험에 종사하지 않게 되
었다. 오로지 심학心學에 정성을 다하였는데, 조예가 날로 성취되어 높

以大逆伏誅. 人言先生, 曾絶仁弘, 金東岡鄭寒岡兩先生, 又從而絶之, 先輩之所見相符如此,
豈不韙哉? 先生之平日所著家訓 及性理之語, 積成卷軸而盡失於壬辰兵燹. 士林嗟咄, 至今未
已, 可勝惜哉! 今就其家小錄及諸家文字而略序其始終, 可謂掛一漏萬. 其後嗣者可不存心而奉
襲乎哉? 乙卯仲春外玄孫前縣監, 碧珍 李志完謹錄."

뇌룡정 해설 비석   뇌룡정 정면

은 경지에까지 이르게 되었고 실천을 더욱 독실하게 하였다.

　또 뇌룡정사雷龍精舍[15])에서 남명 조식(1501~1572)[16]) 선생을 배알하였
는데, 대부분 해결하기 어려운 문답이었다. 동강 김문정공과 한강 정문

---

15) 雷龍精舍는 1501년 남명 조식이 지은 정자로 소실되었으나 1900년대 초 許蒍(1854~
　　1908) 등이 고쳐 복원하였다. 조식은 48세 때 합천군에 정착하여 뇌룡정과 鷄伏堂을
　　짓고 학문에 침잠하면서 제자들을 가르쳤다. 雷龍은 『莊子』에 나오는 말로 "시동처
　　럼 가만히 있다가 때가 되면 용처럼 나타나고 깊은 연못과 같이 묵묵히 있다가도
　　때가되면 우레처럼 소리친다"(尸居而龍見, 淵默而雷聲)에서 따왔다.
16) 曹植의 본관은 昌寧이고 자는 健中이며 호는 南冥이다. 1501년 경상도 삼가현 토골(兎
　　洞)에서 태어났으며 4~7세 아버지를 따라 한양에 왔고 이후 아버지의 벼슬살이에
　　따라서 義興·端川에 가기도 하였으나 20세까지는 주로 한양에 거주하였다. 18세 때
　　成運과 교우관계를 맺었고 成守琛(1493~1564) 형제와 종유하였다. 그러나 1519년 己
　　卯士禍로 조광조가 죽고 숙부 曹彦卿(1487~1521)이 귀양 가는 조선의 현실을 보고
　　크게 탄식하였다. 31세에 친구였던 李浚慶(1499~1572)과 宋麟壽(1499~1547)가 『心
　　經』과 『大學』을 보내 주어 정독하여 성리학에 침잠하였고 성운·李源(1501~1568)·
　　申季誠(?~?)·李希顔(1504~1559) 등과 더불어 의리를 구하고 실천에 힘써 그의 학문
　　적 기반을 확립하였다. 45세 때 乙巳士禍로 인해 李霖(1501~1546)·宋麟壽·成遇(?~
　　?)·郭珣(1502~1545) 등 가까운 지인들이 화를 당하게 되자 세상에 대하여 더욱 탄
　　식하였으며 은일로 남는 뜻을 더욱 굳혔다. 1553년 司䆃寺主簿에 제수되었으나 나아
　　가지 않았고 55세 丹城縣監에 임명되었으나 사직소를 올려 조정의 폐단과 비리를
　　통렬하게 비판하였다. 61세에 진주 덕산 絲綸洞으로 거처를 옮겨 山天齋를 지어 강학
　　하였다. 68세에 「戊辰封事」를 임금에게 바쳤으며 胥吏亡國論을 주장하였다. 저서로는
　　『南冥集』과 『南冥學記類編』 등이 있다.

목공과는 교유하며 서로를 따라 의리를 강론하였다. 한강선생이 일찍이 산남山南선생으로 칭했는데, 대개 산남은 곧 선생께서 만년에 기거하신 곳이다. 선생께서는 일찍이 향교에서 문회가 있었는데, 입론하는 바가 있었다. 한강선생은 향교에 서신을 보내, "이장李丈의 말씀 한마디가 어떻게 구름과 안개를 거치게 하여 푸른 하늘을 보인 것이 아니겠는가?"라고 하였다. 대개 한강은 일찍이 선생과 함께 도의지교道義之交를 맺은 분으로 평소에 의리를 강마하였기 때문에 선생의 말씀이 공정하고 밝은 것을 듣고는 이렇게 추천하고 찬미하는 일이 있었던 것이다.

명묘明廟 임자년壬子年에 요망한 중 보우普雨가 인심을 어지럽혔다. 선생께서는 고산高山 신면申沔과 함께 소장疏狀을 올려 배척하였다. 이어서 복을 구하는 것이 삿되지 않은 것은 충신忠信과 독경篤敬 때문이라고 하고 하늘에 국본이 영원하기를 기도하였다. 정인홍鄭仁弘이 이웃에 살았는데, 기세가 하늘을 찌르는 불꽃같았지만, 사적 원망을 가지고 대부분 정의롭지 못한 것을 행하고 있었다. 선생께서 글을 써서 정인홍의 문객門客에게 주어 정인홍에게 전하게 하였다. 그 내용은 "당신의 스승은 대부분 정의롭지 못한 것을 행하고 있고, 사적 원망을 가지고 고인古人들이 말한 '사람이 비록 양관兩觀(궁궐) 아래에서 도륙하고 그 시신을 전시하지는 않았지만, 귀신은 은밀히 이미 지하에서 주살을 당했을 것이다'"라고 하고는 마침내 그를 엄하게 배척하여 절교하였다. 후에 정인홍은 과연 패사敗死하였다. 사람들이 선생의 선견지명에 감탄하였다. 선생께서는 임천林泉에 뜻을 두고 있어서 명성이 나기를 구하지 않으셨고 언덕의 학 울음이 하늘까지 들렸다.

선묘宣廟 경진년庚辰年에 광릉참봉에 제수되었고, 이후 10년 경인년庚

寅年에 강릉참봉에 제수되었지만 모두 나아가지 않았다. 임진년壬辰年에 적병들이 창궐하자 선생께서는 스스로 세록을 받는 고가故家이고 은의恩義를 융숭하게 받았지만 분연히 일어나 자신을 돌보지 않고 순국을 결심하였다. 또 소모장召募將의 임무를 감당하고 의병을 일으키는 글을 제일 먼저 썼다. 그 대략은 다음과 같다. "적병의 기세가 하늘을 찌를 듯하니 내게 허물이 없는 것이 애통하고 간과 뇌가 땅에 떨어지는 것 같다. 진장鎭將과 수령守令들은 모두 풍문만 듣고 패주하여 달아났다. 올빼미의 마음을 바라는 것이 더욱 커지고, 낭독狼毒이 더욱 치성해진다. 우리나라는 예의를 중시하여 무인지경無人之境에 들어오는 것과 같이 되었다. 200여 년 종사가 지극히 위급해졌으니, 수천 리 강토가 장차 궤멸될 것이다. 이른바 70개의 주군州郡에 어찌 한 명의 의사義士도 없는 것인가? 무릇 혈기 있는 사람 중에 누가 애통해하고 울지 않겠는가? 근래 듣기로는, 인근 읍치에 사는 사우들이 오히려 절의를 배양하는 것을 의지하여, 제진諸鎭에 있는 사람들이 잘못된 사람임을 근심하여 열읍을 지키지 못하는 것을 분노하면서 다투어 먼저 창기倡起하고 국치國恥를 복수하려고 한다. 타고난 본성이 같으니 누가 정의를 떨치지 않겠는가? 이것이 실로 하늘에 계신 조종의 영령께서 우리 국가를 돌보고 계시고 음으로 그 충심을 가르치시는 것이니, 패전을 전환하여 승리가 되도록 하실 것이요 화란을 복으로 바꾸는 기틀이 될 것이다. 생각하건대 우리 제군諸君들은 각자 분발하고 마음을 다하여 법도와 방책을 창출하라. 무릇 요해지要害地에서는 도적질할 것을 엿보는 것이니, 조심히 국경을 지키고 차단하며 충돌할 때 혈심血心으로 나라에 보답하고 충절을 다하라"라고 하였다. 그러므로 조정으로부터 포상을 받고 누차 천거되었지만 끝까지 나아가지 않으셨다.

만년에는 주남州南 견곡촌堅谷村에 우거하면서 별서別墅를 짓고 야로
당野老堂이라는 편액을 달았다. 대개 세상을 등지고 멀리 가서 끝내 야산
野山에서 늙어가고자 한 뜻이다. 거처한 별서는 선부군 참봉공의 분묘가
있는 산과 서로 바라보는 곳이다. 작은 단을 설치하여 아침저녁으로 바
라보고 절하였다. 비록 매서운 추위와 무더운 더위가 있더라도 한 번도
폐한 적이 없다. 항상 호평에 가서 조비祖妣 여씨呂氏의 묘소를 성묘하였
으며, 돌아오는 길에 물방아를 보고 절구 시 한 수를 지었다.

물방아는 긴 두월   水砧長斗月

산 그림자 사이에 들은 적 없네   山影未曾間

채우자마자 다시 기울여 쏟으니   纔滿還傾瀉

채우고 비우는 것 여기에서 볼 수 있다네   盈虛此可觀

선생께서 발언한 것이 구절을 이루니, 진정으로 배움의 공력이 흘러
나온 것이며 지금까지도 인구에 회자되고 있다. 만력 34년 병오 12월
23일 산남정사山南精舍에서 고종考終하시었다. 향년 77세로 원근각지에서
놀라고 애도하였고 사람들은 애석해하였다. 다음 달 마을 동쪽 선남船南
삽곡鍤谷의 건좌乾坐의 언덕에 장사지냈다.

여헌 장현관 성생은 만시로 곡하면서 "철성의 중의를 가훈으로 전
수하였고, 공은 또 노나라의 군자와 같다. 삼가 종래 선배들의 모범이셨
고, 따뜻하고 공손함이 본래 어른의 풍도였다"고 하셨다. 감호鑑湖 여대
로呂大老(1552~1619)[17]는 만사輓詞에서 "산남 이순 선생은 어려서부터 독서

인이었고 형설螢雪의 삼천자三千字요 임천林泉의 칠십춘七十春이다"라고 하셨다. 투암投巖 채몽연蔡夢硯(1561~1638)[18]은 만사에서 "태산북두가 누구를 우러러보겠는가? 시초와 거북도 계의稽疑를 잃었다. 사람들은 대들보가 꺾임을 한스러워하니, 선비가 품은 꿈이 슬프다"라고 하셨다.

만오晩悟 정장鄭樟[19]은 뇌문誄文에서 "문장은 사람을 놀라게 할 수 있고 학문은 자신을 이루었네. 행동은 가정을 채우고 명성은 마음에 가득 찼네. 세상에 은택을 줄 재주를 가지고 있었고 임금을 기를 뜻이 있었네. 의로움을 당해서는 용기를 내고 어려움을 만나면 패함이 없었네. 세대를 밝게 표준이 되었고 자연에서 고귀하게 살았네. 지극한 즐거움

---

17) 呂大老의 본관은 星州이고 자는 渭叟 또는 聖遇이며 호는 鑑湖이다. 1582년 진사시에 합격하였으며 1583년 별시 문과에 을과로 급제하여 成均館博士가 되었다. 임진왜란 때 權應星(?~1592)과 함께 의병을 일으켰으며 권응성을 장수로 삼았다. 의병장 金沔(1541~1593)과 협력하여 지례와 김산의 적을 거창 부근에서 격파하였다. 여대로는 임진왜란 시기에 적을 격파하고 군량을 관장한 공을 인정받아 刑曹佐郎・知禮縣監・大邱判官・司憲府持平・陝川郡守에 제수되었다.

18) 蔡夢硯의 본관은 仁川이고 자는 靜應이며 호는 投巖이다. 1582년 한강 정구에게 수학하였으며 정구로부터 학문하는 요체 다섯 조목을 받고 크게 깨달아 마음에 새겼다고 한다. 이때부터 『小學』, 『心經』, 『朱子書節要』 등의 서적을 부지런히 공부하였다. 임진왜란이 발발하자 대구 팔공산 符印寺에 모여 향병을 모집하였으며 이때 모인 사람들을 조직하여 公山義陣軍에 참여하여 壽城北面將의 역할을 수행하였다. 왜란 이후 1605년 仙査에서 학생들을 모아 『近思錄』을 강론하였으며 1613년에는 硏經書院에서 강회를 열었다. 1624년 이괄의 난이 일어나자 慕堂 孫處訥과 함께 의병을 일으켰으며 1636년에 병자호란이 발발하자 아들 柏浦 蔡楙에게 의병을 일으키게 하여 조국을 구하게 하였다. 저서로는 『投巖集』이 있다.

19) 鄭樟의 본관은 淸州이고 호는 沙谷 또는 晩悟이다. 중부인 鄭崑壽가 宗系辨誣(명나라의 『太祖實錄』과 『大明會典』에 李成桂의 시조가 李仁任이라고 되어 있는 오류를 수정해 달라고 요청한 일)를 성공적으로 해결하여 자제 중에서 관직에 제수할 자를 추천하도록 특명을 받았다. 그때 정장을 추천하여 빙고별제가 되게 하였다. 이후 정장은 司瞻寺直長・通禮院引儀・監察・燕岐縣監 등을 역임하였으며 1612년 新寧縣監으로 증광문과에 을과로 급제하였다. 1614년 성균관전적으로 임명받았으며 忠淸道都事에 제수되었으나 부임하기도 전에 예조좌랑으로 임명되었다. 全羅道都事 겸 春秋館記注官이 되었으나 병으로 사직하였으며 고향으로 돌아와 죽었다.

여기에 있으니 세속은 피할 수밖에. 마음을 갉고 닦아 경사經史에 마음을 붙이고 명령이 내리더라도 다짐을 고하지 않았네. 변란이 일어났으나 평소의 행동을 떨어뜨리지 않았네. 소모장을 수습하고 의로운 군대를 일으켜서 나라의 수치를 복수하겠다고 다짐했네. 옛날 우리가 지근 거리에서 스승을 모실 때 부지런히 가르쳐 주셨네. 허물이 없도록 하셨으니 충과 효 두 글자가 그것이라네." 나머지 한 시대의 제현들은 "빼어난 덕을 읽으니, 선생의 덕을 볼 수 있다. 사람에게 감동을 주니, 사람들의 마음은 기뻐서 진실하게 복종하였다. 본래 그렇게 되기를 기약하지 않았으나 그렇게 되는 것이다"라고 하였다.

선생께서 저술한 것은『가훈』및『성리서』와『속가례습유』그리고 시문 약간인데, 병화로 인해 모두 산실되었다. 사림들이 지금까지 안타까워하는 이유이다. 이후 숙묘肅廟 계사년癸巳年에 사론士論이 일제히 일어나 백곡柏谷 정 선생과 함께 성주星州 유계서원柳溪書院에 배향되었다. 선생의 배위는 홍양이씨로 참봉을 역임한 인수麟壽의 따님이시다. 이씨 역시 따뜻하고 은혜로웠으며, 부인의 덕을 갖추고 있었다. 선생의 무덤에 부장祔葬하였다.

외예손外裔孫 진사 경산 이우세[20]는 삼가 찬하다.[21]

---

[20] 李禹世의 본관은 京山이고 자는 濟謙이며 호는 石灘이다. 1798년 생원시에 3등으로 합격하였으나 벼슬길에 오르지 않고 경학연구와 후진양성에 힘을 기울였다. 특히 성리학과 예학에 밝았다. 성리설에서는 人物性同異論에 관한 의견을 다수 피력하였으며 사승관계에 따라서 灘論의 입장을 지지하였다. 향약을 결성하였으며 이를 토대로 풍속 순화에 힘썼다. 저서로는『石灘文集』과『鄕約增解』등이 있다.

[21]『野老堂先生文集』, 권2,「家狀」, "先生諱淳, 字子眞, 鐵城人, 省庵先生之孫也. 考諱彦明, 工曹參判, 娶密陽朴文度公江襞先生薰之女. 以明嘉靖九年庚寅七月 二十三日未時, 生先生于本牙里冶洞里第. 先生自齠齔, 動止有常. 性度仁孝, 已知事親怡愉服勤之道. 年甫十歲, 就傅受學, 不煩提誘. 纔踰成童, 文藝特達, 及長, 器局弘偉, 威儀端嚴, 好學不倦, 孜孜爲業. 一日慨

3) 「행장」

선생의 성은 이씨李氏이고 휘는 순淳이며 자는 자진子眞이고 호는 야로당野老堂이다. 그의 선조는 철성鐵城 사람으로 철성군鐵城君 황璜으로부

然自奮曰: 擧子詞章之習, 雖爲發身之階, 而初非爲己之學也. 聞退溪李先生, 方講道于陶山, 遂負笈而執贄. 得聞性理之學, 往復質疑, 多被奬許. 自是不事擧業, 專精心學, 造詣日就高明, 踐履益臻篤實. 又拜南冥曹先生于雷龍精舍. 多有難疑咨問. 與東岡金文貞公寒岡鄭文穆公, 杖屨相隨, 講論義理. 寒岡先生嘗以山南先生稱之, 蓋山南, 卽先生晩年所居也. 先生嘗於鸞堂文會, 有所立論. 寒岡先生, 致書鸞堂曰: 李丈一言, 豈非披雲霧而睹靑天也? 蓋寒岡, 嘗與先生, 托道義之交. 凡諸義理講劘有素故, 及聞先生言議之明正, 有此推美之事也. 明廟壬子, 妖僧普雨惑亂人心. 先生與申高山洒, 上疏誅斥. 繼請以求福不回忠信篤敬, 勉作祈天永命之本焉. 仁弘居隣邑, 勢燄薰天, 以私怨多行不義. 先生作書, 貽其門客, 使傳于仁弘. 其辭曰汝之師, 多行不義, 以復私怨, 古人所謂人雖不顯戮於兩觀之下, 鬼已陰誅於地下者也. 遂嚴斥絶之. 後仁弘果敗. 人服其先見之明. 先生雅志林泉不求聞達, 而皐鶴自聞于天. 宣廟庚辰, 除光陵參奉, 後十年庚寅又除康陵參奉, 俱不就. 壬辰敵兵猖獗. 先生自以世祿故家, 恩義隆重, 奮不顧身, 矢心殉國. 又當召募之任, 首發倡義之文, 其略曰敵勢鴟張, 哀我無辜, 肝腦塗地, 加以鎖將守令, 擧皆望風奔潰. 望臭心益張, 狼毒尤熾. 視我禮義之邦, 如八無人之境, 二百餘年宗祀幾至危傾, 數千里疆土, 將至潰裂. 曾所謂七十之州郡, 奈無一介之義士. 凡有血氣誰不痛泣? 近聞隣近邑士友, 尙賴培養節義, 愍諸鎭之非人, 愼列邑之失守, 爭先倡起期雪國恥. 秉彛所同, 孰不奮義? 此實祖宗在天之靈, 眷我邦家, 陰誘其衷, 轉敗爲勝, 因禍爲福之機也. 惟我諸君, 各自奮發, 竭心殫膂, 創規出策. 凡於要害, 窺伺剽竊, 謹其關防, 遮截衝突, 血心報國, 盡忠效節云云. 自朝家嘉奬, 累被薦引而終不仕. 晩年寓州南堅谷村, 搆別野扁以野老堂. 盖遯世長往終老山野之志也. 所居別野先府君參判公墳山相望之地也. 設小增每朝夕望拜, 雖祈寒盛暑, 未嘗或廢. 嘗往虎坪, 省先祖妣呂氏墓, 歸路見水砧, 作一絶曰: 水砧長斗月, 山影未曾聞, 繚滿還傾瀉, 盈虛此可觀. 其發言成句, 眞學力中流出來, 至今膾炙人口. 以萬曆三十四年丙午十二月二十三日考終于山南精舍. 享年七十七, 遠近驚悼. 士林嗟惜. 及月葬于州東船南坊錯谷乾坐原. 旅軒張先生哭以詩曰: 鐵城忠義傳家訓, 公又魯邦君子同. 謹勅從來先輩範, 溫恭自是丈人風. 鑑湖呂公大老輓曰: 山南李夫子, 自少讀書人, 螢雪三千字, 林泉七十春. 投巖蔡公夢硯輓曰: 山斗誰將仰, 蓍龜失稽疑. 人懷樑折恨, 士抱夢楹悲. 晩悟鄭公樟誄曰: 文可驚人, 學能成己, 行滿家庭, 名溢州里, 澤世抱材, 畜君有志, 當義勇徒, 遇難無怍, 昭代逸標, 林泉高蹈, 至樂斯存, 塵實是避, 悍生耕鑿, 寓心史書, 一命雖降, 不告永失, 龍蛇之變, 素履不墜, 收召義旅, 誓雪國恥, 昔我摳衣, 敎誨勤摯, 服之無斁, 忠孝二字. 其餘一代諸賢, 莫不曰: 長德喪矣, 可見先生之德, 有以感乎人而人之心悅誠服, 自有不期然而然者也. 先生所著家訓及性理書續家禮拾遺幷詩文若干篇, 盡失於兵燹, 士林至今嗟惜. 後肅廟癸巳, 士論齊發, 與栢谷鄭先生, 同享星州柳溪書院. 先生配興陽李氏參奉麟壽女. 李氏亦溫良慈惠, 婦德備至, 祔葬于先生墓. 外裔孫 進士京山 李禹世謹撰."

터 이어져 나왔다. 고려 원종조元宗朝에 학사 진晉이 임금의 총애를 얻은 간신이 정사를 좌지우지하기에 문소산文召山으로 돌아가 은거하였다. 사관이 그의 현명함을 칭찬하였다. 진현관進賢館 대제학大提學 문희공文僖公 존비尊庇를 낳았다. 문희공은 문헌공文憲公 우瑀를 낳았고, 문헌공은 문정공文貞公 엽曄을 낳았으며, 문정공은 문경공文敬公 강岡을 낳았고, 문경공은 양헌공襄憲公 원原을 낳았다. 양헌공이 처음 조선왕조에 입사하여 지위가 영의정에 이르렀다. 경술經術에 공이 있어 대대로 추존되었다. 이상은 실제로 선생의 6대 이상이다.

고조는 휘가 억嶷으로 병조참판을 지냈고, 증조는 휘가 필泌로 예조참판을 지냈으며, 조부는 휘가 우佑로 의정부사인議政府舍人을 지냈으며, 아버지는 휘가 언명彦明으로 공조참판을 지냈다. 어머니는 밀양박씨인 문도공文度公 훈薰의 따님이시다. 정덕正德 연간에 공조공工曹公께서 서울로부터 남쪽으로 집을 이사하여 처음으로 성주星州에 터를 잡으셨다. 가정 9년 경인년 7월 모갑某甲에 선생은 부서府西 야곡冶谷 이제里第에서 태어나셨다.

풍모와 거동이 준엄하고 정돈되어 있었다. 어려서부터 말을 잘하였고, 행동거지가 대인과 같았으며, 매번 황고皇考께서 일찍 돌아가신 것을 아파하였다. 모부인母夫人을 섬기는 데 효성을 극진히 하였다. 장성해서는 퇴계 이황 선생에게 배웠다. 퇴계의 학설을 가지고 돌아와서는 동남東南에 가르쳐 주었다. 한때에 배우는 이들이 기쁘게 모여들었다. 문정공文貞公 김우옹金宇顒과 문목공文穆公 정구鄭逑가 공과 고향 마을을 함께하면서 도의지교道義之交를 서로 인정하고 더욱 돈독해졌다. 그래서 항상 말하기를 반드시 "산남山南선생"이라고 하였다. 대개 공께서 당시 산남에 기거하고 있었기 때문이다.

선생께서는 일찍이 요망한 중 보우普雨가 사람들의 마음을 현혹시킨다고 분개하였다. 고산高山 신면申沔과 함께 상소를 올려 주살誅殺을 청하였다. 이어서 청하기를 복을 구하는 것은 삿된 것이 아니니, 충신忠信과 독경篤敬으로 나라의 천명天命이 영원하기를 기원하였다. 선묘宣廟 경진년庚辰年에 어사御使 송언신宋彦愼이 영남에 안렴사按廉使로 왔다가 복명服命하면서 선생을 행의行義로 천거하였다. 광릉참봉에 제수되었다. 이후 경인년庚寅年에 이로 인해 방백들이 천거를 논하면서 다시 강릉사관康陵祠官에 제수되었다. 그러나 모두 사양하고 나아가지 않았다.

임진왜란이 일어나자 소모관召募官이 되어 의병을 일으키고 격문으로 백성들을 깨우치면서, "하늘에게 불쌍히 여김을 받지 못하여[22] 적병들이 우리 성읍城邑을 어지럽히고 우리의 노인과 아이들을 짓밟고 있습니다. 국토를 지키고 정사를 맡은 이들은 도망가 버렸으며 심지어 사직社稷조차 지킬 수 없게 되었습니다. 봉련鳳輦이 먼지를 뒤집어 쓴 채 파천播遷하게 되었습니다. 생각이 여기에 미치니, 슬픔을 이루 다할 수가 없을 지경입니다. 가만히 생각하건대, 우리 당은 평소에 충의忠義를 강론하였으니, 마땅히 피눈물을 흘리면서 임금과 부모를 위해 죽음을 각오하는 절개를 다해야 할 것입니다. 병력이 강하고 약하거나 일을 망치거나 성공시키는 것은 논의할 것이 없습니다. 게다가 생각해 보니, 한나라 왕실의 재조再造가 실로 적의翟義가 왕망王莽을 토벌하기 위해 수창首

---

22) 『詩經』「節南山」에서 "윤씨 태사는 주나라의 근본이라 나라의 공평함을 지키고 있다면 사방을 유지하며 천자를 도와서 백성들을 혼미하지 않게 해야 하거늘, 하늘조차 가엾게 여기지 않으니 우리들을 곤궁하게 하면 안 되느니라"(尹氏大師, 維周之氏, 秉國之均, 四方是維, 天子是毗, 俾民不迷, 不弔昊天, 不宜空我師)라고 하였다.

僭한 것을 토대로 삼고 있고, 당나라가 중흥을 맞이한 것 역시 수양에서 뒤를 교란한 것에서 기인한 것이니, 우리의 오늘의 거사가 어찌 단지 죽음에 그칠 뿐이겠습니까? 게다가 천병天兵이 국경에 임했으니, 밖으로는 완급緩急의 지원이 있어 의병이 용기를 가지고 사방에서 일어나고, 안으로는 기각지세掎角之勢를 갖추고 있으니 백성들의 역할이 있을 것입니다. 일이 저절로 모일 것입니다. 무릇 우리 여러 선비들이 하나같이 마음과 힘을 다해 나라의 치욕을 복수하기를 맹서하면, 부정하는 자들도 군대에 변하지 않는 법이 있으니, 병사를 일으킨 후에 강을 따라 진을 친다면 참획斬獲이 실제로 많을 것이고 선생이 깊이 부끄러워하는 것도 저절로 해결될 것입니다. 본진本鎭이 지역적 이로움을 얻지 못하였고, 모든 무리들이 경상남도의 의병장에게 귀속되어 있다는 것은 듣지 못했습니다"라고 하였다.

당시 정인홍 역시 강남에서 병사를 일으켰지만 사적인 원한으로 많은 사람들을 살해하였다. 선생께서 글을 보내 그 무리를 책망하면서 "당신의 스승은 정의를 명분으로 삼아 불의한 짓을 행한다. 사람들이 비록 양관兩觀에서 도륙당하는 것을 보지 못하였지만, 귀신들은 이미 지하에서 정인홍을 주살할 것을 의론하고 있을 것이다"라고 하였다. 정인홍이 그것을 듣고 마음에 품고 있다가 선생을 모시고 있는 사람을 붙잡았다. 선생은 사림들이 선망하고 있었기 때문에 끝내 감히 비례非禮로 대우하지 못했다.

양홍주梁弘澍는 정인홍의 처조카이다. 상소문에서 정인홍이 병사를 일으켰을 때 일을 법대로 행하지 않았음을 논하였고, 선생께서 이러한 글을 쓴 것을 증좌로 삼으면서, "이 아무개는 산야에 사는 소박하고 곧은 사람입니다. 그의 말은 공의公義에서 나온 것입니다"라고 하였다. 전란이 끝난 뒤에 고향 산천으로 돌아가 여막을 짓고 황무지가 된 곳을 정돈하였으니, 바로 견곡堅谷의 별서別墅에 초당을 지은 것이다. 그곳에서 독서하고 밭을 일구어 자급자족하였다. 맑은 마음으로 마치 세속에 생각이 없는 것처럼 하였다. 선대부先大夫의 분묘가 군의 북쪽 산에 있었으니, 멀지만 초당과는 서로 바라보이는 곳이었다. 작은 단을 설치하여 아침저녁으로 절하였다.

금계 황중량이 성주의 목사가 되었을 때, 공곡서당孔谷書堂을 창설하여 많은 선비들을 가르쳤는데, 선생을 모시고 동주洞主로 삼았다. 조금 있다가 학사學舍가 병화兵火를 입어 초목이 무성하였다. 선생께서 이어 달려가 목백牧伯들에게 편지를 쓰고 다방면으로 기획하여 옛 모습을 회복할 수 있었다. 가르침의 조목을 정하고 정씨학제程氏學制를 기술하였는데, 당시 학문을 배우러 오는 이들이 매우 많았다. 사람들은 지금까지도 그것을 칭찬한다.

선생은 안으로는 순수하고 독실하였으며 향당에 신의가 있고 의리가 있었다. 군에 있는 학교에 일이 있을 때마다 반드시 선생에게 나아가 결재하였다. 문목공文穆公이 일찍이 향교의 유생들에게 "이 선생의 한마디 말씀이 어찌 구름과 안개를 걷히고 푸른 하늘을 볼 수 있게 하는 것이 아니겠는가?"라고 하였다. 만력 34년 병오丙午 12월 모갑某甲에 산남정사山南精舍에서 고종考終하셨으니 향년 77세였다. 장사는 군의 동쪽 선남 건의 언덕에 지냈다. 숙묘肅廟 기사己巳 주인州人의 자제들이 유계서원柳溪書院에 성대한 복식을 하고 와서 충익공忠翼公과 함께 향사하였다.

저술한 것에는 『가훈』과 『성리휘집』 등의 글이 있었으나, 지금은 일실되어 전하는 것이 없고, 단지 시문 약간만이 있을 뿐으로 집에 보관되어 있다. 배위는 홍양이씨인 참봉을 지낸 인수麟壽의 따님으로 부녀자의 덕을 지니고 계셨다.

갑인년 중춘에 하한의 신안 이정기23)가 삼가 찬한다.24)

---

23) 李貞基의 본관은 碧珍이고 자는 見可이며 호는 濟西이다. 張福樞(1815~1900)·金興洛 (1827~1899)의 문하에서 수학하였으며, 퇴계 이황 학문의 전통을 이어받아 도학으로 이름을 알렸다. 1905년 을사조약이 체결되었다는 소식을 듣고 일본의 침략을 배척하는 「攘夷說」을 저술하여 영남유림의 경각심을 높였다. 이후 성주에서 강학을 위주로 하여 후학 양성에 힘을 기울였다. 사후 그를 따르던 유림들은 濟岡書堂을 창건하여 그를 추모하고 학문에 매진하였다. 저서로는 『碧珍李氏文獻錄』·『性理彙編』·『濟西先生文集』 등이 있다.

24) 『野老堂先生文集』, 권2, 「行狀」, "先生姓李氏, 諱淳, 字子眞, 號野老堂. 其先鐵城人, 繼出鐵嶺君璜. 麗元宗朝, 學士瑤, 見權倖用事, 歸隱文召山, 史稱其賢. 是生進賢館大提學文僖公尊庇. 文僖生文憲公瑀, 文憲生文貞公岊, 文貞生文敬公岡, 文敬生襄憲公原. 襄憲始仕李朝, 位至領議政. 勳業經術, 爲世所推, 實先生六世以上. 高祖諱巖, 兵曹參判, 曾祖諱玭, 禮曹參判, 祖諱佑, 議政府舍人, 考諱彦明, 工曹參判, 妣密陽朴氏文度公薰之女. 正德中, 工曹公, 自京師徙家南下, 始卜居星州. 嘉靖九年庚寅七月某甲, 先生生于府西冶谷里第. 風儀峻整, 自齠齔, 言談擧止有如大人, 每痛念皇考早世. 事母夫人尤致孝謹, 旣長受學於退陶李先生. 歸以其說, 敎授東南, 一時學者翕然趨之. 金文貞公鄭文穆公, 與公同鄕井, 交以道義相許, 尤篤, 恒稱必曰山南先生, 盖心時居山南也. 嘗憤妖僧普雨惑亂人心, 與中高山泗, 上疏請誅. 繼請以求福不回, 忠信篤敬, 勉作祈天永命之本焉. 宣廟庚辰, 御史宋言愼, 按薦嶺南, 復命奏薦先生行義, 徵以光陵參奉. 後庚寅, 因方伯論薦, 曼除康陵祠官, 俱孫謝不就. 龍蛇之亂, 爲召募官, 倡起義旅, 文以喩衆曰: 不弔昊天, 敵兵稱亂我城邑. 蹦躪我旄倪, 守士任事之人, 所在奔潰, 至使社稷失守. 鳳輦蒙塵. 言念及此, 可勝長慟. 竊惟吾黨, 素講于忠義, 當沐血飮泣, 以勵死君死親之節, 兵之强弱事之成敗, 在所不論也. 且念漢室之再造, 實基翟義之首倡, 唐家之中興, 亦由睢陽之撓後, 則吾徒今日之擧, 豈止徒死 而已乎? 況今天兵臨境, 外有綴急之援, 義勇四起, 內有掎角之勢, 兆足以有爲. 事可以自集. 凡我衆士一乃心力, 誓雪國恥, 有所否者, 軍有常憲. 起兵後沿江設屯, 斬獲實多, 而先生漠恥自列. 抑不以聞, 後以本鎭不得地利. 擧衆屬之娥林諸將. 時鄭仁弘, 亦起兵江陽, 以私怨殺人甚衆. 先生貽書責其徒曰: 汝師借義名而行不義, 人雖不顯戮於兩觀, 鬼已議誅於地下. 仁弘聞而啣之, 至拘繫侍人. 於先生則以士之望也, 終不敢以非禮加之. 梁弘澍仁弘之妻甥也. 疏論仁弘起兵時不法事, 歷陳先生此書以爲證左曰: 李某, 山野朴直之人, 其言出於公義. 亂後故山, 室廬荒頓, 乃卽堅谷別野結爲草堂. 讀書其中, 耕稼以自給. 淡然若無當世之念, 先大夫墳墓在 郡之北山, 遙與草堂相望, 爲設小壇, 每朝夕展拜. 錦溪黃公嘗牧星州, 創孔谷書堂, 以訓迪多士. 延先生爲洞主, 旣而學舍被兵火, 鞠爲茂草, 先生乃勉, 書牧伯, 多方籌畫, 克復舊觀. 設爲敎條宗述程氏學制, 當時從學之盛, 人到于今稱之. 先生內行純篤信義著於鄕黨故, 每郡學有事, 必咨先生裁決. 文穆公嘗答校儒曰李丈一言, 豈非披雲霧睹靑天云云. 萬曆三十四年丙午十二月某甲, 考終于山南精舍, 享年七十七. 葬郡東船南山負乾原, 肅廟己巳

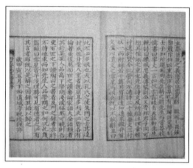

「야로당선생일집서」

◀ 『야로당선생문집』 권1

2. 서문과 발문

1) 「야로당선생일집 서문」

선비가 학문을 하는 것은 타고난 품질稟質의 아름다움과 뜻을 세우는 입지立志의 돈독함을 귀하게 여기는 데에 있다. 이미 품질이 아름답고 게다가 입지를 돈독하게 하며, 또 능히 현명한 스승과 좋은 벗을 종유從遊할 수 있으면, 그가 덕을 이루는 데에 무슨 문제가 있겠는가? 내가 생각해 보건대, 만약 야로 이순 선생과 같은 경우는 진실로 이를 말씀하실 수 있을 듯하다.

선생께서 하늘로부터 받은 품성은 매우 고명하여 어려서부터 이미 일찍이 격앙激仰하시면서 성현聖賢은 배울 수 있다고 하셨고, 조금 성장

州人士子, 擧縟儀於柳溪書院, 與鄭忠翼公幷祀之. 所著有家訓性理彙輯等書, 今逸而無傳, 只有詩文若干編, 藏于家. 配興陽李氏參奉麟壽女甚得婦道. 歲甲寅仲春 下澣新安 李貞基謹撰."

해서는 퇴계선생(陶山)을 종유하시면서 의심나는 예식禮式을 질의하고 동강東岡 김우옹金宇顒, 한강寒岡 정구鄭逑 두 현인과 동향이었으며, 또 동문들의 생각을 받아들이고 그들과 함께 학문을 갈고 닦으셨다. 어떤 것도 의리義理가 아닌 것이 없으셨다.

그의 행적을 보면, 어려서 아버지를 여의고 어머니를 섬기는 데에 효성을 지극히 하였으며, 단단한 계곡에 집을 짓고 아침저녁으로 선인先人의 묘소를 향해 배례를 행하였다. 늙어서도 여전히 집행하는 일들을 해이하게 하지 않았다. 변란이 일어나자 막장幕將을 소집하고 격문檄文을 보내 임금을 욕되게 하면 신하는 죽어야 한다는 의리를 알도록 하였다. 구원丘園에 은거하면서 누차 징피徵彼되는 것을 사양했으며, 권신權臣들을 두려워하지 않았다. 간악하고 흉악한 이들을 엄격하게 배척하시고, 학교(庠舍)를 중창하였다. 일찍 스승을 만나 귀의한 바가 있으셨다. 학교의 제도를 상정詳定하고 선비들이 나아가야 할 바를 알게 하셨다.

한강 정구 선생은 선생이 일찍이 향교의 유생들에게 답한 편지에서 말하기를 "이순 선생님의 말씀 한마디는 구름과 안개를 거치게 하여 푸른 하늘을 볼 수 있는 것과 같았다"라고 하셨다. 여헌 장현광 선생은 그를 기리는 만시輓詩에서 "철성의 충성과 의리를 가훈으로 전수했으니, 공 또한 노나라의 군자와 같습니다"(鐵城忠義傳家訓, 公又魯邦君子同)라고 하셨으니, 거듭 미루어 자랑하는 것을 상상할 수 있을 것이다.

선생의 시문詩文과 편집한 『성리휘집性理彙輯』은 모두 변란으로 일실되었다. 지금 간행한 것은 시문 20여 편, 제문 1편, 행장 1편, 그리고 약간의 부록에 불과할 뿐이다. 그 맏손자 달화達和가 먼 길을 와서 서문을 청하였다. 유문이 매우 적어 깊이 한탄할 뿐이다. 나는 감히 사양하지 못했다. 게다가 이것은 반드시 한하기만 할 필요는 없다고 생각하였다. 무릇 공자의 문도門徒와 주자의 문사門士들도 재능을 이루고 성을 이루어 당에 들어가고 실에 들어간 자들이 많지만, 반드시 모두 각기 논저가 있어 후세에 전한 것은 아니기 때문이다.

그러나 세상에서 『노론魯論』, 『공자가어孔子家語』, 『주자어류朱子語類』, 『주자대전朱子大全』을 읽은 자들 가운데 아무개의 인품의 높고 낮음과 학문의 깊고 얕음은 분명하게 알 수 있으니, 우리나라에서 백세 뒤에 퇴계선생의 글을 읽고 급문제자及門諸子들이 기록한 것을 보는 이들도 역시 앞으로 다른 곳에서 구할 필요 없이 선생의 인품과 학문이 어떠한 지를 알면 된다. 하물며 몇 편만 남아 있다고 하여 어떻겠는가? 비록 부족하다(零星)고 말했지만, 모두 평담不淡하고 리승理勝하여 덕이 있는 자에게는 반드시 이 말이 있음을 볼 수 있을 것이다. 이미 이것으로 해석하였으니, 그로 인해 그 말씀을 기록하여 귀의하면 된다.

갑인년 5월 하순에 진성 이만도는 삼가 서하노라.25)

---

25) 『野老堂先生文集』, 「野老堂先生逸集序」, "士之爲學也, 貴乎稟質之美, 立志之篤, 而旣美且篤矣. 又能從賢師親勝友, 則其於成德乎何有? 余謂若野老李先生, 固可以語此矣. 先生天品甚高, 自幼少已嘗激仰, 謂聖賢可學. 稍長從游陶山質問疑禮, 與東岡寒岡兩賢同鄕. 又同門聽受也, 講劘也, 無非此簡義理也. 其可見之行, 則早孤事母至孝, 築室堅谷朝夕望拜先人墓, 老猶不懈. 執徐亂以召募將, 檄諭一方, 使知主辱臣死之義. 隱居丘園累辭徵被, 不畏強禦, 嚴斥奸凶. 重創庠舍, 皐比有所歸, 詳定學制, 士子知所趨. 寒岡先生稱之謂先生而嘗答校儒書曰: 李丈一言, 如披雲霧睹靑天. 旅軒先生輓詩曰: 鐵城忠義傳家訓, 公又魯邦君子同, 可想其推詡之重也. 先生詩文及所編性理彙輯, 幷逸於燹. 今此營刊不過詩二十餘, 祭文三, 行狀一, 而附錄若干篇. 其胄孫達和遠來徵弁首文. 漢以遺文之零星爲恨. 余旣以不敢辭, 且以此不必多恨也. 夫以孔氏之徒, 朱門之士, 其達材成德升堂八室者, 旣庶且多而未必皆各有論著垂後. 然而世之讀魯論家語大全語類者, 其於某某人品高下, 學問淺漢, 昭然可曉則吾東百世之下, 讀陶山之書, 看及門之錄者亦將不待他求而知先生人品學問之如何, 況此幾篇? 雖曰零星, 皆不淡理勝, 可見有德者之必有其言耶. 旣以是解之, 因錄其語以歸之. 歲甲寅五月下澣眞城李晩燾謹序."

2)「발문」①

야로당 이 선생의 문집이 장차 출판되려고 한다. 그 후인이 나에게 명하여 권말에 쓸 말을 부탁하였다. 대개 선생께서는 일찍이 우리 문강 文康 선고先考와 교유하셨기 때문이다. 비록 감당할 수는 없지만 또한 고사할 수도 없었다. 선생의 유문遺文은 산일되어 전하지 않는다. 여기에 있는 것은 천백분의 십일일뿐이고, 상소를 통해 보우를 배척하였고, 서신을 통해 정인홍을 공격하였으며, 격문을 통해 적병을 토벌하였다. 이것은 모두 후대의 역사에 반드시 전해질 것이다.

게다가 본래 그의 부형父兄과 사우師友는 철성으로부터 흘러나온 후예이니, 그의 공훈과 공적을 숭상하고, 그의 관직과 시호를 융성하고 아름답게 여기는 것이 대대로 이어지고 있다. 행촌杏村, 평재平齋, 용헌容軒, 둔재鈍齋, 상우당尙友堂, 성암省庵, 회헌晦軒의 현명함이 세류世類를 증명해 준다. 스승으로는 퇴계선생과 남명선생이 있었으며, 벗으로는 동강東岡 김우옹金宇顒, 한강寒岡 정구鄭逑, 여헌旅軒 장현광張顯光 및 감호鑑湖 여대로呂大老, 투암投巖 채몽연蔡夢硯, 죽유竹牖 오운吳澐 등이고, 동강은 남산선생의 자랑이었고, 여헌은 어른의 풍모가 있다고 칭찬하였다. 이것은 모두 실제를 형용한 것으로 백세를 기다려도 끊어지지 않을 것이다.

진실로 이 문집이 출간되지 않더라도 충분히 노나라 군자였던 복자천宓子賤26)이었음을 알 수 있을 것이다. 그러나 그의 유문은 각 가문에 흩어져 있으니, 한곳으로 모아 사람들로 하여금 쉽게 읽을 수 있도록

---

26) 복자천은 宓不齊를 말한다. 춘추시대 노나라 사람으로 공자의 제자이다. 공자는 그를 군자라고 칭찬하였고 單父의 수령을 지냈으며, 이후 單父侯에 추봉되었다.

하는 것만 못하다. 그런데 이 역사 또한 너무 늦게 되었다. 연성延城의 옥벽玉璧[27])이 오래지 않아 박리璞裡에 묻혀 있는 꼴이고, 북두칠성과 견우성을 쏘는 칼의 기운[28])이 마침내 물속에 가라앉게 되는 셈이다. 어떤 것이 드러나고 드러나지 않는 것은 때가 있기 마련이다. 이 문집이 전해져 유가儒家의 풍모風貌가 사라져 가는 금일에 널리 전파된다면, 역시 어찌 우연이겠는가? 동강께서 이른바 구름과 안개를 걷히고 푸른 하늘을 보인다는 것, 그것을 반드시 믿고 따르는 이들이 많을 것이다.

　　갑술년 춘삼월 보름 옥산의 장희원[29])은 삼가 쓰노라.[30])

　　3) 「발문」 ②

　　사군자士君子가 때를 만나지 못하면, 암혈巖穴에 물러나 자취를 감추

---

27) 전국시대 秦나라 昭王이 趙나라 惠文王에게 열다섯 성과 바꾸자고 청한 和氏璧으로, 나라의 진귀한 보배를 뜻한다. 조나라 藺相如가 이 구슬을 가지고 진나라에 갔다가 성을 주겠다는 진나라의 약속이 미덥지 못하자, 다시 화씨벽을 온전히 보전해서 조나라로 돌아왔던 '完璧歸趙'의 고사가 전한다. 『史記』, 권81, 「藺相如列傳」 참조.

28) 豊城 땅에 묻혀 있던 龍泉과 太阿 두 보검이 밤마다 북두성과 견우성 사이에 紫氣를 발산했다는 전설이 있으며, 後漢의 尙書令 荀彧이 머물러 앉아 있던 자리에는 사흘 동안이나 향내가 없어지지 않았다는 고사가 있다. 『晉書』, 권36, 「張華列傳」 참조.

29) 張憙遠의 본관은 仁同(玉山이라고도 함)이고 자는 仲徽이며 호는 葦堂이다. 여헌 장현광의 후손이며 학행이 있어 通德郎에 제수되었다.

30) 『野老堂先生文集』, 권2, 「跋文」, "野老堂李先生文集, 將就梓, 其後人, 命憙遠, 置言于卷後, 蓋以先生曾有交於吾文康先子故也. 雖甚不敢, 亦可固以辭哉? 先生之遺文散佚無傳, 此乃什一於千百而疏以斥晉雨, 書以攻仁弘, 檄以討歐兵. 是皆後史所必傳. 且本其父兄師友則自鐵城分茅之後, 崇勳偉蹟, 隆官美謚, 世不獻齒拊而杏村, 平齋, 容軒, 鈍齋, 尙友堂 省庵, 晦軒之賢, 世類可證. 師而退陶南旻, 友而東岡寒岡, 旅軒及呂鑑湖蔡投巖吳竹牖諸公而岡翁山南先生之諿, 旅爺丈人風之稱, 皆所以形容實際, 俟百世而不刊矣. 固不待于集之出而足以知玄子柱於魯之君子也. 然與其散出於各家, 不若集于一而使人易讀. 是役也吁亦晩矣. 夫連城之璧, 不久, 埋於璞裡. 射斗之釼. 不終沉於水底. 物之顯晦亦有時焉. 是集之傳廣於儒風死盡之今日, 亦豈偶然哉? 岡翁所謂披雲霧見靑天者, 其必信從者衆矣. 歲甲戌春三月望玉山 張憙遠謹書."

고 있어야 한다. 도를 따라 힘을 기르며 때로 감추고, 격언은 아름답고 법칙이 되니 모두 그 문장을 실어야 한다. 그 문장이 행해지는가 행해지지 않는가에 따라 도 역시 흥성하거나 쇠약해지는 것이다. 사군자의 유문遺文과 유묵遺墨이 세도世道에 관계하는 것은 매우 크다. 야로 이 선생은 퇴계선생의 고족제자高足弟子로 물러나 산남山南에 은거하여 후진을 가르쳤다. 동강 김우옹과 한강 정구의 제현諸賢들과 도의道義로 세교世交를 맺었으니, 사람들이 칭찬하고 흠모하였다.

애석한 것은 당시에 쓰이지 못했다는 것이다. 임금을 존숭하고 백성에게 은택을 주는 사업으로 세상에 밝게 드러나지 못했다. 그러나 도리를 숭상하고 학문을 창도한 공과 시문을 통해 가르침을 준 것이 책 상자에 보관되어 있었다. 쓸쓸하게도 수백 년을 볼 수 없는 채 숨겨져 있었기에, 그의 충의忠義와 덕행德行과 함께 거의 사라지는 데도 전함이 없었다.

그런데 작년 서원에서 선비들이 이를 매우 두려워하여 나라에 있는 선생의 유범遺範을 만들려고 하였다. 선생의 유문이 후세에 전해지지 않은 것은 누구의 잘못인가? 이에 널리 수집하고 채집하여 약간의 시문을 수습하였다. 대개 병화兵火로 산일되었기 때문이다. 비록 많지 않은 것을 수습했지만, 고기 한 점으로 솥 전체를 추론할 수 있는 것이니, 많지 않음을 어떻게 병통으로 생각하겠는가? 판각 기술자인 기궐씨剞劂氏에게 주었다. 선생의 맏손자인 순흠舜欽과 남규南奎는 나에게 권말에 몇 마디를 적어 달라고 하였다. 참람하고 망령되어 어떻게 감당하겠는가?

다만 선생은 우리의 선고先考 문도공文度公에게 택상老相(외손)이 되고, 자손에게 대대로 강학하시기를 그치지 않으셨으니, 감히 자격이 없다는 것으로 사양할 수가 없었다. 또 그 가운데 느낀 바가 있었다. 근자에 이르러 시간이 갈수록 세상이 혼탁해져서, 의관의 유풍이 땅을 쓸면서 다하고 만다. 사도斯道가 쇠미해지고 진작되지 않은지가 이렇게 오래되었다. 주자께서 탄식하신 것처럼, 마을에는 좋은 풍속이 없고, 세상에는 타고난 재질이 좋은 사람이 부족하고, 이욕利欲에 치달려서 괴이한 말을 시끄럽게 하는 이들이 있다고 하셨으니, 이 세대보다 더 심한 것은 없을 것이다.

이 문집은 이러한 때에 적당하니, 사론士論에 의지하여 세상에 행하게 하면 될 것이다. 어지러움이 극에 달하면 다스려지는 법이다. 크게 추운 날씨도 그 후에는 반드시 봄기운이 있는 것 또한 하늘의 도이다. 하늘이 장차 이 세상에 문학을 부흥하게 하실 것이며, 유림들에게는 사문斯文을 강명講明하게 하는 곳이 있을 것이다.

아, 소양昭陽 작악作噩 양월陽月 하한下澣에 응천凝川의 박익래는 삼가 발문을 쓰다.31)

---

31) 『野老堂先生文集』, 권2, 「跋文」, "士君子不遇於時, 則退藏於巖穴. 遵養時晦, 格言懿矩, 具載其文. 由其文之行與不行, 道亦爲之盛衰. 士君子遺文遺墨, 關於世道者大矣. 野老李先生, 以陶山高弟, 退隱于山南, 教授後進. 與東岡寒岡諸賢, 爲道義交世, 稱而慕之. 惜其不得需於時, 不能以尊主澤民之事業焜耀乎世. 崇道倡學之功, 祇見於咳唾之餘, 藏在巾衍. 寥寥數百年, 隱而不顯, 幷與其忠義德行, 幾乎湮滅而無傳. 頃年校院章甫, 用是之懼, 以爲先生遺範在邦, 遺文不傳於後世, 是誰之責歟, 於是廣授博採, 裒粹詩文若干編. 蓋散佚於兵燹故, 殊涉疎漏, 然一臠可推全鼎, 不多奕病? 將付剞劂氏. 先生晜孫舜欽南奎, 屬余綴數語于卷末. 僭妄何敢? 顧以先生於我先子文度公爲宅相, 子孫世講, 不替, 不敢以續貂之嫌辭也. 抑又有所感于中者. 挽近以來世級日趨, 淸漓, 衣冠遺風, 掃地而盡, 斯道之衰微不振久矣. 朱夫子所歎鄕無善俗, 世之良材, 利欲紛拏, 異言喧豗者, 莫此世爲甚. 是集也適當此時, 賴士論而行于世, 亂極則治, 大寒之後必有陽春, 亦天道也. 天將使文學復興于世, 儒林有講明斯文之地歟. 噫昭陽作噩陽月下澣凝川 朴翼來謹跋."

4) 「발문」③

아, 이것은 우리 선조 야로당野老堂선생의 일집逸集이다. 선생께서는 어려서부터 퇴계 이황 선생에게 학문을 배웠다. 선묘宣廟에 처음 누차 현인으로 천거되었으나 벼슬하지 않으셨다. 팔순을 자연에서 도리를 강론하며 스스로를 즐기셨으니, 당시에 산남선생이라고 칭해졌다. 부서府西 유계柳溪에 유사遺祠가 있다. 임진왜란이 발발하였을 때에 읍리邑里에서 병혁兵革을 맡으셨다. 책 상자의 서적은 모두 산일되었다. 저술한 것은 『가훈』과 『성리휘집』 등으로 이 또한 전하지 않는다.

우리 선부로先夫老 용자庸姒께서 슬픔을 머금고 고심하여 선우先友 제현諸賢들의 가문을 방문하여 채집하고서야 겨우 시문 약간을 얻을 수가 있었다. 편집은 일집逸集으로 하였으니, 이는 전서全書의 일단一端일 뿐이다. 그러나 그 연원淵源과 수수授受의 실제 및 생평生平과 출처出處의 대략 역시 여기에 나아가면 살펴볼 수 있을 것이다. 다만 가문의 힘이 워낙 없어 간행하여 세상에 공개하지 못하였다. 지난 봄 서원에 있던 모든 군자들이 통문을 서로 전하여 "선생의 글이 삼백 년을 지날 때까지 모두 좀에게 파괴되는 운명을 겪었으니, 이는 실로 우리 당의 후학들이 전해야 할 것이다"라고 하였다.[32]

---

32) 『野老堂先生文集』, 권2, 「跋文」, "於乎, 此我祖野老堂先生逸集也. 先生少從退陶李子學, 宣廟初屢舉賢不起. 八旬林下講道自樂, 當時稱爲山南先生. 府西柳溪有遺祠, 龍蛇之際邑里被兵革. 巾箱之籍, 擧放逸, 所著家訓性理彙輯等書亦不得其傳. 我先父老庸姒含恤苦心, 采訪於先友諸賢之家, 僅得詩文若干編. 編爲逸集, 是不過全書之一端. 然其淵源授受之實, 生平出處之大略, 亦卽此可按而得也. 顧門力凋弊, 尙不能梓之而公諸世. 頃春校院僉君子, 以文相諭曰先生之書, 經三百載, 一任蠹壞, 實吾黨後瀞傳之於自出."

3. 서신

1) 「퇴계선생에게 올린 의례 문목」

【문】 할아버지를 계승한 소종小宗은 감히 증조를 제사할 수 없습니다. 만약 대종大宗과 함께 살지 않는다면 시물時物을 얻으면 우리 할아버지에게만 제사를 지내야 하는데, 타당하지 않은 것 같습니다. 어찌합니까?

【답】 할아버지에게만 제사를 지내는 것이 타당하지 않더라도, 할아버지를 넘어 증조에게까지 미치는 것은 더욱 타당하지 않을 것 같다. 만약 지자支子라면 비록 권의權宜로 예를 줄이더라도, 아버지에게 제사를 지내는 것 역시 할아버지에게 미칠 수는 없는 것이다.

【문】 숙부叔父의 은애가 친부와 다를 것이 없고 후사가 없다면, 시양자侍養子로 하여금 제사를 받들게 합니다. 만약 사시제四時祭에 조묘祖廟에 지방紙榜으로 부제祔祭하는 것은 어떻습니까?

【답】 이미 시양자가 있어 제사를 받들고 있다면, 부제 또한 온당하지 않다. 만약 시물時物로 제사를 받드는 것을 돕지 않는다면 때때로 제사에 참여하는 것뿐이다.

【문】 부모의 분묘와 외조의 분묘가 한 산에 같이 있다면, 어느 곳에 먼저 제사를 지내야 마땅합니까?

【답】 외조에게 먼저 해야 한다.

【문】 역참 관사의 벽에 선인이 유묵이나 성명이 있으면 절을 어떻게 해야 합니까?

【답】 지극히 공경하고 사모하는 것은 괜찮지만, 절하는 것은 지나친 것이다.

【문】 상기喪期가 이미 지났는데도 장례를 행하지 않았다면 변복해서는 안 되는 것입니까?

【답】 변복하지 않는다.

【문】 자식은 없고 형제의 조카사위가 있으면, 상례와 장례에 축문은 마땅히 누구의 이름을 써야 합니까? 아침에 일찍 일어나 밤에 거처하는 동안 항상 조심하며 두려워하고 꺼려야 하는 등의 말은 어떻게 해야 합니까?

【답】 그 가운데 반드시 상례를 주관하는 이가 있으니, 그 이름을 써야 한다. 축문의 말은 마땅히 의리를 헤아려 고쳐야 한다.

【문】 자식이 없는데 처상妻喪이 났을 때, 비록 조카사위가 있더라도 마땅히 고해야 합니까?

【답】 고해야 한다.

【문】 아직 시집가지 않았는데 상殤(20세 미만에 죽은 경우)이 있으면 또한 부묘祔廟를 해야 합니까?

【답】 어떻게 부묘를 하지 않겠는가? 이미 시집을 갔다면 상殤이라고 할 수 없다.

【문】 아버지가 자식의 상례에 임해 또한 마땅히 절해야 합니까? 아

들에게 자식이 없다면 아버지가 마땅히 고해야 합니까?

【답】 예경에 동거자는 각기 그 처자의 상례를 주관한다고 한 부분의 주석에, 처는 마땅히 절하고, 자식은 절해서는 안 된다고 하였다.

【문】 만약 젖먹이 아이가 있으면 아명兒名으로 고해야 합니까?

【답】 아명은 섭주攝主가 고한다.

【문】 숙부가 조카에게 제사할 때도 절할 수 있습니까?

【답】 역시 절하면 안 된다.

【문】 세상에 칠촌 조카와 혼인하는 경우가 있습니다. 이는 의리를 끊고 종족을 파괴하는 것입니다. 이와 같으면 마땅히 단지 혼인의 호불호를 강구해야 합니다.

【답】 성을 달리하는 칠촌에게는 종족의 의리가 없는 것이 옛날의 도이다. 종족의 의리가 이미 다했기 때문에 통혼通婚하는 것이다. 다만 예율禮律에 근거하여 존비의 항렬을 계산하여 같은 항렬이 아니면, 혼인하는 것을 허락하지 않고, 같은 항렬이면, 예컨대 육촌과 팔촌의 형제와 자매가 같은 항렬인 것과 같다. 존비가 같지 않은 것은 예컨대 칠촌과 구촌의 숙부와 조카가 그런 경우이다. 이것을 잃어버리면, 인륜을 어지럽히는 것이 되는데, 오늘날의 풍속을 금하는 것은 모두 따져 보지 않았기 때문이다.33)

---

33) 『野老堂先生文集』, 권1, 「上退溪先生疑禮問目[附答批]」, "繼祖之小宗, 固不敢祭曾祖. 若與大宗異居, 時物所得, 獨祭吾祖, 似未安, 奈何? 答: 獨祭祖, 雖未安, 越祖而及曾祖, 恐尤未安.

2) 「통제사에게」

저의 선조는 처음 고성현固城縣 서문 밖에 거처하였습니다. 그 이후 송도松都로 들어왔다가 한양으로 이거하였으니, 지금 17대가 되었습니다. 고성현 북쪽 30리에 배돈역背頓驛이 있고, 배돈역 남쪽 5리에 자보포玆保浦 선영先塋이 있습니다. 선대의 내외파內外派가 대대로 묻혀 있어 매번 가서 선대의 묘소를 살펴보고 제사를 지내고 있습니다. 시인들이 그것을 보고 "옥 부절이 정성스럽게 해변에서 빛나고 있네"라는 구절을 읊어 세상에 널리 퍼져 칭찬한 지가 오래됩니다.

옛날에는 세상에 명성이 있는 사람들이 먼저 인용하였고, 성묘하고 제사를 지내는 인원은 반이 외손입니다. 지금은 후손 중에 조정에 있는 사람이 없습니다. 외손이 비록 관찰사로 남쪽으로 와 있지만 그것을 알지 못하고 있으니, 이는 실로 가문이 매우 쇠약해졌기 때문입니다. 개인적인 아픔을 어찌 다할 수 있겠습니까? 지금 듣자하니 상공相公의 선대先代가 양촌陽村선생의 생질甥姪이라고 합니다. 양촌은 바로 우리 7대조 평

若是支子則雖權宜殺禮, 而祭禰亦未可及祖. 有叔父恩愛無異親父而無後, 使侍養子奉之. 欲於四時之祭, 以紙榜祔祭於祖廟, 如何? 答: 旣有侍養子奉祀則祔祭, 亦未穩. 不若以物助奉祀, 時時參祭而已. 父母墳與外祖同託一山, 則祭之當何先? 答: 先外祖. 驛館舍壁, 有先人遺墨或姓名, 拜之何如? 答: 但致敬慕爲可, 拜之過當. 喪期已過, 襄事未行, 則不當變服否? 答: 不變. 無子而有兄弟姪壻, 則喪葬祝文, 宜書何名? 夙興夜處, 小心畏忌等語, 當何云云. 答: 其中必有主其喪者, 當書其名. 祝辭則量宜改之. 無子妻喪, 雖有姪壻, 夫當自告否. 答: 夫告. 未嫁之殤, 亦可祔廟否. 答: 何可不祔? 若已嫁者, 不可謂殤. 【父臨子喪, 亦當拜否. 子若無子, 則父當告否. 禮, 同居者各主其妻子之喪註, 妻則當拜, 子不當拜.】 若有乳下兒, 猶以兒名告否. 答: 兒名, 攝主告. 叔父祭姪, 亦可拜否. 答: 亦不當拜. 世有與七寸姪爲婚姻者, 是絶義破族. 如是則當只講婚姻之好否. 答: 異姓七寸, 非有族義, 古之道也. 族義已盡故通婚. 但據禮律, 猶計尊卑之行, 若非同行, 則不許爲婚. 同行, 謂如六寸八寸兄弟姊妹同行然者也. 尊卑不同, 如七寸九寸叔姪然者也. 失此則以爲亂倫, 有禁今俗都不計耳." 【 】 부분은 『退溪先生文集』 권13, 「答李淳問目」에서 보충하였다.

재공不齋公의 생질이니, 상공께서도 우리 철성鐵城의 후예이십니다.

지금의 개부開府는 고성이 적당하니, 이것은 실로 선조께서 머물러 거처하신 곳이요 대대로 장례를 치를 곳입니다. 매번 무덤들이 모두 붕괴되어 있고 초목들이 우거져 있는 것을 생각해 보니, 진실함은 미력해지고 힘은 다하여 어떻게 다스려야 할지 모르겠습니다. 다행이도 상공께서 본현本縣에 머물 때를 만났으니, 어찌 하늘의 영령英靈이 명명冥冥한 가운데 기다리고 있었던 것이 아니겠습니까? 무덤의 나무들을 제거하고, 흙을 돋아 계단을 축성하는 것은, 대개 한번 호령하시면 충분할 것입니다. 감히 이렇게 번다하게 말씀드리면서 그칠 줄 모르는 것은, 소리가 같으면 다른 곳에서도 서로 응하고, 기운이 부합하면 보이지 않아도 서로 가깝기 때문입니다.

옛날 공문거孔文擧가 여러 세대에 통가通家의 세의가 있어 여전히 이응李膺의 문하에서 공부했듯이,34) 저와 상공은 모두 평재 선조의 후예이니, 그 처음에는 한 사람의 몸이었으니, 어떻게 소리가 같고 기운이 부합하여 여러 세대에 통가의 세의가 있는 것과 비견되겠습니까? 상공께서 선조를 받드는 정성으로 즐겁게 들으시고 거부하지 않기를 바랍니다. 그러나 나이는 많고 몸은 병들어 서찰書札에 의지할 뿐입니다. 몸소

---

34) 元禮는 李膺의 자이고, 文擧는 孔融의 자로 모두 후한 때 강직하기로 이름난 명사이다. 이응은 靈帝 2년(169)에 일어난 張儉의 黨錮 사건에 연루되어 체포당할 때에 그의 고향 사람이 도망가라고 말하자 대답하기를 "임금을 섬길 때는 어려운 일을 사양해서는 안 되고 죄가 있을 때는 형벌을 피해서는 안 되는 것이 신하의 절개이다. 내 나이가 이미 예순 살이고 죽고 사는 것은 운명인데 장차 어디로 가겠는가?" 하고, 스스로 詔獄에 나아가 사형을 당하였다. 공융은 권력을 독단하는 曹操에게 반기를 들어 그의 원한을 사 憲帝 13년(208) 太中大夫로 있던 중 大逆不道罪의 무고를 입고 하옥되어 사형을 당했는데 그의 처자들까지 처형되었다. 『後漢書』, 권65, 「李膺傳」 및 권70, 「孔融傳」 참조.

나가서 아뢰지 못함이 매우 황공합니다.[35)]

3)「방백에게」

하늘이 큰 죄를 내린 이후 백성들은 사방으로 흩어지고 말아 도랑과 계곡을 메우지 못하고 있으니, 곧 적중으로 꺾어 들어가는 형편입니다. 이때를 당해서 아버지와 자식은 서로를 보호하지 못하고 임금과 백성은 서로의 역할을 못하니, 보호하고 역할을 하는 것은 오직 읍재일 것입니다. 때로는 군郡을 다스리는 것을 잘하는 자가 적을 토벌하는 것에는 문제가 있을 수도 있고, 때로는 적을 토벌하는 것을 잘하는 자가 군을 다스리는 것에 문제가 있을 수도 있습니다. 재주가 이 두 가지 모두를 가지고 있지 않으면, 해로움이 따라와서 백성들이 의지할 것이 없게 됩니다. 천 명이나 백 명 가운데 비록 이 재주를 겸하고 있는 자가 있을지라도 상부의 명령이 많아 호령號令이 통일되지 않으면 남을 간섭하여 마음대로 못하게 하는 근심이 생기게 되고 잘못이 항상 더해질 것입니다. 위로는 공을 섬길 수도 없고, 아래로는 한 몸을 보호할 수도 없게 됩니다. 수령의 직임 또한 어렵지 않겠습니까?

---

35) 『野老堂先生文集』, 권1,「與統相」, "淳先祖始居固城縣西門外, 其後入松都, 移漢陽, 今十七世矣. 縣北三十里有背頓驛, 驛南五里有妓保浦先塋在焉, 先世內外派赫世軒冕. 每來省墓. 詩人見者詠玉節依依耀海邊之句. 流傳稱道久矣. 昔則名世之人, 先爲之引喩故, 省祭之員, 半是外孫. 今則姓孫無立朝之人. 外孫雖按節南來, 蓋莫知焉, 此實門衰之甚, 私痛曷極. 今聞相公先世爲陽村先生之甥, 而陽村乃吾七代祖平齋公之甥, 則相公亦我鐵城之後. 今之開府適於固城則是實先祖舊居之地世葬之所. 每想塚土崩盡, 叢木翳蔚, 誠微力窮, 無路修治. 幸遇相公住節本縣, 豈非在天之靈有待於冥冥之中耶? 斬除塚上之木, 加土築階, 蓋不過一號令之間. 敢此煩縷而不知止者, 聲同則異處而相應, 氣合則不見而相親. 昔孔文擧以累世通家, 尙登李元禮之門, 淳與相公皆先齋先祖之後, 則其初一人之身, 何但聲同氣合累世通家之比乎? 以相公奉先之誠, 想樂聞而不之拒矣. 雖然, 年老身病徒憑書札, 躬未進陳, 惺恐甚切."

성주의 읍은 실로 우도右道의 병풍과 울타리입니다. 다스림의 법도와 정사의 계책이 모두 여기에서부터 나오니, 이 읍을 지키지 못하면 나머지도 모두 파죽지세破竹之勢로 무너질 것입니다. 이전의 체찰사體察使와 상공相公은 오래도록 본도를 안무按撫하였습니다. 영외嶺外의 요충지는 성읍星邑으로 알고 있습니다. 지금 우리 목사牧使는 특별히 수레를 내려달라고 계啓를 올렸는데, 오래지 않으면 잘 다스려질 것입니다. 목사에 들어오셔서 나가 토벌하시면 여유가 있을 것입니다. 이 때문에 적들은 우리 영역에 들어오는 것을 꺼리게 될 것입니다. 이는 본토의 백성 때문만이 아니라 만리장성과 같이 의지할 수 있는 곳이기 때문입니다.

다른 도의 떠도는 사람들은 방백을 부모처럼 우러르고 있습니다만, 불행하게도 지금은 병으로 사직하는 글을 올렸습니다. 고향으로 돌아가려는 생각이 매우 커서 금할 수 없습니다. 합하閣下께서 혹 허락해 주시면, 이는 비단 한 곳의 백성들이 안정되지 못할 뿐만 아니라, 합하의 충성스러운 선비 또한 잘못될 것입니다. 국가의 변경이 파괴될 것이고 도적으로 우리의 허실虛實을 엿보는 자가 장차 얼마 되지 않아 승승장구하고 한심스럽게 생각하지 않을 수가 있겠습니까? 지금의 재물과 곡식이 없는 것을 돌아보면, 변란의 초기와 다른 것이 없습니다. 백성들 가운데 여전히 고통을 참아내고 눈물을 흘리며 떠나지 않는 이들은 목사께서 마땅히 조치하여 주시기를 기다리면서 차마 서로를 버리지 못하고 있습니다.

만약 목백牧伯으로 하여금 머물게 할 수 없다면, 성읍의 백성들은 구토舊土를 버리게 될 것입니다. 그렇게 되면 성읍은 해진 짚신과 같이 될 뿐만이 아닙니다. 말과 생각이 여기에까지 이르니, 음식이 목구멍으로 내려가지 않습니다. 합하께서는 위로는 국가를 염려하시고, 아래로는 생민을 생각해 주십시오. 며칠의 말미를 주시어 서로 돕게 하시고 고유하심을 정녕으로 하십시오. 만류하시어 보내지 않으시면, 목사牧使들이 비록 우리 주현州縣을 버리고자 해도, 그들이 감히 합하를 등질 수 있겠습니까? 어찌 국가를 생각하고 도적들과 충돌하게 하지 않으십니까?[36)]

4) 「어떤 사람에게」

당신의 스승은 스스로 의로운 명성을 주장하지만 대부분 의롭지 못한 것을 행하고 있습니다. 사사로운 복수를 급선무로 삼고 있는 것입니다. 옛 사람들이 이른바 "비록 양관兩觀의 아래에서 도륙을 당하지 않는다고 하더라도 귀신들은 이미 지하에서 은밀히 주살하기를 도모할 것이다"라고 한 바와 같습니다. 당신의 스승은 어떻게 홀로 이를 생각하지 않는 것입니까?[37)]

---

36) 『野老堂先生文集』, 권1, 「與統相」, "自天降大戾之後, 元元散之四方, 不塡乎溝壑, 卽折入于賊中. 方此之時, 父子不相保, 君民不相制, 其能保能制者, 惟邑宰. 或長于治郡者, 短於討賊, 或長于討賊者, 短於治郡. 才不周乎二者, 則害隨而民不賴矣. 千百人之中, 雖或才兼者有之, 上司多門, 號令不一, 患生掣肘, 罪罰常加. 上無以承事于公, 下不能保其一身, 守令之職, 不亦難乎? 星州爲邑, 實右道屛藩, 治法政謀, 皆從此出, 此邑失守, 則餘皆破竹矣. 前體察相公, 久按本道. 嶺外要衝, 知在星邑. 今我牧使特啓以授下車, 未久, 翕然以治, 入牧出討, 恢恢有裕. 是故賊, 憚涉我境, 不獨本土之民, 倚之如長城. 他道流離之人, 仰之如父母, 不幸今者引疾呈辭. 去歸之思, 浩然莫止. 閤下或聽納, 則非但一方之民失所, 閤下之爪牙缺矣. 國家之藩籬破矣, 而盜賊之覷我虛實者, 將不日而長驅可不寒心哉? 顧今財粟之殫匱, 與變初無異. 民猶耐苦涕泣不去者, 只緣牧使之措置得宜, 不忍相捨也. 如使牧伯, 䁆之不得, 則星民之棄舊土. 不啻若弊屣, 言念至此, 食不下咽. 閤下上念國家, 下軫生民, 加賜暇日, 使之調護, 告諭丁寧. 䁆之不遣, 則牧使雖欲棄吾州, 其敢負閤下乎? 豈不念國家而使盜賊衝突乎?"

37) 『野老堂先生文集』, 권1, 「與或人」, "汝之師自主義名, 多行不義, 以復私讐爲務. 古人所謂人雖不顯戮於兩觀之下, 鬼已議陰誅於地下矣. 汝之師胡不獨念?"

4. 야로당선생잡저

1) 「전란을 잡기 위해 강우에 돌린 통유문」

이상의 글은 의병을 일으키는 일을 위한 것이다. 저들의 기세가 날로 높아지고 있으니, 애통한 것은 무고한 우리의 간과 뇌가 땅에 떨어지는 것이다. 진수鎭守와 장령將令을 추가하고 있지만, 거개가 소문을 듣고 흩어져 달아나고 있다. 적군의 마음은 더욱 신장되고 맹독은 더욱 치성해지고 있다. 우리나라가 예의의 나라라는 것을 알고서는 무인지경에 들어오는 것과 같이 쉽게 침입하고 있다. 200년 종사가 거의 사라지는 위험한 지경에까지 이르게 되었다. 수천 리 강토가 장차 무너지고 찢기게 되었다. 일찍이 이른바 70개의 주군州郡에 1명의 의사義士도 없다는 것인가? 무릇 혈기 있는 이라면 누가 애통해하며 곡하지 않겠는가?

근자에 듣기로 이웃 읍에 있는 사우士友들이 여러 진에 제대로 된 사람이 없다고 근심한다고 한다. 열읍列邑을 지키지 못하는 것에 분개하고 의병을 일으키고 분발해 일어나서 나라의 수치를 복수할 것을 기약해야 한다. 의로운 기개를 격발시키면 북을 울리지 않을 수 없을 것이다. 이는 실로 하늘에 계신 조종의 영령들이 음으로 그 충심을 가르쳐주신 것이니, 패전을 승전으로 바꿀 것이고 재앙이 축복이 될 기틀이 될 것이다. 우리나라의 여러 군자들이여, 마음을 다해 계획하고 도모하여 각기 요해처要害處에서 도적질하는 것들을 엿보아 그들을 공격하여 추악한 놈들을 잡아 충의忠義를 다하면 다행이겠다.[38]

2)「백성에게 맹서하는 글」

하늘에게 불쌍히 여김을 받지 못하여[39] 섬놈들이 우리 성읍城邑을 어지럽히고 우리의 노인과 아이들을 짓밟고 있습니다. 국토를 지키고 정사를 맡은 이들은 도망가 버렸으며 심지어 사직社稷조차 지킬 수 없게 되었습니다. 봉련鳳輦이 먼지를 뒤집어 쓴 채 파천播遷하게 되었습니다. 생각이 여기에 미치니, 슬픔을 이루 다할 수가 없을 지경입니다. 가만히 생각하건대, 우리 당은 평소에 충의忠義를 강론하였으니, 마땅히 피눈물을 흘리면서 임금과 부모를 위해 죽음을 각오하는 절개를 다해야 할 것입니다. 병력이 강하고 약하거나 일을 망치거나 성공시키는 것은 논의할 것이 없습니다. 게다가 생각해 보니, 한나라 왕실의 재조再造가 실로 적의翟義가 왕망王莽[40]을 토벌하기 위해 수창首倡한 것을 토대로 삼고 있고, 당나라가 중흥을 맞이한 것 역시 수양에서 뒤를 교란한 것에서 기인한 것이니, 우리의 오늘의 거사가 어찌 단지 죽음에 그칠 뿐이겠습

---

38)『野老堂先生文集』, 권1,「執徐亂論江右文」, "右文爲擧義事. 彼勢鴟張, 哀我無辜肝腦塗地. 加以鎭守將令, 擧皆望風奔潰. 梟心益張, 狼毒尤熾. 視我禮義之邦, 如入無人之境. 二百年宗社, 幾至傾危. 數千里疆土將至潰裂. 曾所謂七十州之郡, 乃無一介之義. 凡有血氣, 孰不痛泣? 近聞隣邑士友, 慼諸鎭之非人. 憤列邑之失守, 倡義奮起, 期雪國恥. 義氣所激, 莫不鼓動. 此實祖宗在天之靈, 陰誘其衷, 轉敗爲勝, 因禍作福之機也. 惟我邦諸君子, 竭心籌創規畫, 各於要害處, 窺伺剽竊, 射必獲醜, 以盡忠義, 幸甚."

39)『詩經』「節南山」에서 "윤씨 태사는 주나라의 근본이라 나라의 공평함을 지키고 있다면 사방을 유지하며 천자를 도와서 백성들을 혼미하지 않게 해야 하거늘, 하늘조차 가엾게 여기지 않으니 우리들을 곤궁하게 하면 안 되느니라"(尹氏大師, 維周之氏, 秉國之均, 四方是維, 天子是毗, 俾民不迷, 不吊昊天, 不宜空我師)라고 하였다.

40) 王莽은 前漢을 타도하고 新을 세워 임금의 지위에 오른 사람이다. 5년에 한나라 平帝를 죽여 嬰을 왕위에 오르게 하였으며 자신은 攝皇帝가 되었다. 8년에 스스로 新皇帝라고 일컬었으며 국호를 新, 연호를 始建國이라고 하였다. 23년 왕망은 신나라를 건국한 지 15년 만에 劉秀에서 대패하여 사망하였으며 그로 인하여 신나라가 멸망하고 後漢이 세워지게 되었다.

니까? 게다가 명나라 병사가 국경에 임했으니, 밖으로는 완급緩急의 지
원이 있어 의병이 용기를 가지고 사방에서 일어나고, 안으로는 기각지
세掎角之勢를 갖추고 있으니 백성들의 역할이 있을 것입니다. 일이 저절
로 모일 것입니다. 무릇 우리 여러 선비들이 하나같이 마음과 힘을 다
해 나라의 치욕을 복수하기를 맹서합시다. 부정하는 자가 있는 것은 군
대에 변하지 않는 법이 있으니, 그만입니다.[41]

5. 묘지명과 묘갈명

1)「묘지명」

야로 이 선생은 우리 종선조從先祖 충익공忠翼公과 함께 모두 유계柳溪
에 배향되었는데, 수백 년을 넘어 나라의 금령으로 훼철되었고 묘도墓道
에도 비석을 세우지 못하였다. 후손인 보연普淵과 기락基洛이 현명한 선
조의 유적遺蹟이 민멸되는 것을 슬퍼하여 나에게 묘지명을 부탁하였다.
적당한 사람이 아닌데도 부탁한 것은 선대에 맺어진 것을 추넘하기 위
해서이니, 어떻게 사양할 수 있겠는가?

---

41) 『野老堂先生文集』, 권1, 「誓衆文」, "不吊昊天, 島彝稱亂我城邑, 蹂躪我旌倪. 守土任事之人,
所在奔潰, 至使社稷失守, 鳳輦蒙塵. 言念及此, 可勝長慟. 竊惟吾黨, 素講忠義, 當沫血飲泣以
勵死君死親之節. 兵之強弱, 事之成敗, 在所不論也. 且念漢室之再造, 實基翟義之首倡, 唐家
之中興, 亦由睢陽之撓後, 則吾徒今日之擧, 豈止徒死而已乎? 兄今明兵臨境, 外有緩急之援,
義勇四起, 內有掎角之勢, 兆足以有爲, 事可以自集. 凡我衆士, 一乃心力, 誓雪國恥, 有所否者,
軍有常憲."

선생의 휘는 순淳이고 자는 자진子眞이며 야로野老는 그의 호이다. 철성을 관향으로 하여 고려를 계승하였다. 말은 간언하는 데에 있었고 의론은 감추며 강호에 있었던 휘 존비尊庇는 대제학으로 시호는 문희文僖이다. 시를 바로잡고 충렬왕이 총애하는 사람과 절연한 휘 우는 시중侍中으로 부원군으로 추증되었으며 시호는 문헌文憲이다. 휘 엽葉은 호가 행촌으로 영의정에 있었으며 철성부원군에 봉해졌다. 시호는 문정文貞으로 『서경』「태갑」편을 써서 올렸고 공민왕이 친히 영정을 그렸다. 휘 강岡은 대제학을 지냈으며 좌의정으로 추증되었다. 주상께서 친히 시호를 문경文敬이라고 지어 주셨다. 휘 원原은 호가 용헌容軒으로 조선에 들어와 재상을 지냈으며, 시호는 양헌襄憲이다.

3대를 지나 필珌에 이르렀는데, 호는 상우당尙友堂으로 예조참판을 지냈으며, 성묘조成廟朝에 서궁액書宮額에 명해졌다. 정암 조광조가 문장文章과 충효忠孝로 칭찬하였다. 휘 우佑는 호가 성암省庵으로 기묘사인己卯舍人이다. 이분이 선생에게는 조고祖考가 된다. 휘 언명彦明은 문장과 덕업이 가전家傳을 추락시키지 않으셨으며 어머니는 밀양박씨 문도공文度公 훈薰의 따님이시다.

가정 경인에 선생께서는 철성 서쪽 야동冶洞에서 태어나셨다. 5세에 고아가 되었는데, 아버지가 일찍 떠난 것을 애통해하였다. 모부인母夫人의 의롭고 곧은 교육을 받았으며 효를 어김이 없었다. 어려서 숙부인 국헌공菊軒公에게서 배웠다. 장성해서는 퇴계의 문하에 종유하였는데, 훈도를 받고 칭찬을 많이 받았다. 또 한강 정구와 동강 김우옹과 종유하면서 도의지교를 맺었으며 강학이 끊이지 않았다.

경인에 강릉참봉으로 제수되었으나 나아가지 않았다. 임진왜란이 발발하자 통문을 지어 의병을 일으켰고, 수차례 천거되었으나 끝내 나아가지 않았지만 세상을 잊지는 않았다. 만년에 견곡堅谷 별서別墅에 작은 집을 일구었는데, 참찬공의 묘소와 서로 바라보는 곳이었다. 단壇을 쌓고 엎드려 절을 올렸으니, 주자께서 한천에서 하신 것에 느낀 바가 있어서이다. 또 공곡孔谷 서숙書塾을 짓고 후학을 길렀는데, 일시에 유사儒士들이 모여들어 거기에서 훈도를 받았다.

일찍이 정인홍이 개인적인 감정으로 사람들을 해치는 것에 분개하여 글을 써서 그의 문객門客에게 전해 주었다. 그 대략은 다음과 같다. "당신의 스승은 스스로 의병을 일으켰으나 대부분의 행실이 정의롭지 못한 것으로 개인적인 복수를 하기 위한 것이었다." 양홍주는 정인홍의 처조카로 이 글을 상소로 올렸다. 하늘이 내려준 이륜彝倫은 사당私黨으로 공의公議를 폐하지 않게 하는 것이다. 선생의 견해가 매우 위중함을 알 수 있다.

일찍이 수침시水砧詩를 지은 것이 있는데 『문집』에 보인다. 천지를 채우고 비는 이치에 투철했으며 전란 이후에는 문헌에 징험이 없는 것을 두려워하였다. 세보世譜와 주지州志의 초고를 작성하였지만 완성하지 못하였고, 유고遺稿를 보관하였지만 산일되어 남아 있는 것이 거의 없다. 저술한 것은 가훈 및 『성리휘집』으로 계책을 전해 줘서 후세를 계몽시키기에 충분하였으나, 거의 병화 때문에 사라졌으니, 선비들의 의론이 그것을 매우 애석해하였다.

선생께서는 어려서부터 대인의 뜻을 가지고 있었고 행동거지에 상도가 있었다. 10세에 책을 받았는데, 문예에 날로 성취가 있었고 조예가 정미하고 깊었으며, 실천이 독실하였다. 우리 문목 선조께서는 매번 산남선생을 칭찬하셨다. 교궁校宮의 사림士林에게 답하기를 "이 선생의 한 마디 말씀은 구름과 안개를 걷히게 하고 하늘을 맑게 하였다"고 하셨다. 만력 병오에 돌아가셨으니 향년 77세였다.

묘소는 야동冶東 선남 방삽곡坊鍤谷 건원乾原에 있다. 여헌 장현광 선생께서 만장에서 "철성의 충의가 가훈을 전수했다"라고 하였고, 공은 또 노나라의 군자와 같다고 하셨다. 만오晚悟 선조는 뇌문에서 "만물을 포용하는 국량과 소를 잡아먹을 것 같은 기상을 지녔으며, 장성의 풍도가 높고 굳센 데에까지 이르렀다"고 하셨다. 문체는 사람을 놀라게 하고 학문은 성기成己를 기약하였으니, 다른 현인들의 아름다운 말로도 이를 다할 수 없을 것이다. 배위配位는 홍양이씨 참봉 인수의 따님이고 묘는 혈穴을 함께하였다.[42]

---

42) 『野老堂先生文集』, 권1, 「墓碣銘幷序」, "野老李先生, 與我從先祖忠翼公, 幷享柳溪, 越數百年, 以邦令毀, 墓道又無顯刻. 後孫普淵基洛, 怵賢祖之泯其蹟, 問銘於墻. 託非其人而追念先契, 惡可以辭哉? 先生諱淳, 字子眞, 野老其號. 貫鐵城, 以勝國瑢, 爲鼻祖. 辭諫議隱江湖諱尊庇, 大提學諡文僖. 矯詩絶忠烈王幸鞶諱瑀, 侍中瞻府院君諡文憲. 諱嵒, 號杏村, 官首揆, 封鐵城府院君, 諡文貞書進太甲篇, 恭愍親畫影. 諱岡, 大提學贈左揆, 上親諡曰文敬. 諱原, 號容軒, 入李朝官首相自諡襄惡. 三傳至瑶, 號尙友堂, 禮曹參判. 成廟命書宮額, 靜菴稱文章忠孝. 諱佑. 號省庵 己卯舍人. 是於先生爲祖考. 諱彦明, 工曹參判, 文章德業不墜家傳, 姒密陽朴氏文度公薰之女. 嘉靖庚寅先生生于城西冶洞. 五歲而孤, 痛於早世, 服母夫人義方之教, 無違克孝. 幼受學於叔父菊軒公. 及長游退陶之門, 多蒙奬許. 又從兩岡爲道義交不輟講劇. 庚寅薦授康陵參奉不就. 當龍蛇之亂, 發文, 倡義旅, 累蒙薦進, 終不起非忘世也. 晚菟裘於堅谷別墅與參判公墓相望, 築壇展拜, 以寓朱夫子寒泉之感. 又於孔谷築書塾, 倡後學, 一時儒士多薰陶焉. 嘗憤鄭仁弘, 以私 憾戕人, 作書貽其門客. 其略曰汝之師自立義兵, 多行不義, 以復私讐. 梁弘澍, 仁弘之妻甥而疏陳此書. 天彝之夷, 不以私黨廢公議, 先生之見重可知也. 嘗作水碓詩, 見文集. 透徹得天地盈虛之理, 亂後懼文獻無徵. 草世譜及州志而未就, 藏弆遺藁, 散逸無幾. 所著家訓及性理彙輯, 足以貽謨啓後, 而寅入於兵燹, 士論惜之. 先生自髫齔, 屹有大人之志, 舉止有常. 十歲就傅受書, 文藝日就, 造詣精湊, 踐履篤實, 吾又穆先祖, 每稱山南先生. 答校宮士林曰李丈一言, 披雲霧睹青天云云, 萬曆丙午卒, 享七十七. 墓在治東船南坊鍤谷乾原. 旅軒輓曰鐵城忠義傳家訓, 公又魯邦君子同. 晚悟先祖誄文曰容物之量, 食牛之氣, 逮至長成風度峻毅. 文可驚人, 學期成已, 他賢徵論不能盡枚也. 配興陽李氏參奉麟壽之女, 墓同穴."

2) 「묘갈명」

옛날 도산에서 도리를 강론하는 날에 문인 제자들은 한 세대의 영현
英賢들이었고, 우리 마을의 야로당野老堂 이 선생은 그들과 함께 앞서거
니 뒤서거니 하셨다. 지금은 세월이 아득하게 흘러 문적文蹟이 산실된
이후에는 그들이 계발하고 덕성을 이룬 열매를 고찰할 수가 없게 되었
다. 그러나 여전히 예서禮書와 문답問答이 문집 가운데에 있고, 우리 당의
선비들의 앙모하는 마음이 하늘에 걸린 별들과 같으니, 어찌 성인(공자)
의 문하에 70제자들 가운데 육예六藝의 전수를 받지 못한 자와 같지 않
겠는가?

선생의 휘는 순淳이고 자는 자진子眞이며, 야로당野老堂은 그의 자호
이다. 철성의 이씨는 고려조 철성군鐵嶺君 황璜에게서 나왔다. 세상을 빛
내면서 으뜸이었는데, 문정공文貞公 엽嵒, 문경공文敬公 강岡, 양헌공襄憲公
원原 등이 모두 이름이 높이 드러난 선조들이시다. 양헌의 호는 용헌容軒
으로 우리 성조聖祖를 도와 재상에 자리하셔서 철권을 하사받았으며, 문
장과 덕업으로 인정을 받으셨다. 이후 수세대 뒤 휘 필珌이 계셨는데,
예조참판으로 호는 상우당尙友堂으로 휘 우佑를 낳으셨다. 우는 의정부
議政府 사인舍人으로 호는 성암省庵이시고, 정암 조광조 선생과 같은 동네
에 사셨으며 도의지교道義之交를 맺으셨으며 휘 언명彦明을 낳으셨다.

언명은 공조참판을 지냈고 기묘사화己卯士禍 때 기미를 보시고는 성
주星州의 야곡冶谷으로 옮겨 거처하셨다. 이분들이 바로 공의 증조曾祖,
조祖, 고考이시다. 어머니는 밀양박씨 문도공文度公 훈薰의 따님이시다.
선생은 가정 경인에 천품이 우수하고 아름답게 태어나셨는데, 보통 아

이와 남달랐다. 아버지의 상을 당해 애통해하였고, 모부인을 섬기는 데 더욱 공경과 사랑을 다하였다.

성장해서는 학문에 뜻을 두어 매진하였고, 30리나 떨어진 곳에서 퇴계 이황 선생에게 공부를 청하였는데, 칭찬을 많이 받으셨다. 돌아와서는 한강 정구와 동강 김우옹 선생과 함께 암자를 구분하여 거처하면서 절차탁마하셨다. 정의情誼가 좋았으며 더욱 돈독한 사이가 되었다. 한강 선생은 매번 선생을 칭찬하면서 산남선생이라고 하셨다. 대개 공이 거처하는 곳을 가리킨 것이다.

경진에 어사 송언신이 선생을 행의行義로 조정에 추천하여서 광릉참봉에 제수되었다. 이후 경인에 또 강릉참봉에 명해지셨으나, 모두 부임하지 않으셨다. 임진왜란이 발발했을 때 적병이 동쪽으로 침략해 왔다. 열읍列邑들이 모두 궤멸되고 있을 때, 도신道臣이 공을 소모관召募官(의병을 모집하는 임시 관직)으로 임명했으니, 대개 재주와 기량이 특별하여 선출된 것이었다. 선생께서는 당일로 즉시 창의문倡義文을 써서 대중을 교유敎諭하셨다. 그의 말은 매우 알맞았고 간절하였으며, 글자마다 진심과 충정이 들어가 있었으며, 구절마다 기개가 열열하게 들어가 있었으니, 감격해하지 않는 사람들이 없었다.

다투어 분연히 일어나 모집에 응하여 무리가 나날이 많아져서 마침내 강 위에 진지陣地를 설치하여 적의 길을 차단하였다. 강우에서는 그것에 의지하여 사람들을 안전하게 하였다. 공을 말하는 자가 있었으나 겸양하였다. 이 때문에 위로 아뢰지 못하였다.

이때 정인홍은 합천陜川의 의병장이었는데, 개인적인 원한으로 사람들을 많이도 살해하였다. 선생께서는 그것을 책망하는 글을 지어 말하였다. "밖으로는 정의로운 명성을 유지하면서도 안으로는 정의롭지 못한 행동을 하니, 이것이 어찌 황천皇天의 견책을 두려워하지 않는 것뿐이겠는가?" 정인홍은 크게 유감스러워했지만, 끝내 선비들의 시선 때문에 감히 해악을 끼치지 못하였다. 이후 양홍주粱弘澍의 상소에서 정인홍의 불법을 논하였는데, 제일 먼저 공의 이 글을 거론하여 증명하여 말하였다. "이 아무개의 말은 순수하게 공의公義에서 나온 것이다."

전란이 끝난 뒤 고국의 산천이 황폐해진 것을 보고서는 이내 견곡墾谷의 산중에 들어가서 초가 몇 칸을 짓고는 농사를 지으면서 살게 되었다. 남모르게 수양하고 묵묵히 음미하여 공부를 더욱 정밀하고 전일하게 하였다. 후학들을 만나서는 재주에 따라서 잘 가르쳐 주었으니, 함께 선을 실천하고 교화하는 뜻이 있는 것이었다.

앞서 지주사知州事 금계 황중량 공은 개연히 학문을 진흥시키는 것을 급선무로 삼았다. 공곡서당孔谷書堂을 창건하고 연공延公을 동주洞主로 삼고 고을의 자제들을 훈도하였다. 조금 뒤에 병란을 당했는데, 선생께서는 목백들에게 편지를 보내 계책을 합하여 뜻을 하나로 모았다. 첫째, 옛 제도를 회복하고 전토와 노비를 지급하여 영구히 책임지고 관리하는 도가 있게 한다. 교화하는 조목을 닦는데, 대략 정씨程氏의 학제學制를 모방하여 실심으로 행동하면 빛나는 성공이 있을 것이다. 이렇게 하면 가까이 있는 이들은 그 교화를 회복하게 될 것이고, 멀리 있는 이들은 그 풍속을 사모하게 될 것이다. 둘째, 일시에 선비들이 기꺼이 의지하게 되고 무릇 학궁學宮에 일이 있게 되면, 크고 작고를 막론하고 공에게 자문을 받아 결단하게 한다.

한강이 일찍이 향교의 유생들에게 말하였다. "이 선생의 한마디 말씀이 어찌 구름과 안개를 거치게 하고 푸른 하늘을 볼 수 있게 하는 것이 아니겠는가?" 이것을 통해 당시 여러 사람들의 생각의 중함을 볼 수 있고, 대현大賢께서 서로를 허여한 뜻이 더욱 깊음을 알 수 있을 것이다.

공은 만력 병오 12월 돌아가셨으니, 77세를 사셨다. 묘소는 야동冶東 선남船南 산침山枕 건원에 있다. 여헌 장현광 선생께서 만장에서 말하셨다. "철성의 충의가 가훈으로 전해졌다. 공은 또 노나라의 군자와 같다." 만오 정공은 글로써 흠모하면서 "공은 선현들에게 백방으로 보아도 따라갈 만한 사람으로 현인들이 허여한 분이셨으며, 영부佞夫가 엿보는 분이셨다. 기타 제현들은 대부분 우리의 도가 쇠약해지고 세상의 덕이 추락하는 것이라고 생각하여 곡하였으니, 모두 실제를 근거로 하여 통렬히 애석해하신 것이다." 명릉明陵 기사己巳에 고을의 사람들이 유계서원柳溪書院을 건설하고 정충익공鄭忠翼公과 함께 동시에 사당을 세워 제향하였다. 부인은 홍양이씨 참봉 인수의 따님이시다. 부드럽고 아름다워 부녀자의 덕이 있으셨다.43)

---

43) 『野老堂先生文集』, 권1, 「墓碣銘幷序」, "在昔陶山講道之日, 門墻諸子極一世之英賢, 而吾鄕野老堂李先生與之後先焉. 今於世代悠荒, 文蹟散佚之後, 無以攷其啓發成德之實, 然尙有禮書答問在集中, 吾黨之士仰之如景星之麗于天, 豈非聖門七十只得有六藝之傳而不害其爲高弟也耶? 先生諱淳, 字子眞, 野老堂其自號也. 鐵城之李出自高麗鐵嶺君璜. 赫世冠冕, 有若文貞公嵒, 文敬公岡, 襄憲公原, 皆顯祖也. 襄憲號容軒, 佐理我聖祖位上相, 賜鐵券以文章德業, 聞. 後數世有諱珌, 禮曹參判, 號尙友堂, 生諱佑, 議政府舍人, 號省庵, 與靜菴趙先生, 居同閈, 爲道義之交, 生諱彦明. 工曹參判, 己卯之禍, 炳幾南下, 卜居于星州之冶谷, 是爲公曾祖, 祖若考珌. 妣密陽朴氏文度公薰之女. 先生生以嘉靖庚寅天姿秀朗異凡兒. 痛幼喪考, 事母夫人尤盡敬愛. 旣長, 勵志爲學, 十舍請業于李先生, 蒙奬與甚至. 歸辰與兩岡先生, 分山而居, 原源切劘, 情好愈篤, 寒翁每稱之曰: 山南先生. 盖指公所居也. 庚辰御史宋言愼, 上先生行義于朝, 除光陵參奉. 後庚寅, 又有康陵之命, 皆不赴. 壬辰敵兵東搶, 列邑俱潰, 道臣以公差召募官, 盖以才器特選也. 先生卽日倡義文以諭衆. 其言甚剴切, 字字忠悃, 句句義烈所到, 人無不感激泣下. 爭自奮迅應募日衆, 遂設屯江上, 遮絶賊路. 江石賴之以安人, 有以功îï者, 輒謙抑不自有, 以是, 不得上聞. 時鄭仁弘, 爲陜川義兵將, 以私怨殺人衆多. 先生貽書責之曰: 外持義名, 內行不義, 獨不畏皇天之譴誅乎? 鄭大憾之, 終以士之望, 不敢遂毒. 後梁弘澍之疏論鄭不法, 首擧公

此書以證之曰: 李某之言, 白直出公義云. 亂已, 見故山荒墟, 乃就堅谷山中, 結草舍數間, 耕稼
以自給. 潛修默玩, 用工益精專, 接引後徒隨材善誘, 有同善共化之意. 先是錦溪黃公知州事,
慨然以興學爲先. 創孔谷書堂而延公爲洞主. 以訓迪鄉子弟, 旣而被兵燹, 先生呈書牧伯, 恊謀
同志. 一. 復其舊制而置田土臧獲, 爲永久典守之道, 修明教條, 略倣程氏學制, 實心推行, 彬彬
有作成之功, 於是近者服其化, 遠者慕其風. 以萬曆丙午十二月日考終, 壽七十七. 墓在治東船
南山枕乾原其愼也. 旅軒張先生軼曰鐵城忠義傳 家訓, 公又魯邦君子同. 晚悟鄭公文以侑之曰:
公於前哲, 百爾追跂, 賢人所許, 佞夫所伺. 其他諸賢, 多以吾道之衰世德之墜哭之, 皆據實而痛
惜者也. 明陵己巳, 鄉士林爲設柳溪書院, 與鄭忠翼公, 同時尸祝之. 夫人興陽李氏參奉麟壽女,
柔嘉有婦德."

【해제】

『일휴면진연고』는 일휴당日休堂 금응협琴應夾(1526~1587)과 그의 동생 면진재勉進齋 금응훈琴應壎(1540~1616)의 문집을 1책 2권의 목판본으로 합 간合刊한 것이다. 이들의 본관은 봉화奉化(鳳城)이고, 고려 후기의 문신 금 의琴儀(1153~1230)의 후손으로 예안훈도를 지낸 금재琴梓(1498~1550)의 아들 이다. 두 사람 모두 예안현 오천리 본가에서 태어났으며, 어려서부터 퇴계선생의 문하에서 수학하였다. 일휴당은 금응협의 서재편액으로 퇴 계선생이 손수 써 준 것이며, 면진재 역시 퇴계선생이 금응훈을 위해 명명하고 손수 그 편액을 써 준 것이다.

이들 두 형제는 우애가 서로 돈독하여 내형內兄인 후조당後彫堂 김부 필金富弼(1516~1577)·읍청정挹淸亭 김부의金富儀(1525~1582)·산남山南 김부인 金富仁(1512~1584)·양정당養正堂 김부신金富信(1523~1566)·설월당雪月堂 김부 륜金富倫(1531~1598) 등과 한 동네에 살면서 같은 스승 밑에서 배우고 들어 와서는 배운 것을 토론하여 서로의 학문을 크게 증진시켰다고 한다. 이 들을 일컬어 "오천칠군자烏川七君子"라고 한다.

『일휴면진연고』라는 책명을 통해서 알 수 있는 것처럼, 여기에는 일 휴당과 면진재의 문집을 각각 1권으로 엮어 이 2권을 1책으로 묶어 놓 은 것이다. 권1에는 "일휴당선생유고日休堂先生遺稿"라고 쓰여 있고, 곧바로 52수의 시詩, 13편의 서書, 5편의 제문祭文, 1편의 묘지명墓誌銘이 실려 있다. 그 다음에는 부록으로 행장을 비롯하여 묘지명·묘갈명·낙천사 봉안문·상향축문·만사·제문·기증·사우서찰·척록·유고발遺稿跋이 실려 있다. 권2에는 "면진선생유고勉進先生遺稿"라고 쓰여 있고, 18수의 시, 5편의 서, 4편의 제문, 2편의 지識가 실려 있다. 부록으로 유사·행 장·묘갈명·묘지명·낙천사 봉안문·상향축문·만사·제문·사우기 증·사우서찰·척록·연고발聯稿跋이 실려 있다.

우리는 『일휴면진연고』를 통해 퇴계학파의 특징적인 면모를 살펴볼 수 있을 것이다. 권1의 「상퇴계선생문목上退溪先生問目」이나 권2의 「경서 석의후지經書釋義後識」와 「향입약조서후지鄕立約條序後識」 등의 자료가 대표 적이다. 전자는 일휴당이 『심경』을 공부하다가 의문 나는 대목을 질의 한 것으로 퇴계문하에서 차지하는 그의 학문적 위상을 파악해 볼 수 있는 자료라고 할 수 있다. 또한 그들이 퇴계선생의 문집간행을 주관한 일이나, 『사문세보師門世譜』나 『사서석의四書釋義』 등을 교감하고 간행하 거나, 이들 책 뒤에 발문을 붙인 것은 모두 퇴계선생의 덕성과 학문을 세상에 널리 알리기 위한 그들의 노력이었다.

1. 일휴당의 한평생

일휴당 금응협은 예안의 훈도 금재의 첫째 아들이다. 금재는 집현전 대학사 금의의 후예이다. 어려서 학문에 치력하여 향선에 거듭 들었으나 자신의 뜻을 펴지 못해 마침내 과거시험을 보지 않았다. 만년에 예안의 훈도가 되었으나 얼마 뒤에 사양하였다. 성품이 강직하고 믿음직하였으며 지키는 바가 있었다. 의리가 아니라면 자신에게 이익이 되더라도 행하지 않았다. 타인의 불선을 보면 때로 면전에서 따지기도 하였다. 그러니 조금이라도 아첨하여 따르는 짓을 기꺼워하지 않았다. 이것이 고을 사람들에게는 신뢰를 제공하였다. 그는 김효로(1452~1534)의 딸에게 장가들어 2남 2녀를 낳았는데, 두 아들이 바로 금응협(1526~1596)과 금응훈(1540~1616)이고, 두 딸은 각각 이준과 이진李軫(1536~1610)[1]에게 출가했다.[2] 이준에게 출가한 딸이 바로 퇴계선생의 며느리가 되는 셈이다.

일휴당은 1555년 사마시에 합격을 했다. 그는 퇴계선생에게 편지를 보내어 「주자봉사」를 읽고 있다고 했는데, 퇴계선생은 일휴당이 「주자

---

1) 李軫의 본관은 延安이고 자는 君任이며 호는 松塢이다. 1593년 임진왜란 당시에 좌랑으로 閔汝慶(1546~1600)과 함께 의주에서 경성으로 양곡을 수송하는 임무를 맡았다. 1597년 정유재란이 발발하자 정읍현감으로 순찰사의 진에 들어가 왜군들에 맞서 싸웠다.

2) 『退溪先生文集』, 권47, 「通仕郎行禮安訓導琴公墓誌」, "通仕郎禮安訓導琴公諱梣, 字叔材, 奉化縣人, 寓居禮安烏川里. 前朝集賢殿大學士諱儀之後. 考諱致湛, 通訓大夫司饔寺僉正, 母禮安金氏, 故資憲大夫吏曹判書文節公淡之女, 封淑人. 弘治戊午十二月十七日戊申生. 少力學, 累中鄕選, 別擧竟不伸志, 遂不事擧業. 晚爲縣訓導, 未幾復辭. 性直訥有操守, 不修飾邊幅. 苟知其非義, 雖利於己, 不爲. 見人不善, 或面質之, 不肯少有阿徇, 以此爲鄕閭所取信. 庚戌十月十五日, 終于家, 辛亥十月初七日辛酉, 葬于縣治西知禮村. 娶光州金氏贈嘉善大夫吏曹參判兼同知義禁府事孝盧之女, 生男二, 長應夾, 次應壎. 幼女二, 長適從仕郎李寯, 季未行云."; 『雲川先生文集』, 권4, 「通仕郎行禮安訓導琴公墓碣銘」.

봉사」를 구도求道의 차원에서 읽고 있는지, 아니면 과거시험을 위해 표략剽掠하고자 한 것인지 묻는다. 이렇게 묻는 이유는 요즘 공부하는 사람들이 모두 「주자봉사」를 과거시험을 해결하기 위한 사다리로 삼고 열심히 보는 세태를 보았기 때문이다.3) 표략은 몰래 훔쳐 쓰는 도용을 말한다. 퇴계선생은 자신의 말이 좀 지나쳤다고 생각했는지, 다시 자신의 당돌함을 깨닫지 못한 것에 대해 부끄럽다고 말하면서, 「무신봉사」가 당시의 풍속에 대해 논한 부분을 맹렬히 살펴볼 것을 제안하기도 하였다.4) 또 퇴계선생은 일휴당에게 서원은 독서에 전념하고 제술을 익히는 곳이 아님을 분명하게 말하기도 하였다.5)

일휴당은 1574년(선조 7)에 조정의 신하가 그를 행의行義로 천거하여 집경전 참봉에 임명되었고, 그 뒤 다시 경릉참봉·창름참봉·왕자사부에 임명되었으나 모두 부임하지 않았다. 1578년에 다시 하양현감에 임

---

3) 『退溪先生文集』, 권27, 「答琴夾之 應夾○庚申」, "所示「朱子封事」, 固不忘矣. 但未知公欲求道於此耶? 抑無乃欲剽掠爲科目之需耶? 由前則不當先求於此, 由後則恐先生之以濫爲誤公, 故久而不敢奉送. 今承示, 更思之. 今聖賢之書, 公等皆視爲決科之階梯而熟視, 無如之何久矣. 何必於先生書, 獨有此慮乎? 從當奉副盛意, 只恐公之如洛在近云, 或未及於事耳.";『日休堂先生遺稿』, 권1, 「答琴夾之 庚申」.

4) 『退溪先生文集』, 권27, 「答琴夾之」, "昨發狂言, 不覺搪突爲愧. 然公勿以老謬爲罪, 而思之, 或不能無少益也. 況所以發此言者, 士須有嘐嘐激昂之志氣, 然後可以樹立於世. 近觀公等, 皆有爲斯世善斯可之意, 以此氣宇, 厭厭四分五裂, 向上事非可望, 亦不以漢, 唐間人物自待, 一何誤之甚耶? 故因公索觀朱書而妄發耳. 其實公欲觀此書, 豈不甚好? 二冊貼標送去, 照詳爲佳. 但公欲揀取其中, 而五疏皆取者, 蓋先生於每疏, 皆極其忠讜, 本末具備. 去一條則一理闕, 況全篇乎? 無可揀擇, 故如是, 於意云何? 其中「戊申封事」論當時風俗處, 尤當猛省也.";『日休堂先生遺稿』, 권1, 「答琴夾之」.

5) 『退溪先生文集』, 권27, 「與琴夾之 己巳」, "前議書院居接事, 何以定之? 今更思之, 書院本意, 不爲習擧業設也, 而第一會儒生, 適當臨試之月, 諸生之心, 專力於彼, 勢不可禁彼業而專讀書. 緣此又令日習製述, 非設院伴學之意. 愚意不如姑停會接, 其米計買賤口外, 若有餘者, 散斂取息, 以待過試後看勢會接, 庶可令專意讀書, 以爲謹始立規之道, 爲得之, 斂意以爲何如?";『日休堂先生遺稿』, 권1, 「答琴夾之 己巳」.

명되었으나, 얼마 되지 않아 부모가 연로하다는 핑계로 사직하고 고향으로 돌아왔다. 또 익위사익찬에 제수되었지만 부임하지 않았고, 1589년 향년 71세로 2월 4일에 병질로 졸하였다.

일휴당은 일생동안 실천을 중시하였다. 서애西厓 류성룡柳成龍(1542~1607)은 "내가 보기에 일휴당의 사람됨은 소학을 항상 실천하는 사람이었다"라고 하였으며, 창석蒼石 이준李埈(1560~1635)6) 역시 "그의 말 한마디행실 하나하나는 모두 세상의 모범이 될 수 있으며, 그의 용모는 단정하고 타고나 품성은 순수하며, 재주와 학식의 아름다움은 내가 본 유일한사람이다"라고 찬탄하기까지 했다고 한다.7) 그렇기 때문인가? 퇴계선생은 그에게 "일휴당"이라는 편액을 지어 주었다. 일휴당은『상서』「주서」에서 "덕을 행하면 마음이 편안하여 날마다 아름다워진다"(作德心逸日休)는 뜻을 취한 것이다.8)

---

6) 李埈의 본관은 興陽이고 자는 叔平이며 호는 蒼石이다. 류성룡의 문인이다. 1582년에 생원시에 합격하였으며 1591년 별시 문과에 병과로 급제하여 校書館正字가 되었다. 임진왜란이 발발하자 의병을 모아 항거하였으나 안령에서 패하였고 鄭經世(1563~1633)와 함께 의병 몇 천을 모집하여 姑姆潭에서 싸웠으나 패하였다. 1594년 의병을 모아 전투한 공으로 형조좌랑에 임명되었으나 사양하였다. 1595년 경상도도사로 제수되어 역대 중국 왕들의 덕행과 신하들의 正邪를 서술한『中興龜鑑』을 왕에게 바쳤다. 1597년 지평이 되었으나 류성룡이 탄핵을 받고 물러나자 함께 조정을 떠났다. 그해 召募官이 되어 의병을 모집하고 군비를 정비하였다. 이어서 예조정랑과 단양군수를 거쳐 1603년 수찬으로 조정에 복귀하였다. 1611년 정인홍이 이황과 이이를 비난하자 그에 맞서 항변하다가 벼슬을 버리고 고향으로 돌아왔다. 1623년 인조반정으로 북인세력이 축출되자 다시 교리로 등용되었다. 1624년 이괄의 난이 일어나자 군사들을 모아 義勝軍을 창설하였으며 1627년 정묘호란이 발발하자 의병을 모집하고 곡식을 모아 전투를 준비하였다. 그러나 청나라와 화약이 맺어지자 1만여 섬의 군량을 관에 인계하였으며 이 공으로 僉知中樞府事에 임명되었다. 1628년 承旨가 되었으며 1634년 대사간을 거쳐 부제학에 임명되었다. 저서로는『蒼石集』등이 있다.

7)『日休勉進聯稿』, 권1, 「跋」, "嗚呼! 門先祖日休堂先生, 遊陶山之門, 篤實之學, 精切之識, 同門諸賢, 莫不推爲前列, 而西厓先生曰: 余見日休之爲人, 這是小學樣子. 蒼石李公題其墓曰: 一言一行, 皆可爲後世模範, 而至其容貌之正, 資稟之粹, 才學之美, 則以余所見, 一人而已."

아, 우리 가문의 선조이신 일휴당선생은 퇴계선생의 문하에 종유하여
독실하게 배웠으며 정밀하고 간절하게 알게 되었다. 동문의 여러 현인
들께서 그를 앞 열에 배열하지 않으신 적이 없으셨으며, 서애 류성룡
선생께서도 말씀하시기를 "나는 일휴의 사람됨을 알고 있다. 그는 소
학의 모범이다", 창석 이공 또한 "모든 말과 행동이 모두 후세의 모범
이 되었으며, 그의 용모는 바르고 타고난 품성도 순수하였으며 재주와
학식도 아름다웠으니, 내 소견으로 제1인이라고 할 수 있다"고 하셨다.
선생의 공부는 퇴계라는 연원이 있고, 또 사우師友 간에 서신을 왕복한
것이 적지 않았지만, 여러 차례 집안에 화재가 나서 많은 글들이 상실
되었다. 게다가 이제는 수백 년의 시간이 흘렀다. 종손인 남규 씨가
항상 남아 있는 글들이라도 모아 보려고 했지만, 거두어들인 것은 장
狀 · 지誌 · 갈碣 · 시詩 · 제문祭文 약간일 뿐이다. 그렇지만 불행히도 뜻은
있었지만 성취하지 못했다. 그러나 그의 동생 형규 씨가 형님의 유의遺
意로 나(佑烈)에게 의지하여 "선조의 유고가 보잘것없지만, 혹 사우의
집안에 있는 고적古蹟에서 찾을 수 있다면 베껴서 편질篇帙을 이루어
후세에 오래도록 전할 수 있다면, 죽어도 여한이 없을 것이다"라고 하
였다. 나는 구하는 즉시 책을 만들고, 부록을 합하여 상하편上下篇을 만
들었다. 또 「심경질의전집」과 「문목」 각각 1권을 얻었다. 이전의 원고
에 비하면 3분의 2 정도는 되는 것 같다. 그러나 선생의 학문에 대한
조예는 노선생의 문집에 있고, 덕업과 행의는 여러 선생이 찬술한 것
에 있으니, 그것이 어찌 이것과 관계할 수 있겠는가? 또 어찌 고루한
집안의 후손의 쓸데없는 말을 용납하겠는가? 갑술 단양절에 가문의 후
예인 우열이 삼가 기록하다.9)

---

8) 『日休勉進聯稿』, 권1, 「日休堂重建上梁文」, "念我日休之堂, 寔是先祖之屋, 一生踐履, 厓翁
有小學之稱, 三字扁額, 師門取「周書」之義."
9) 『日休勉進聯稿』, 권1, 「跋」, "嗚乎, 門先祖日休堂先生, 遊陶山之門, 篤實之學, 精切之識, 同
門諸賢, 莫不推爲前列, 而西厓先生: 曰余見日休之爲人, 這是小學樣, 于蒼石李公題其墓曰: 一
言一行, 皆可爲後世模範, 而至其容貌之正, 資稟之粹, 才學之美, 則以余所見, 一人而已. 盖先

일휴당의 공부의 연원은 퇴계라는 선하에서 출발했다고 할 수 있다. 그리고 퇴계문하에 들어가 사우 사이에 왕복서신을 통해 학문을 발전시켰다. 그러므로 그에게는 상당히 많은 서신이 있었던 것이 분명하다. 퇴계선생을 비롯한 당대의 학자들의 문집을 보면 그들 사이에 나누었던 글들이 많이 남아 있기 때문이다. 그러나 집안에 남아 있는 것은 가장家狀·묘지墓誌·묘갈墓碣·시문詩文·제문 약간일 뿐이다. 그러던 중 나중에 구한 서적으로 『심경질의전집』과 「상퇴계선생심경문목」이 있었다. 이처럼 많이 부족한 것들이지만, 그것만으로도 가훈家訓으로 삼을 수 있니, 불행 중 다행이었던 것이다. 매헌梅軒 금보琴輔[10)가 말한 것처럼, 일휴당의 학문 또한 거경궁리居敬窮理와 반궁천실反躬踐實이었다고 할 수 있다.[11)

生學問之工, 自有淵源眞實之工, 莫非踐履, 則師友間往復文字, 不爲不多而屢經家火, 蕩然無存, 寂寥今數百餘年矣. 宗孫南圭氏, 常欲裒輯, 而其所收錄者, 不過狀誌碣詩祭文若干而已. 不幸有志而未就, 其弟衡圭氏以伯氏公遺意, 托佑烈曰先祖遺稿甚零星, 或可搜得士友家占蹟, 寫成編帙, 以壽世則死亦無恨矣. 佑烈乃隨得隨書, 合附錄爲上下篇, 又得心經質疑前集問目各一卷, 比前稿殆三分之二焉. 然先生之學問造詣, 老先生文集在, 德業行義諸先生贊述在, 其將何與於此而又何庸孤陋門孫之容贅也哉? 歲甲戌端, 陽節門裔孫佑烈謹識. 日休勉進兩先生聯稿卷之一."

10) 琴輔의 본관은 奉化이고 자는 士任이며 호는 梅軒 또는 柏栗堂이다. 1546년 사마시에 합격하였으나 1545년의 을사사화로 인해 대과에 응시할 뜻을 버렸다. 이후 이황의 문하에 들어가 수학하였으며 南溪에 寒栖菴을 짓고 사서를 정독하며 朱書를 보조 자료로 활용하였다. 만년에는 남계에서 溫溪의 松內로 거처를 옮겼다. 스승인 이황과 마찬가지로 居敬窮理를 학문에 종지로 삼았으며, 敬·誠·和로 마음을 다스리고 사람을 응대하며 집안을 다스리는 법도로 삼았다. 『四書質疑』·『心近講義』·『嘉善彙編』·『四禮正變』·『四禮記文』 등을 저술하였으나 전란으로 모두 소실되었으며, 『梅軒集』만 전해지고 있다.

11) 『梅軒先生文集』, 권2, 「答琴夾之 甲戌」, "尊德性道問學, 不可偏廢. 近日吾輩閑論, 恐未免爲口耳之習, 而以開末學之弊. 大要居敬以立其本, 窮理以致其知, 反躬以踐其實, 此乃吾學之宗旨也."

군자마을

2. 「행장」

공의 성은 금씨, 휘는 응협, 자는 협지로 봉화 사람이다. 고려시대에 집현전 태학사 휘 의가 공의 먼 선조이고, 성주 판관 휘 연이 실제 증조이고, 사도시 첨정 휘 치담이 실제 조부이고, 예안 훈도 휘 재가 실제 아버지이고, 어머니는 단인 광주김씨인데 이조 참판 휘 효로의 딸이다.

가정 1526년(중종 21) 8월 계미일에 예안의 오천리에서 태어났다. 어린 아이 때부터 행동거지가 이미 성인과 같아서 함부로 웃거나 말하지 않았고, 예가 아닌 일과 바르지 아니한 색은 귀와 눈에 접하려고 하지 않았으니, 대개 타고난 성품이 그러해서이다.

성장해서는 퇴도선생의 문하에 유학하였으나, 집안이 가난하고 어버이가 연로하여 과거시험 준비를 벗어날 수 없었다. 1555년(명종 10)에 사마시에 합격하였고, 1574년(선조 7)에 조정의 신하가 공의 행의를 임금께 고하여 집경전 참봉을 제수하였으며, 임기 만료로 경창양능 왕자사부에 제수하였으나 모두 나아가지 않았다.

1587년(선조 20) 조정에 일민으로 뽑아 공에게 6품직을 주어 하양현감에 제수하였으나 얼마 지나지 않아 부모님의 연로함을 이유로 사직하고 돌아왔다. 1595년(선조 28)에 익위사 익찬에 제수되었으나 나아가지 않았다. 1596년(선조 29) 2월 4일에 병환으로 집에서 졸하시니 향년 71세였다.

3월 을유에 예안현 서쪽 지례촌 훈도공의 묘 오른쪽 기슭 북향 남쪽 언덕에 장사하였다. 부인은 의인 예안이씨인 진사 영의 따님이다. 후사가 없어 돌아가신 몇 년 뒤 의인이 문족의 봉사 순선의 아들 발을 후사로 삼으니, 공의 뜻을 따른 것이다. 발은 사헌부 지평 이공의 딸에게 장가들어 2남 2녀를 낳았으니, 호겸과 처겸이고, 딸은 김시익과 김방렬에게 출가하였다. 진사 호겸은 의금부도사 김지선의 딸에게 장가들어 4남을 낳으니 이로·이보·이석·이철이다. 처겸은 지평 유진의 딸에게 장가들었으나 후사가 없어 이보로 대를 이었다.

공은 용모가 단정하고 자품이 순수하여 난곡의 정치[12]와 같았고, 금옥의 정윤[13]과 같았다. 그의 학문은 퇴도선생이 도학을 주장하고 밝힘으로 인해 사방의 학자가 경전을 가지고 와서 어려운 곳을 물으며 다투어 스스로 절차탁마하니, 공의 영묘한 재주와 독실한 학문은 당에 올라 아랫목을 볼 수 있는 정도였다. 덕에 감화되고 그것을 맛보려고 하는 자는 일은 반이었지만 공은 배가 되었다. 선생께서 돌아가시니, 말학의 폐단이 생겨 실행에 힘쓰지 않고 점차 자기 것이 아닌 학문만을 숭상하게 되었다. 공은 통렬히 스스로를 책려하고 진실로 내면을 향하여 충신과

---

12) 난곡의 정치는 가문의 전통을 잘 계승한 훌륭한 자제라는 말이다. 韓愈의 글에 "물러나 소부를 뵈니, 푸른 대나무와 푸른 오동나무에 난새와 고니가 우뚝이 멈추어 서 있는 듯하였으니, 능히 그 가업을 지킬 수 있는 분이었다"(退見少傅, 翠竹碧梧, 鸑鷟停峙, 能守其業者也)라고 하였다.(『古文眞寶後集』, 권4, 「殿中少監馬君墓銘」)
13) 금옥의 정윤은 금과 옥이 매우 정밀하고 윤기 나는 것처럼 아름답다는 말이다.

독경을 근본을 삼고 궁행과 실천을 일삼았다. 독서와 강의는 명백하고 간략하여 사설이 번거롭지 않았고, 전적으로 자득에 힘썼다. 『심경』과 『근사록』 등의 책에 힘을 써서 손수 가려 뽑아 베껴 써서 공부하는 데에 보충할 것으로 삼았으니, 공의 학문이 비로소 크게 나아가게 되었다.

집에 계실 때에는 날이 밝지 않았을 때 일어나 가묘에 인사하고, 물러나서 단정히 앉아 기대거나 의지하지 않았다. 훈도공이 일찍 세상을 버리셨고, 단인의 연세가 90을 넘었으나 여전히 병이 없었다. 공이 과부인 여동생과 어린 아우가 모두 슬하에 있어도 봉양하고 뜻을 따르는데 매우 곡진하였다. 매일 의관을 정제하고 들어가 상 아래에서 절을 하고, 친히 머리를 빗기고 얼굴을 씻어 드렸으며, 손으로 맛있는 반찬을 집어 드렸다. 비록 공적으로나 사적으로 부채를 지더라도 진수성찬을 늘 마련하였다. 벗들이 자나가면 반드시 술을 마련하여 단인의 앞에서 즐거움을 다하게 한 것이 거의 50년이나 되었지만 조금도 태만하게 하지 않으셨다. 참으로 단인을 기쁘게 할 수 있는 일이라면, 원대 척해의 놀이[14]더라도 형제간에 다투어서 떠들썩하게 하니, 단인이 만족해하며 웃으셨다.

1589년(선조 22)에 상을 당하였다. 공의 나이 64세였으나 매일 무덤 옆에 거처하면서 매우 슬퍼하였다. 사람들은 모두 공이 위험하다고 생각했으나 조금도 쇠하지 않고 정성을 다했다. 비복을 부리는 데 있어서 장엄하게 하였고, 가정에서는 엄숙하고 화목하게 하였다. 은혜와 의리의 돈독함에 있어서는 사람들의 험담이 없었다. 이씨 여동생이 어려서

---

14) 원대 척해의 놀이는 攤戱라고도 하는데, 주사위 놀이나 설날 윷놀이 등을 말한다.

과부가 되어 자식이 없었다. 공은 이를 늘 염려하여 전택을 마련하여 그 아우 현감공과 함께 생업을 이어가게 하였다. 현감공이 늙어서 한집에 같이 사는데 우애가 더욱 돈독하였다. 현감공이 늘 몇 리 되는 곳에 따로 집을 지어 살고자 하니, 공이 울면서 말하기를 "우리 형제 두 사람이 어찌 잠시라도 떨어져 살 수 있겠는가?"라고 하므로 현감공이 차마 떠나지 못하여 곧 옆에 방 1칸을 마련하여 당표곤계 육인이 한집에 살았다. 집이 서로 접하고 담장이 이어져 있어 형제간에 우애와 공경을 장려하고 친척 사이에 화목을 돈독히 하며 덕업을 힘쓰고 과실을 서로 경계하여 바로잡을 수가 있었다.

아침저녁으로 강론하고 밝히는 것은 예의와 충신이 아닌 경우가 없었고, 변설하는 것도 모두 의리의 정밀함을 추구했다. 좋은 시절과 아름다운 경치를 만날 때면, 처하는 곳에 따라 서로 모여 담소하고 술 마시고 읊조리며 즐거움을 다한 뒤 파하였으므로 마침내 예속을 이루게 되었다. 향리는 그 덕에 교화되었고 원근각지에서 그 어짊을 칭송하여 동네의 풍속의 아름다움이 이로써 성대하게 되었다.

한강 정구 선생이 일찍이 사람들에게 그를 칭송하여 말하기를 "무릇 사람의 집안에 어진 부형이 있으나, 또한 모두가 착하기는 어렵다. 오천은 곧 군자 아닌 이가 없으니, 이것은 어려운 일이다.[15] 그러므로 인물의 훌륭함을 논하는 이는 반드시 선성을 일컬어야 하며, 풍속의 아름다움은 또 반드시 오천을 으뜸으로 삼아야 할 것이다"라고 하였다.

공이 일찍이 시를 지어서 스스로를 경계하였는데, 독서讀書 · 경신敬

---

15) 외내 오천의 7군자를 말하는데, 김부필 · 김부인 · 김부의 종형제 5형제와 내외종간인 금응협과 금응훈이 그들이다.

身·조심操心·신언慎言·제념制念·미방彌謗·정가正家·목인睦婣에 대한 것으로 모두 자신에게 절실한 말들이었다. 사람을 접대할 때에는 반드시 지성을 다했으며, 우리를 대상을 낮추거나 후하게 할 대상을 박하게 하지 않았으며, 길흉행사에는 반드시 모든 힘을 다하여 두루 구제하였다.

내한벼슬을 지낸 근시재 김해는 공의 종질인데 임진년에 부부가 모두 죽었으나 자녀 7~8인이 모두 어렸으므로 공이 장사를 지내 주고 여러 아이들을 보살펴 주었는데, 자기 자식과 다름이 없게 하였다. 사람들의 과실을 보면 반드시 잘 타일러 절실하게 가르쳐 주어서 조금도 거짓이 없었다. 일찍이 말하기를 "친척 사이에 간혹 뜻에 거슬리는 일이 있으면 면전에서 깨우쳐 줄 뿐이요, 마음속에 얽매어 두고 웅어리져서는 안 된다. 그렇지 않다면 길 가는 사람과 다를 것이 없게 된다"라고 하니, 이런 까닭으로 이웃 사람들이 두려워하면서도 사랑하여 감히 지나친 행동을 하지 않았다. 무당이 기도하는 일도 또한 감히 하지 아니하였고, 그가 벼슬할 때에도 간단히 처리하되 소홀히 하지 않았다.

청렴하면서도 모나지 않게 하였고, 모든 일을 시행하고 끝내는 데는 모두 차근차근 하였기 때문에 관리나 백성들의 생각이 오래될수록 더욱더 절실하였다. 무릇 경영하고 처리하는 것은 반드시 계산하고 조절하여 감독하는 것을 허비하지 않았고 일이 쉽게 되도록 하였다. 일찍이 재우齋宇를 지을 때 기둥을 세우는 것을 보고 "나무 기둥은 길이가 몇 푼 되어야 할 것 같다"라고 하니 목공이 믿지 않았다. 그러나 재어 보니 과연 그러했다.

학교의 발전에 마음을 다해 노선생이 일찍이 우좨주(역동 우탁)의 역동서원을 낙수가에 창건하니 학자들이 모여 수학하는 곳이 되었다. 재산을 거둬 내고 일을 도와서 일을 마칠 때까지 공의 힘이 크게 작용하였다. 월천 조목·학봉 김성일 두 선생과 같은 동문의 여러 벗들은 모두 경탄하였고, 서애 류성룡 선생은 그 자제에게 경계하여 말하기를, "너희들은 『소학』을 읽지 말고 다만 일휴당선생의 사람됨을 보아라. 그가 바로 『소학』을 실천하는 사람이다"라고 하였다. 일찍이 사람을 논하다가 공에게 미쳐서는 탄식하여 말하기를, "모든 어진 이가 다 능력이 있는 것은 아니고, 능력 있는 사람이 반드시 어진 것은 아니지만, 기필할 수 없으나 일휴당과 같은 이는 겸했다고 할 수 있다"라고 하였으니, 그가 한때의 소중함을 받은 것이 이와 같았다.

대개 그가 한 한마디 말과 행동 하나하나는 모두 후세의 모범이 될 수 있고, 그 용모의 바름과 자품의 순수함, 그리고 재주와 학문의 아름다움은 내가 본 이 가운데 제일가는 사람이었다. 다만 생각해 보건대, 내가 어찌 그것을 알 수 있겠는가? 그가 오래도록 지조를 지킨 것과 듣고 본 위대함은 노나라에 태어났다 해도 과언이 아니라고 하겠다.

가선대부 원임 홍문관 부제학 창석 이준이 삼가 쓰다.16)

---

16) 『日休勉進聯稿』, 권1, 「行狀」, "公姓琴氏, 諱應夾, 字夾之, 奉化人. 高麗時有爲集賢殿太學士曰諱儀者, 公遠祖也; 星州判官諱衍, 實曾相; 司僕寺僉正諱致洪, 實祖; 禮安訓尊諱梓, 實考; 妣端人光州金氏贈吏曹參判諱孝盧之女. 以嘉靖丙戌八月癸未, 生公于禮安烏川里第. 自髫亂時, 擧止已如成人, 不妄笑語, 非禮之事, 不正之色, 未嘗接於耳目, 蓋其天性然也. 及長遊艮陶先生門, 家貧親老, 不免瞀擧子業. 乙卯中司馬, 萬曆甲戌, 廷臣有以公行義聞于上, 授集慶殿參奉, 任滿除敬昌兩陵王子師傅, 皆不赴. 丁亥朝廷, 拔尤逸民, 超授公六品職, 除河陽縣監, 未幾以親老辭歸. 乙未除獗犻司犻贊不赴. 丙申二月四日, 疾卒于家, 享年七十一. 三月乙酉, 葬于縣西知禮村訓尊公墓右麓坐北向南之原. 配宜人禮安琴氏進士英之女. 無嗣, 沒幾年, 宜人取門族奉事順先子撥爲后, 導公志也. 撥娶司憲府持平奉珙之女, 生二男二女, 曰好謙·處謙, 女金時翼·金邦烈. 進士好謙, 娶義禁府都事金止善之女, 生四男曰以魯, 曰以晋, 曰以哲, 曰以哲. 處謙娶持平柳袗之女, 无后, 繼以晋云. 公容貌端正, 資稟純粹, 如鸞鵠之停時也, 金玉之精潤也. 其爲學也, 自退陶先生倡明道學, 四方學子執經問難, 爭自琢磨, 以公英妙之才, 篤實之學, 升堂而覩奧. 熏德而喫獻者事半而功倍. 及先生旣沒, 末學弊生, 不務實行, 漸尙口耳. 公痛自

3. 퇴계선생에게 올린 글

1)「퇴계선생에게 올린 『심경』 문목」

【문】 '인심도심'장 본주의 허령지각虛靈知覺에 대해, 허란 마음이 고
요한 것이고, 영이란 마음이 감응한 것이다. 고요하다가 감응
할 수 있기 때문에 지각의 효과가 있다고 했습니다. 대개 지극

策勵, 眞實向裏, 以忠信篤敬爲本, 躬行實踐爲事. 讀書講義, 明白簡約, 不煩辭說, 專務自得.
尤用力於『心經』・『近思錄』等書, 手自抄寫, 爲夾輔用力之地, 而公之學, 始大進矣. 其居家,
未明而起, 拜於家廟, 退而端坐, 未嘗傾倚. 訓尊公早世, 端人年過九十, 尙無恙. 公與寡妹・釋
弟, 皆在膝下, 奉養承順, 靡不曲盡. 每日整衣冠, 入拜牀下, 親梳髮, 洗面, 手執甘旨. 雖負債
公私, 而膳羞備珍. 朋友之過, 必置酒, 盡歡於端人之前者, 幾五十年而不怠. 苟可以取悅端人
者, 如元朝擲骰等戲, 兄弟爭道强眡, 端人迨然而笑. 及己丑丁憂, 公年六十四日居墓側, 哀毁逾
禮. 人皆爲公危之, 而不少衰, 饋奠秩以誠. 御婢僕以莊, 家庭之間, 肅穆如也. 恩義之篤, 人無
間言. 李氏妹早寡無子, 公念之不已, 爲置田宅, 經紀其産業與弟. 縣監公老而同室, 友愛彌篤.
縣監公嘗欲卜居于數里之地, 公泣曰: 吾兄弟二人, 豈忍須臾離也? 縣監公亦不忍, 則爲營一室
於傍, 堂表昆李六人, 同居一社. 接屋連墻, 推友弟敦睦婣勉德業規過失. 朝夕所講明, 無非禮
誼忠信; 所辨說, 率皆義理精致. 每遇嘉辰美景, 隨處相會, 談笑觴詠, 盡歡而罷, 遂成禮俗. 鄉
里化其德, 遠近稱其賢, 洞風之美, 於斯爲盛. 寒岡鄭先生, 嘗稱之於人曰: 凡人一家, 雖有賢父
兄, 亦難於盡善. 若烏川, 則無非君子者, 此所以爲難, 故論人物之懿者, 必稱宣城, 而風俗之美,
則又以烏川爲首焉. 公嘗作詩以自警曰讀書, 曰敬身, 曰操心, 曰愼言, 曰制念, 曰彌謗, 曰正
家, 曰睦婣, 而持身親切之之言. 其待人接物, 必以至誠, 未嘗有所低昂・薄厚, 吉凶吊慶, 必皆
極力周救. 金內翰垓於公爲從婣, 壬辰夫婦俱歿, 子女七八人, 皆在幼稚, 公爲營葬事, 撫存諸
孤, 無異己出. 見人有過失, 必敎告諄切, 不少假借. 嘗曰: 親戚間, 或有拂意事, 面諭而已, 不
當係滯在心. 不然, 其違路人無幾. 以此隣里畏而愛之, 不敢爲過擧. 至於巫覡祈禱之事, 亦不
敢作, 其居官, 簡不病忽. 廉不露隅, 凡施罷皆以漸不收聲, 而吏民之思, 愈久態切. 凡所營幹,
必許功調度, 不費呵督, 而事易集. 嘗童役齋宇, 見堅柱, 某柱長似幾分, 木工不信, 度之果然.
尤致心於學校, 老先生嘗爲禹祭酒, 創建易東書院于洛水之上, 爲學者藏修之所, 而出財助役,
以至訖事, 公力居多焉. 同門諸友如趙月川・金鶴峰兩先生, 皆敬憚之. 西厓柳先生, 戒其子弟,
曰: 汝輩勿讀小學, 只見日休之爲人, 這是小學樣子. 嘗論人及公, 嘆曰: 凡人賢者未必能, 能者
未必賢, 如日休, 可謂兼之矣. 其爲一時所重如此. 盖其一言一行, 皆可爲後世模範而至其容貌
之正, 資稟之粹, 才學之美, 則以余所見, 一人而已. 顧愚何足以知之? 以其操几杖之久也. 聊綴
所耳目大者 以白魯産之不誣云. 嘉善大夫原任弘文館副提學李埈謹撰."

『심경』 건·곤

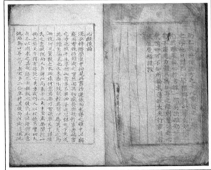

「심경후론」

히 고요하다가 능히 감할 수 있는 것은 어째서입니까?

【문】형기의 사사로움에 대해, 서산진씨는 "사사로움은 내가 홀로 아는 것이다"라고 했습니다. 이 설은 분명하지 못한 듯합니다. 어떻습니까?

【문】정밀하게 살피지 않으면 안 된다. 정밀하게 살펴야 격물치지의 일이다. 이 글의 기세를 보면, 흡사 반드시 먼저 정밀히 살핀 이후에야 격물치지할 수 있는 것 같으며, 또 치지가 뒤에 있고 격물이 앞에 있어야 하는 것 같습니다. 이제 치지를 앞에 있게 하는 것 또한 어떻습니까?

【문】움직이고 움직이지 않는다는 것은 '걸핏 하면'(動輒)이란 의미입니까?

【문】'상제임여'장 물이물우의 본문에 '무無'라고 했는데, 양씨는 '물 勿'이라고 했습니다. 물이라고 하면 잘못된 것 같습니다. 어떻

습니까?

【문】 '한사존성'장의 완順에 대해 몽학에게 가르쳐 주시기를 "완은 바람과 습기가 팔과 다리에 침입하여 마비痺가 되는 것으로 혈기가 흘러 통하지 못하는 것이다"라고 하셨습니다. 이제 『운서』를 살펴보니, 이와 같은 해석은 없고, "마음이 덕의德義를 헤아리지 못하는 것이 완이다"라고만 하였습니다. 또 비痺자를 고찰해 보니, 다만 "다리가 차고 습해서 생기는 병"이라고 하여 '완'자와 서로 통하지 않았습니다. 그렇다면, 어떻게 '비'자를 '완'자로 해석하겠습니까? 감히 그 뜻을 청합니다.

【문】 '경이직내'장 본주에서 양씨는 세속에서는 거짓이 없는 것을 직直이라고 한다고 했는데, 주자는 털끝만큼도 사사로운 뜻이 없어 가슴속이 시원해야 한다고 하여 서로 견해가 다르니, 어째서입니까?

【문】 추요樞要는 문이 열리고 닫히게 하는 것이니, 반드시 추요를 경유해야 한다는 것에 대해, 『상서』에서 "모든 것이 모여드는 곳을 요라고 한다"라고 하였으니, 대개 성인의 문하에 들어갈 때 경유하는 핵심입니다. 어떤지 모르겠습니다.

【문】 『곤지기』17)에서 "위백양18)의 『참동계』19)는 64괘를 가지고 허

---

17) 『곤지기』는 중국 명나라의 나흠순이 편찬한 책이다. 송나라의 유학을 받아들여 불교의 이념을 배척하는 내용이 주를 이룬다. 당나라 이후에 가장 정통한 불교 배척론으로 일컬어진다.
18) 魏伯陽의 호는 雲牙子이다. 그는 후한 桓帝 시기의 인물로 金丹(불로장생의 단약) 제작의 전문가로 일컬어지고 있다. 그는 명문가 출신이었지만 출세를 위한 유학을 공

다한 말을 이리저리 만들었을 뿐이니, 이것이 바로 실實이라는 한 글자를 공교롭게 한 것입니다. 소용이 없기 때문에 교외별전敎外別傳의 학설이 있게 된 것입니다. 이후 장평숙의 설이 또한 분명합니다. 이른바 '공부는 용이하여 약석이 먼 곳에 있는 것이 아니다'라는 것은 사람들을 반드시 실소하게 할 것입니다. 우리 주자로 하여금 그것이 가소로운 것임을 분명하게 알게 하면, 그가 기꺼이 여기에 뜻을 두겠는가? 그러나 주자는 이 글을 고정考訂하여 『초사』에 주를 단 것과 동일하게 여겼습니다. 대개 당시에 그가 느낀 것이 깊었기 때문입니다. 우리 당은 더욱 옳고 그른 것을 알지 않아서는 안 됩니다. 함형咸亨이 사우士友에게 들기에, 유학에 해로운 논의가 있으면 언제나 선생께서 가르쳐 주신 말씀으로 응대함에 이해하지 못하는 자가 드물었다고 합니다. 그러므로 나흠순羅欽順(1465~1547)[20]의

부하지 않고 煉丹術 연구에 몰두하였다. 3명의 제자들과 산속으로 들어가 수행한 후 금단을 만드는 데 성공하였다고 한다. 금단을 만든 이후 개에게 복용하게 하였는데 죽었다. 이것을 보고 위백양은 "살아도 天命이고 죽어도 天命이다"라고 말하며 금단을 복용하고 즉사하였다. 2명의 제자는 죽음이 두려워 금단을 먹지 않았고 1명의 제자는 스승을 따라 복용하였다. 복용한 제자도 역시 곧바로 사망하였다. 살아남은 2명의 제자가 관을 가지러 산 아래로 내려간 사이에 위백양과 1명의 제자와 개는 신선으로 부활하여 속세를 떠났다고 한다.

19) 『참동계』는 초기 도교에 관한 내용을 담고 있는 서적이다. 『주역』의 형식을 빌려 內丹과 外丹을 方技로 삼아 煉丹神仙 이론을 서술하고 있다. 이러한 내용은 신비주의적인 양상을 보이고 있으나 외단 수련은 화학분야와 관련된 고대 중국의 이론을 확인할 수 있다는 점에서 매우 중요한 가치를 지닌다.

20) 羅欽順의 자는 允升이며 호는 整菴이다. 1493년에 진사가 되어 編修를 지냈다. 그러나 劉瑾(1451~1510)의 눈 밖에 나게 되면서 革職되어 평민으로 강등되었다. 유근이 주류된 뒤에 복직하여 吏部右侍郎에까지 나아갔다. 명나라 세종이 즉위하자 吏部尙書로 발탁되었으나 張璁(1475~1539)과 桂萼(?~1531) 등과 같이 조정에 있는 것을 수치로 여겨 사양하였다. 20년 동안이나 성리학 공부에 몰두하였으며 처음에는 불교에 심

학설을 기록하여 속학俗學이 엽등하는 것을 없애려고 하는데 어떤지 모르겠습니다.

【문】 엄각嚴恪에 대해 선생께서는 "공경스럽되 지나치게 엄격한 것을 말한다"고 하셨고, 『이록李錄』에는 "정제엄숙整齊嚴肅은 엄려嚴厲에 치우친 것으로 경敬의 바른 뜻이 아니다"라고 하였는데, 어떠신지요?

【문】 척연惕然과 송연悚然에 대해, 송과 척의 뜻은 같은 것인데, 지금은 설명을 두 가지로 하시니 어떻게 분별해서 이해해야 합니까?

【문】 천명지성장天命之性章의 '기이지己旣知'의 '지知'자에 대해, 정자程子께서는 "남과 내가 진실로 나눌 수 있다"고 하셨으나, 주자는 혹자에게 대답해 말하기를 "자기가 이미 알았다면 남도 반드시 알 것이다. 그러므로 정자가 하늘과 땅이 아는 것도 단지 동일한 앎이다"라고 하였습니다. 정자와 주자의 이러한 말들은 서로 맞지 않은 듯한데, 어째서입니까?

【문】 성의장誠意章의 '신독愼獨'에 대해 『이록李錄』에서 "첫 구절에서 이미 신기독愼其獨을 말하였는데, 아래 글에서 또 거듭 그것을 말하였다. 지금 사람들은 앞의 독獨자를 '마음이 홀로 아는 것'으로 해석한 까닭에 '독獨에'로 현토하고, 아래의 독獨자는 '몸이 홀로 거처하는 것'으로 해석하여 '독獨을'로 현토한다. 이에 대해 장근張謹(1544~1619)[21]이 말하기를 '이는 아마 옳지 않은 듯

취하였으나 나중에는 배교하였다. 저서로는 『困知記』・『續困知記』・『整庵存稿』 등이 있다.

하다. 첫 구절의 독자의 훈고 아래에 진정우陳定宇가 이르기를 '이것은 마음이 홀로 아는 것을 가리켜 말한 것이지 몸이 홀로 거처하는 것을 가리켜 말한 것이 아니다'라고 하였으며, 또 '한거閒居' 아래에 '이것은 몸이 홀로 거처하는 것이니, 위 문장의 '기소독지己所獨知'의 독獨과는 다르다'고 하였다. 지금 사람들이 대부분 이 말에 현혹되어 본뜻을 살피지 않고 억지로 이러한 주장을 하는데, 이는 진정우의 말이 애당초 위와 아래의 독獨 자의 뜻을 변별한 것이 아니요, 단지 한거閒居의 뜻과 신독愼獨의 독獨에 구별이 있음을 변별한 것임을 전혀 몰라서이다"라고 하였습니다. 이 말이 옳은지 그 여부를 알지 못하겠습니다.

【문】 군자낙득기도장君子樂得其道章에서 '저 경敬자를 깨뜨린다'고 하였는데, 경敬에 무슨 형체와 그림자가 있어 깨뜨릴 수가 있겠습니까? 바로 그 사람들을 가리켜 말한 것이니, 반열班列을 깨뜨리고자 한 뜻입니까?

【문】 '무량無量'에 대해 세상의 유학자들은 '술을 마시는데 한량이 없다'고 여기지만 옳지 않습니다. 몇 잔으로 한계를 정하지 않고 단지 가운데 맞게 한다는 것입니까?

【문】 인개유불인인지심장人皆有不忍人之心章에서, 주자가 말하기를 "불인지심은 바로 측은지심惻隱之心이다"라고 하였고, 또 "인仁은

---

21) 張謹의 본관은 丹陽이고 자는 而信이며 호는 潛齋이다. 그는 성리학에 정통하고 경서와 역사에 통달하였다고 한다. 사화 때부터 사림파가 쇠퇴하는 것을 보고 슬퍼하여 글과 시를 지었으며 벼슬에 뜻을 두지 않았다고 한다.

삼덕三德(智仁勇)을 포괄하고 측은惻隱은 삼단三端(羞惡, 辭讓, 是非)을 꿰뚫는 까닭에 아래 글에 이르러 측은을 근거로 모두를 거론하였다"고 하였으며, 또 '인忍은 용인하여 드러내지 않는 뜻'이라고 하였습니다. 요씨饒氏는 '인심人心의 자애롭고 측달한 성질은 사람을 보면 곧 발출되는 것으로 참으려 해도 되지 않는 것이다'라고 하였는데, 이 말은 어떻습니까?

【문】 사단四端에 대해, 혹자는 사단을 정情이라고 하고, 혹자는 칠정七情을 정이라 하니, 사람의 정에는 두 가지 이치가 있는 것입니까? 예전에 가르쳐 주시기를 "인심人心과 도심道心을 칠정과 사단이라고 하여서는 안 된다"고 하셨는데, 지금 "인심은 칠정이요, 도심은 사단이다"라고 하시니, 그 다르게 된 이유를 감히 묻습니다. 우산지목장牛山之木章에서 성정性情과 관련해, 산(山)에 대해서는 성性으로 말하고, 사람에 대해서는 정情으로 말한 것은 어째서입니까?

【문】 겸출입兼出入에서 유악有惡까지의 구절에서, 겸兼은 또(又)라고 말함과 같습니다. 대개 석자중石子重22)이 "놓으면 없어지기 때문에 출입에 일정한 때가 없고 그 방향을 알지 못하는 것"이라고 잘못 말하였으므로, 선생께서 여기서 그 잘못을 논변하여 "위 문장과 같지 않을 뿐만 아니라, 또 아래 문장에서 말한 것이 있으니, 어찌 그것이 모두 놓아서 없어진 것의 소치이겠는

---

22) 석자중의 이름은 㪃 혹은 憝이며 子重은 자이다. 新昌 사람으로 호는 克齊이며 주자의 친구이다.

가? 대개 출입出入 두 글자 모두 악惡한 것이라면, 혹 자중子重의

말과 같더라도 괜찮을 것이지만, 입入은 보존함이 되고 선善이

되며, 출出은 악惡이 되고 없어짐이 되니, 어찌 보존하여 선이

되는 것을 가리킨 것까지 아울러 없어진 것의 소치로 본단 말

인가?"라고 하였습니다.

【문】 계명이기장鷄鳴而起章의 '회호위곡回互委曲 비진심기費盡心機'에 대

해, 회호回互는 회호回護와 같고 위곡委曲은 속언에 꼬불꼬불한

거리를 위항委巷이라고 하니, 모두 '빙글빙글 돌림'을 말하는

것으로, 자신이 기회를 틈타려는 마음이 많아 옳고 그름을 따

지지 않는 것입니다. 이는 형편없는 소인인데도 '소인이라도

완전히 형편없지는 않은 자'라고 하는 것은 어째서입니까?

【문】 양심장養心章의 '살군여부야殺君與父也' 구절과 관련해, 일찍이 이

러한 사람은 바로 왕부王溥나 범질范質과 같은 부류가 아니겠습

니까? 라고 여쭈어 본 적이 있었습니다. 그 후 다시 생각해 보

니 왕부의 일은 알 수 없거니와, 범질(911~964)[23]이 지은 시에

"나는 본래 타국의 신하이거늘 요순堯舜의 다스림을 만나 보았

네"라고 하여 요순의 선양禪讓으로 송조가 나라 얻은 일을 비

유하였으니, 그 마음을 알 수가 있겠습니다. 송조가 임금을 시

---

23) 范質은 북송 초 大名 宗城 사람이고 자는 文素이다. 後唐 長興 4년인 933년에 진사가
되었으며 知制誥를 역임하였다. 後周 廣順 초에는 左僕射兼門下侍郎과 平章事 · 參知樞
密院事를 겸하였다. 後晉과 後漢에서도 벼슬하였으며, 송나라 초기에 시중에 이어 재
상까지 승승장구하였다가 參知樞密로 강등되었다. 乾德 원년인 963년『南郊周禮圖』를
저술한 공으로 魯國公에 봉해졌다. 저서로는『五代通錄』·『筍管記』등이 있다.

해하고 그 자리를 빼앗을 것을 어떻게 알 수 있습니까? 바로 범질이 앞 실마리를 만들어 놓았기 때문이니, 그런 점에서 볼 때 직접 임금을 시해한 것과 다르다고 할 수 없겠습니다. 감히 가르침을 청하는 바입니다.[24)

---

24) 『日休勉進聯稿』, 권1, 「上退溪先生心經問目」, "【問】人心道心章本註虛靈知覺, 虛者, 心之寂也靈者, 心之感也, 惟寂而能感, 故有知覺之效. 蓋至寂而能感者, 何也? 【問】形氣之私, 眞西山曰: 私猶言我之所獨耳. 此說恐未瑩, 何如? 【問】非惟精不可, 惟精乃格物致知之事, 而今看此文勢似作. 必先由惟精, 而後能格物致知. 又先知後而格物先. 今先致知, 亦如何? 【問】動不動, 猶言動輒之意歟? 【問】上帝臨女章勿貳勿虞大文曰: 無, 楊氏云勿, 恐勿字爲誤, 何如? 【問】閑邪存誠章, 頑向蒙批敎云頑風濕, 䑋, 手足爲痺, 而血氣不流通之謂. 今考韻書, 無如此釋者, 而只曰: 心不測. 德義之經爲頑, 又考痺字曰: 脚冷濕病而不與頑通. 然則何以痺? 釋頑敢請其義? 【問】敬以直內章本註, 盡其[止]直也, 楊氏以俗所謂無僞爲直, 與朱子無纖毫私意胷中洞然之說不同, 何也? ○樞體戶之開闔, 必由於樞註曰: 衆體所會之謂要, 盖言入聖所由之要也, 未知何如. 【問】想無[止]成有既知記曰: 魏伯陽參同契, 將六十四卦翻出許多說話, 直是巧其實一字也. 無所用故, 有敎外別傳之說, 後來張平叔說得, 亦分明所謂工夫容易, 藥非遥親破, 人須笑之已. 使吾朱子灼知其爲可笑其肯贊意於此乎? 然朱子之考訂, 此書與註楚辭一般. 盖當其時, 其所感者深矣. 吾黨尤不可不知是否. 咸亨聞於士友, 多有發馬肝之論, 每以先生敎辭應之, 鮮有不解者故. 并錄羅氏之說, 以祛俗學之疑等, 未知如何. 【問】嚴恪先生批云敬而太嚴之謂, 李錄云整齊嚴肅, 偏於嚴厲故非敬之正也, 何如? 【問】惕然悚然悚惕之意同, 而今作兩行說, 如何分曉? 【問】天命之性章已既知[此]一箇知程子曰人與我固分得, 然而朱子答或說曰已既知, 則人必知之故. 程子曰: 天地之知, 只是一箇知, 程朱此說, 似有相妨者, 何也? 【問】誠意章愼其獨, 李錄云首節既言愼其獨下文又重言之. 今人釋上獨字, 心所獨故, 獨[用]下獨字, 身所獨故獨[乙]張謹曰: 此恐不然. 首節獨字訓下, 有陳定字之說曰: 此指心所獨知而言, 非指身所獨居而言. 又於閒居下, 有此身所獨居, 而與上文已所獨知之獨不同. 今人多眩於此說, 不察本意而強引此說, 殊不知定字之說, 初非辨別上下獨字之意, 只辨閒居之義與愼獨之獨有別也. 此說, 未知是否. 【問】君子樂得其道章打破這敬字, 敬有甚形影而可欲打破, 正指其人而言欲打去班列之意歟? 【問】無量, 世儒以爲飮之無限, 非是, 不以幾器爲限而惟適於氣而已者歟? 【問】人皆有不忍人之心章朱子曰: 不忍之心, 卽惻隱之心, 又曰:包三德, 惻隱貫三端, 故至下文, 因悉學之. 又曰:忍是容忍不發之意. 饒氏曰: 人心慈愛惻怛纔見人, 使發將出來變忍不住此說, 何如? 【問】四端, 或以四端爲情, 或以七情爲情. 人之情有二致歟? 向蒙垂諭云人心道心, 不可謂七情四端. 今云人 心七情也, 道心四端也. 敢問其所以異, 牛山之木章性情於山, 則以性言, 於人則以情言者, 何也? 【問】兼出入[止]有惡, 兼, 猶言又也. 盖子重誤謂舍凶故, 出入無時, 莫知其鄉. 先生於此, 論辨其誤, 以爲不但如上文而已, 兼又有下文所云, 何可謂是皆舍凶所致耶? 盖出入兩字, 皆惡則或如子重之說可也. 入爲存爲善, 出爲惡爲凶何可并指存而善者, 爲舍凶之致耶? 【問】雞鳴而起章回互委[止]心機回互與回護同委曲, 俗有曲洞曰委巷, 皆言回互. 其身多設機心, 不計是非也. 此乃無狀小人而曰爲小人亦不索性者, 如何? 【問】養心章殺君與父也嘗問如此樣人, 是乃王溥范質之類歟? 其後更思之, 王溥之事未

2) 「퇴계선생에게 올린 제문」

융경隆慶 5년 세차歲次 신미辛未 3월 임술삭壬戌朔 19일 경진庚辰에, 문인
門人 금응협琴應夾(1526~1596)[25]과 응훈應壎(1540~1616) 등은 삼가 맑은 술과
떡과 국수를 갖추어서 공경하여 선사先師 퇴도退陶선생의 영전靈前에 제
향祭享을 올리나이다.

삼가 생각건대, 존령尊靈께서는 천지天地의 정수精髓를 품득稟得하고
산하山河의 기운을 결집結集하여, 자질이 이미 순수한 데다 포부가 또한
넓고 크셨습니다. 독실하게 배우고 힘써 실천하여 오직 위기爲己의 학문
만을 임무로 삼았으니, 순서를 따라 진보하면서 꾸준한 노력을 그치지
않았습니다. 안과 밖이 서로 호응하여 배양培養하고 동정動靜이 서로 어
긋남이 없었으며, 진실을 축적하는 노력이 오래되어 은은히 그 광휘光輝
가 밖으로 드러났으니, 윤택한 기운이 얼굴에 나타나고 몸에 넘쳐흘러
서, 옥처럼 따뜻하고 금처럼 정결하였습니다.

스승이 없이도 터득하여 명明으로부터 성誠에 이르렀으니, 행하는
것은 법도法度가 되고 말을 하면 준칙準則이 되었습니다. 백성들이 그 덕
德에 훈습薰習되고 선비들이 그 학문을 사모하여, 격앙激昻하여 흥기해서

詳, 范質作詩曰我本羈旅臣, 遭逢堯舜理, 以堯舜禪讓, 比宋祖之得國, 其心可知, 安知宋祖之弑
君簒位爲之先也? 以此觀之, 不可謂別於手弑也. 敢請指誨." 【問】은 필자가 질문을 구
분하기 위해 작성한 것이다.

25) 琴應夾의 본관은 奉化이고 자는 夾之이며 호는 日休堂이다. 1555년 사마시에 합격하
였으며 1574년 그의 行義가 알려져 集慶殿參奉에 제수되었다. 이후 敬陵參奉·昌陵參
奉·王子師傅에 제수되었으나 모두 취임하지 않았다. 1587년 조정에서 유일로 뽑아
6품직을 超授하여 河陽縣監에 제수하였으나 부모의 봉양을 이유로 사직하였다. 1595
년 翊贊에 제수되었으나 나가지 않았다. 이황의 문하에서 수학하였고 『心經』과 『近思
錄』 공부를 중요하게 여겼다. 저서로는 『日休集』이 있다.

선량하게 되지 않는 자가 없었으니, 그 공이 만세에 드리우고 그 은택이 사방에 미쳤습니다. 중년中年에 과거를 본 것은 단지 녹미祿米를 위한 것은 아니었으나, 만년晩年에 다시 돌아와서 은총恩寵과 이익에 결코 탐닉하지 않았습니다. 진퇴와 거취는 의리에 비추어서 하였으며, 도를 추구하는 마음이 처음과 끝이 변함이 없었으니, 너무 즐거워서 근심 걱정을 잊고 잠자고 먹는 것조차 돌볼 겨를이 없었습니다.

다들 말하기를 대덕大德은 수고壽考(오래 삶)를 누림이 끝이 없다고 했는데, 어느 날 하룻밤에 이처럼 갑자기 세상을 떠나실 줄을 어찌 알았겠습니까? 사문斯文이 그 전승을 잃어버리고 후학이 어디 의탁할 곳이 없게 되었습니다. 그런데도 하늘은 저리 망망하기만 하니 울부짖는 애통이 그 끝이 없습니다. 소자 등은 변변치 못한 재능과 우둔한 자질로, 외람되게도 선생을 모시면서 문정門庭을 출입하였습니다. 지칠 줄 모르는 가르치심이 거듭하여 간절하였으나, 스스로 발분하여 노력하지 않아 기질의 변화에 이를 수가 없었습니다. 그러나 지금은 옛 추억일 뿐이니 후회와 부끄러움만 괜히 새삼스럽습니다. 옛날에 들은 말씀을 주워 모아 변함없이 가슴에 간직하면서 저희들을 가르쳐 주신 은혜를 죽을 때까지 잊지 않겠습니다. 불초가 본래 변변치 못한 데다, 또한 여막을 짓고 복상도 하지 못하니, 목이 메고 창자가 에이는 듯합니다. 삼가 한 잔 술을 올립니다.[26]

---

26) 『日休勉進聯稿』, 권1, 「祭退溪先生文」, "隆慶五年歲次辛未三月壬戌朔十九日庚辰, 門人琴應夾應壎等, 謹以淸酌粢麵, 敬祭于先師退陶先生之靈. 伏惟尊靈, 稟天地精, 鍾山河氣, 資旣純粹, 志亦弘毅, 篤學力行, 惟務爲己, 循序而進, 勉進不已. 內外交養, 動靜不違, 眞積力久, 闇然光輝, 面粹背盎, 玉溫金精, 非由師得. 自明而誠, 行而爲法. 言而爲則, 民薰其德. 士慕其學, 激昂興起, 莫不善良, 功垂萬世, 澤及四方, 中歲決科, 非爲祿仕, 晚年幡然, 非貪寵利, 進退去

4. 여타의 글들

1) 예안의 읍지 「선성지」의 기록

금응협은 품성이 강직하고 방정하였으며, 뜻을 돈독히 하고 학문에 치력하였다. 아우인 현감 금응훈과 함께 이황의 문하에 들어가 진실로 내면을 향하여 충신忠信과 독경篤敬을 근본으로 삼았다. 문충공 류성룡은 그 자제들에게 경계하기를 "너희들은 『소학』을 읽을 필요가 없고, 다만 일휴당 금응협을 보기만 하면 된다. 그가 곧 『소학』의 모범이다"라고 하였다. 일휴는 곧 그의 호號이다. 70세에 모부인 상을 당하여 3년을 여묘廬墓살이를 하였고, 익찬으로 천거되었으나 부임하지 않았다.[27]

2) 「도산급문록」

금응협의 자는 협지夾之이고 호는 일휴당이며 봉화 사람으로 예안에 거하였는데, 가정 병술에 태어났다. 그는 효우孝友를 지극히 행하였다. 일찍부터 퇴계선생의 문하에 종유하였다. 선생께서는 그를 애지중지하여 손수 "휴休자로 그 당에 편액을 만들라"고 하셨다. 또 글로 야기잠夜

就, 惟義與比, 求道一心, 終始無二, 樂而忘憂, 寢食不遑, 咸謂大德, 壽考無疆, 那知一夕, 奄至易簀, 斯文失傳, 後學無托, 天意茫茫, 號痛凶極, 小子等楛, 櫟之材鹵, 莽之質叨. 奉杖屨出入門庭, 不倦丁誨, 反覆丁寧, 憤悱未至, 變化不得, 追思今日, 徒增悔恨, 庶拾舊聞, 服膺無斁, 敎我之恩, 沒世難忘, 不肖無狀, 又負築場, 塡咽摧腸, 敬奠一觴."

27) 『日休勉進聯稿』, 권1, 「宣城誌」, "琴應夾稟性剛方, 篤志力學, 與弟縣監公應壎, 遊李滉門, 眞實向裏, 以忠信篤敬爲本. 柳文忠公成龍, 戒其子弟曰: 汝輩不待讀小學, 只看琴日休, 便是小學樣子. 日休卽其號也. 七十遭母喪廬墓三年, 薦除翊贊不赴."

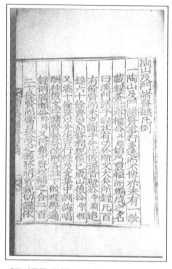 

『도산급문제현록』 범례   『도산문현록』

氣箴과 좌우명座右銘을 주면서 공부의 자료로 삼게 하였다. 선생께서 돌아가시고 공께서 후학들이 점점 구이지습口耳之習을 숭상하는 것을 보시고는 드디어 통렬히 스스로를 채찍질하셨다. 충신忠信과 독경篤敬을 근본으로 삼으시고 독서讀書와 강의講義를 급선무로 삼으셨으며, 더욱『심경』과『근사록』등에 힘을 쏟으셨다.

모부인 김씨는 연세가 90을 넘으셨어도 탈이 없으셨다. 공은 매일 아침 의관을 정제하고 들어가 절하고 친히 머리를 빗어드렸고 얼굴을 씻어드렸으며 손수 맛있는 음식을 잡숫게 하였다. 무릇 김씨의 앞에서 그녀를 기쁘게 하는 것이라면, 비록 아이들이 노는 것과 세속의 기예라고 하더라도 그것을 행했다. 한강 정구는 공의 형제 및 설월당 김부륜 등 제공諸公들과 한 마을에서 서로 종유하면서 덕업을 서로 권장하였는데, 사람들에게 말하기를, "무릇 사람이 비록 현명한 아버지와 형이 있는 어떤 집안이라도 오천의 마을 하나에서 선을 다하는 것보다는 어렵다고 할 것이다. 군자 아닌 사람이 없으니, 어렵다고 할 수 있다는 말이다"라고 하였다. 서애 류성룡은 자식과 조카에게 "너희들은 『소학』을 읽을 필요 없이 가서 일휴가 어떤 사람인지를 보아라. 그는 곧 『소학』의 모범이다"라고 말했고, 또 "무릇 사람 가운데 현명한 이가 무슨 일에든 반드시 능한 것은 아니고, 능한 사람이 반드시 현명한 것도 아니다. 그러나 일휴와 같은 사람은 이 둘을 겸했다고 할 수 있다"라고 하였다. 창석 이준은 "일휴의 일언一言과 일행一行이 모두 후세의 모범이 될 수 있다"라고 하였다. 중사마中司馬가 재랑齋郎으로 천거하고 관직이 익찬翊贊에까지 이르렀다. 돌아가실 때의 향년이 71세였으니, 낙천洛川의 사우祠宇에 배향하였다. 저술로는 『심경질의心經質疑』가 있다.[28]

■ 『도산급문록』

금응협의 자는 협지夾之이고 호는 일휴당日休堂이며 봉화인奉化人으로 예안禮安에서 살았다. 가정 병술에 태어났으며 효도와 우애를 지극히 행하였는데, 어려부터 퇴계선생의 문하에 종유하였고 선생께서 매우 중시하셨다. 손수 일휴日休를 써서 그의 당에 편액을 걸어 주시고, 또 야기잠

---

28) 『日休勉進聯稿』, 권1, 「陶山及門錄」, "琴應夾字夾之, 號日休堂, 奉化人, 居禮安, 生嘉靖丙戌, 有孝友至行. 早遊先生門. 先生甚加重之. 手書曰: 休扁其堂. 又書贈夜氣箴座右銘爲用工之資. 先生下世, 公見末學, 漸尙口耳之習, 遂痛自策勵. 以忠信篤敬爲本, 讀書講義爲務, 尤用力於心經近思等書. 母金氏年過九十而無恙, 公每朝整衣冠入拜, 親梳髮洗面手執甘旨. 凡盡歡金氏之前者, 雖兒戲俗技亦爲之. 寒岡以公兄弟及雪月諸公, 一社相從德業相獎, 語人曰凡人雖有賢父兄, 一家難於盡善烏川一里, 無非君子, 可謂難矣. 西厓語子姪曰: 汝輩不待讀小學, 看日休爲人, 便是小學樣子. 又曰: 凡人賢者未必能, 能者未必賢, 如日休, 可謂兼之矣. 李蒼石埈曰: 日休一言一行, 皆可爲後世模範. 中司馬, 薦除齋郎, 官至翊贊, 卒年七十一, 享洛川祠. 所著有心經質疑."

夜氣箴과 좌우명座右銘을 써서 주셨으며 공부하는 자료로 삼으셨다. 선생이 세상을 떠나시자 공께서는 후학들이 점점 구이口耳의 학문을 숭상하는 것을 보시고 마침내 통렬히 스스로를 독려하시어 충신忠信과 독경篤敬을 근본으로 삼으시고 독서讀書와 강의講義에 힘을 다하셨으며, 더욱 『심경心經』29)과 『근사록近思錄』30) 등의 서적에 힘을 쓰셨다.

---

29) 송나라 眞德秀가 경전과 도학자들의 저술에서 심성수양에 관한 격언을 모아 편집한 책이다. 수록된 내용은 먼저 경전에서 뽑은 것으로 『서경』(1장)・『시경』(2장)・『역경』(5장)・『논어』(2장)・『중용』(2장)・『대학』(2장)・『예기』「樂記」(3장)・『맹자』(12장)의 29장이 실려 있고, 다음에 송나라 도학자들의 글로는 周敦頤의 「養心說」과 『通書』・「聖可學章」, 程頤의 「四箴」, 范浚의 「心箴」, 朱熹의 「敬齋箴」・「求放心齋箴」・「尊德性齋箴」으로 7편이 실려 있다. 명나라의 程敏政은 『심경』에 붙인 주석서인 『心經附註』 서문에서 『심경』에 실린 주석 가운데 진덕수의 『독서기』를 인용한 점을 유의하여 주석이 진덕수의 편집으로만 이루어진 것이 아니라 뒷사람들이 첨가한 것이 있다고 지적하였다. 정민정은 또한 이 서문에서 사람이 사람 된 것은 本心을 잃지 않는 것일 뿐이며, 聖學의 시작과 끝을 이루는 요령이 敬에 있다 하여 '心'과 '敬'을 『심경』의 핵심 개념으로 제시하고 있다. 『심경』은 우리나라에 16세기 중엽인 중종 말, 명종 초에 金安國이 이를 존숭하여 그의 문인 許忠吉에게 전수한 데서 전해지기 시작했다. 이 무렵 『심경』을 가장 중요시한 학자는 李滉이다. 이황은 젊어서 이 책을 서울에서 구해 보고 깊이 연구한 뒤에, "나는 『심경』을 얻은 뒤로 비로소 심학의 근원과 心法의 정밀하고 미묘함을 알았다. 그러므로 나는 평생에 이 책을 믿기를 神明과 같이 알았고, 이 책을 공경하기를 엄한 아버지같이 한다"고 밝히기도 하였다. 金誠一의 기록에 따르면, 1561년(명종 16) 겨울 스승 이황을 모시고 있을 때 이황은 새벽마다 『심경부주』를 한 차례 독송하였다 한다. 이황은 1566년 「心經後論」을 지어서 『심경』의 비중을 사서와 『근사록』에 못지않게 존숭함을 밝히고, 정민정의 『심경부주』와 관련, 작자인 정민정의 인물됨에 관한 논란을 변론하고 『심경부주』의 내용에 陸九淵의 학풍이 섞여 있는지의 여부에 관해서도 변론하였다.

30) 송나라 때 신유학의 생활 및 학문 지침서이다. 1175년 朱熹와 呂祖謙이 周敦頤・程顥・程頤・張載 등 네 학자의 글에서 학문의 중심 문제들과 일상생활에 요긴한 부분들을 뽑아 편집하였다. 제목의 '근사'는 『논어』의 "널리 배우고 뜻을 돈독히 하며, 절실하게 묻고 가까이 생각하면(切問而近思) 仁은 그 가운데 있다"는 구절에서 따온 것이다. 622조의 항목이 14권으로 분류되었는데, 각 권의 편명은 후대의 학자들이 붙인 것으로 굳어진 것으로서, 道體・爲學・致知・存養・克己・家道・出處・治體・治法・政事・教學・警戒・辨異端・觀聖賢으로 구성되어 있다. 주희의 설명에 따르면 학문하는 사람이 그 단서를 구하고, 힘을 쓰며, 자기 몸을 처신하고, 사람을 다스리며, 이단을 구분하고, 성현을 보는 일의 큰 줄기를 다 갖추었다고 한다. 眞德秀의 『心經』과 함께 신유학의 필수 문헌으로 중시되었고, 蔡模의 『近思錄集註』 등 많은 해설서가 나왔다. 한국에

어머니 김씨는 나이가 90을 넘도록 탈이 없었는데 공은 매일 아침 의관을 정제하고 들어가 절하고 친히 머리를 빗겨드리고 얼굴을 씻겨드렸으며, 손수 맛있는 음식을 마련하였다. 김씨 앞에서는 항상 기쁜 모습을 보여드렸으며, 비록 아이들이 희학질하고 세속의 기예라고 하더라도 그것을 해드렸다. 한강 정구는 공의 형제와 설월당 김부륜 형제들과 한 마을에서 서로 어울렸는데, 좋은 일을 서로 권장하여 덕성과 공부가 향상되게 하였다. 한강이 사람들에게 말하기를 "무릇 사람 중에 비록 어진 이가 있더라도 부형과 일가를 이루고 사는 것은 선을 다하는 것보다도 어렵지만, 오천 한 마을에는 군자 아닌 이가 없으니, 가히 어렵다고 할 수 있을 것이다"라고 하였다.

서애 류성룡이 자식과 조카들에게 말하기를 "너희들은 『소학』을 읽을 필요가 없이 일휴당의 사람됨을 보면, 곧 그가 『소학』의 모범임을 알 수 있을 것이다"라고 하였다. 또 말하기를 "무릇 사람이 어진 이가 능력이 있을 필요가 없지만, 능력이 있다고 하는 것이 반드시 어진 것은 아니니, 일휴당과 같은 이는 이 둘을 다 가지고 있다고 할 수 있을 것이다"라고 하였다. 창석 이준도 "일휴당의 말 한마디와 행동 하나는 모두 후세의 모범이 될 수 있을 것이다"라고 하였다.

는 고려 말에 신유학이 수입될 때 들어와 1370년(공민왕 19) 진주목사 李仁敏이 4책으로 복간한 바 있다. 일반 학자들 사이에 널리 퍼진 것은 조선 전기 훈구파의 詞章 중심의 학문을 비판하고 신유학의 요체를 깊이 이해하기 시작한 중종대 사림파 단계에서였다. 『소학』과 함께 중종대 사림파의 상징적인 서적으로 인식되어 기묘사화 후에는 한때 엄격히 금지되기도 하였지만, 李珥의 『격몽요결』 단계에 와서는 학자가 『소학』과 사서삼경 및 역사서 등을 읽은 다음에 탐구해야 할 性理書의 하나로 제시되었다. 그 후 조선 후기까지 학자의 필수 문헌으로 인식되어 수많은 판본이 간행되었으며, 17세기 중반 鄭曄의 『近思錄釋疑』, 18세기 李瀷의 『近思錄疾書』를 비롯한 많은 해설서가 나왔다.

중사마가 천거하여 재랑齋郎에 제수되어 관직이 익찬翊贊에까지 이르렀다. 돌아가실 때 나이가 71세였는데, 낙천사洛川祠에 제향하였다. 지은 것으로 『심경질의心經質疑』가 있다. 시에 "백발이 성성하고 병든 이내 몸이지만 산속의 독서인이라. 차가운 등불에 고요한 방 밤새도록 독서하니 작은 글씨 밝은 창에 가을은 다시 봄이라. 정붙일 곳 얼마길래 맑은 꿈에 둘러싸고 힘은 미약하지만 기대하는 바 있어 늦게 한 공부 새롭네. 무엇으로 인해 마침내 노닐 계획 세우니 자중과 함께 만권의 책을 열어 볼까나"31)라고 하였다.

❶"한 달을 공부하였더니 적막한 물가, 돌아와 보니 몸의 업 새롭지 못함을 한탄하네. 그대에게 진보하라고 권한 지 이미 오래되었는데, 공부의 과정을 따져 보니 오히려 사람을 무너뜨렸을 뿐."32) "편지에서 보여 준 『주자봉사』33)는 진실로 잊지 않고 있습니다. 다만 알 수 없는 것은 공이 여기에서 도를 구하려고 하는 것인지, 아니면 필수적인 과목만을 가져가려고 하는 것은 없는지 하는 것입니다. 전자라면 먼저 여기에서 구하려고 하는 것은 합당하지 않고, 후자라면 두려운 것은 선생께서 아무개(퇴계)가 공을 그르친다고 생각하는 것입니다. 그러므로 오래도록 감히 받들어 보내지 못한 것이니, 지금 다시 보니, 다시 생각해 보게 됩니다. 오늘 성현의 글은 공 등이 모두 과거를 보는 사다리로 보고 있

---

31) 『退溪先生續集』, 권2, 「山中讀書有感」.
32) 『退溪先生續集』, 권2, 「歸家溫繹自歎」.
33) 『주자봉사』는 주희의 저술 가운데 봉사만을 따로 떼어 내어 한 권의 책으로 편집, 간행한 책이다. 이것은 조선주자학이 성립된 이후 당시 조선 사회가 직면한 여러 문제에 대한 해결책을 주희의 봉사에서 찾고자 한 데에 기인한 것이다. 율곡 이이를 비롯하여 우암 송시열 등이 여기에서 많은 영향을 받았으며 국왕 영조와 정조 역시 『주자봉사』를 경연의 자료로 이용했다.

습니다만, 잘 보시면 어찌할 수 없게 된 것이 이미 오래입니다. 하필 선생의 글이 유독 이러한 염려만 하시겠습니까? 마땅히 부응할 만한 것이 있는 것을 따라야 합니다."34)

◑ "선비는 모름지기 큰소리로 격앙하는 의지와 기개가 있어야 합니다. 그런 다음에 세상에 설 수가 있는 것입니다. 근래에 공 등을 보니, 모두 이 세상에 태어났다면 이 세상이 좋아하는 것을 하면 된다는 뜻을 가지고 있습니다. 이러한 기개와 도량이 가득 차서 사분오열四分五裂되면, 상달처上達處를 향하려고 해도 가망이 없고, 또 한나라와 당나라 사이의 인물들이 스스로를 기약한 것보다 못하게 되니, 한때의 잘못이 어떻게 이보다 심하겠습니까? 그러므로 공께서는 주자의 글을 보시고도 망발을 할 뿐입니다. 기실 공께서 이 글을 보려고 하는 것이, 어찌 매우 좋지 않겠습니까?"35)

공이 퇴계선생의 만장에서 "청구靑丘의 운세運勢에 호응해 전하지 못하던 것을 얻어라, 행장行藏과 서권舒卷이 어찌 하늘의 이치를 어기겠나. 전리田里로 돌아가고픈 일념을 강하를 터뜨리듯 결단했지만, 나라를 격정하는 깊은 마음은 하늘에 뜬 일월이었다네. 사림士林을 부식扶植하여 바른 맥락脈絡을 북돋우어 주고, 오도吾道를 창명하여 지나간 성현을 이었다네. 봄바람 같은 인품을 다시 모실 방법이 없으니, 홀로 빈산을 향

---

34) 『退溪先生文集』, 권27, 「答琴夾之 應夾○庚申」.
35) 『退溪先生文集』, 권27, 「與琴夾之」, "昨發狂言, 不覺搪突, 爲愧. 然公勿以老謬爲罪, 而思之, 或不能無少益也. 況所以發此言者, 士須有嘐嘐激昂之志氣, 然後可以樹立於世. 近觀公等, 皆有爲斯世善斯可之意, 以此氣宇, 猒猒四分五裂, 向上事非可望, 亦不以漢唐間人物自待, 一何誤之甚耶? 故因公素觀朱書而妄發耳, 其實公欲觀此書, 豈不甚好? 二冊貼標送去, 照詳爲佳. 但公欲揀取其中, 而五疏皆取者, 蓋先生於每疏, 皆極其忠讜, 本末具備, 去一條則一理闕, 況全篇乎? 無可揀擇, 故如是. 於意云何? 其中戊申封事論當時風俗處, 尤當猛省也."

하여 샘물처럼 눈물을 쏟는다네"라고 하였다.[36]

　퇴계선생을 위한 제문은 다음과 같다. "삼가 생각건대 존령尊靈께서는, 천지의 정수를 품득하고 산하의 기운을 결집하여, 자질이 이미 순수한 데다 포부가 또한 홍의弘毅하셨습니다. 독실히 배우고 힘써 실천하여 오직 위기爲己의 학문만을 임무로 삼았으니, 순서를 따라 진보하면서 꾸준한 노력을 그치지 않았습니다. 안과 밖이 교호交互하여 배양培養하고 동정動靜이 서로 어긋남이 없었으며, 진실을 축적하는 노력이 오래되어 은은히 그 광휘光輝가 밖으로 드러났으니, 윤택한 기운이 얼굴에 나타나고 몸에 넘쳐흘러서, 옥처럼 따뜻하고 금처럼 정결精潔하였습니다. 스승이 없이도 터득하여 명明으로부터 성誠에 이르렀으니, 행하는 것은 법도가 되고 말을 하면 준칙이 되었습니다. 백성들이 그 덕德에 훈습되고 선비들이 그 학學을 사모하여, 격앙하고 흥기해서 선량하게 되지 않는 자가 없었으니, 그 공이 만세에 드리우고 그 은택이 사방에 미쳤습니다. 중년에 과거를 본 것은 단지 녹미祿米를 위한 것은 아니었으나 만년에 다시 돌아와서 은총과 이익에 결코 탐닉하지 않았습니다. 진퇴와 거취는 의리義理에 비추어서 하였으며, 도道를 추구하는 마음이 처음과 끝이 변함이 없었으니, 너무 즐거워서 근심 걱정을 잊고 잠자고 먹는 것조차 돌볼 겨를이 없었습니다. 다들 말하기를 대덕大德은 수고壽考(오래 삶)를

---

36) 이 앞부분에는 다음의 내용이 더 있다. "산과 물이 있는 적막한 기슭에 터전을 잡고는, 四壁이 모두 책과 글인데 經綸에 뜻을 두었다네. 청빈하게 살며 簞瓢의 즐거움을 바꾸지 않고, 始終을 한결같이 도덕의 몸을 온전히 해라. 密勿한 謀猷는 稷과 契의 그것을 따랐고, 정미한 사업은 關과 閩의 그것을 이었다네. 해동의 천 년에 오직 선생님뿐이었는데, 이를 제대로 배운 자가 지금 몇 사람이던가."(卜築溪山寂寞濱, 圖書四壁志經綸, 清貧不改簞瓢樂, 終始能全道德身. 密勿謀猷追稷契, 精微事業繼關閩. 海東千載唯夫子, 善學如今有幾人.)

누림이 끝이 없다고 했는데, 어느 날 하룻밤에 이처럼 갑자기 세상을 떠나실 줄을 어찌 알았겠습니까? 사문斯文이 그 전승傳承을 잃어버리고 후학後學이 어디 의탁할 곳이 없게 되었습니다. 그런데도 하늘은 저리 망망茫茫하기만 하니 울부짖는 애통哀慟이 그 끝이 없습니다. 소자小子 등은 변변치 못한 재능과 우둔한 자질로, 외람되게도 선생을 모시면서 문정門庭을 출입하였습니다. 지칠 줄 모르는 훈회訓誨가 거듭하여 간절하였으나, 스스로 발분發憤하여 노력하지 않아 기질의 변화에 이를 수가 없었습니다. 그러나 지금은 옛 추억일 뿐이니 후회와 부끄러움만 괜히 새삼스럽습니다. 옛날에 들은 말씀을 철습掇拾하여 변함없이 가슴에 복응服膺하면서, 저희들을 가르쳐 주신 은혜를 죽을 때까지 잊지 않겠습니다."37)

---

37) 『陶山及門錄』, 권2, 「琴應夾」, "琴應夾, 字夾之, 號日休堂, 奉化人, 居禮安. 生嘉靖丙戌, 有孝友至行, 早遊先生門, 先生深加重之. 手書日休, 扁其堂, 又書贈夜氣箴·座右銘, 爲用工之資. 先生下世, 公見末學漸尙口耳之習, 遂痛自策勵, 以忠信篤敬爲本, 讀書講義爲務, 尤用力於『心經』·『近思』等書. 母金氏年過九十而無恙, 公每朝整衣冠, 入拜親梳髮洗面, 手執甘旨, 凡盡歡金氏之前者, 雖兒戱俗技亦爲之. 寒岡以公兄弟及雪月諸公, 一社相從, 德業相獎, 語人曰: 凡人雖有賢, 父兄一家難於盡善, 烏川一里無非君子, 可謂難矣. 西厓語子姪曰: 汝輩不待讀『小學』, 看日休爲人, 便是小學樣子. 又曰: 凡人賢未必能, 能者未必賢, 如日休可謂兼之矣. 李蒼石埈曰: 日休一言一行, 皆可爲後世模範. 中司馬, 薦廬陰齋郎, 官至翊贊. 卒年七十一, 享洛川祠. 所著有『心經質疑』. 詩白髮星星一病身, 山中曾是讀書人, 寒燈靜室夜還書, 細字明窓秋復春, 戀係幾番淸夢繞, 力微猶冀晩功新, 何因得遂重遊計, 與子重開萬卷親. ◑一月攻書寂寞濱, 歸來身業歎靡新, 勸君欲進須持久, 計較工程却壞人. 書所示『朱子封事』, 固不忘矣. 但未知公欲求道於此耶, 抑無乃欲剽掠爲科目之需耶? 由前則不當先求於此; 由後則恐先生以某爲誤公, 故久而不敢奉送, 今承示更思之. 今聖賢之書, 公等皆視爲決科之階梯, 而熟視無如之何久矣. 何必於先生書獨有此慮乎? 從當奉副盛意. ◑士須有嘐嘐激昂之志氣, 然後可以樹立於世, 近觀公等, 皆有爲斯世善斯可之意, 以此氣宇厭厭四分五裂, 向上事非可望, 亦不以漢·唐間人物自待, 一何誤之甚耶? 故因公素觀『朱書』而妄發耳, 其實公欲觀此書, 豈不甚好? 公挽先生詩, 應運靑丘得不傳, 行藏舒卷肯違天, 歸田一念江河決, 憂國深誠日月懸, 扶植士林培正脈, 倡明吾道續前賢, 無緣更侍春風座, 獨向空山淚進泉. ◑祭先生文, 伏惟學靈, 稟天地精, 鍾山河氣, 資旣純粹, 志亦弘毅, 篤學力行, 惟務爲己, 循序而進, 勉勉不已. 內外交養, 動靜不違, 眞積力久, 闇然光輝, 面睟背盎, 玉溫金精, 非由師得, 自明而誠, 行而爲法, 言而爲則. 民薰其德, 士慕其

3) 「스스로를 경계하는 여덟 수」

성이 정을 따라 옮겨 가면 마침내 그 처음을 잃게 되리니

性逐情移遂喪初

혼미함을 깨치고 막힌 것을 통하게 함은 독서에 힘쓰는 데 있어라

開昏通塞在勉書

성현이 드리워 준 가르침 어리석은 이들에게 절실하니　訓謨垂示群蒙切

의리를 밝혀 무르녹으면 스스로 터득함이 넉넉하리라　義理昭融自得餘

밝은 눈·밝은 귀를 귀먹고 눈멀게 하지 말고　莫遣聰明聾瞽似

모름지기 글 뜻 알기를 도량처럼 익숙히 하라　須知意味稻梁如

의리 탐구는 마음을 전일하게 함에 달려 있으니　研窮業在心專一

무엇보다도 주경공부 성글게 말라　主敬工夫且莫疎

이상은 독서이다 【右讀書】

작은 나의 이 몸 부모로부터 나누어졌으니　貌我身從父母分

내 몸을 공경히 하지 않음은 나의 부모 멸시하는 것이라

吾身不敬慢吾親

하늘이 나에게 준 것 만물과는 다르나　天之與我異於物

내 만일 하늘에 무람하다면 누가 그것을 인이라 하리오

我若褻天誰曰仁

반드시 네 몸 삼가기를 큰 제사 받들듯이 하고　必飭爾躬如大祭

어두운 방에서도 밝은 신神을 대하듯이 하라　有幽其室對明神

보고, 듣고, 말하고, 움직이는 것이 모두 도리를 따라야 하리니

視聽言動皆循理

學, 激昻興起, 莫不善良, 功垂萬世, 澤及四方. 咸謂大德, 壽考無疆, 那知一夕, 奄至易簣, 斯
文失傳, 後學無托. 嗚乎小子, 出入門庭, 不倦之誨, 反復丁寧, 憤悱未至, 變化不得. 追思今日,
徒增悔恚, 庶拾舊聞, 服膺無斁."

그런 연후에야 몸을 공경히 했다 할 수 있으리라　　　然後謂之能敬身
이상은 몸을 공경히 함이다【右敬身】

형기로부터 나오는 까닭에 위태로울 뿐이니　　　發於形氣故惟危
짧은 순간이라도 놓아 버리면 천리 밖으로 달아나 버리네

　　　　　　　　　　　　　　　　　　　一刻放之千里馳

본성은 지금까지도 요임금같이 선하지만　　　本性向來堯共善
이기심이 발동되면 도척과 함께 돌아가리라　　　利心纔動跖同歸
자기의 사사로움 이겨내기를 원수 공격하듯이 한다면　己私克若攻仇敵
삼감이 절실하고 엄격하기가 부모와 스승을 대한 듯하리라

　　　　　　　　　　　　　　　　　　　戒愼切嚴對父師

남상도 본래 작은 물방울로 시작되었으니　　　觴濫本從涓滴始
마음잡기는 은미할 적에 막는 것을 더욱 귀하게 여긴다네

　　　　　　　　　　　　　　　　　　　操心尤貴在防微

이상은 마음을 잡음이다【右操心】

말을 함부로 하지 말지니 불행의 원인이 되느니라　　無易由言禍所因
이불을 함께 쓰더라도 생각이 다르거늘 하물며 친한 이가 아님에랴

　　　　　　　　　　　　　　　　　　　同衾異意況非親

병처럼 입을 막아야 함은 나라에 도가 없어서이니　宜如瓶守邦無道
사당 안에 있는 이의 굳게 함구함을 배우도록 하라　且學金緘廟有人
시비를 잡고 가벼이 혀를 놀리지 말 것이니　　　莫把是非輕掉舌
예나 이제나 얼마나 많은 이들이 몸을 망치었던가　幾多今古致亡身
글을 닦음은 본시 실정 밝힘을 귀하게 여기나니　　修辭本貴明乎實
말만 잘하는 이들에겐 예부터 인이 드물었느니라　利口從來鮮矣仁
이상은 말을 삼감이다【右愼言】

성난 기운 타오르는 것 불과 같고　　　　　　　　　　忿氣焚如火一般

칠정은 욕심 덩어리라 제지하기 어려워라　　　　　　七情惟欲制之難

몸을 망침도 기실 털끝같이 미세한 것으로부터 시작되니　敗身實自毫芒細

외물에 응함에 기량을 너그럽게 할 것이다　　　　　　應物須求器量寬

만일 마음가짐을 고요한 물과 같이 한다면　　　　　　倘使持心如止水

끝내는 힘을 얻게 하여 산도 무너뜨릴 수 있으리　　　終然得力驗摧山

약산의 경계를 그대는 알지 못하는가　　　　　　　　藥山有戒君知否

귀국의 떠다니는 배처럼 한순간이라네　　　　　　　鬼國漂船一瞥間

이상은 성냄을 제어함이다【右制忿】

두렵고 두려워라 참소하는 입이여, 옛 분들도 근심하셨네　嘵嘵讒口昔人憂

하물며 지금 같이 풍속이 더욱 변해 버렸음에랴　　　　何況如今俗益渝

비방이 쌓이면 뼈까지 녹임을 뉘라서 알 수 있으리　　積毀誰知到銷骨

추위를 막으려면 갖옷을 껴입어야 하듯이　　　　　　禦寒要亦在添裘

시끌시끌하여도 말로써 서로 분별하지 말고　　　　　呶呶勿用言相辨

부지런히 더욱더 덕 닦기만을 생각해야 한다네　　　　勉勉惟思德益修

원화 연간에 비방 당한 이들에게 말하노니　　　　　　寄語元和遭謗者

인을 행하며 자신을 진실 되게 다스려야 할 것이네　　蹈仁須作理身諒

이상은 비방을 그치게 함이다【右彌謗】

삼한의 빛나는 업적 시작된 후로　　　　　　　　　　粤自三韓奕業開

조상님의 남기신 은택 모두 아득해졌구나　　　　　　祖先遺澤儘悠哉

그 법도는 모두 시경과 서경에서 나왔으며　　　　　　規模本自詩書出

근본과 끝도 모두 효도와 우의에서 유래하였네　　　　源委都從孝友來

선과 인을 쌓고 거듭해야 경사를 이룰 것이요　　　　積善累仁能致慶

무당을 섬기며 복을 구하면 반대로 재앙이 있으리라　　事巫祈福反招灾

단지 네 가지 가르침으로 집안의 법도를 바르게 한다면　但將四敎正家法

옛날의 업적 오늘 다시 회복할 수 있으리라　　　　　　旧業庶看今再恢

이상은 집안을 바르게 함이다 【右正家】

이웃 간에 서로 보호하고 돕는 것은 예경에도 나와 있으니

　　　　　　　　　　　　　　　　　　　　　　相保相周著禮經

오직 서로 화목하게 지낼 것이요 어찌 서로 다투겠는가

　　　　　　　　　　　　　　　　　　　　　　維求相睦豈相爭

함께 배불리 먹고 마시며 닭과 돼지로 한 동아리가 될 것이요

　　　　　　　　　　　　　　　　　　　　　　共期醉飽鷄豚社

절대로 시끄럽게 다투며 송사를 벌려선 안 될 것이네　切戒喧呼雀鼠庭

남는 여유가 있으면 바로 이웃의 급함을 도와줄 것이요

　　　　　　　　　　　　　　　　　　　　　　直斥贏餘資緩急

탐욕과 사나움으로 고아와 외로운 이를 업신여기지 말 것이네

　　　　　　　　　　　　　　　　　　　　　　莫將貪暴侮孤惸

남전 여씨의 향약 그것을 탐구한다면　　　　　藍田有約如能討

어찌 예속을 오늘날 이루지 못할까 근심하리요　禮俗何憂今不成

이상은 이웃과 화목함이다 【右睦隣】 38)

4) 「읍청정 김공 묘지명」

　공은 가정 4년 8월 정유에 태어나서 만력 10년 4월 병오에 돌아가셨
으니, 향년 58세이다. 공의 성姓은 김씨金氏이고 휘는 부의富儀이며 자는
신중愼仲이고 자호는 읍청挹淸이다. 그의 선대는 광산인光山人으로 고려조
에 광존光存이라는 분이 계셨는데, 그는 지문하성사知門下省事를 지냈고

---

38) 『日休勉進聯稿』, 권1, 「自警八首」.

읍청정 현판

읍청정 전경

공의 11대 선조이시다. 그 후대는 벼슬을 대대로 받았는데, 휘 회실공淮
實公에 이르러 대부가 되었는데, 공은 음성 현감으로 병조참의를 제수
받았다. 대부는 성균관 생원으로 이조참판으로 추증되었고 휘는 효로孝
盧이다. 아버지는 가선대부, 강원도 관찰사 겸 병마영군절도사로 휘는
연緣이며, 어머니는 정부인 창녕조씨 진사 치당致唐의 따님이시다. 참판
공 때부터 예안현禮安縣 치남治南 오천촌烏川村에 거처하기 시작하였고 마
침내 현인縣人이 되었다.

공은 어려서부터 가정에서 훈도를 받았고 시서詩書를 부지런히 공부
하여 유학儒學을 업으로 삼았다. 갑진년에 부친상을 당하였는데, 형인
부필富弼과 함께 상례를 치렀는데, 상장喪杖을 훼손하고 일어날 수 없었
다. 상례를 마치고 모부인母夫人을 모시고 아침저녁으로 봉양하였는데,
조금도 게으름이 없었다. 을묘에 사마시에 합격하는데, 병신 겨울에 모
부인이 돌아가셨다. 형제가 이전과 같이 상복을 입고 안동安東 풍현豊縣
양곡리陽谷里에서 거상居喪하였다.

선대의 기업이 있어 공에게 나누어 주었는데, 공은 끝내 돌아가 형
의 큰집에 건물을 짓기를 기꺼워하지 않았다. 날마다 문안을 드렸고 전

奠을 올리기를 편안히 하였으니, 화합하였고 또 조화로웠으며, 즐겁게 하였고 근심을 잊게 하였다. 그 우애友愛의 돈독함을 미루어 보면, 당표형제堂表兄弟39) 5~6인과 함께 한 마을에서 살았는데, 모두 예禮를 강론하고 의義를 행했으며, 족친族親과 화목하고 인륜을 두텁게 하는 것을 일삼았다. 매번 좋은 시절이나 아름다운 경치를 만나면 어디를 가든지 함께 회합하였는데, 혹 술잔을 기울이기도 했고 시를 읊기도 했으며, 기쁨이 무르익으면 파하였다.

병자에 큰형이 질병에 걸렸을 때에는 약을 올리고 아침저녁으로 모시기를 부지런히 하고 게으름이 없었다. 이때 전조銓曹에서 추천하여 참봉으로 제수하였지만 부임하지 않았다. 겨울 공은 풍질風疾에 괴로워하며 집밖을 나갈 수 없었다. 큰형이 마음이 위축되어 볼 수가 없었고 다만 고통을 나누고자 하는 마음을 품을 수밖에 없을 뿐이었다. 정축 겨울 큰형이 죽자, 울부짖으며 애통해했다. 거의 위험할 뻔했으나 겨우 모면할 수 있을 정도였다.

처음 관찰공은 양곡陽谷 가까운 곳에 죽담竹潭의 승경을 얻을 수 있어, 물러나 쉴 곳을 일구고 경영하려고 하였으나 성취하지 못하고 죽었다. 공의 형제는 일찍이 이것을 매우 한스럽게 생각하였다.

경진 여름 병든 몸으로 가서 재물과 역량을 다해서 정자를 세워서 지명志名을 만들려고 했으니, 대개 큰형이 정자를 만들려고 한 것을 알았고 영원히 사모하고자 하는 뜻을 깃들이게 하고자 한 것이다. 이후 오천烏川의 옛집으로 돌아와 거의 질병이 없게 되었다. 한 번 정자에 올

---

39) 堂姑表兄과 堂姑表弟를 총칭하는 말이다.

라 옛날을 슬퍼하는 감정을 펼 수 있게 되었다. 그러나 겨우 1년 만에 죽게 되었으니, 인간 세상의 슬픔이 왜 이런 것인가?

공께서는 순수하고 아름다운 자질을 가지고 태어나 퇴계선생의 문하에 나아가 배움의 핵심을 들을 수가 있었고, 의리와 이익의 구분을 깊이 알게 되었으며, 득실에 대해서 너무 좋아하지 않으셨고 산업産業을 일일이 경영하려고 하지 않으셨다. 공손하게 윗사람을 섬기셨고, 조화롭게 아랫사람을 접대하셨다. 모든 족당族黨과 지구知舊들이 공에게 유감이 있었다는 것은 듣지 못하였다.

응협은 공에게 표제表弟가 되는데, 공보다 한 살이 어렸다. 어려서부터 흰머리가 날 때까지 그 사이의 세월이 지금 57~8년이 되었으니, 그들이 종유한 기간은 오래되었으며, 서로에게 호의를 가진 것이 돈독하였다. 서로에게 경계의 말을 권한 것들이 부지기수였으니, 어떻게 그들의 관계를 쉽게 알 수 있겠는가? 가만히 그들이 평소에 알고 있었던 것으로 살펴보면, 그들은 온후하고 소박하였으며 단정하고 굳은 사람들이었다.

공의 성품은 선을 좋아하고 악을 싫어하였으며, 고요함을 지키고 다른 것을 구하는 것이 없으셨다. 공의 의지는 안으로는 효도하고 우애가 있었으며, 밖으로는 공손하고 공경하였다. 공의 행실은 아, 공의 덕행은 이와 같았으나, 장수를 누리지도 영예를 누리지도 못했으니, 선을 행하는 자들을 의혹되게 하고, 하늘이 보답해 준 것이 어떻게 이렇게 아득한 데에까지 이르게 하였던 것인가?

공은 먼저 안동권씨 습習의 여식에게 장가갔다가 후에 가평이씨의 여식에게 장가를 갔다. 아들인 해垓를 두었는데, 권씨의 소생이다. 힘써 배워서 문체가 있었고 예를 좋아하고 의를 숭상하였다. 공의 남은 경사는 장차 후대에 드러날 것이다. 손자가 1명 손녀가 3명인데, 모두 어리다. 그해 가을 7월 29일 갑신에 예안현 서쪽 지례촌知禮村 남향 언덕에 장사지냈다. 참판공 묘소와의 거리가 600~700보에 지나지 않는다. 묘지명은 다음과 같다. "선비가 불우한 생을 사는 것은 천명이 일정하지 않아서다. 옥돌을 부여잡은 것을 어떻게 슬퍼하겠는가? 끝내 빛을 잃지 않으셨다. 공의 덕은 세월이 갈수록 더욱 아름다울 것이며, 후대에 넉넉히 드리워 영원토록 다함이 없을 것이다. 만력 10년 7월에 표종제 전행 경릉참봉 봉성현 금응협은 삼가 기록하다."[40]

---

40) 『日休勉進兩先生聯稿』, 권1, 「把淸亭金公墓誌銘幷序」, "公生於嘉靖四年八月丁酉, 卒於萬曆十年四月丙午, 享年五十八. 公姓金氏諱富儀, 字愼仲, 自號把淸. 其先光山人在高麗有曰光存, 知門下省事者公十一代祖也, 其後聯芳接武簪纓世世至諱淮實, 公曾大夫陰城縣監贈兵曹參議, 大父成均生員贈吏曹參判諱孝盧. 考嘉善大夫江原道觀察使兼兵馬永軍節度使諱緣, 妣貞夫人昌寧曺氏進士致唐之女. 自參判公, 始居禮安縣治南烏川村, 遂爲縣人焉. 公自少承訓家庭, 勤事詩書, 以儒學爲業. 歲甲辰丁外艱, 與兄富弼, 執喪致毀杖而不能起. 服闋, 侍母夫人, 奉養晨昏, 未嘗少懈. 乙卯中司馬試, 丙申冬母夫人沒. 兄弟持服如前喪安東豐縣陽谷里, 有先業而分付於公, 公終不肯歸卜築於兄室之愧. 日日候省, 奠之怡怡, 旣翕旦和, 樂而怠憂. 推其友愛之篤, 與堂表兄弟五六人同在一社, 俱以講禮行義, 睦族厚倫爲事. 遇良辰美景則隨處共會, 或酌或詠每至歡洽而罷. 丙子伯氏有疾侍藥早暮辛勤不怠. 時, 銓曹用郎應授參奉不赴, 冬公, 罹風疾不能出戶庭, 兄弟相腋不得見, 惟懷分痛之念而已. 丁丑冬, 伯氏歿, 號慟之極, 幾危而得保. 初觀察公, 於陽谷近地, 得竹潭之勝, 欲構退休之所經營未就而卒, 公之兄弟嘗以此爲無窮之恨. 庚辰夏, 輿疾而往, 殫財竭力, 陶鳩作亭以先志名, 盖識其所以作而寓永慕之意也, 旣而反烏川舊居, 庶幾無疾病. 一登于亭以抒其愴舊之懷, 纔一歲而沒, 人世之悲何如也? 惟公以淳美之質, 遊退溪先生之門, 得聞爲學之要, 深知利之分, 不屑屑於得失, 不營營於産業. 恭以事上, 和以接下. 凡族黨及知舊, 未聞有致憾於公者也. 應夾於公爲表弟, 而少公一歲, 自垂髫至於戴白其間月日, 于今五十有七八年矣. 其從在久, 其好也篤, 相與勸戒之者, 不知其幾何? 竊以平昔之所知者而夷考之, 溫厚朴素, 端莊貞固. 公之性也, 好善惡惡守靜無求. 公之志也, 內而孝友, 外以遜悌. 公之行也, 嗚乎, 公之德行如是而不得其壽, 不得其祿, 使爲善者惑. 天之報施何至此茫茫耶? 公先娶安東權氏習之女, 後娶嘉平李氏忘義衛耻之女有一子曰垓, 權氏出也. 力學而有文, 好禮而尙義. 公之餘慶其將發於後也歟. 有孫男一, 女三皆幼. 以其年秋七月二十九日甲申, 葬于縣西 知禮村南向之原. 違參判公墓六百步許也, 銘曰: 士之不遇, 命之靡常, 抱璞何悲, 終不埋光, 惟公之德, 愈久愈芳, 垂裕後昆, 其永無疆, 萬曆十年七月日, 表從弟前行敬陵參奉鳳城琴應夾謹誌."

5. 「발문」

아, 우리 가문의 선조 일휴당선생께서는 퇴계선생의 문하에 종유하여 독실하게 배우시고 정밀하고 절실하게 기억하셨다. 동문의 제현들이 그를 앞자리에 추천하지 않는 이들이 없었다. 서애 류성룡 선생은 "내가 일휴의 사람됨을 보니, 그는 『소학』의 모범이다"라고 하셨고, 창석 이준은 그의 묘비에 제題하면서 "말 한마디 행동 한 가지가 모두 후세의 모범이 될 수 있으며, 그의 바른 용모, 순수한 자품, 아름다운 재주와 학문에 이르면, 나의 소견으로는 일인자일 것이다"라고 하였다. 대개 선생의 학문의 공력에는 본래 연원이 있는데, 진실한 공력은 실천하지 않음이 없는 것이니, 사우師友 간에 보낸 왕복 서신이 많지 않은 것은 아니지만, 여러 차례 가화家火를 겪어 전혀 남아 있는 것이 없고, 쓸쓸하게 지금 수백여 년이 되었다.

종손인 남규 씨가 항상 모아서 묶으려고 하였는데, 거두어들여 기록한 것이 장狀, 지誌, 묘갈墓碣, 시문詩文 약간일 뿐이었다. 불행히도 뜻은 있었지만 성취하지 못한 것이다. 그의 아우 형규 씨가 맏형의 유의遺意로 나를 찾아와서는 "선조의 유고가 매우 부족하여 혹 사우들의 집안에 있는 고적古蹟을 찾아 얻어 책을 만들려고 하였으나, 살아 있는 동안에 할 수만 있다면, 죽어도 여한이 없겠습니다"라고 하였다. 나는 이에 얻는 것마다 글을 써서 부록을 합해서 상하편上下篇을 만들었다. 또 『심경질의전집』과 『심경질의문목』 각각 1권을 얻었으니, 이전 원고에 비하면 겨우 3분의 2에 해당하는 것이었다. 그러나 선생의 학문적 조예는 퇴계선생의 문집에 있고, 덕업과 행의는 여러 선생들이 찬술贊述한 것에 있으니, 장차 어떻게 할 것인가? 여기에 또 용렬하고 고루한 문손門孫의 군말은 어떻겠는가?

갑술 단양절 문예손門裔孫 우열은 삼가 기록하노라. 『일휴면진양선생연고』 권1에 있다.[41]

6. 면진재의 한평생

선생은 휘가 응훈이고, 자는 훈지이며, 봉화 사람이다. 고려왕조 금자광록대부태학사를 지낸 휘 의가 그의 먼 조상이다. 10대를 지나서 휘 우공은 내부 영윤을 지냈고, 처음으로 봉화에 거하게 되었다. 이분이 휘 이화를 낳으시니, 통례문 지후를 지냈다. 이분이 휘 척을 낳았으니, 장사현감을 지냈다. 이분이 휘 혜를 낳았으니, 생원이었다. 이분이 휘 간을 낳으시니, 생원이었고 성주판관을 지냈다. 이분이 휘 치담을 낳으시니, 생원이었고 사도시첨정을 지냈다. 이분이 휘 재를 낳으시니, 힘써

---

41) 『日休勉進聯稿』, 권1, 「跋」, "嗚乎, 門先祖日休堂先生, 遊陶山之門, 篤實之學, 精切之識. 同門諸賢, 莫不推爲前列, 而西厓先生曰: 余見日休之爲人, 這是小學樣, 于蒼石李公題其墓曰: 一言一行, 皆可爲後世模範, 而至其容貌之正, 資稟之粹, 才學之美, 則以余所見, 一人而已. 盖先生學問之工, 自有淵源, 眞實之工, 莫非踐履, 則師友間往復文字, 不爲不多, 而屢經家火, 蕩然無存. 寂寥今數百餘年矣, 宗孫南圭氏, 常欲袞輯, 而其所收錄者, 不過狀誌碣詩祭文若干而已. 不幸有志而未就. 其弟衡圭氏以伯氏公遺意, 托佑烈曰: 先祖遺稿甚零星, 或可搜得士友家古蹟, 寫成編帙, 以壽世則死亦無恨矣. 佑烈乃隨得隨書, 合附錄爲上下篇. 又得心經質疑前集問目各一卷, 比前稿殆三分之二焉. 然先生之學問造詣, 老先生文集在, 德業行義諸先生贊述在, 其將何與? 於此而又何庸孤陋門孫之容贅也哉? 歲甲戌端陽節門裔孫佑烈謹識. 日休勉進兩先生聯稿卷之一."

공부하여 지키는 것이 있었다. 고을에 이름이 났고, 예안훈도가 되었으며, 퇴계선생이 그 묘지를 지었으니, 바로 선생의 아버지이다. 참판에 추증된 광주김씨 효로의 딸에게 장가들어 예안 오천리에서 처가살이를 하였다. 두 아들을 두었는데, 장남은 휘가 응협이고 호는 일휴당이며, 둘째가 곧 선생이다.

일휴선생은 지극한 효성으로 소문이 났다. 선생은 어려서부터 오직 형을 본받았는데, 어버이 곁에서 날마다 놀이를 할 때에도 뜻을 어기는 빛이 없었다. 성장해서는 형과 함께 퇴계선생에게서 수업을 받았다. 독실한 뜻을 가지고 부지런히 공부하여 스승의 가르침을 가슴에 간직하였고, 『심경』과 『역학계몽』 등과 같은 책에 마음을 침잠시켜 분명하게 이해하지 못하는 것이 없었다. 일찍이 그의 집에 "면진"이라는 편액을 달았는데, 스승이 손수 써서 명명해 준 것이었다. 또 한서암 곁에 집을 짓고 아침저녁으로 스승의 가르침을 받는 터전으로 삼았다. 퇴계선생의 시에 이른바 "금생이 초가집을 지었는데 우리 남계 모퉁이에 있다"라고 하였는데, 바로 이것이다.

이때 선생의 형제(금응협과 금응훈) 및 내형인 후조당後彫堂 김부필金富弼, 읍청정挹淸亭 김부의金富儀, 산남山南 김부인金富仁, 양정당養正堂 김부신金富

후조당

탁청정

信, 설월당雪月堂 김부륜金富倫 등 여러 선생들이 한 마을에 살면서 동문수
학하였는데, 나가서는 스승에게 강론하고 질의하였으며, 물러나서는 스
승에게 들은 것을 책상을 맞대고 강론하고 토론하였으니, 한강 정구 선
생이 일찍이 "오천의 한 동네가 모두 군자로다"라고 칭찬하였고, 후세
사람들은 여기에 기인하여 마을의 이름을 "군자리君子里"라고 하였다.

　1570년(선조 3)에 생원시에 합격하였다. 임진왜란 때 온 고을에서 선
생을 의병도총으로 추대하였다. 1594년(선조 27)에 약포藥圃 정탁鄭琢(1526~
1605)[42] 선생이 "집안에 거처함에 효성스럽고 우애가 있어 사림에서 표
본으로 삼는다"라고 고하여 천거하니 사관祠官에 제수되었다. 1595년(선
조 28)에 품계를 뛰어넘어 6품으로 승진시켜 영춘현감에 제수하였고, 임
기가 다하여 교체되자 다시 제천현감에 임명하였다. 관직에 있으면서
남다른 업적을 많이 남기니, 고을 사람들이 비석을 세워 떠난 뒤에 추모
하는 마음을 가졌다. 1600년(선조 33)에 스승의 문집을 간행하였다. 이때
선생은 의흥현감에 임명되었는데, 동문의 여러 선배들이 모두 선생이
아니면 이 일을 주간할 수 없다고 하였다. 드디어 사직의 글을 올리고

---

42) 鄭琢의 본관은 淸州이고 자는 子精이며 호는 藥圃 또는 栢谷이다. 1552년 성균관 생원
시를 거쳐 1558년 식년 문과시에 병과로 급제하였다. 1565년 정언을 시작으로 하여
예조정랑·헌납 등에 제수되었다. 1568년 춘추관기주관을 겸직하면서 『明宗實錄』 편
찬에 기여하였다. 1572년 이조좌랑을 역임하였으며 도승지·대사성·강원도관찰사
등을 역임하였다. 1581년 대사헌에 제수되었으나 장령이었던 來庵 鄭仁弘과 지평이
었던 懷齋 朴光玉(1526~1593)과의 의견 마찰로 인하여 이조참판으로 전임되었다.
1582년 명나라에 진하사로 다녀온 이후 대사헌에 다시 재임되었다. 이후 예조판
서·형조판서·이조판서를 역임하였다. 1592년 임진왜란이 발발하자 좌찬성의 신분
으로 선조를 의주까지 호종하였다. 1594년 郭再祐(1552~1617)와 金德齡(1567~1596)
등의 의병장을 천거하였으며, 1595년 우의정이 되었다. 1597년 정유재란이 발발하
였으며 이때 옥중의 李舜臣(1545~1598)을 적극적으로 변호하여 죽음을 면하게 하였
다. 1599년 병으로 귀향하였다가 1600년 좌의정에 승진되었으며 판중추부사를 거쳐
1603년 영중추부사에 올랐다. 저서로는 『藥圃集』·『龍灣聞見錄』 등이 있다.

『사서석의』 상·하

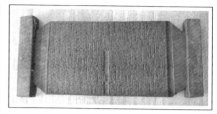

『사서석의』 목판

부임하지 않았으며, 처음부터 끝까지 감독하여 큰일을 완수하였다.

또 『사문세보』와 『사서석의』를 교정해서 간행하였고 발문을 지어서 떨쳐 발현시켰다. 도산서원에서 선비를 양성하고 학문을 강론할 때 사용하는 물품 수급에 있어서도 대부분은 선생이 처리한 것이었으며, 강론의 자리를 주관한 것도 10여 년이나 되었다. 우복愚伏 정경세鄭經世(1563~1633)[43] 선생과 창석蒼石 이준李埈(1560~1635) 선생도 또한 일찍이 『주역』과

---

43) 鄭經世의 본관은 晉州이고 자는 景任이며 호는 愚伏이다. 1578년 경상도 향시에 응시하여 생원과 진사시에 합격하였다. 1582년 會試에서 진사에 뽑혔으며 1586년 알성문과 을과로 급제하여 승문원부정자에 제수되었다. 1588년 예문관검열 및 춘추관기사에서 通仕郎待敎로 승진하였다. 1596년 이조좌랑과 시강원문학을 겸하였으며 영남어사의 명을 받아 禦倭鎭營을 순시하고 돌아왔다. 돌아온 이후 경연시독관·춘추관기주관을 겸임하였다가 이조좌랑과 시강원문학을 겸하게 되었다. 1598년 2월 승정원우승지에 제수되었고 3월에는 승정원좌승지로 승진하였다. 4월에는 경상감사로 발령되었다. 1600년 寧海府使에 임명되었으며 당시 남을 모략하고 투서가 심한 풍습을 교화하였다. 그해 겨울 정경세는 고향으로 돌아왔다. 당시 조선은 당쟁이 심화되었기 때문에 그는 여러 번 소명을 받았으나 정계에 진출하지 않고 고향에서 학문에 전념하며 存愛院을 설치하여 고을 사람들의 병을 무료로 진료해 주었다. 1607년 대구부사에 나아가 치적을 올렸다. 1609년 동지사로 명나라에 다녀왔으며 1610년 4월 성균관대사성이 되었다가 10월에는 외직을 요청하여 나주목사에 임명되었다가 12월 전라감사로 임명되었다. 1623년 3월 홍문관부제학으로 제수되었으며 이후 대사헌·승정원도승지·의정부참찬·형조판서·예조판서·이조판서·대제학 등을 역임

『역학계몽』에 보이는 의심스러웠던 의미들에 대해 질문한 적이 있는데, 창석이 일찍이 자신이 들어보지 못한 것을 들었다고 감탄하였지만, 그가 들어보지 못한 것이 또한 어찌 한계가 되겠는가? 퇴계선생이 돌아가신 뒤로 문하에 있던 제현들이 차례로 세상을 떠났지만, 선생이 우뚝 홀로 남아 계셨으니 스승의 남은 가르침으로 후학을 장려함에는 선생의 힘이 많았다.

선생은 1540년(중종 35)에 출생하여 1616년(광해군 8)에 돌아가셨으니 향년 77세였다. 묘소는 예안현 서쪽 지례촌 훈도공 산소 아래 좌자의 언덕에 있다. 부인 장수황씨는 목사 이의 따님이고, 두 번째 부인 안동권씨는 집의 대기의 딸이다. 생몰과 장례의 일은 『자손록子孫錄』에 실려 있다.

선생의 성품과 법도는 순수하고 깊었으며, 기질은 화평하고 돈독하였다. 정밀하고 밝은 식견에다가 독실한 공부를 더하였다. 스스로 스승의 가르침을 공경스럽게 받들어, 이미 여러 선배들이 높이 받들어 귀중하게 여겼고, 경륜과 기국 또한 여러 사람들의 마음을 설복시켜 큰일을 처리하기에 충분하였다. 이 때문에 고을에서 의병을 일으킬 때 주곡主穀의 임무를 맡도록 천거하였고, 사문의 큰 역사에 일을 주간하는 책임을 맡겼으며, 10년 동안 장로의 자리에 있으면서 사림에게 공경을 받는 사람이 되었다. 그러나 애석하게도 선생이 돌아가신 뒤 몇 해 동안 집안의 후사가 여러 번 단절되어 징험해 볼 문헌이 없고, 지금까지 근거할 수 있는 것이라고는, 다만 창석이 편찬한 「유사遺事」 약간의 조목 및 여러 선배들의 만사와 뇌문이 있을 뿐이며, 당시 공부하신 차례와 벼슬하

하였다. 저서로는 『愚伏集』·『喪禮參考』가 있다.

신 이력은 모두 찾아낼 수가 없게 되었다.

그러나 『퇴계전서』 가운데 선생의 형제에게 보낸 서찰과 시문이 무려 수십 편이나 있어서, 장차 천지와 더불어 보존될 수 있으니, 백세 이후에도 여전히 스승에게 강론하고 질의한 자취를 볼 수 있을 것이다. 일휴선생은 독실한 공부와 순수한 행실로 동문들의 앞줄에 있었으니, 서애 류성룡 선생이 일찍이 그를 "소학양자小學樣子"라고 칭찬하였고, 대암大菴 박성朴惺(1549~1606)[44]은 오천리 여러 군자들을 품평하면서 특별히 공을 칭송하여 '형을 좇아 어김이 없었다'라고 하였으니, 선생을 알고자 하는 후인들은 그것을 백씨에게서 찾아보는 것이 좋을 것이다. 오직 바라는 것은, 세상에서 받들어 모시는 군자들께서는 이 소략한 글로써 의견을 채택하지 말라는 것이다.

방예후손 통훈대부행사간원정언 시술(1783~1851)[45]이 쓰다.[46]

---

44) 朴惺의 본관은 密陽이고 자는 德凝이며 호는 大菴이다. 1592년 임진왜란이 발발하자 招諭使로 활동 중이었던 金誠一의 참모로 종사하였으며, 정유재란 때는 趙穆과 상의하여 의병을 끌고 體察使 李元翼의 막하에 들어갔다. 임진왜란 이후 世子師傅에 임명되었으나 부임하지 않았으며 나중에 司圃署司圃가 되었고 공조좌랑을 거쳐 安陰縣監에 부임되었다. 임진왜란 중 명나라 군사를 접응하였으며 장정을 동원하여 군인을 충당하였으며 보급물자를 호송하고 병기를 수리하는 등의 공적이 많았다. 조정에서 이와 같은 공적을 치하하여 공조정랑·翊衛司衛率 및 林川郡守·永川郡守·益山郡守·通禮院相禮·청송부사 등에 임명하였으나 모두 부임하지 않았다. 박성은 格物致知와 誠心正己의 학문을 추구하였고 과거에 대한 뜻을 버렸으며 孔孟의 글을 정독하였다. 그는 교우관계에 있어서 사람됨을 매우 중요하게 여겼다. 처음에는 정인홍과 교류하며 사이가 좋았으나 그가 대사헌이 되면서부터 일을 마음대로 처결하는 것을 보고 못마땅하게 여겼다. 그러다 정인홍이 『南冥集』의 발문에 이황을 배척한 문구를 보고 절교하게 되었다. 반면에 김성일의 참모로 전란기에 활동하였을 때 상황이 매우 불리해지자 김성일이 도망갈 것을 박성에게 요청하였지만 그는 끝내 떠나지 않았으며, 또한 김성일이 역질에 걸려 모두 피하였으나 그는 끝까지 김성일의 곁을 지켜 간호하였다. 저서로는 『大菴集』이 있다.

45) 琴詩述의 본관은 奉化이고 자는 繼聞이며 호는 梅村이다. 1844년 증광시 병과에 16위로 급제하였으며 감찰과 전적에 제수되었다. 1851년 정언에 제수되었으나 병으로

7. 「경전석의후지」

이상의 『경전석의』는 우리 퇴계 이황 선생께서 제가諸家의 훈석訓釋을 모아 징험하고 고증한 것이고, 또 문인들과 일찍이 문답하고 변론하여 연구한 것으로, 모두 선생께서 손수 깨끗하게 기록한 것이다. 임진왜란의 참화로 인해 수본手本 역시 산실되었다. 후학들이 더욱 슬프게 여

부임하지 못하고 10월에 생을 마감하게 되었다. 저서로는 「鳳陽祠廟宇上樑文」과 『梅村文集』이 있다.

46) 『日休勉進聯稿』, 권2, 「行狀」, "先生諱應壎, 字壎之, 奉化人也. 高麗金紫光祿大夫太學士諱儀, 其遠祖. 歷十世有諱遇工, 內府令尹, 始居于奉化. 是生諱以和, 通禮門祗侯, 是生諱滌, 長沙縣監. 是生諱秬, 生員. 是生諱祐, 生員, 星州判官. 是生諱致湛, 生員, 司䆃寺僉正. 是生諱樟, 以力學有操守, 聞於鄕, 爲禮安訓導, 退陶夫子誌其墓, 寔先生之考也. 娶贈參判光州金孝盧女, 贅居于禮安烏川里, 有二子長諱應夾, 號日休堂, 季卽先生也. 日休先生, 以至孝聞. 先生自幼時, 惟兄是視在親側, 日戱嬉無違色. 旣長與伯氏, 受業於退陶夫子, 篤志勉學, 服膺師訓, 如『心經』・『啓蒙』等書, 無不潛心了解. 嘗扁其齋曰勉進, 師門所手書命名者也. 又築室於寒棲庵之傍, 以爲朝夕受敎之地. 師門詩所謂琴生結茅棟, 在我南溪曲者, 是也. 時先生兄弟及內兄金後凋・挹淸・山南・養正・雪月諸先生, 居同里學同門, 出則講質於師門, 退則以所聞於師門者, 聯枅講討. 寒岡鄭先生, 嘗稱烏川一里皆君子. 後人因名爲君子里. 庚午中生員. 壬辰島江, 一鄕推先生爲義兵都摠. 甲午藥圃鄭先生, 以居家孝友士林矜式, 啓薦拜祠官. 乙未超躐六品除永春縣監, 旣遞, 復拜堤川縣監. 居官多異蹟, 縣人立去石, 以寓去後思. 庚子刊先師文集. 時先生拜義興縣監, 同門諸士輩, 皆以爲非先生, 無以幹其事, 遂呈辭不赴, 終始監董, 俾完大役. 又校刊『師門世譜』・『四書釋疑』, 爲跋語以發揮之. 至於陶山書院養士講學之需, 多先生所措置, 而主講席者, 十餘年矣. 愚伏鄭先生・蒼石李先生, 亦嘗質問『周易』・『啓蒙』疑義, 蒼翁嘗歎其得聞其所未聞, 而所未聞者, 又何限焉? 盖自山頹之後, 及門諸賢, 次第淪謝, 先生歸然若靈光獨存, 以師門餘敎, 獎進後學者先生之力居多焉. 先生生於嘉靖庚子, 卒於萬曆丙辰, 壽七十七. 墓在縣西知禮村訓導公墓下坐子之原, 配長水黃氏牧使怡女, 後配安東權氏執義大器女. 生卒葬在『子孫錄』. 先生性度醇深, 氣質和厚. 以精明之識, 而加篤實之工, 自立雪師門, 已爲諸先輩所推重, 而經綸氣局, 又足以服衆心, 而辦大事. 是以鄕兵倡義, 擬主毂之任, 斯文大役, 委幹事之責, 十年丈席, 爲士林之所矜式. 而惜乎! 先生歿後, 數世宗祀屢絶, 文獻無徵, 至今可據者, 獨有蒼石所撰遺事若干卷, 及諸先輩軋誄文字而已. 當日爲學次第, 仕宦履歷, 俱無所尋逐. 然『退陶全書』中, 與先生兄弟書札及詩牘, 無慮屢數十篇, 將與天壤而俱存, 則百世之下, 猶可見師門講質之蹟. 日休先生以篤學純行, 爲同門前列, 西厓柳先生嘗稱爲小學樣子, 大菴朴公品島川諸君子, 特稱公爲從兄無違, 後人欲知先生者, 求之於伯氏先生, 可矣. 惟願世之秉拂君子, 勿以此疎略而採納焉. 傍裔孫通訓大夫行司諫院正言詩述撰."

기던 중 무신년에 감사監司 최관崔瓘(1563~?)이 도산에 와서 사우祠宇에 전알展謁하고『경전석의』를 후세에 전한 의미를 간곡하게 반복하고, 또 향공餉供을 보내었다. 이에 사우들 사이에서 전사본傳寫本을 찾아서 대략 교감하고 간행하게 되었다. 기유년己酉年 봄에 일을 시작했지만 3개월이 지나 통서統緒를 갖추게 되었다. 선생께서 발휘하신 경학經學의 뜻과 후학들에게 은혜를 주신 공로 역시 이것을 통해 상상해 볼 수 있을 것이니, 어찌 서로 힘쓰지 않을 수가 있었겠는가?

문인 금응훈은 삼가 기록한다.[47]

8. 「향입약조서후지」

이상의 향약 조목은 퇴계 이황 선생께서 찬정撰定하신 것으로 지금까지 50여 년을 여전히 문지방에 걸려 있을 수가 있었으니, 하나의 큰 흠이다. 금년 여름 좌수座首 류종화柳宗和와 별감別監 이경선李景善이 판목에 새겨 걸어 두었다. 아, 지금부터 이 당에 오르는 이는 눈을 들어 보면서 스스로를 경계하지 않을 수가 있겠는가?

만력 37년 기유 6월 아무 일에 향인 금응훈은 삼가 기록한다.[48]

---

47) 『日休勉進聯稿』, 권2, 「經書釋義後識」, "右經書釋義, 惟我退溪李先生衮聚諸家訓釋而證訂之, 又因門人所嘗問辨者而研究之, 皆先生手自淨錄者也. 壬辰兵燹之慘, 手本亦失. 後學益爲之悵悵然, 戊申冬監司崔瓘, 來至陶山, 展謁祠宇, 惟以釋義傳後之意, 丁寧反復, 而又送餉工之資. 於是, 求索土友間傳寫之本, 略加讎校而刊之. 始役於己酉之春, 三閱月而就緒, 先生發揮經學之意, 嘉惠後學之功, 亦可因此而想之, 盍相與勉之哉? 門人琴應壎謹識."

48) 『日休勉進聯稿』, 권2, 「鄕立約條序後識」, "右約條, 退溪李先生所撰定而于今五十餘年, 尚不能掛諸楣間, 一大欠也. 今年夏, 座首柳宗和別監李景善, 鋟板以懸噫從今升此堂者, 寓目看來,

346 퇴계학파의 사람들 3

9. 여타의 글들

1) 「선성지」

금응훈은 금응협의 아우이다. 어려서부터 퇴계 이황 선생의 문하에 올라 아침저녁으로 친자親炙하였다. 퇴계 이황 선생은 면진勉進이라는 두 글자를 그의 서재書齋의 이름으로 손수 지어 주셨다. 중사마中司馬가 학행學行으로 천거하여 현감縣監으로 초배超拜(정한 등급을 뛰어넘어서 벼슬함) 되었다. 낙천사洛川祠에 배향되었다.49)

2) 「봉성지」

금응훈은 금응협의 아우이다. 퇴계 이황 선생의 문하에 종유하였다. 가정 경오에 생원이 되었다. 어려서부터 스승의 훈계를 몸과 마음에 지니고 살았다. 매우 절실하게 공부하였다. 퇴계 이황 선생께서 면진勉進이란 두 글자를 손수 적어 주셨는데, 서재의 편액으로 삼았다. 정간공貞簡公 정탁鄭琢이 천거하였다. 집에 기거할 때에는 효도하고 우애가 있었으며 사림에게 모범이 되었다. 등급을 뛰어넘어 두 읍을 맡아 다스렸고 모두 치적治績이 있었다. 관직은 현감에까지 이르렀다. 입사立祀되었다.50)

可不自警也哉? 萬曆三十七年己酉六月日鄕人琴應壎謹識."

49) 『日休勉進聯稿』, 권2, 「宣城誌」, "琴應壎, 應夾之弟. 自幼登李滉門, 日夕親炙. 李滉手書勉進二字, 名其齋, 中司馬薦學行, 超拜縣監, 享洛川祠."

50) 『日休勉進聯稿』, 권2, 「鳳城誌」, "琴應壎, 應夾之弟. 遊李滉門. 嘉靖庚午中生員. 自幼佩服師訓, 親切用工. 李滉手書勉進, 扁其齋. 貞簡公鄭琢啓薦, 居家孝友, 士林矜式. 超敍, 歷典兩邑, 俱有治績, 官至縣監, 立祀."

3) 「도산급문록」

금응훈의 자는 훈지燻之이고 호는 면진재勉進齋이니, 일휴당의 아우이다. 가정 경자에 태어났다. 일찍부터 퇴계선생의 문하에 들어갔다. 한서암寒棲庵 옆에 집을 지었다. 뜻을 돈독히 하고 힘써 공부하여 선생께서 면진勉進 두 글자를 서재書齋의 이름으로 손수 지어 주셨다. 중사마中司馬 약포藥圃 정탁鄭琢이 조정에 천거하여 정해진 등급을 뛰어넘어 두 번이나 지현사知縣事에 제수되었는데, 치적의 명성이 있었다. 경자년에 또 의흥義興에 제수되었는데, 이때는 도산서원에서 막 퇴계선생의 문집을 간행할 때였다. 서애 류성룡과 월천 조목 등이 감독하였으나, 공이 아니면 불가능한 일이었다. 마침내 부임하지 않고 그 일을 주관하였다. 돌아가셨을 때는 향년 77세였다. 낙천사洛川祠에 배향되었다. ○퇴계선생을 위한 제문이 있으니, 『일휴면진양선생연고』 권2의 마지막에 있다.[51]

■『도산급문록』

금응훈의 자는 훈지燻之이고 호는 면진재勉進齋이며 일휴당日休堂의 아우이다. 가정 경자에 태어났다. 어려서부터 퇴계선생의 문하에 가서 배웠는데, 한서암寒栖菴 옆에 집을 짓고 살면서 돈독한 뜻을 가지고 힘써 공부하였다. 선생께서는 손수 '면진勉進'이라는 2글자를 써서 재실齋室로 명명하였다. 사마시司馬試에 합격하고 약포 정탁이 조정에 천거하여 등

---

51) 『日休勉進聯稿』, 권2, 「陶山及門錄」, "琴應燻字燻之, 號勉進齋, 日休堂弟. 生嘉靖庚子, 早登先生門, 築室于寒栖庵之傀, 篤志力學, 先生手書勉進二字, 名其齋. 中司馬鄭藥圃應于朝, 超除再知縣事, 有治聲. 庚子又除義興, 時陶院, 西厓月川諸公, 以監董, 非公不可. 遂不赴幹其事, 卒年七十七. 享洛川祠. ○有祭先生文, 日休勉進兩先生聯稿卷之二終."

급을 뛰어넘어 2번의 지현사知縣事를 제수받았고 잘 다스린다는 명성이 있었다. 신축에 또 의흥에 제수되었는데, 이때는 도산서원에서 퇴계선생의 문집을 간행하려고 하던 때였다. 서애 류성룡과 월천 조목 등의 여러 사람들이 감동監董(관리와 감독)은 공이 아니면 불가하다고 하여 마침내 부임하지 않고 그 일을 주간하였다. 돌아가실 때의 연세가 77세였고 낙천사洛川社에 제향되었다.

○퇴계선생을 위한 제문이 있다. 시에서 "거문고 만들고 용마루에 띳집 지으니, 내가 있는 곳은 굽은 시내 남쪽이라오. 흔들리는 창에 수풀 그림자 쓸쓸하고, 자리에 비치는 산기운 빛은 푸르구나. 요 근래에는 사람도 없으니 고요하고, 흐트러진 쑥들이 뜰의 국화를 가리네. 아이 불러 힘을 다해 씻고 쓸게 하고, 해가 다하도록 혼자 조용히 머무르네. 손 안에는 또 하나의 책과 글이 있으니, 뜻을 따라서 또한 읽기를 되풀이하네. 많은 이치는 예나 지금이나 똑같으니, 맛이 있어 배부르게 마시는 것 같구나. 쓸쓸한 가을 절로 심오하게 생각하고, 멈춰 헤아려 근심 깨우치니 만족하네. 한숨에 탄식하며 항상 크게 숨을 쉬고, 가을바람에 산의 나무들은 떠는구나"라고 하였다.

◑ "산과 구름이 사물을 윤택하게 한다고 잘못 말하네. 그러나 산과 구름은 종래 하늘 오르기를 원하지 않았다네. 하늘로 오름으로써 어찌 능히 사물을 윤택하게 하리오? 오며 가며 헛고생하면서 손가락질 비웃음 당하는구나."[52]

---

52) 『陶山及門錄』, 권3, 「琴應壎」, "琴應壎, 字壎之, 號勉進齋, 日休堂弟. 生嘉靖庚子. 早登先生門, 築室于寒栖之傍, 篤志力學, 先生手書勉進二字, 名其齋. 中司馬, 鄭藥圃薦于朝, 超除再知縣事, 有治聲. 辛丑又除義興, 時陶院方刊先生文集, 西厓·月川諸公, 以監董非公不可, 遂不赴幹其事. 卒年七十七, 享洛川社. ○有祭先生文. 詩琴生結茅棟, 在我南溪曲, 搖牕林影寒, 照

10. 「발문」

  일휴당日休堂과 면진재勉進齋 두 선생은 하늘로부터 받은 재주가 뛰어나고 깊은 우애를 가지고 있었으며 대현大賢이신 퇴계선생으로부터 훈화薰化를 받아 덕행과 문예를 아름답게 성취하신 분이시다. 일찍부터 은혜를 받아 퇴계선생에게 배울 수 있었지만, 세상을 버리신 이후 300여 년이 지나서야 유집遺集을 모으기 시작하였으니, 이렇게 어려웠던 것은 무엇 때문인가? 집안이 영쇄했고 문적文蹟이 난리 통해 누차에 걸쳐 사라져서 있는 것이 없다. 과거에 자산紫山 금우열琴佑烈 씨가 일부분 남아 있는 원고를 수습하고 또 고가古家의 유첩遺帖에서 찾아낸 것을 모아서 시문, 서문, 제문 및 사우 간에 주었던 원고 및 만사, 뇌사, 지識, 갈문碣文, 가장家狀, 행장行狀 등을 베껴 써서 대략이나마 갖추게 되었지만 간결함에 흠이 있었다.

  후손 용철 군은 시간이 지날수록 더욱 진본을 잃을까를 크게 걱정하였다. 이에 금년 갑술년 봄에 이중수李中洙와 금동렬琴東烈이 다시 의관을 정제하고 번잡한 것은 깎아내고 잘못된 것은 바로잡아 상하편上下編을 만들어 『양선생연고兩先生聯稿』라고 명명하였다. 단편으로는 각각을 성실하게 엮기가 곤란했을 뿐만 아니라, 또한 같은 책상에서 강학하고 연

席嵐光綠, 邇來聞無人, 蓬蒿翳庭菊, 呼兒痛掃漑, 終日坐幽獨, 手中一卷書, 隨意繙且讀, 有理古猶今, 有味飫如沃, 悲秋白懷遠, 考槃甘弗告, 喟然長歎息, 商風振山木.(『退溪先生文集』, 권3, 「溪齋」 참조) ◑錯道山雲能澤物, 山雲終不願升空升空, 豈是能成澤, 來往徒勞指笑中.(『退溪先生文集』, 권5, 續內集, 「次韻琴壎之 幷序」, "湛不幸之中, 又復不幸, 誤恩荐沓, 莫測端倪. 窮窘惶戰, 罔知所爲. 惠詩懇問, 甚荷存厚. 無聊中, 謹和一絶見意云. 錯道山雲能澤物, 山雲終不願升空. 升空豈是能成澤, 來往徒勞指笑中." 참조)"

마한 뜻을 추념追念하기 위한 것이었다. 의론이 정해지자 용철이 조카 회연會淵을 보내서 내가 그 말미에 발문을 기록해 줄 것을 청했다. 나는 난색하면서 "늦은 나이의 후학으로 변변한 지식도 없고 교정도 잘못했는데, 편말에도 잘못을 하게 되니, 본분의 의리상 감당할 수 없다"고 하였다. 그러자 회연이 말하기를, "어르신은 우리 두 분의 선조와의 관계가 비록 백세를 가더라도 외삼촌과 조카에 해당합니다"라고 하였다. 그 말이 맞기는 하다. 그러나 나는 "늙어서도 이 의리가 중요함을 알지 못하는 것은 아니지만, 후세에게 전하는 문자는 반드시 지위를 가지고 있거나 덕망이 있는 사람이어야 한다. 또한 발문이란 것은 다하지 못하는 것을 보충하는 것으로, 내가 이 글에서 두 선생의 사업과 행사를 살펴보니, 기재할 것이 더욱 남아 있지 않다"고 하였다.

장공長公(蘇東坡, 1037~1101)[53]의 말로 할 것 같으면, 계방桂坊에서 사전師傅을 선택하면, 이미 성조聖朝에서 포장襃獎을 한 것이고, 당의 편액으로 야기잠夜氣箴과 좌우명座右銘 및 『심경』과 『근사록』의 질문에 대한 변론을 받았고, 또 선사先師께서 직접 글로 써 주시고 대면하여 가르쳐 주신

---

53) 長公의 이름은 蘇軾이고 자는 子瞻 또는 和仲이며 호는 東坡居士 또는 雪堂, 端明, 眉山, 謫仙客, 笑髥卿, 赤壁仙, 坡公, 坡仙 등을 사용하였다. 송나라 시기 최고의 시인으로 唐宋八大家 중 한 명이다. 송 仁宗 嘉祐 2년인 1057년 진사에 급제하였으며 이후 制科에 합격하였다. 鳳翔府簽書判官에서 史館으로 불려 근무하였으며 開封府推官을 역임하였다. 이 시기 구법당인 구양수에게 인정을 받아 문단에 등장하였다. 그러나 신법당인 왕안석과의 갈등으로 항주통판으로 전출되었으며 密州知州・徐州知州・湖州知州를 지냈다가 갈등이 더욱 증폭되어 호북성 黃州團練使로 유배되었다. 哲宗이 즉위하면서 구법당이 득세하여 登州知州로 재기하게 되고 中書舍人과 翰林學士兼侍讀에 제수되었다. 이후 龍圖閣學士・翰林承旨・端明殿翰林侍讀兩學士・瓊州別駕 등을 역임하면서 한직으로 물러났다. 황태후가 죽고 철종이 친정하면서 신법당이 다시 정권을 잡게 되자 그는 海南島로 유배되었다가 7년 후 徽宗이 즉위하면서 풀려나게 되었다. 그러나 석방되어 돌아오는 중 강소성 常州에서 죽었다. 대표작으로는 「赤壁賦」가 있으며, 저서는 『東坡七集』과 『東坡志林』・『東坡樂府』・『仇池筆記』・『論語說』 등이 있다.

것이 있으니, "한 마을에 일곱 군자가 있다"거나, "소학의 모범이다"라거나, "한마디 말과 하나의 행동이 모두 후세의 모범이 될 수 있다"라고 한 말씀들은, 서애 류성룡과 한강 정구, 그리고 창석 이준 등 여러 선생들의 큰 가르침과 지극한 논의이다.

또 소공少公(蘇轍, 1039~1112)[54]의 말로 할 것 같으면, 집안에 거처하면 효도를 다하고 우애를 다하며, 사림의 긍식矜式이 되고, 약포 정탁 선생이 천거한 것을 보면 알 수 있고, 그들이 말씀하시기를 "군직郡職과 감동監董을 사양하고 사문師門에서 인쇄하는 작업을 하였다"고 하였고, "『역학계몽』에 대해 질의하여 아직까지 듣지 못한 것을 얻었다"라고 하였으며, "『석의釋義』의 취지를 해석하였고 『주역周易』의 이치를 발명하였다"라고 하였으며, "도산陶山에서 주석主席을 맡아 선비를 기르고 강학하였다"라고 하셨으니, 월천 조목과 우복 정경세 두 선생 및 고계古溪와 매촌옹梅村翁의 법어法語와 대필大筆이다. 앞뒤의 징험과 신뢰의 사적事蹟이 너무나도 밝다. 천고千古를 가도 썩지 않을 것인데, 하물며 지금 선생의 글은 어떠하겠는가?

---

54) 小公의 이름은 蘇轍이고 자는 子由 또는 同叔이며 호는 欒城 또는 穎濱遺老이다. 長公인 蘇軾의 동생으로 唐宋八大家 중 한명이다. 소식과 함께 仁宗 嘉祐 2년인 1057년 진사시험에 급제하고 制科에 합격하였다. 商州軍事推官으로 벼슬을 시작하였으며 이후 三司條例司檢詳文字가 되었다. 이 시기에 青苗法의 시행을 강력히 반대하다가 河南推官으로 전출되었다. 전출 이후 陳州教官과 應天府簽書判官 등을 역임하였다가 형인 소식의 필화사건으로 으로 인해 스스로 監筠州鹽酒稅로 강등하였다. 철종이 즉위하게 되면서 비서성교서랑이 되었으며 우사간으로 신변을 옮겨 신법당이었던 蔡確(1037~1093)과 章惇(1035~1106) 등을 탄핵하였다. 이후 御史中丞과 尙書右丞을 지냈으며 門下侍郎에까지 제수되었다. 그러나 철종이 친정하면서 뇌주로 귀양 가게 되었다. 徽宗 즉위 후 벼슬을 하다가 관직에서 물러나 許州에서 저작하는 데 몰두하였다. 저서로는 『欒城集』・『欒城應詔集』・『시전집시집전』・『春秋集傳』・『論語拾遺』・『孟子解』・『詩經傳』・『道德經解』・『春秋集解』・『古史』 등이 있다.

원고를 합하여 함께 간행하니 겨우 1권이 되었다. 황연하기가 마치 스승을 모시고 연회를 베풀 때에 백씨가 질나팔을 불고 중씨가 젓대를 불면서 친히 음지音旨를 두드리는 것과 같다. 이 두 분은 연주聯珠와 쌍벽雙璧에 해당한다. 동문으로서 왕복하는 사이에 서로 절차탁마하였으니, 그들의 말씀이 모두 전아典雅하였다. 그러므로 결단코 망해 가는 시대의 문장이 아닐 것이고, 다투어 사람들을 기이한 것으로 기쁘게 하는 것이 아닐 것이다. 그렇다면 이 책의 간행은 사람들이 알면서 좋아하고, 좋아하면서 즐기는 것이 될 것이다. 비록 늦게 출간되는 것이지만, 그 귀함을 더욱 잘 볼 수 있을 것이다. 비록 보잘것없는 것이지만 많지 않다고 생각하지 않을 것이다. 이 역시 어떻게 천박한 말을 기다릴 필요가 있을 것인가? 회연이 말했다. "발문이 이와 같다면 충분합니다." 드디어 순서와 차례를 정했는데, 감히 조금의 잘못도 없게 하였다. 뒷날 이를 열람하는 이는 나의 비루함과 참람함을 용서한다면, 이것이 또 나에게는 아첨하지 않는 다행이겠다. 이 역사役使는 일휴당선생의 주손冑孫인 덕모惠模와 면진재선생의 사손嗣孫인 형연瀅淵이 범례를 총괄하였고, 병규, 경두, 병칠, 병호가 그 사무를 주관하였다. 법도상 글을 부록해야 한다.

도산의 후인 진성 이중수는 삼가 발문을 쓴다.

일휴당과 면진재 두 선생은 형제이면서 지기知己이다. 그들의 뜻은 숭상하는 것이 같았고 취지가 동일하였으며 출처出處 또한 동일하였으며, 스승께서 전수해 주신 종지宗旨를 발휘하는 것 역시 마찬가지였다. 그들의 말과 행동은 효우孝友와 충신忠信에 근본 하였으며, 도달하여 가신 곳이 불가한 데가 없으셨다. 『시경』에서 "왼쪽으로 하고 왼쪽으로

함에 군자가 지니고 있으며, 오른쪽으로 하고 오른쪽으로 함에 군자가
마땅하다"[55])라고 하였는데, 선생을 말한 것이 아니겠는가? 당시의 여러
선배들이 모두 한마디 말로써 그를 추대하고 중시하였다. 서애 류성룡
은 "소학의 모범"이라고 칭찬하였고, 약포 정탁은 "사림의 긍식矜式"이
라고 하면서 백세 뒤에도 오히려 그리워하고 사모할 분이라고 하면서
천거하였다. 창석 이준 선생과 같은 분들은 두 선생의 궤장几杖을 잡기
까지 하셨다.

대개 오래되어도 전후의 사람들이 그의 덕을 기억하고 또 그것을
부지런히 하고 상세하게 한다. 만일 현인을 존중하고 덕을 사모하는 깊
은 마음이 아니고서야 누가 이렇게 할 수 있겠는가? 창석은 "애오라지
듣고 본 바의 대강을 엮어 노산魯山의 속임이 없음을 밝힌다"고 하였다.
후세의 사람들은 역시 반드시 창석의 말을 가지고 속임이 없어야 할
것이다.

애석하게도 유문遺文이 병화를 만나 존재하지 않고 있다. 족형인 자
산공紫山公 우열佑烈이 얽어 모아 겨우 약간이 되었는데, 완질을 이루지
못했다. 지금은 비로소 볼 수 있게 되었는데, 季▨▨洙利聖 두 사람이
▨철의 나산蘿山에 모여서 번잡한 것은 삭제하고 잘못된 것을 바로잡았
다. 두 원고가 많지 않지만 제가諸家가 이미 사례를 가지고 있는 것을
모방하여 합부해서 연고聯稿 1책을 만들었다. 동열 또한 더불어 말석에
자리를 잡았다. 간행의 의론이 완결되었다. 두 집안의 주손冑孫인 진모眞

---

55) 『시경』「裳裳者華」에 나오는 구절로, 원시에는 "왼쪽으로 하고 왼쪽으로 함에 군자
가 마땅하며, 오른쪽으로 하고 오른쪽으로 함에 군자가 지니고 있도다"(左之左之, 君
子宜之, 右之右之, 君子有之)라고 하였다. 이 구절은 재주가 온전하고 덕이 구비되어
있음을 말한 것이다.

模와 형연潩淵 두 사람이 나에게 부탁하여 그 역사를 담당하게 하였다. 나는 손을 씻고 받으면서 "아, 우리들이 후에 가림막을 설치한 데에서 친히 선생의 덕음德音을 듣는 날을 얻지 못한 것을 한스럽게 생각했는데, 오늘 선생께서 남기신 글들을 판각 기술자들에게 넘기면서 그 전한 것이 영속되기를 비니, 선생의 덕망과 학문의 유풍이 이에 민멸되지 않고 유지될 것이며, 빛을 감추고 판각에 새겨져 세상에 드러날 것이다. 아니 역시 운수가 있는 것인가?"라고 하였다. 이후에 이 두 사람을 불러 우선 일의 전말을 이상과 같이 기록한다.

　　갑술 납월 상완上浣에 문예손 동열은 삼가 기록하다.56)

---

56) 『日休勉進聯稿』, 권2, 「跋」, "日休勉進兩先生, 挺天顯友于之資. 被大賢薰陶之化, 德行文藝之斐然成就者. 早宜嘉惠來學, 而奄代後三百餘年, 遺集始于柬, 何其難也? 蓋緣家世零替, 文蹟屢經鬱攸, 蕩然無存. 往者紫山琴公佑烈氏, 收拾爐餘敗藁. 又復采撫於古家遺帖, 寫出詩書祭文若師友寄贈若附錄輓誄誌碣狀行等各一絇, 粗具頭面而猶欠簡潔. 後孫鏞徹甫大懼愈久而愈失其眞, 迺於今甲戌春, 要不佞中洙李君, 和聖琴君東烈更加梳洗, 刪繁正誤, 爲上下編名之曰兩先生聯稿. 不惟篇之難乎各實, 亦追念大同林講辨劂意以也. 議旣定, 鏞徹, 送其姪子會淵, 請余識其左. 余難之曰晚生末學, 無所知識而一誤於丁乙再誤於篇尾, 分義所不敢. 會淵曰丈人之於吾二祖, 雖五世而舅甥也. 其辭諸, 余曰有是哉老, 洫非不知斯義之爲重. 但傳後之文, 必求有位有德底人. 且跋者, 足其不盡而吾觀是篇兩先生事行, 無遺記載, 以言乎長公則柱坊師傳之選, 旣蒙聖朝褒奬堂扁夜氣箴座右銘及心近辨質. 又有先師之手書面命, 其曰一里七君子, 曰小學樣子, 曰一言一行, 皆可爲後世模範, 西厓寒岡晉石諸先生之大訓至論也. 以言乎少公, 則居家孝友, 土林矜式, 藥老之鷹目, 自在. 其曰早辭郡職監董師門印役, 曰質疑啓蒙, 得所未聞. 曰刊釋書旨, 牖發易理. 曰主席陶山, 養士講學. 月川愚氽兩先生及古溪梅村翁之法語大筆也. 前後 徵信之蹟昭乎炳乎? 行將千古而不朽, 矧今先生之文? 合稿幷刊, 纔一開卷. 悅然如伯塤仲箎, 親叩音旨於國丈燕閒之日, 聯珠雙璧, 交相琢磨於同門往復之間, 其詞皆典雅. 蒼古, 決非衰世之文之鬪夸逞奇炫人耳目者可比, 然則是書之行, 人之知而好而樂之者, 雖晚出而愈見其貴, 雖零星, 而不以爲少矣, 亦何待膚淺之言哉? 會淵曰跋如是足矣, 遂悉次答問顧趾而不敢有一毫着穢. 後之觀者, 容其鄙卑而恕其僭率, 則是又余不佞之幸. 斯役也, 日休胄孫惠模, 勉進嗣孫潩淵, 總其凡秉奎暽斗秉七秉鎬幹其務, 法當幷書, 陶山後人眞城李中洙謹跋. 日休堂勉進齋兩先生, 兄弟而知己也. 其志尙也 同, 標致也, 同, 出處也, 同繩尺陶山, 發揮師傳之旨亦同故. 其言與行本諸孝友忠信, 達之所往而何所不可? 詩所云左之左之君子有之, 右之右之君子宜之, 殆先生之謂乎? 當世諸先輩, 咸一辭以推重之. 厓翁有小學樣子之稱, 藥老有土林矜式之, 鷹百世之下, 猶可以想像而寓慕者矣. 至若蒼石李先生, 獲操兩先生几지, 盖久而前後記德, 若是其勤且詳. 苟非尊賢慕德之深, 能有是哉? 蒼翁之言曰綴耳目大者, 以白魯產之不誣, 後之人,

亦必以蒼翁之言, 爲不誣也. 惜也, 遺文, 厄鬱攸無存, 惟族兄紫山公佑烈所裒集, 僅若干而不成
帙, 始於今看季■■洙利聖兩氏會于■徹之蘿山爲刪繁而釐正之. 以二稿零星, 倣諸家已例,
合部爲 聯稿一冊. 東烈又與坐末焉, 刊議旣完. 兩家胄孫眞模澄淵二君, 謬屬東烈以相其役, 東
烈盥手受之曰噫, 吾生也後, 恨未得親聆德音於幃幄隔障之日, 而今其咳唾之遺, 藉手剞劂, 以
壽其傳則先生之德學風猷. 於是乎不泯而有若, 韜光鏟彩, 幷顯于世, 抑亦有數存者也. 旣以是
復二君, 且記刊事顚, 末如右甲戌臘月上浣門裔孫東烈謹識."

"동양사상의 세계로
여러분을 초대합니다"

퇴계학파의 사람들
ㅡ16세기 인물들을 중심으로
안동대학교 부설 퇴계학연구소 지음
454쪽 | 38,000원

퇴계학파의 사람들 2
ㅡ16세기 안동지역
퇴계 직전제자들을 중심으로
안동대학교 부설 퇴계학연구소 지음
378쪽 | 34,000원

활인심방
ㅡ퇴계선생의 마음으로 하는 몸공부
이황 편저 | 이윤희 역해
308쪽 | 16,000원

사람은 시간의 흐름 위에 실려 그 자신의 변화를 맞아들일 수밖에는 없다. 그렇게 그는 늙어 가고, 그렇게 그는 죽어 간다. 그러나 자아인 사람은 시간의 흐름 밖에 서서 그 자신만의 흐르지 않는 시간을 만들어 가질 권능을 갖는다.…… 퇴계학은 '그 자신만의 흐르지 않는 시간' 위에 올려져 있는 어떤 지식, 문화, 역사, 이념, 정신이다. 이것을 우리는 우리의 세상, 우리의 시대와 긴밀하게 연관된 생활의 문화, 생활 속 정신으로 만들어 갖지 못하였다.…… 우리는 '그 자신만의 흐르지 않는 시간' 속에 닫혀 있는 무수한 사람들의 시간이 우리 주변, 우리 시대 속으로 끼어들어 와 우리와 같은 시간의 흐름을 만들어 가질 수 있기를 바란다.

— 서문 중에서

제1장 인재선생실기, 개암선생문집, 노저유사, 풍암선생유고 _윤천근
제2장 성재선생문집, 야로당선생문집, 일휴면진연고 _전성건

값 32,000원

93150

ISBN 978-89-7646-403-3